Dieter Eich / Willi Germund
(Herausgeber)

Vulkan der Träume

Nicaragua
Utopie und Alltag

Vervuert

CIP-Kurztitelaufnahme der Deutschen Bibliothek

Vulkan der Träume : Nicaragua, Utopie u.
Alltag / Dieter Eich ; Willi Germund (Hrsg.).
Frankfurt/M. : Vervuert, 1986.
 ISBN 3-921600-41-3
NE: Eich, Dieter [Hrsg.]

© Verlag Klaus Dieter Vervuert, Frankfurt/M. 1986
Alle Rechte vorbehalten
Printed in West Germany

Inhalt

Vorwort 7

Willi Germund
Der Seiltanz
Die Schwierigkeiten, aus einer Revolution von allen eine Revolution
für alle zu machen. 13

Dieter Eich
Wirtschaftlich geht es nur noch ums Überleben. 27

Ralf Leonhard und Hans-Martin Kröll
Nicaraguas Agrarreform: Historischer Kompromiß zwischen
Großgrundbesitz und kleiner Landwirtschaft. 45

César Jerez (SJ)
Kirche und Revolution in Nicaragua 65

Ralf Syring
Gemischte Wirtschaft im Gesundheitswesen 83

Michael Rediske und Robin Schneider
Vom Krieg zur Autonomie?
Zähes Ringen um die Rechte der ethnischen Minderheiten der
Atlantikküste. 103

Peter Schwiebert
Einst Tropen-Urwald, jetzt bald Wüste?
Nicaraguas Ökologie vor dem Desaster. 117

Michael T. Klare
In den Schlamassel.
Die USA auf dem Weg zu einem zentralamerikanischen Engagement
mit vietnamesischen Dimensionen. 129

Dieter Eich
Vom versprengten Haufen zur militärischen Bedrohung: Die Contra. . 137

Karl Ludolf Hübener
Das Dilemma der sozialistischen Internationale mit Mittelamerika. . . 155

Wolfgang Meier
Der nackte Fuß Nicaraguas.
Die sandinistische Entwicklungspolitik in der Provinz Río San Juan. . 167

Gabriela Battaglia
Mit denselben Männern in die „neue" Gesellschaft?
Zur Frauensituation in Nicaragua. 177

Helmut Scheben
Mais-Kultur und Weizenblockade.
Auf der Suche, wie die eigene Kultur zu retten ist. 187

Thomas Nachtigall
Hollywoodramsch und Propagandaparolen.
Nach sechs Jahren noch kein klares Konzept für die Massenmedien. . 205

Franca Piccinini
Psychiatrie aus eigener Kraft. 217

Abkürzungsverzeichnis 225

Autorenverzeichnis 227

Es gehört zur Hoffnung enttäuscht zu werden, aber es gehört zu ihr auch berichtigt zu werden, denn sonst kämen wir bei Narrenparadiesen an. Das gehört zur abstrakten Utopie, die sich nur im Kopf ausdenkt und ausklamüsert, wie das sein könnte, aber die Verhältnisse sind nicht so und werden nicht so. Deshalb muß erforscht werden, wo's hingeht.

Ernst Bloch

Innenminister und Comandante Tomás Borge vor einem Bild des Begründers der sandinistischen Bewegung Carlos Fonseca Amador.

Vorwort

Nicaragua — mit keinem anderen revolutionären Prozeß verbanden sich derart durch eurozentrische Naivität stimulierte Träume, Sehnsüchte und Utopien, die teilweise schon einen mystifizierenden Charakter trugen. Was sollte nicht alles nach dem militärischen Sieg der sandinistischen Befreiungsbewegung im Handumdrehen verwirklicht werden! Nach dem „Triumph" stand für viele der umgehende Aufbau eines demokratischen Sozialismus auf der Tagesordnung. Die bevorstehende harte Arbeit des Wiederaufbaus einer vom Krieg zerstörten Wirtschaft, der Abbau des Elends und die Befriedigung der Grundbedürfnisse, alles eingebettet in tiefgreifende gesellschaftliche Reformen, schien im Vorübergehen realisierbar. Die von den Sandinisten propagierte Strategie des politischen Pluralismus, der gemischten Wirtschaft und der Blockfreiheit erweiterte darüber hinaus den Vertrauensvorschuß für ihr Modell, machte es für alle akzeptabel, doch über die Realisierbarkeit zerbrachen sich nur wenige den Kopf.

Diese neue Identitätsfindung Nicaraguas fand unter den Augen der Supermacht statt, die seit ihrem Vietnam–Desaster beschlossen hatte, alle „nationalen Befreiungskriege mit Entschlossenheit zu bekämpfen". Eine erfolgreiche nicaraguanische Revolution, so interpretierte bereits die Carter–Administration, bedrohe die Interessen der USA auf dem mittelamerikanischen Isthmus. Nicht nur die geostrategische Sicherheit der Region war in Frage gestellt, sondern es wurden auch kontinentale Folgen befürchtet. Bereits die ersten zaghaften Versuche der Sandinisten, die von Somoza übernommenen politisch-wirtschaftlichen Abhängigkeiten und Umklammerungen zu korrigieren, wurden mit Sanktionsdrohungen beantwortet. Man beschwor ein neues Kuba herauf und mobilisierte die politische Verurteilung durch die Anrainerstaaten. Jeder — und Nicaragua sollte als Beispiel dienen —, der die von den USA angemaßten Rechte nicht akzeptierte, mußte direkt mit Bestrafung rechnen. Ob, wie Zweifler anmerkten, eine direkte Bedrohung der US–Interessen wirklich existierte, wurde überhaupt nicht mehr zur Diskussion gestellt.

In flagranter Illegalität förderte die Reagan–Administration den Aufbau einer terroristischen Vereinigung, der sogenannten Contra. Die Anrainerstaaten, politisch und ökonomisch von den USA abhängig, wurden unter Druck gesetzt, sich der politischen Vorgabe „Die Sandinisten müssen weg" anzuschließen. Und um diesen Prozeß zu beschleunigen, führten vom CIA bereitgestellte Spezialisten direkte militärische Aktionen gegen Nicaragua durch und verletzten das Völker– und internationale Seerecht durch Seeblockaden und Verminung der Häfen. Die Verurteilung dieser Aktion durch die höchste rechtliche Instanz, den Internationalen Gerichtshof in Den Haag, ignorierte die US–Administration selbstherrlich und sprach dieser Institution die Kompetenz ab. Daß sie den Gerichtshof zur Klärung ihres Geiseldramas im Iran kurz vorher mit der Rechtsfindung beauftragt hatte, war angesichts der Interessenlage schnell vergessen. Zur Stabilisierung der Lage und zur Absicherung der Herrschaftsverhältnisse verstärkten die USA ihre militärische Präsenz in der Zone. Durch ständige Manöver lernten bisher über 100 000 US–Soldaten

Gelände, Operationsgebiet und befreundete Armeen direkt kennen, und das Üben mit sowjetischen Waffen verstärkte Realitätsbezug und Feindbildcharakter. Durch Verzehnfachung der Militärhilfe bekam auch die desolate honduranische Armee bei ihrer Kontrolle über das „Armenhaus Mittelamerikas" erneuten Aufschwung, und Honduras' Präsident Córdova verstieg sich zu der Forderung, als weiterer Bundesstaat der USA annektiert zu werden. Unter den Augen der Weltöffentlichkeit setzte das Pentagon seine neue militärische Strategie zur Bekämpfung revolutionärer Staaten um: „Der langandauernde Krieg mit geringer Intensität". Das durch ständige Menschenrechtsverletzungen, Morde an Zivilpersonen und die Brandschatzung neu aufgebauter Schulen, Krankenstationen und Kooperativen schnell angeschlagene Image der Contra-Truppen polierte der US-Präsident persönlich wieder auf. Zu „Söhnen Bolívars", des lateinamerikanischen Freiheitshelden, machte er sie, zu „Freiheitskämpfern" stilisierte er die Kommandotrupps hoch, die kollektiv Krankenschwestern und Lehrerinnen vergewaltigten und danach bestialisch umbrachten. Diejenigen, die bei dem Versuch erwischt wurden, in entlegene Gebiete die Krankenversorgung und Schulausbildung zu tragen, die Agrarreform umzusetzen, Straßen zu bauen, der allgemeinen Ignoranz ein Ende zu setzen, mußten mit ihrer sofortigen Ermordung rechnen. Nicht sie nannte der US-Präsident „unsere Brüder", sondern die Contra-Einheiten, die Tausende von ihnen umbrachten. Erst die Ermordung des DED-Arztes Albrecht-Tonio Pflaum durch die Contra führte die europäische Öffentlichkeit in die Realität zurück und ließ sie das von der rechten Presse verkaufte Image der Contra anzweifeln. Für die US-Administration war Nicaragua jedoch eindeutig das Kuba Nummer 2, die UdSSR hatte bereits davon Besitz ergriffen, die Staatssicherheit war fest im Griff der DDR, der „eiserne Vorhang" zerschnitt schon den tropischen Regenwald. Um auch die letzten Zweifel am Charakter der sandinistischen Revolution zu beseitigen, machte der US-Präsident Nicaragua zum neuen Sammellager des internationalen Terrorismus. Die Wirkung auf das an diesem Punkt sensible Europa blieb nicht aus, Anhaltspunkte oder Beweise gab es nicht, aber wer wußte das schon. Wie man mit dem Terrorismus in Zukunft zu verfahren gedenkt, machte die „militärische Aktion" gegen Libyen deutlich. Am Tag danach verkündete Präsident Reagan, daß „Präsident Ortega ein anderes Libyen aufbaut". Und die „erstarkte Nation" ließ er wissen, daß der „Tag kommen wird, an dem Nicaragua vom Kommunismus frei sein wird". Bereits seit zwei Jahren ist dem Pentagon klar, daß die Contras zwar nicht in der Lage sind, die Sandinisten militärisch zu besiegen, daß sie aber im Rahmen der neuen Militärstrategie einer der wichtigsten Helfer bei der wirtschaftlichen und politischen Destabilisierung sind. Schäden, die in die Hunderte von Millionen Dollar gehen, menschliches Leid, Tausende von Toten, die zu beklagen sind, entvölkerte Kriegsregionen, Landstriche, die nur noch mit der Waffe zu bebauen sind, niedergebrannte Dörfer, Zehntausende an die Waffe gebundene junge Menschen, die eigentlich studieren, die Felder bebauen, in Fabriken arbeiten und nicht von den USA gesponserte Landsleute töten sollten: Das sind die Erfolge, die die USA verzeichnen können. Ohne die ökonomische Förderung durch die USA wäre dieses Trauerspiel bereits ver-

narbte Geschichte. Die militärischen Anführer der Contra könnten sich zu den exilkubanischen Veteranenverbänden an Miamis Strände setzen und im Sand mit Cocktailgläsern die Operationspläne für die Rückkehr abstecken.
Aber, und das war die wesentliche Arbeitsgrundlage für dieses Buch, die Contra-Verbrechen und der Krieg, der überall im Lande herrscht, dürfen nicht die eigene Kritikfähigkeit gegenüber der sandinistischen Revolution lähmen. Sicher, durch das Veto der USA in internationalen Kreditinstitutionen gingen Nicaragua bis zum Mai 1986 dringend benötigte Kredite in Höhe von 272 Mio. US-Dollar verloren. Und das von ihnen verhängte Embargo verursachte der bereits vom Kollaps gezeichneten Wirtschaft Verluste in Höhe von 72 Mio. Dollar. Aber am derzeitigen ökonomischen Bankrott Nicaraguas, an der sich ständig verschlechternden Versorgungslage, an Produktionsrückgängen und politischer Demobilisierung haben auch die Sandinisten mit einer zum Teil haarsträubenden Politik einen beträchtlichen Anteil. So hat der Krieg die gesellschaftlichen Reformkonzeptionen allseitig behindert, die ökonomischen Mittel aufgesogen, die hierfür bereitstanden, die Gesellschaft durchgehend militarisiert und die Aufbaukräfte gebunden. Es war aber bereits 1979 klar, daß jede Reaktivierung einer vom Befreiungskrieg angeschlagenen Wirtschaft zuerst Bestätigung des traditionellen Akkumulationsmodells sein muß. Zum Aufbau selbstbestimmter Formen der Arbeitsorganisation lagen kaum kollektive Erfahrungen vor. Ihre Förderung schien den Pragmatikern wegen der nicht einzuschätzenden Kontrollfähigkeit in diesem Zeitraum auch nicht wünschenswert. Die keimhafte Produzentendemokratie war schlecht beraten, wenn sie sich notgedrungen auf Fachkräfte verlassen mußte, deren politisches Bewußtsein und fachliche Kenntnisse der neuen Aufgabe nicht gewachsen waren. Der Rückzug auf technokratisch-bürokratische Verkehrsformen, die in ihrer Ineffizienz die ansatzweise vorhandenen Neuanfänge blockierten, lag nur allzu nah und wurde von den Betroffenen, da historisch vorexerziert, meist sogar hingenommen. Der Ansporn zu einer Erziehung für die Selbstverwaltung endete zu schnell in autoritär vertikalen Strukturen. Der Basis blieb als Spielraum nur der Nachvollzug dessen, was die politische Avantgarde bereits vorgedacht und beschlossen hatte. Die gesellschaftlichen Widersprüche, eigentlich ein wichtiger Faktor im Lern- und Wachstumsprozeß des politischen Bewußtseins, wurden nicht mehr politisch durchgekämpft, sondern „in Anbetracht der Lage" administrativ geklärt. So blieb auch die eigene ökonomische Initiative aus, nachdem der größte Teil der bürgerlichen Kräfte die wirtschaftliche Basis des Pluralismus fluchtartig verlassen hatte.
Aufgrund der ständig wachsenden Außenverschuldung, des Rückgangs der eigenen Devisenproduktion und des nicht mehr fließenden Kreditausgleichs ist Nicaragua nur noch durch die ständig wachsende ökonomische Unterstützung der osteuropäischen Staaten überlebensfähig. Jede darüber hinausgehende Unterstützung können die USA zum Vorwand nehmen, eine neue Eskalationsstufe einzuleiten. Daß jedoch von einem bürokratischen Leviathan wie der UdSSR Flexibilität und Kreativität beim Ausdenken neuer Entwicklungskonzeptionen bei Aufbau und Unterstützung einer Produzentendemokratie

zu erwarten ist, bleibt schwer vorstellbar. Sicher ist, daß dadurch langfristig politische Kräfte gefördert werden, die auf die machtstärkenden realsozialistischen Muster zurückgreifen möchten.

Da die mittelamerikanische Krise seit Jahren unvermindert anhält, kommt bei der Klärung der Konfliktsituation dem zaghaften lateinamerikanischen Versuch, mit der Contadora-Bewegung aus dem Ost-West-Konflikt auszubrechen, eine große Bedeutung zu. Dieser Prozeß wird gerade deshalb von den USA behindert, weil durch ihn als Lösung des Konfliktes ein lateinamerikanisches Bündnis entstehen könnte, das nicht mehr wie bisher über bilaterale Herrschaftsmuster zu lenken wäre und die eindeutige politische Vorherrschaft einschränken würde. In diesem Kräftemessen hätte auch die sozialistische Internationale in ihrer Position gegenüber Nicaragua eine wichtige Funktion als Stütze zu erfüllen. Leider wurde jedoch deutlich, daß sich die SI über ihre verschiedenen lateinamerikanischen Mitgliedsparteien stark reglementiert, weil diese Parteien mit der Bejahung tiefgreifender gesellschaftlicher und ökonomischer Reformen in Nicaragua auch ihre eigene Politik in Frage stellen müßten. Zu bedauern ist auch, daß sich die portugiesischen Sozialisten bereits vom Prozeß losgesagt haben und die spanische PSOE die in sie gesetzten Erwartungen nicht erfüllt hat.

Auf dieser lädierten Folie ist der schwärmerische Enthusiasmus für die „politisch Ferngeliebte" bei vielen in betretenes Schweigen umgeschlagen, ja aus Mystifizierern wurden sogar Ankläger. Der abwegige Wunsch, in einer revolutionären Bewegung Zentralamerikas Antworten auf die eigenen offenen Fragen in der europäischen Realität zu finden, läßt unschwer Parallelen zu früheren im Sande verlaufenen Solidaritätsbewegungen erkennen. Die Vietnam-Bewegung der 60er Jahre hüllte sich in Schweigen, als der „Ho Ho Ho Chi Minh-Ruf" auf den Straßen verhallte und man sich mit der Frage auseinandersetzen mußte, was nach dem militärischen Sieg real möglich war. Anstatt die eigenen Wunschvorstellungen kritisch zu überprüfen, als sich die politischen Entwicklungen in Vietnam, Kuba, VR China, Angola, Mosambik nicht einstellten, wie sie in unseren Köpfen geboren worden waren, hielten sie viele in völliger Ignoranz der realen Verhältnisse weiter aufrecht. Der unvermeidliche Zusammenbruch der eigenen Traumwelt gestattete nur noch Resignation und politisches Sektierertum. Blinde Solidarität auf der anderen Seite mußte genauso zur Verleugnung der Realität führen, eine Neuorientierung am Machbaren versuchten nur wenige.

Eine neue Auseinandersetzung mit dem Kampf der Befreiungsbewegungen in der Dritten Welt bedeutet zugleich eine neue, eigene politische Identitätsfindung, die sich ganz gezielt mit der Entwicklung der realsozialistischen Phänomene auseinandersetzen muß, um besser vorbereitet zu sein. Die geforderte kritische Solidarität muß, damit die gemachten Erfahrungen aufgearbeitet werden können, eine „Solidarität mit Risiko" sein, die den „Fehlschlag" einkalkuliert und in der Lage ist, die Enttäuschungen produktiv zu verarbeiten. Eine so verstandene Solidaritätsarbeit wird es auch der politischen Rechten nicht überlassen, das mit Inhalt zu füllen, was eigentlich mit Pluralismus, Freiheit, Menschenrechten und sozialistischem Aufbau verbunden ist. Da Europa in diesem Kräftespiel die ökonomische und politische Alternative zwischen den Supermächten sein könnte, ist es ein nicht aufzuschiebender Schritt, die Solidaritätsarbeit mit der Dritten Welt neu zu definieren. Dann kommt dem Engagement des Einzelnen in seiner konkreten Umgebung auch wieder eine angemessene Bedeutung zu. Die folgenden Aufsätze wollen dazu beitragen, die kritische Auseinandersetzung mit der sandinistischen Revolution und ihrer Entwicklung zu fördern und die Materiallage zu aktualisieren.

Wandmalerei in Jinotepe. © Olivia Heussler

Willy Brandt in Nicaragua mit Comandante Bagado Arce und Präsident Daniel Ortega. © Olivia Heussler

Willi Germund

Der Seiltanz

Die Schwierigkeit, aus einer Revolution von allen eine Revolution für alle zu machen

Vor dem Einzug der Sandinisten in Managua am 19. Juli 1979 war für die US-Regierung so gut wie alles schief gelaufen. Den letzten Versuch, eine uneingeschränkte Machtübernahme des FSLN in Nicaragua zu vereiteln, durchkreuzte Francisco Urcuyo, bis dahin Präsident des dem Diktator Anastasio Somoza treu ergebenen Kongresses des mittelamerikanischen Landes. Urcuyo imitierte die Sturheit, die der Tyrann gegenüber allen Bemühungen der USA gezeigt hatte, und warf alle Übereinkommen über den Haufen, die Carters Abgesandte Pezullo und Bowdler im letzten Augenblick mit den Sandinisten und der „Gruppe der Zwölf" getroffen hatten. Urcuyo sollte 24 Stunden nach der Abreise Somozas die Amtsgeschäfte an die „Junta de Reconstrucción" übergeben. Mitglieder dieser „Wiederaufbaujunta" waren FSLN-Kommandant Daniel Ortega, MPU-Führer Moises Hassan, der Literat und Universitätsdozent Sergio Ramírez, die Witwe des ermordeten Verlegers Chamorro, Violeta Chamorro, sowie Alfonso Robelo, Führer der Partei MDN und von 1978 bis Frühjahr 1979 auch Führer der bürgerlichen Oppositionsbewegung FAO.
Francisco Urcuyo weigerte sich zurückzutreten und erklärte statt dessen, er wolle bis zum Ende von Somozas Amtsperiode – bis zum Jahr 1981 – regieren. Somozas Möchtegern-Nachfolger blieb nur 24 Stunden im Amt, denn er löste mit seiner Erklärung, die auch die US-Gesandten wie aus heiterem Himmel traf, eine neue militärische Offensive der Sandinisten aus. Die Nationalgarde, letzter Garant der USA und einiger lateinamerikanischer Staaten gegen die totale Machtübernahme durch die Sandinisten, wurde aufgerieben und zerfiel völlig. Über Nacht hatte sich ein mühsam errichtetes, aber schwaches „Check and Balance"-System zwischen verschiedenen politischen Kräften Nicaraguas als Kartenhaus erwiesen. Einzige bewaffnete politische Kraft im Land waren damit am 19. Juli 1979 die Sandinisten.
Das verzweifelte Bemühen der USA, eine nachrevolutionäre Regierung zu bilden, in der „gemäßigte" politische Kräfte nicht nur vertreten sein, sondern auch eine militärische Machtbasis besitzen sollten, war endgültig gescheitert. Die Nordamerikaner hatten gehofft, daß ein Teil der Nationalgarde erhalten bleiben könnte. So hatten Funktionäre wie Arturo Cruz als Chef der Zentralbank von Anfang an eine schwache Position. Das galt auch für Bernardo Larios, ehemaliger Offizier der Nationalgarde und nun erster Verteidigungsminister nach dem 19. Juli 1979. Er wurde gemäß dem Übereinkommen ernannt, das auch eine Beteiligung bürgerlicher politischer Kräfte an der revolutionären Regierung vorsah. Larios verlor sein Amt allerdings schon Ende 1979 an den

sandinistischen Kommandanten Humberto Ortega. Die Machtübernahme hatte die Weichen gestellt. Der alte Staatsapparat war zwar nicht völlig zerschlagen, wohl aber die Sicherheitskräfte. Zumindest unter politischen Aspekten boten sich dem FSLN am 19. Juli 1979 günstige Voraussetzungen.
Die Großmacht USA zeigte Willen zur Zusammenarbeit, solange die bürgerlichen politischen Kräfte ebenfalls am Neuaufbau Nicaraguas beteiligt blieben. Der FSLN genoß zudem die Sympathien weiter Kreise der Bevölkerung, wenn auch nicht nur wegen des politisch–revolutionären Konzepts der Befreiungsbewegung. Viele Leute hatten sich beteiligt, als es noch darum ging, die Truppen des Tyrannen zu bekämpfen. Ein großer Teil der Mittelklasse – vor allem in der Hauptstadt – sah mit dem Umsturz und der Flucht der Somozaanhänger im Verwaltungsapparat die Chance auf die Verwirklichung bisher blockierter beruflicher Ambitionen wachsen. Der Traum vom „neuen Menschen" faszinierte vor allem die jungen Anhänger der FSLN. Die Sandinisten schafften es, dank der noch aus der Somoza–Zeit stammenden Oppositionskraft der „Nationalen Einheit", zu der fast alle politischen Kräfte Nicaraguas gehörten, in der Welt Sympathie zu erwecken und sie in massive Hilfszusagen umzusetzen. Sie beruhigten die bürgerlichen Kräfte und machten den Arbeitern im Land Hoffnung auf eine soziale Revolution.
Freilich übernahmen sie mit der Macht auch einen Berg von Problemen. Das Land war durch den Krieg stark zerstört worden, Somoza hinterließ ein Agrarland, das vor allem vom Baumwoll–, Kaffee–, Zucker– und Bananenexport abhing. Über 50 % der Bevölkerung waren Analphabeten. Für die zukünftige politische Entwicklung gab es zwei grundlegende Probleme:
– Die Sandinisten hatten jahrzehntelang gegen die Diktatur gekämpft, aber die Zukunftsvorstellungen gingen kaum über verwaschene, zwischen Marx, Lenin und dem nicaraguanischen Nationalhelden Augusto César Sandino angesiedelte Perspektiven hinaus. Die Entwicklung eines konkreten politischen Konzepts wurde zudem durch die drei Tendenzen in der Nationaldirektion des FSLN und folglich in der gesamten Befreiungsbewegung erschwert. Zwar gab und gibt es eine grundsätzliche ideologische Übereinstimmung bei den Sandinisten, die konkrete Umsetzung aber ist bis heute schwierig.
– Das zweite Problem war die mangelnde politische Vorbereitung der Anhänger. Die Unterstützung für die Sandinisten resultierte im wesentlichen aus der Ablehnung des Diktators Somoza. Dies galt auch für die im Kampf Aktiven. Nach Schätzungen ehemaliger Guerilleros des FSLN zählten die Sandinisten noch im Herbst 1978, also kurz nachdem die Bewohner der Stadt Matagalpa sich ohne Beteiligung des FSLN gegen die Nationalgarde erhoben hatten und die Sandinisten die Gunst der Stunde nutzten, um die Stadt Estelí einzunehmen, kaum mehr als 300 bewaffnete Kämpfer. Der Sturz Somozas war militärisch nur durch die schnelle Rekrutierung vieler junger Leute möglich, die vor allem im bewaffneten Kampf ausgebildet wurden. Die politische Schulung kam dabei zu kurz. Ihnen fehlte ebenso wie vielen Gewerkschaftsmitgliedern und der Landbevölkerung das ideologische Fundament.

Am 18. Juli 1979, einen Tag bevor die revolutionäre „Wiederaufbaujunta" in die Hauptstadt Managua einzog, verkündete das fünfköpfige Gremium sein Regierungsprogramm. Darin wird die „Beteiligung des Volkes" an allen wichtigen Entscheidungen angekündigt. Die Regierung verpflichtet sich, die Auslandsverschuldung aus der Somoza-Zeit zu übernehmen. Die Gründung eines „nationalistischen Heeres" wird angekündigt. Die Menschenrechte sollen respektiert und die Genfer Konvention von 1949 anerkannt werden. Außerdem wird die Errichtung eines „Demokratischen Staates der Gerechtigkeit und des sozialen Fortschritts" angekündigt, in dem allen Nicaraguanern das „Recht auf politische Betätigung und allgemeine Wahlen" garantiert wird. Mit Ausnahme der Gruppierungen, die zum „Somozismus" zurückkehren wollen, sollen sich politische Parteien uneingeschränkt organisieren und betätigen dürfen. Bei den Fundamentalrechten werden die Freiheit des Denkens und seiner Verbreitung und die Informationsfreiheit festgeschrieben. Das Regierungsprogramm sieht eine blockfreie Außenpolitik vor, und im wirtschaftlichen Bereich soll der Aufbau einer „gemischten Wirtschaft" angestrebt werden, in der staatliche, private und gemischte Unternehmen frei nebeneinander agieren können.
Eine Übereinkunft im politischen Bereich führte zu ersten folgenschweren Differenzen in der „Regierung der Nationalen Einheit", der Wiederaufbaujunta. Danach sollten in einem dreiunddreißigköpfigen Staatsrat der prosandinistische „Frente Patriótico Nacional", der bürgerliche „Frente Amplio Opositor" (FAO), der Unternehmerverband „Cosep", sowie Vertreter der Nationalen Universität UNAN und der „Nationalen Vereinigung des Klerus" vertreten sein. Der ersten Sitzung des Staatsrats im Mai 1980 gingen heftige Auseinandersetzungen voraus. Die Sandinisten erhöhten die Zahl der Mitglieder auf 47. Der FSLN und die ihn unterstützenden Organisationen erhielten eine 51-prozentige Mehrheit, die bürgerlichen Kräfte bekamen 24 Prozent der Sitze. Tatsächlich konnte der Staatsrat nicht mehr so besetzt werden, wie es im Regierungsprogramm ursprünglich vorgesehen war, denn ein Teil der dort genannten Organisationen hatte sich bis April 1980 bereits aufgelöst. Die bürgerlichen Kräfte empörten sich nun über die Veränderung des Kräfteverhältnisses. Laut dem ursprünglichen Regierungsprogramm von 1979 wären die Sandinisten auf nicht mehr als 15 sichere Stimmen gekommen, die bürgerlichen Kräfte hätten rund 13 der insgesamt 33 Sitze besetzt.
Am 18. April 1980 trat Violeta Chamorro, die Witwe des ermordeten Verlegers, zurück, aus Gesundheitsgründen, wie sie angab. Später stellte sich heraus, daß politische Motive den Ausschlag gegeben hatten. Am 22. April verzichtete auch Alfonso Robelo auf sein Amt, ohne seine politische Motivation zu verheimlichen. Der Speiseölfabrikant stand dem Unternehmerverband „Cosep" nahe, war Chef der Partei MDN und hatte bereits in den letzten Jahren vor dem Sturz des Diktators Somoza die bürgerliche Opposition angeführt. Der Streit um die Zusammensetzung des Staatsrats war der Anlaß für seinen Rücktritt. Robelo begründete diesen Schritt damit, daß „wichtige Teile der Einheit, die für unseren Triumph über die Diktatur entscheidend waren", gebrochen wurden und „ohne die unverzichtbare Übereinstimmung in Rechnung zu stellen,

Änderungen an unserem Regierungsprogramm vorgenommen worden sind, die den Kern betreffen, und Schritte eingeleitet worden sind, welche die Ziele unserer Revolution verändern ..." Die Sandinisten antworteten auf diese massiven Vorwürfe am 23. März 1980 in ihrer Tageszeitung „La Barricada" nicht minder deutlich: Robelo versuche, Kapital aus einzelnen Ereignissen zu schlagen, die unter anderem auch von reaktionären Gruppen in dem verzweifelten Versuch angezettelt würden, den Fortgang der Revolution zu verhindern. Der Kern des Problems sei vielmehr, daß Robelo sich nicht mit einem politischen Programm identifizieren könne, das der uneingeschränkten Bereicherung Grenzen setze und den besitzlosen Mehrheiten des Landes zugute komme. Die erste offene Regierungskrise, knapp neun Monate nach dem Machtantritt der Wiederaufbaujunta, zeigte in aller Deutlichkeit die unterschiedlichen Zukunftsvorstellungen und Interpretationen der politischen Kräfte. Die „Staatskrise" war der Auftakt zu einer Polarisierung zwischen dem FSLN und den bürgerlichen Gruppen, die sich über die Jahre immer weiter vertiefen sollte. Der Rücktritt der beiden Junta-Mitglieder führte noch nicht zum endgültigen Bruch: Im Mai wurden Arturo Cruz, früherer Angestellter der lateinamerikanischen Entwicklungsbank, Mitglied der „Zwölf" und bis dahin Chef der Zentralbank, sowie Rafael Córdova Rivas, bis dahin Präsident des Obersten Gerichtshofs und vor dem Sturz Somozas konservativer Oppositionspolitiker, zwei bürgerliche Politiker also, anstelle der Zurückgetretenen ernannt. Doch es zeigten sich die ersten Risse, die schließlich dazu führten, daß die konservative Oppositionsgruppe „Coordinadora Democrática" im November 1984 die Wahlen boykottierte und ein Teil der bürgerlichen Führerfiguren zu anti-sandinistischen, von den USA unterstützten Contra-Gruppen ins Ausland ging. Es waren vor allem Unternehmerkreise um Alfonso Robelo gewesen, die im Januar 1978 das Somoza-Regime nach dem Mord an dem „La-Prensa"-Verleger Pedro Joaquín Chamorro in Verlegenheit gebracht hatten. Sie hatten einen „Generalstreik" organisiert – die Arbeiter wurden dabei zum großen Teil im voraus bezahlt und dann nach Hause geschickt – und dem Regime Zugeständnisse abverlangt. Nach den Aufständen in Monimbó, einem indianischen Stadtteil von Masaya, und in Matagalpa, die ohne größeres Zutun des FSLN begonnen hatten, hofften sie auf die Hilfe der USA. Somoza sollte von Washington zum Rücktritt gezwungen werden. Die Carter-Regierung besaß zu diesem Zeitpunkt nicht die nötige Weitsicht, sich sofort des Diktators zu entledigen.
Um so bitterer war es also für die bürgerlichen Oppositionskräfte, daß die sandinistische Befreiungsfront Ende 1978 die Zeichen richtig deutete und es ihr gelang, auf den fahrenden Zug zu springen und schließlich zu den uneingeschränkten Führern des Aufstandes zu werden – vor allem, weil der FSLN die nötigen militärischen Mittel organisieren konnte. So fand die bürgerliche Opposition, die zu Somozas Zeiten vom bewaffneten Kampf Abstand genommen hatte, aber einmal Motor des offenen Protestes gewesen war, sich als Junior-Partner wieder und mußte trotz ihrer engen Verbindungen zum mächtigen Unternehmerverband „Cosep" einen weiteren Niedergang der Macht hinnehmen.

Die politische Ohnmacht war nicht der einzige Grund für die Spaltung der „nationalen Einheit". Auch der Tod von Jorge Salazar Mitte November 1980 führte zu einer weiteren Distanzierung zwischen den Sandinisten und der bürgerlichen Opposition. Der Chef des „Verbandes der Landwirte von Nicaragua" (Upanic) kam während einer Schießerei mit der Staatssicherheit in El Crucero, nahe Managua, unter bis heute nicht völlig geklärten Umständen ums Leben. Salazar hatte zusammen mit einigen anderen bürgerliche Oppositionellen versucht, eine bewaffnete Widerstandsorganisation aufzubauen. Sein Tod bestärkte viele Oppositionelle, auch wenn sie sich nur auf friedliche Mittel des Widerstandes beschränkten, in dem Glauben, daß die Sandinisten im Zweifelsfall nicht davor zurückschrecken würden, politische Gegner zu liquidieren. Einen vergleichbaren Zwischenfall gab es zwar bis Mitte 1985 nicht mehr, aber der Tod Salazars hatte Folgen: Viele bürgerliche Oppositionelle gingen lieber ins Exil, als in ihrem Heimatland weiter ihre politischen Ziele zu verfolgen, auch wenn oder obwohl sie nicht mehr um ihr Leben fürchten mußten.

Zudem hinderte die sandinistische Führung die bürgerlichen Gruppen daran, ihre politische Anhängerschaft zu großen Versammlungen zu mobilisieren, wie es die Sandinisten mit aller Selbstverständlichkeit selber praktizieren. Als sich die von Alfonso Robelo geführte MDN schließlich am 6. November 1980 nicht mehr stoppen ließ und trotz eines Verbots zu einer Kundgebung in dem Dorf Nandaime aufrief, verhinderten sandinistische Anhänger die Veranstaltung. Alle Zufahrtswege waren von Mitgliedern der sandinistischen Jugendbewegung JS-19 und Mitgliedern der „Sandinistischen Verteidigungskomitees" (CDS) blockiert worden. Es gab Prügeleien, und am Ende ging die Villa auf dem Grundstück, auf dem die Veranstaltung abgehalten werden sollte, in Flammen auf.

Die bürgerliche Opposition sah sich nach neuen Wegen um. Alfonso Robelo und Adolfo Calero, damals noch Chef der Coca-Cola Filiale in Managua und Führer der Konservativen Partei, begannen, die einzelnen Gruppierungen, Gewerkschaften und Interessenverbände, die ihrer Linie nahestanden, zu einer einheitlichen Gruppierung zu formen – der „Coordinadora Democrática", zu der fast alle Gruppen gehörten, die sich vor dem Sturz Somozas im FAO (Breite Oppositionsfront) zusammengeschlossen hatten. Bevor aber die vereinte Opposition ihre Arbeit aufnahm, verließ Alfonso Robelo nach monatelangen Vorbereitungen Nicaragua. Vorausgegangen war die Verhängung des Notstands, der die Bürgerrechte einschränkte und Pressezensur erlaubte.

Im September 1982 verkündete Edén Pastora, einst sandinistischer Volksheld wegen der Besetzung des Nationalpalastes, dann Vize-Verteidigungsminister und seit einem Jahr im Ausland, von Costa Rica aus, er werde die „Comandantes", seine ehemaligen Kampfgefährten „mit ihren Mercedes aus dem Land jagen". Pastora gab die Gründung der „wahren sandinistischen Bewegung" bekannt, der „Alianza Revolucionaria Democrática" (ARDE), ein Bündnis, dem sowohl Pastoras Kampfverband als auch christdemokratische und andere versprengte Oppositionsgruppen im Exil angehörten. Auch der Name Alfonso Robelo tauchte im Zusammenhang mit der politischen Führung der ARDE auf.

Er hatte mit Wissen der Sandinisten alle seine Besitztümer in Nicaragua verkaufen können, bis auf sein Haus und seinen Mercedes. Mit Robelo verschwanden auch die meisten anderen Funktionäre seiner Partei MDN aus Nicaragua. Sie war die agilste unter allen Oppositionsgruppen und zerfiel schnell.
Die „Coordinadora Democrática", oder was von ihr blieb, glich eher einem Altherren-Verein. Ohne die straffe Hand Robelos erging sie sich zunächst in internen Reibereien, da die einzelnen Interessen zu unterschiedlich waren. Robelos MDN hatte sich immer als „sozialdemokratisch" bezeichnet, aber vergebens die Aufnahme in die „Sozialistische Internationale" beantragt. In die Fußstapfen des MDN trat der „Partido Socialdemócrata" (PSD), der ebenfalls bis heute mit seinem Aufnahmeantrag bei der SI kein Gehör fand — außer bei dem portugiesischen Sozialdemokraten Soares.
Außerdem gehört zur „Coordinadora" noch die „Sozialchristliche Partei" (PSC) mit Verbindungen zur Internationalen Christdemokratie. Die weiteren Mitglieder: Der Unternehmerverband „Cosep", die Gewerkschaften CUS und CTN sowie ein Teil der „Konservativen Partei", der aber rechtlich nicht anerkannt ist. So verschieden das Sammelsurium dieser Gruppierungen politisch ist, so unterschiedlich sind die Interessen. Dies wurde auch bei den Wahlen deutlich. Arturo Cruz, der sich im Jahre 1983 von den Sandinisten losgesagt hatte, konnte 1984 nur mit Mühe alle Gruppierungen, die ihn zum Präsidentschaftskandidaten der „Coordinadora" gekürt hätten, unter einem Hut halten — wie sich vor allem bei Verhandlungen mit FSLN-Kommandant Bayardo Arce in Rio de Janeiro zeigte. Die „Coordinadora" hatte bereits im Juli beschlossen, die Wahlen, die ersten seit 1979, zu boykottieren, weil sie keine Chancengleichheit sah. Dies war der Anfang eines Verwirrspiels, das dazu führte, daß auch eine Woche vor den Wahlen noch nicht sicher war, ob die Wahlen verschoben würden, und selbst Parteien teilnehmen mußten, die gar nicht mehr wollten, deren Name aber nicht mehr von den Stimmzetteln zu streichen war. So zog am Ende auch die „Unabhängige Liberale Partei" (PLI) in die Nationalversammlung ein, obwohl sie sich kurz vor dem Urnengang auf einem Parteitag gegen eine Teilnahme ausgesprochen hatte.
Der verhinderte Präsidentschaftskandidat Arturo Cruz gehört inzwischen zu dem, was in den USA „Triple A" — dreifaches A — genannt wird: Arturo Cruz, Alfonso Robelo und Adolfo Calero, einst Führer der Konservativen Partei und jetzt politisches Aushängeschild der von Honduras aus operierenden rechtsgerichteten, antisandinistischen Organisation FDN (Fuerza Democrática Nicaragüense), deren militärischer Arm vor allem von ehemaligen Somoza-Nationalgardisten geführt wird. Die „Coordinadora", die auch manchmal „Ablehnungsfront" genannt wird, konnte seit 1982 aber nie die Stärke zeigen, die sie selber immer zu besitzen behauptete. Dies hing mit den Restriktionen durch die Sandinisten zusammen, aber auch mit einem anderen Problem: Das bürgerliche Lager war gespalten. Neben der „Coordinadora" gibt es noch die linkskatholische „PPSC", (Sozialchristliche Volkspartei) und die „PCD" (Demokratische Konservative Partei). Statt totale Konfrontation gegen die Sandinisten zu betreiben, setzten sie auf Zusammenarbeit mit Abgrenzung,

auf „Kritik innerhalb des Prozesses" — eine Linie, die bei den Wahlen im Jahre 1984 Resonanz bei den Wählern fand: PPSC, PCD und PLI vereinigten ein gutes Drittel aller Stimmen auf sich. Linksaußengruppierungen wie die Kommunisten (PC de N) und der „MAP" (Moviminento de Acción Popular) wurden zur Bedeutungslosigkeit degradiert; ebenso die sozialistische Partei (PSN), die schon zu Zeiten Somozas legal bestand.
Mit dem im Parlament vertretenen Gruppierungen haben es die Sandinisten heute schwerer als mit den Fundamentalopponenten der „Coordinadora". Sie zeigen eine bleibende Präsenz im politischen Leben und zwingen den FSLN zur Rechtfertigung seiner Entscheidungen, während die Auseinandersetzung mit der „Coordinadora" sich auf relativ einfachen Ebenen abspielt: Ihr seid gegen uns, deshalb sind wir gegen euch.
Mit der Wahl am 4. November 1984 vollzog sich in den Augen der Sandinisten ein wichtiger Schritt im Rahmen der „Institutionalisierung der Revolution", ein Begriff, der Mexikanern mit kritischer Einstellung gegenüber der übermächtigen Regierungspartei PRI im eigenen Land kalte Schauer den Rücken hinunterlaufen läßt. Die Revolution in Nicaragua ist zwar noch nicht völlig institutionalisiert, aber die Sandinisten haben zumindest ihre Macht konsolidiert. Um dies zu erreichen, sind sie auch nicht vor etwas unüblichen Mitteln zurückgeschreckt. So entmachtete sich das neu gewählte Parlament im Frühjahr 1985 mit der Mehrheit der sandinistischen Stimmen erst einmal selbst. Fast alle Funktionen wurden an Präsident Daniel Ortega abgetreten. Das Parlament verzichtete auf das Recht, den Haushalt zu diskutieren. Da die Sandinisten bei den Wahlen im November 1984 auch keine Zweidrittelmehrheit erreichten und so nicht die nötigen 66 Prozent aller Stimmen im Parlament gehabt hätten, um, wie international üblich, eine Verfassung zu verabschieden, sannen sie auf einen Ausweg. In Nicaragua reichen 60 Prozent aller Stimmen, um die Verfassung zu verabschieden. Das entspricht in etwa der Mehrheitssituation im Parlament. Die Sandinisten können so, ohne auf andere Parteien Rücksicht nehmen zu müssen, alleine bestimmen.
Die Mittel erfüllten ihren Zweck. Aus einer Situation, in der die Sandinisten zwar die besseren Karten besaßen, aber um den Massenanhang in Nicaragua gekämpft werden mußte, schafften sie es in sechs Jahren trotz aller Abnutzungserscheinungen, trotz wirtschaftlicher und politischer Fehler und trotz eines sich verstärkenden Krieges, ihre Massenbasis auszuweiten und zu festigen. Die sandinistischen Gewerkschaften zählen etwa 300 000 Menschen. Über die sandinistischen Verteidigungskomitees reicht der Arm der Parteistruktur bis in die Stadtviertel hinein. Der Sicherheitsapparat tut ein übriges. Wo Parteistruktur und politische Organisationen nicht reichen, hilft den Sandinisten die allseits präsente Staatssicherheit. Auch die Armee mit ihren politischen Offizieren ist unter sicherer Kontrolle des FSLN. Sie garantiert eine entsprechende politische Schulung der Wehrpflichtigen.
Das „Check and Balance"–System, das die USA in letzter Minute vergeblich zu etablieren versucht hatten, funktionierte allerdings auf eine völlig unerwartete Art innerhalb der sandinistischen Befreiungsfront mehr als sechs Jahre. Mit Mühe hatten die Sandinisten Ende 1978 ihrer Spaltung in die drei

Tendenzen „Guerra Popular Prolongada", „Tendencia Proletaria" und „Terceristas" überwunden. Die Befreiungsbewegung hatte sich aufgespalten, nachdem Mitte der Siebziger Jahre ihr Führer und ideologischer Kopf Carlos Fonseca umgekommen war. Der Streit entzündete sich allerdings weniger an grundsätzlichen Fragen der Ideologie als an der Diskussion über die richtige Strategie zum erfolgreichen Umsturz und an den Problemen des Paktes mit den bürgerlichen Kräften. Seit dem Frühjahr 1979 setzt sich die neunköpfige Nationaldirektion des FSLN paritätisch aus je drei Kommandanten der drei Lager zusammen. Die kollektive Führung wurde bis heute nicht aufgegeben, bei nahezu allen Besetzungen der letzten Jahre achtete die Führung peinlich genau auf die Beibehaltung des „Tendenzproporzes". Das kollektive Prinzip ist sicher auch einer der Gründe, weshalb die Sandinisten Wahlen erst im November 1984 und nicht schon viel früher abhielten. Einen Urnengang im Jahr 1980, wie er zum Beispiel von der Opposition verlangt worden war, hätte bedeutet, den nominell gleichberechtigten Rang der neun Comandantes frühzeitig aufzuheben. Dies aber hätte alte Rivalitäten wieder aufleben lassen können. Selbst als Anfang 1984 der Präsidentschaftskandidat des FSLN bestimmt werden mußte, kamen noch persönliche Ambitionen auf. Der heutige Innenminister Tomás Borge, einziger noch lebender Gründer des FSLN, wollte ebenso Staatschef werden wie Daniel Ortega. Tomás Borge ist der Führer der früheren Tendenz „Guerra Popular Prolongada". Daniel Ortega gehört zu den „Terceristas".

Es ist freilich zu einfach, die nicaraguanische Entwicklung nur unter dem Aspekt der persönlichen Rivalitäten zu betrachten. Ein nicht minder wichtiges Argument war für die Comandantes sicher auch, die Bewegung in der entscheidenden Aufbauphase nicht durch ideologischen oder persönlichen Zwist zu gefährden. Die drei Tendenzen hatten zwar zusammen den Diktator gestürzt, aber noch während des Aufstandes waren unter den Kämpfern – nicht nur unter den Comandantes – „lokalpatriotische", tendenzielle oder sektiererische Ansichten verbreitet. Der „Frente", wie der FSLN im Volksmund genannt wird, gab der Konsolidierung seiner Macht den Vorrang vor solchen Fragen. Hinzu kommt, daß die Sandinisten selbst nur verschwommene Zukunftsvorstellungen besaßen und vor allem die bürgerlichen Kräfte nicht verschreckt werden durften. Denn das Land war sowohl auf die Privatunternehmer als auch auf den Mittelstand und die wenigen Fachkräfte angewiesen. Erst 1984 tauchten zum ersten Mal Transparente auf, auf denen der Sozialismus als klar definiertes Ziel vorgestellt wurde. Bis dahin hatte lediglich Verteidigungsminister Humberto Ortega im Jahr 1981 dafür gesorgt, daß sich Skeptiker bestätigt sahen. In einer Rede vor Offiziersanwärtern erklärte er damals die marxistisch–leninistische Doktrin zur Doktrin des Sandinismus. Im Mai 1984 sorgte dann noch Bayardo Arce dafür, daß wiederum das Gespenst des kommunistischen Einheitsparteienstaates auftauchte. In einer Rede vor Vertretern der „Sozialistischen Partei" sprach er sich für ein solches System aus. Im allgemeinen kamen aber auf die Fragen nach den konkreten Zukunftsvorstellungen eher Verlegenheitsantworten, so etwa die des heutigen Vize–Präsidenten Sergio Ramírez im Jahr 1981: „Es stimmt, daß wir kein

demokratisches System errichten wollen, wie es in West-Europa und den USA besteht. Wir werden hier ein demokratisches System errichten, das unseren Bedingungen und unserer Wirklichkeit entspricht. Wir ahmen niemanden nach, auch nicht die Sowjetunion." Und bei der Frage, wie Nicaragua einige Jahre später aussehen würde, kam Ramírez auch auf Wahlen zu sprechen: „Wenn es keine Aggression gibt, wenn man uns in Ruhe läßt, wird es 1985 Wahlen geben. Wenn nicht, gibt es keine Wahlen."[2]
Es gab keine Ruhe, aber es gab Wahlen, und zwar nicht 1985, sondern schon 1984, nach beträchtlichem internationalen Druck vor allem von Seiten der Sozialistischen Internationale und lateinamerikanischer Länder. Mit legitimen Wahlen sollte eine legitime Regierung bestimmt werden. Eines der Ziele: Den USA den „heimlichen" Krieg gegen Nicaragua politisch zu erschweren. Ein Vorhaben, das der Regierung der Vereinigten Staaten nicht recht sein konnte und dem sie sich unter Einsatz aller Mittel entgegenstemmte. Der Boykott durch die „Coordinadora" ist auch ein Ergebnis nordamerikanischer Einwirkung. Die Wahlen beendeten weder den Krieg, noch brachten sie international eine Klärung für die Sandinisten. Wenn die Parlaments- und Präsidentschaftswahlen auf internationaler Ebene auch nicht völlig den erhofften Erfolg brachten, so hatten sie doch zumindest innerhalb des „Frente" einen Klärungsprozeß zur Folge, dessen Auswirkungen auch Mitte 1985 noch nicht völlig abzusehen waren.
Das Gleichheitsprinzip zwischen den Comandantes wurde aufgegeben. Daniel Ortega, ehemals Führer der „Tercerista"-Fraktion, setzte sich gegen Tomás Borge, ehemals Chef der GPP, durch. Ortega nutzte seinen Amtsantritt als Präsident, um das Kabinett neu zu strukturieren und vor allem die Wirtschaftspolitik bei sich und seinem Stellvertreter Sergio Ramírez zu konzentrieren. Tomás Borge konnte immerhin seine eigene Position sichern, obwohl sich die dritte Gruppierung, die „Proletarios", tendenziell auf die Seite der „Terceristas" geschlagen hat. Es steht allerdings auch fest, daß die traditionelle Dreiteilung innerhalb des „Frente" längst überholt ist. So gehören zum engsten Mitarbeiterstab von Präsident Ortega einige führende Sandinisten, die ursprünglich aus Tomás Borges Fraktion stammen, und umgekehrt. Die Erfahrung von Grenada hat die Sandinisten zudem gelehrt – wenn sie es nicht bereits vorher wußten –, daß offene Fraktionskämpfe tödlich für die revolutionäre Entwicklung sein können.
Noch besteht allerdings das „Check and Balance"-System zwischen den verschiedenen Gruppen. Borge besitzt als Chef der Staatssicherheit und des Innenministeriums mit seiner Polizei und Spezialtruppen wie „Pablo Ubeda", die im irregulären Kampf gegen die von den USA unterstützten Contras eingesetzt werden, eine ebenso unbestrittene Machtposition, wie Daniel Ortegas Bruder Humberto als Verteidigungsminister und damit Chef der Armee. Die wohl einschneidendste Veränderung in der bisherigen Führungsstruktur gab es im Juli 1985. Bei einer Versammlung der „Asamblea Sandinista", einer Vollversammlung der 105 entscheidenden Sandinisten, wurde Daniel Ortega zum Koordinator für die Parteiarbeit ernannt. Mit in diesem Gremium sitzen sein Bruder Humberto Ortega als zweiter Ex-Tercerista, Jaime Wheelock als ein-

ziger Ex-Proletario und Tomás Borge und Bayardo Arce als Ex-GPPs. Bisher war Arce für die Parteiarbeit verantwortlich. Außerdem wurde zum erstenmal seit der Bildung der neunköpfigen Nationaldirektion die traditionelle Dreier-Parität nicht eingehalten. Weiter legte die „Asamblea" fest, daß die Zahl ihrer Mitglieder nicht auf über 105 steigen darf und neue Mitglieder von der Nationaldirektion ernannt werden.
Im Klartext: Der FSLN bleibt eine Kader-Partei in der Tradition der Guerilla-Bewegung, und Daniel Ortega hat sich mehr Einfluß auf die Partei gesichert. Dies mag auch eine Konsequenz aus der Kritik sein, die innerhalb der Asamblea Sandinista selbst laut geworden war. Im Mai 1985, als Daniel Ortega sich auf Europa-Reise befand, gab es Ärger in der Versammlung. Omar Cabezas, einer der Kommandanten der zweiten Linie, beschwerte sich am Ende des Treffens, die Mitglieder würden nur noch zum Handheben gerufen, Diskussionen fänden nicht statt. Weiter kritisierte er, bei jeder Versammlung werde etwas anderes und teilweise Widersprüchliches beschlossen. Das schlimmste, so Cabezas, sei, daß es nun nicht mehr drei Richtungen entsprechend den früheren Tendenzen gäbe, sondern neun – entsprechend den Wünschen der neun Comandantes. Die Forderung von Cabezas: Entweder stimmt sich die Nationaldirektion vor den Versammlungen ab und präsentiert eine kohärente Linie, der nur noch zugestimmt werden darf – um Zeit zu sparen, wie er einfügte – oder man läßt die Versammlung tatsächlich diskutieren. Das Treffen verlängerte sich darauf um mehrere Stunden. Die Episode – in Nicaragua nur hinter vorgehaltener Hand weitererzählt – ist bezeichnend für die „neue Demokratie" des mittelamerikanischen Landes. Die Sandinisten haben sich nicht von der Tradition der zentralistischen Parteistruktur lösen können.
Die Nicaraguaner haben zwar einen Diktator gestürzt, aber ihre Autoritätsgläubigkeit hat dies nicht gebrochen – weder beim FSLN noch im Alltag. So sind politische Leitlinien bei den Sandinisten Sache der Führung und der Asamblea, es gibt kaum eine Diskussion, die von unten nach oben gelangt. Politisches Bewußtsein beschränkt sich so oft auf die Kenntnis und Analyse der eigenen Situation. Die Betroffenen können sie jedoch nur im Rahmen von Parolen ausdrücken, die sie von der Propaganda des Parteiapparates gelernt haben. Wer im Jahr 1979 hoffte, in Nicaragua würde sich ein System etablieren, das sich an basisdemokratischen Vorstellungen orientiert, sah sich getäuscht. Im Gegenteil, die Strukturreform im Juli 1985 zeigt, daß die Sandinisten angesichts des Krieges und der wirtschaftlichen Probleme des Landes verstärkt auf das Kader-Prinzip zurückgreifen.
Die Schwächen sieht man vor allem bei der Verwaltung. Die Autoritätsgläubigkeit führt zu einer Angst vor Verantwortung. Kein mittlerer Beamter wagt, eigenständige Entscheidungen zu fällen. Entweder werden problematische Fälle immer weiter nach oben verschoben und verschwinden schließlich ganz im Aktenlabyrinth oder sie erreichen nach langer Zeit tatsächlich einmal den Schreibtisch eines Entscheidungsmutigen. Der einfachste Weg ist in Nicaragua immer noch der für Lateinamerika allgemein übliche: Am besten klopft man gleich beim Chef an, dort gibt es dann wenigstens schnell eine Antwort.

Die straffe Zentralisierung in der Politik hat freilich nicht verhindern können, daß es trotz allem in den letzten Jahren immer wieder widersprüchliche Entscheidungen und unvorhersehbare Kurswechsel mit den entsprechenden Folgen gegeben hat. Gelitten hat darunter vor allem die Wirtschaft. Innenpolitisch dagegen sind die Verhältnisse geklärt. Die bürgerliche Opposition ist gespalten, der Teil, der eine fundamentaloppositionelle Haltung einnimmt, innenpolitisch zur Bedeutungslosigkeit degradiert. Dies gilt auch für die von den Nachbarländern aus agierende antisandinistische, rechtsgerichtete „Contra". Sie hat es mit den Dollar-Millionen aus den USA zwar geschafft, dem Land erheblichen militärischen Schaden zuzufügen, aber eine politische Alternative ist die „Contra" bis heute in Nicaragua nicht. Im Gegenteil, es gelingt den Sandinisten immer wieder, dank der nordamerikanischen Unterstützung für die antisandinistischen Gruppen, die sich zum Teil auf ehemalige Nationalgardisten des Diktators Somoza stützen, neue nationalistische Gefühle zu mobilisieren. Sicherlich ist es den antisandinistischen Gruppen gelungen, auch viele Leute für ihre eigenen Zwecke zu rekrutieren, doch von einem Bürgerkrieg etwa nach dem Muster El Salvadors kann man nicht sprechen. Dazu hängen die „Contras" zu sehr von den USA ab und verfolgen zu sehr die Interessen der Nordamerikaner.

Der einzige ernstzunehmende politische Gegner für die Sandinisten im heutigen Nicaragua ist die katholische Kirchenhierarchie, in der sich insbesondere der inzwischen zum Kardinal ernannte Bischof von Managua, Miguel Obando y Bravo, als Sammler des Protestes betätigt. Aber auch er mußte erkennen, daß seine Gefolgschaft nicht so zahlreich und aktiv ist, wie er hofft. Bei seiner Rückkehr aus Rom, hatte das Erzbistum noch vollmundig angekündigt, werde er zu einem Gottesdienst in Managua 150 000 Menschen zusammenbringen — ebensoviele wie die Sandinisten bei ihren Massenaufmärschen. Zu dem Gottesdienst kamen dann klägliche 20 000 Menschen. Weitaus mehr waren es am Vorabend gewesen, als Obando y Bravo vom Flughafen zu seiner Residenz fuhr. Sechs Stunden brauchte er für die Fahrt. Ob aber alle, die den Weg säumten, seine Anhänger waren, ist nicht sicher. Obando y Bravo hatte sich vor seiner Rückkehr nach Nicaragua noch eine besondere Provokation geleistet: Statt die erste Messe als Kardinal in seinem Heimatland zu feiern, zelebrierte er in Miami einen Gottesdienst vor nicaraguanischen Exilierten. Die meisten von ihnen waren früher treue Anhänger des Diktators Somoza. Natürlich durften bei der Messe auch die „Contra"-Führer Adolfo Calero und Edén Pastora nicht fehlen. Was der Kardinal offensichtlich als Provokation gegen die Sandinisten konzipiert hatte, stieß auch den Gläubigen auf. Viele Katholiken in Nicaragua waren darüber empört, daß der Oberhirte die erste Messe im Ausland, noch dazu vor Anhängern des „blutrünstigen Tyrannen" hielt. Die Sandinisten hatten in den Wochen vor der Rückkehr des Kardinals gezittert. In den vorhergehenden Jahren waren sie selbst es gewesen, die immer für unnötigen Zündstoff im Verhältnis zur katholischen Kirche gesorgt hatten.

So ungeschickt die Sandinisten sich gegenüber der Kirchenführung oft benahmen, so geschickt zeigten sie sich in ihrer Außenpolitik. Das Instrument der Internationalen Institutionen wußten sie gut für ihre Belange zu nutzen, und bis heute sind die Vereinten Nationen eines der wichtigsten Foren, um auf die Probleme mit den USA hinzuweisen. Die Sandinisten hatten bei ihrem Machtantritt versprochen, eine blockfreie Außenpolitik zu betreiben. Inzwischen wird ihnen vorgeworfen, sie seien endgültig in das östliche Lager abgewandert. In der Tat gibt es sehr enge Verbindungen zu Kuba, ökonomisch wie militärisch. General Ochoa, einst der Chef der kubanischen Truppen in Angola, hielt sich 1985 in Nicaragua auf. Der Generalstab der Sandinisten wird von Ausländern beraten, darunter auch von sowjetischen Militärs. Einige der militärischen Programme, die im Kampf gegen die von den USA unterstützte „Contra" angewendet werden, erinnern an ähnliche Aktionen in Afghanistan und Äthiopien. Dazu zählt vor allem die Umsiedlung der Bevölkerung aus Konfliktgebieten. Sie findet in Nicaragua unter anderen Voraussetzungen statt als in den anderen Ländern, aber die Linie ist klar: Dem Fisch „Contra" wird das Wasser entzogen.

Der nahezu einseitigen militärischen Abhängigkeit von sozialistischen Staaten steht freilich ein sehr gefächertes Beziehungsspektrum im ökonomischen und politischen Bereich gegenüber. Die Europäische Gemeinschaft und Dritte-Welt-Länder gehören zu den wichtigsten Handelspartnern. Allerdings könnten die Beziehungen zu „Comecon"-Staaten in dem Maße wichtiger werden, wie die Sandinisten wegen zunehmenden Devisenmangels auf Tauschgeschäfte angewiesen sind. Und solche Geschäfte sind mit kapitalistischen Ländern schwer abzuschließen.

Die Sandinisten bemühen sich zudem, politische Beziehungen, insbesondere zu Westeuropa, zu pflegen. Anders als Kuba, das wegen des US-Drucks lange Jahre in Lateinamerika isoliert war, haben es die Sandinisten geschafft, eine ähnliche Entwicklung zu verhindern. In Mittelamerika sind sie zwar isoliert, auf dem südamerikanischen Kontinent finden sie dagegen immer noch und immer mehr Verständnis für ihre Politik.

Die Sandinisten geben inzwischen selbst zu, daß Teile der revolutionären Ideologie am Anfang taktischen Hintergrund hatten, inzwischen aber zu wesentlichen, zu „strategischen Bestandteilen" der Revolution geworden sind. Innenminister Tomás Borge zählt dazu Elemente wie den politischen Pluralismus und die gemischte Wirtschaft. Dies freilich hat zu einer Entwicklung geführt, die der nicaraguanische Innenminister selbst als einen „verwickelten Prozeß" darstellt, der von den eigenen Anhängern nicht immer einfach zu verstehen sei.[3]

Unter dieser komplizierten Entwicklung leiden auch die Führer der Sandinisten selbst. Sie hatten sich im Oktober 1985 nicht vorgestellt, daß die Verhängung des Notstands im Ausland so viel Wirbel machen würde, wie es tatsächlich der Fall war. Das Dilemma der Sandinisten: Es wird immer schwieriger, nationale, innenpolitische Entscheidungen von außenpolitischen Entwicklungen zu trennen. Die Notstandsgesetze richteten sich gar nicht so sehr gegen die außerparlamentarische Opposition — ein Großteil der verkündeten Maßnahmen wurde ohnehin praktiziert. Der wichtigste Aspekt: Angesichts der kritischen wirtschaftlichen Entwicklung sollten vor allem die Gewerkschaften unter Kontrolle gehalten werden. Die Sandinisten fürchteten, daß eine Streikwelle Unruhe ins Land bringen könnte, die sich die „Contras" oder die innere Opposition um den Kardinal Miguel Obando y Bravo zunutze machen würden. Die Sandinisten sind offensichtlich an dem Punkt angelangt, an dem sie den „Contras" nun auch eine politische Gefährdung Nicaraguas zutrauen. Sie machen es mit ihren Vorbeugungsmaßnahmen aber ausgerechnet den politischen Kräften in Nicaragua schwer, die verstanden haben, daß es sich in dem mittelamerikanischen Land nicht um eine Wettbewerbsdemokratie handelt, und auch bereit sind, dies zu akzeptieren. Eines aber macht der Notstand klar: Die Sandinisten sind fest entschlossen, in Nicaragua mit ihrer Revolution zu überleben, selbst um den Preis, auf dem internationalen Parkett an Zustimmung einzubüßen.

Abkürzungen:

FSLN Frente Sandinista de Liberación Nacional; Sandinistische Front der Nationalen Befreiung
Gruppe der Zwölf Eine Gruppe von zwölf Oppositionellen, darunter Intellektuelle und Unternehmer, die vor dem Sturz Somozas vom Nachbarland Costa Rica aus vor allem diplomatische Aktivitäten entfaltete
MPU Movimiento Popular Unido — Vereinigte Volksbewegung, ein Zusammenschluß von überwiegend studentischen Organisationen, die in den Städten vor allem zivilen Widerstand leistete und dem FSLN nahestand
MDN Movimiento Democrático de Nicaragua — Demokratische Bewegung Nicaraguas, eine Partei, die sich als sozialdemokratisch bezeichnete, vor allem aber als Interessenverband bürgerlicher Politiker funktionierte
FAO Frente Amplio Opositor — Breite Oppositionsfront; sie bestand schon vor dem Sturz Somozas und gehörte dem bürgerlichen Widerstand an

Literaturhinweise:

1. Francis Pisani, Los Muchachos, deutschsprachige Ausgabe, Oktober 1981, Rotpunktverlag Zürich
2. Vorwärts, 16.7.1981, Seite 17, „Wenn man uns in Ruhe läßt"
3. Pensamiento Propio, Managua, Nr. 24, Juni–Juli 1985, Interview mit Tomás Borge; „El nuestro es un proyecto enredado"

Familie beim Beschaffen von Trinkwasser in Chinandega. © Olivia Heussler

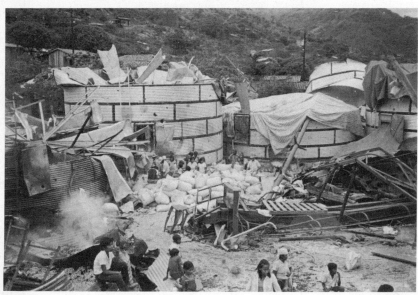
Durch Contra-Überfall zerstörte Silos für Grundnahrungsmittel bei Ocotal.
© Larry Boyd

Dieter Eich

Wirtschaftlich geht es nur noch ums Überleben

Das nicaraguanische Wirtschaftsinstitut CRIES leitet eine Analyse der wirtschaftlichen Situation Nicaraguas mit dem Hinweis ein, der Leser solle nicht vermuten, „daß wir vielleicht versuchen, ein ‚Fiasko' zu rechtfertigen"[1] – einer der ersten, wenn auch zaghaften Versuche, sich den Problemen zu stellen. Was jedoch 1984 noch „Fiasko" genannt wurde, hat sich in der Zwischenzeit zum ökonomischen Bankrott weiterentwickelt. Die Lage spitzte sich in einer Weise zu, daß die Sandinisten mittlerweile „eine Politik des wirtschaftlichen Überlebens" verfolgen[2].
Nach dem Krieg im Jahr 1979 war die Wiege des ökonomischen Aufbruchs nur ein Trümmerhaufen. Vor seiner Flucht hatte der Diktator noch wichtige Industriebetriebe bombardieren lassen und die Staatskasse leergeräumt. Die Auslandsschuld, die er hinterließ, belief sich auf 1,5 Mrd. US–$[3]. Erschwerend für den Neubeginn war auch, daß der Revolutionssieg in die Zeit der schwersten ökonomischen Rezession nach der Weltwirtschaftskrise von 1929 fiel und außerdem vom Zerfall der Wirtschaftsstruktur des Zentral– und Lateinamerikanischen Marktes begleitet war.
Daß es nicht einfach um den Wiederaufbau und die Reaktivierung einer Ökonomie ging, wie es sich einige Sektoren der Nationalbourgeoisie vorgestellt hatten, stand außer Zweifel. Die neue Regierungsjunta dachte an eine „Reaktivierung der Wirtschaft zum Wohle des Volkes", eine Reaktivierung also – und dies war eine völlig neue Perspektive –, die der Mehrheit der Bevölkerung dienen sollte. Die Strategie läßt sich in drei Kernbereiche zusammenfassen:
– Sicherung der allgemeinen Grundbedürfnisse
– Umverteilung des Einkommens zugunsten unterprivilegierter Schichten
– Angleichung des Lohnniveaus
Den Sandinisten schien das Vorhaben, einer zertrümmerten „Bananenrepublik" nun eine Wirtschaftsstruktur mit sozialer Verantwortung zu geben, durch tiefgreifende strukturelle Veränderungen des gesamten Produktionsprozesses und der politischen Motivation seiner Träger realisierbar. Die verschiedenen Programme enthielten folgende Entwicklungsebenen[4]:
– Hauptpfeiler sollte die Sicherung der nationalen Eigenversorgung sein. Dieses Ziel verlangte im Agrarsektor eine tiefgreifende Reform und Restrukturierung. Die Grundnahrungsmittel sollten gezielt in neuen kollektiven Formen des Eigentums, vorrangig in Kooperativen, produziert werden, um so einem breiten Potential von Bauern, die bisher von der Subsistenzwirtschaft lebten, neue wirtschaftliche Perspektiven zu eröffnen. Die Agrarexportstruktur, wie sie sich in Nicaragua historisch herausgebildet hatte, konnte mittelfristig nur graduell geändert werden. Haupteinnahmequelle blieben deshalb weiterhin die Produktion von Baumwolle, Kaffee,

Fleisch und Zucker. Um jedoch in dieser traditionellen Produktion höhere Preisvorteile auf dem Weltmarkt zu erzielen und den Reimport zu senken, sollten die Rohstoffe bereits im Lande weiterverarbeitet werden. Dies betraf insbesondere die Baumwollgarne und -stoffe, die Zuckerderivate, die Herstellung von Futterkonzentraten und die Konservierung von Gemüse und Früchten. Die industrielle Weiterverarbeitung sollte direkt in den Anbauzonen angesiedelt werden, um neue regionale Arbeitsplatzperspektiven aufzubauen. Die Regierung hoffte, so das wachsende Problem der in die Städte drängenden Landbevölkerung ohne Perspektiven nach einer Neuverteilung des Bodens entschärfen zu können.
— Die Entwicklung des nationalen Industrie- und Bausektors gedachte man eng an den Bedarf des Agrarsektors zu koppeln, um den notwendigen Import durch im Lande herstellbare Produkte zu senken. Der bisher geringe Entwicklungsgrad der metallverarbeitenden Industrie setzte diesen Perspektiven klare Grenzen.
— Die allgemeine wirtschaftliche Entwicklungsstrategie sollte entsprechend den Vorgaben möglichst dezentral umgesetzt werden, um kaum integrierte Landesregionen in die Produktion des nationalen Reichtums einzubinden und infrastrukturell anzuschließen.
— Diese Vorstellungen konnten nur über die Veränderung der Eigentumsformen durch eine Agrarreform, jedoch unter gesetzlichem Schutz des Privateigentums, verwirklicht werden. Der Staat übernahm deshalb die unmittelbare Exportstruktur, das Finanzwesen und die Vermarktung der Basiskonsumprodukte sowie das Eigentum der Somozafamilie und ihrer engeren politischen Gefolgschaft.
— Der Staat und seine politischen Kräfte garantierten ferner die Existenz und den Fortbestand eines Wirtschaftssystems, in dem private Produzenten neben einem kollektiven Wirtschaftsbereich weiterhin kapitalistisch produzieren sollten.
— Den sozialen Trägern der Revolution wurden die Demokratisierung des Produktionsprozesses und die Beteiligung der Arbeiter an den Entscheidungen zugesichert. Gleichzeitig sollten sie sich dadurch mit den Formen sozialer und wirtschaftlicher Organisation vertraut machen.
Die erste Phase dieser Transformation wollten sich die Sandinisten durch eine kräftige Außenfinanzierung ermöglichen, um dann die zweite Phase durch die Herausbildung des inneren Sparvolumens zu garantieren. Mit kleinen selbstfinanzierten Projekten sollten die Dezentralisierung und das Interesse an einer aktiven Mitgestaltung der Revolution vertieft werden.
Voraussetzung für dieses Programm war allerdings eine neue Logik der wirtschaftlichen Reichtumsschaffung durch die Veränderung des gesamten ökonomischen Systems. Da Nicaragua aber über keine eigene innere Akkumulationsachse verfügte, sondern Rohstoffe einfach exportierte, ohne sie auch nur geringfügig zu verarbeiten, stieß diese Absicht auf Probleme.
Historisch war Nicaragua in die kapitalistische Weltwirtschaft abhängig, deformiert und arbeitsteilig integriert worden. Das änderte auch die sandinistische Politik zunächst nicht. So mußte die Erwirtschaftung der Devisen mit-

telfristig weiterhin mit den gleichen Rohstoffen in den gleichen Sektoren erfolgen. Die starke Erhöhung der Exportraten zur Deckung des hohen Devisenbedarfs, wie sie angestrebt wurde, konnte jedoch nur dann erfolgreich funktionieren, wenn gleichzeitig die Weltmarktpreise für diese Produkte in der Zwischenzeit stabil blieben. Dadurch hing aber auch die wichtigste Finanzierungsgrundlage für die Entwicklung des Landes von der Anarchie der Warenbörsen und der Spekulanten ab. Notgedrungen mußte sich die wirtschaftliche Rentabilität des eigenen Exportsektors an den Rentabilitätsvorgaben orientieren, die international dem Produktionsstand der technologisch höchstentwickelten Produzenten entsprach. Die historischen Abhängigkeiten bedeuteten zwangsweise den Import hochentwickelter Agrartechnologie aus Industrieländern. Die Folge: gleichzeitig wurde ein großer Teil der nationalen Betriebe wirtschaftlich unrentabel.

Wegen der sich ständig verschlechternden „Terms of trade" stiegen durch den Import von Maschinen, Saatgut, Dünger, Pestiziden, Bewässerungsanlagen die notwendigen Vorkosten für die Exportproduktion zwangsläufig schneller als die in diesem Sektor erwirtschafteten Erträge. Gleichzeitig konnten aber allein in diesem Bereich die Devisen erwirtschaftet werden, die zur Beschaffung von Rohstoffen und Investitionsgütern und sogar zur Befriedigung irrationaler Konsumgewohnheiten benötigt wurden. Zu mildern war diese Abhängigkeit nur, wenn die Rohstoffe für den Export mittelfristig im Lande weiterverarbeitet würden und nicht mehr nach der Verarbeitung im Ausland teuer reimportiert werden müßten. Diese Strategie machte nur bei einer kontinuierlichen Weiterentwicklung der nationalen Industrie Sinn – die wiederum vom Import der hierfür notwendigen Maschinen, Rohstoffe und Technologien abhing. Auch hier mußte man sich am Stand der Weltmarktproduktion orientieren. Da historisch in Nicaragua der Handel Priorität gegenüber der eigenen Produktion hatte, fristete die nationale industrielle Produktion ein kümmerliches Dasein. Durchbrochen wurde diese Situation nur von einzelnen Betrieben, die für den mittelamerikanischen Markt produzierten. Aber auch diese Industriebetriebe importierten durchweg 80–90 % der Rohstoffe für ihre Produkte. Zu bedenken war ferner, daß die bisher einseitige Ausrichtung auf bestimmte Handelspartner und die totale Orientierung auf den US-Markt bei sich zuspitzender Krise fatale Folgen haben könnte. Nicaragua benötigte deshalb eine neue Marschrichtung für seine Exporte. Die Diversifizierung der Handelspartner bei gleichzeitiger Erschließung neuer Märkte stützte diese Neuorientierung.

Das waren die Ideen. Ihre Umsetzung hing nun wesentlich vom Verhalten des privaten Kapitals ab. Im ersten halben Jahr der Revolution war dessen Reaktion sehr ambivalent. Dieser Sektor hatte vom Staat erwartet, daß er nach dem Sieg wieder in die üblichen Spielräume der Marktwirtschaft zurückfallen würde. Schon durch die Enteignung des Somoza-Besitzes schufen die Sandinisten neue Verhältnisse. Der Staat übernahm durch diese Konfiszierung teilweise völlig veraltete Produktionsmittel, aber auch technisch intakte Betriebe und entwickelte aus ihnen den volkseigenen APP-Sektor. Er entfernte sich damit bereits von der traditionellen Rolle, in der sich der Staat auf die Übernahme von unrentablen Produktionsbereichen beschränkt und dadurch vorrangig die Wettbewerbsbedingungen des privaten Sektors erleichtert hatte. Jetzt versuchte der Staat, der nationalen Bourgeoisie durch klare Platzzuweisung einen bestimmen Bereich offenzuhalten. Ferner sicherte er sich durch die Kontrolle der Währungszirkulation und des Devisenzugangs einen weiteren neuralgischen Bereich. Dies allein ergab zwangsläufig ein neues Verhältnis zwischen revolutionärem Staat und privatem Kapital. Die zukünftige Wirtschaftsordnung sollte planwirtschaftliche Elemente, kooperative Produktionsformen und privates Kapital miteinander vereinen. – Sicherlich ein kompliziertes Vorhaben unter den Argusaugen der Supermächte, die ihre eigenen Interessen sichern wollten. Das sandinistische Rahmenmodell zeigte eine Originalität, die selektiv die Erfahrungen anderer Übergangsgesellschaften der Dritten Welt verarbeitet hatte und dabei zugleich progammatisch und ambitiös geblieben war.

Auf dieser Grundlage sollte nun in Nicaragua versucht werden, den Reichtum endlich, wenn auch in bescheidenem Maße, in die eigene nationale Entwicklung zu investieren. Diese Programmatik würde gleichzeitig dem FSLN große Unterstützung in der Bevölkerung bringen. Anzunehmen war auch, daß die politisch entmündigten und wirtschaftlich nun erneut reglementierten Teile des nationalen Unternehmertums nicht gewillt waren, den bereits unter der Diktatur erkämpften Einfluß einfach aufzugeben. Weiterer Widerstand mußte aus den USA kommen, denn ein sich erfolgreich entwickelndes revolutionäres Nicaragua könnte das Pulverfaß Zentralamerika explodieren lassen. Die USA antworteten auf diese Möglichkeit mit einer langfristigen Destabilisierungsstrategie. Dem Phoenix sollten die Flügel verbrannt werden.

Die Großmachtpolitik der USA hatte für die gesellschaftliche Entwicklung Nicaraguas spektakuläre Auswirkungen. Wegen der Aggression ist Nicaragua gezwungen, den größten Teil der Ressourcen in die Verteidigung statt in den Aufbau- und Reformprozeß zu investieren[5].

Als direkte Schäden definiert die UN–Wirtschaftskommission für Lateinamerika, CEPAL, die Zerstörung von Industrieanlagen, die Verhinderung bereits geplanter und finanzierter Neuansiedlung von Produktionsbetrieben sowie die Produktionsverluste[6], die durch direkte militärische Aktivitäten und das Verlassen von Produktionsanlagen entstanden sind. Im Landwirtschaftssektor betragen die Verluste an Kapitalgütern über 10 Mio. Dollar, in der Produktion 91 Mio. Dollar. Betroffen waren Kaffeeverarbeitungsanlagen, Lagerhäuser und Silos für die Lagerung von Grundnahrungsmitteln, Trockenanlagen für Kaffee, Unterkünfte für Landarbeiter und Installationen der Viehwirtschaft. Durch den Krieg bedingt, mußten 12 000 Hektar Kaffeepflanzungen aufgegeben werden, 5 000 Hektar Tabak und 87 500 Hektar Böden, die für die Produktion von Lebensmitteln bestimmt sind. Innerhalb des Kaffeesektors entstanden Verluste von 54 650 Tonnen Kaffee (in Marktpreisen von 1983/84 bedeutet dies 69 Mio. Dollar), die Einnahmen aus der Tabakproduktion reduzierten sich um 3,5 Mio. Dollar und die Einbußen bei Grundnahrungsmitteln beliefen sich auf 11 Mio. Außerdem gingen durch die Aggression 18 500 Rinder im Wert von 7,2 Mio. Dollar verloren und allein im Departement Zelaya Norte verbrannten 44 000 Hektar Wald (29 Mio. Dollar). Durch die Zerstörung von Sägewerken und Extraktionsgerät war die Holzwirtschaft mit 5 Mio. Dollar betroffen, und weil bestimmte Zonen durch Kampfaktivitäten keinen Abbau mehr gestatteten, gingen bilaterale Kredite in Höhe von 71 Mio. Dollar verloren. Auch wurde Fischereigerät im Wert von 11 Mio. Dollar zerstört. Viele funktionsfähige Schiffe der nicaraguanischen Fangflotte mußten wegen des Mangels an Kriegsschiffen für Verteidigungszwecke umgerüstet werden und fehlen in der Produktion.

Die Contra griff sechs Mal die Goldbergwerke von Siuna und La Rosita an. Die Verluste: 4 Mio. Dollar bei Infrastruktur und Installationen, der Ausfall in der Förderung beträgt 8 Mio. Dollar. Der Straßenbau und die allgemeine Infrastruktur des Transportes wurden durch die Zerstörung von Baumaschinen in den Kriegszonen mit über 5 Mio. Dollar geschädigt. Durch Angriffe auf Baulager und Depots des Bauministeriums, aber auch von privaten Baugesellschaften, entstand ein Schaden von 7 Mio. Dollar, die Sprengung oder Beschädigung von Brücken schlägt mit 3 Mio. Dollar zu Buche[7].

Die Regierung sah sich gezwungen, aus den Kriegszonen die Bevölkerung auszusiedeln — insgesamt über 180 000 Personen, vor allem Frauen, ältere Menschen und Kinder. Für sie mußten Neuansiedlungen gebaut werden, sogenannte „Reasentamientos". Das kaum zu beschreibende menschliche Leid, das der Krieg verursacht, läßt die Zahl von bisher 7 585 Waisen erahnen[8].

Die Verteidigung in einem Krieg, in dem eine Supermacht die Gegenseite politisch, materiell und logistisch unterstützt, erfordert den Aufbau eines Wehrsystems, in dem derzeit über 85 000 Soldaten organisiert sind und für das 57 Prozent des Staatsbudgets verbraucht werden[9]. Für den Aufbau der Armee mußten notwendigerweise Menschen aus produktiven Aktivitäten abgezogen werden, was bei dem großen Fachkräftemangel weitere hohe wirtschaftliche Verluste bedeutet. Das in den Betrieben verbleibende Personal ist nicht in der Lage, durch Mehrarbeit den Ausfall zu ersetzen[10].

Eine Schreibmaschine kostet mehr als ein Traktor

Anfang 1985 hatte sich die allgemeine Situation so zugespitzt, daß sich die Regierung veranlaßt sah, mit einem Austeritätsplan eine „Politik des ökonomischen Überlebens" durchzusetzen. Die Maßnahmen, die Präsident Ortega im Februar 1985 verkündete, zielen auf die beiden Bereiche Verteidigung und Lebensmittelversorgung ab[11]. Dieses drastische, aber auch längst überfällige ökonomische Programm entspricht in seinen Grundzügen den Empfehlungen, die der Weltwährungsfond den Nationen aufzubürden versucht, die sich in einer wirtschaftlichen Krise befinden und Außenfinanzierung benötigen. Gefordert wird: der radikale Abbau der Subventionen für die Basiskonsumgüter, die ebenso radikale Reduzierung der Staatsausgaben und –investitionen, die Abwertung der Währung und die Durchsetzung einer Preispolitik, die sich an den Kosten der Betriebe effizienter Großproduzenten orientiert.

Die sandinistische Regierung ergriff diese Maßnahmen bereits vor den anstehenden Umschuldungsverhandlungen und rechtfertigte sie mit drei Kernproblemen: der Ausweitung der Verteidigung gegen die wachsende Aggression, der spektakulären Finanzkrise des Staates und dem Kampf gegen die Spekulation[12]. Es wurde kein Hehl daraus gemacht, daß die gemischte Wirtschaft, eines der wichtigsten Standbeine der Revolution, vollends außer Kontrolle geraten war. Die lohnabhängige Bevölkerung konnte die rapide Geldentwertung Monat für Monat nachvollziehen. Ein Facharbeiterlohn von 9 000 Córdobas reichte nicht mehr aus, um auch nur eine neue Hose zu kaufen. Den Reallohnverlust konnten nicht einmal die sogenannten Betriebskommissariate[13], ein spezielles Warenverteilungssystem zu Kostenpreisen in allen größeren Betrieben, auffangen. Da die Preise freigegeben wurden, dienten die Lebensmittelkarten, die man 1983 eingeführt hatte, nur noch der Quoteneinhaltung. Als lebensnotwendige Produkte unerschwinglich wurden, kam es zu Protesten in den Betrieben. Lohnerhöhungen, vom FSLN so lange wie möglich hinausgezögert, waren nicht mehr zu verhindern. Präsident Ortega machte jedoch deutlich, daß die „Überprüfung der Löhne" nicht dafür gedacht sei, daß die Arbeiter nun mehr konsumieren könnten. Es sollte vielmehr ein neues Gleichgewicht geschaffen werden. So wurden zwar Lohnsteigerungen von bis zu 100 Prozent genehmigt, aber gleichzeitig erhöhten sich die Preise um bis zu 180 Prozent.

Doch nicht nur die Aggression ist für diese Situation verantwortlich. Es wurden auch über das vertretbare Maß hinaus Fehlentscheidungen getroffen, die wesentlich zur Verschärfung der Lage beigetragen haben.

Nicaragua besitzt keine eigene Grundstruktur zur Produktion von Kapitalgütern. In einigen mittleren Betrieben versucht die Staatsholding COIP immerhin seit 1980 agrartechnische Geräte und Anlagen herzustellen. Zwar müssen dafür alle Rohstoffe importiert werden, aber dieser Produktionszweig entspricht wenigstens den Bedürfnissen der Agrarindustrie als wichtigstem Devisenbringer, während die übrige Industrie ausschließlich importabhängig aufgebaut ist[14]. Bei knapper Devisendecke bedeutet dies, daß die Produktion nur dann aufrechterhalten werden kann, wenn Kredite zur Verfügung stehen oder über bilaterale Abkommen Materialien wie Stahl, Motoren, Verarbeitungsmaschinen und -geräte, Samen, Dünger, Pestizide oder Brennstoffe beschafft werden können. Die Abhängigkeit des Agrarsektors verschärft sich weiter, weil die importierten Hochertragssamen aus den USA ständig anfälliger gegen Plagen werden. Die Erträge können deshalb nur über wachsende Pestizid- und Düngereinkäufe gesichert werden[15]. Als 1984 das Exportvolumen bei den Hauptprodukten Baumwolle, Kaffee und Zucker im Verhältnis zum Vorjahr um 16 Prozent zurückging, kam es zu den skizzierten Folgewirkungen, die nur dank dem Anstieg der Weltmarktpreise für diese Produkte aufgefangen werden konnten[16]. Trotzdem verringerten sich die Exporterlöse, die 1983 355 Mio. Dollar betrugen, im Jahr 1984 um 57,8 Mio. Dollar[17].

Die Auswirkungen werden noch deutlicher sichtbar, wenn man sie den Importen gegenüberstellt. Obwohl die Einfuhren bereits 1982 stark eingeschränkt wurden, betrug ihr Gesamtvolumen 1984 immer noch 816 Mio. Dollar, also

230 Prozent der eigenen Devisenerlöse. Dabei ist noch zu berücksichtigen, daß der Import von Einsatzstoffen für die Produktion (Dünger, Pestizide, veterinärmedizinische Produkte) und von landwirtschaftlichen Maschinen, insbesondere Traktoren, daran den größten Anteil hat[18]. Der Import von Konsumgütern des allgemeinen Bedarfs wurde drastisch eingeschränkt. In diesem Punkt zeigt sich ein qualitativer Unterschied zu den anderen Ländern Lateinamerikas, insbesondere beim Import von Treibstoffen, deren privater Konsum durch feste Quotenzuweisungen über Coupons auf dem Stand von 1981 eingefroren wurde.
Die wirtschaftliche Planung der Revolution ging ferner davon aus, das Wachstum der Produktion bis 1983 sei ausschließlich über externe Ressourcen zu finanzieren. Aber bereits 1982 zeichnete sich ab, daß sich die theoretischen Wachstumsquoten keinesfalls mit den realen Exportquoten deckten. Schon in dieser Phase hätte der wachsende Grad der Verschuldung gebremst werden müssen, zumal die Schenkungen drastisch zurückgingen. Das Gegenteil war der Fall. Das Zahlungsbilanzdefizit betrug Anfang 1985 bereits 517 Mio. Dollar, und die Auslandsverschuldung ist auf 4,35 Mrd. Dollar angewachsen. Auf faßbare Dimensionen übertragen entspricht diese Summe dem durchschnittlichen Exportvolumen von 10 Jahren.
Die Umschuldungsverhandlungen für fällige Zins- und Tilgungszahlungen werden durch diese Situation wesentlich erschwert, zumal der Ausgleich innerhalb des Leistungsbilanzdefizits und somit die Finanzierung der Importe weiterhin auf externe Unterstützung angewiesen ist. Nicaragua mußte bereits 1985 über 872 Mio. Dollar allein für den Schuldendienst aufbringen[19].
Gravierende Folgen für die Ökonomie hatte auch der Umstand, daß sich die „Terms of Trade" in den letzten fünf Jahren um 29,8 Prozent verschlechtert haben. Der so entstandene Verlust beträgt 536 Mio. Dollar. Schon 1980 sahen die Sandinisten voraus, daß die USA Nicaraguas starke wirtschaftliche Abhängigkeit politisch ausschlachten würden, und arbeiteten deshalb gezielt an einer Diversifizierung der Ex- und Importe. Resultat: Der Export in die USA reduzierte sich von 36 Prozent (1980) auf 10 Prozent (1984). Spektakulär entwickelten sich die Exporte nach Japan[20] von 2,8 Prozent (1980) auf 25,5 Prozent (1984) und in die RGW-Staaten von 1,9 Prozent (1980) auf über 30 Prozent (1985)[21].
Die Importe wurden ähnlich diversifiziert, wobei sich die Beziehungen zum Osten überproportional entwickelt haben. Über 45 Prozent der gesamten Rohstoffe wurden 1985 aus den Staaten des Rates für gegenseitige Wirtschaftshilfe RGW bezogen. Kamen aus den USA 1980 noch 27 Prozent, so gingen die Importe 1985 durch das Embargo gegen Null. Gerade dank der früh eingeleiteten Suche nach neuen Handelspartnern konnten die Auswirkungen des Handelsembargos einigermaßen gering gehalten werden[22].
Immer schwieriger wird für Nicaragua hingegen die Finanzierung des Handelsbilanzdefizits und die Neuaufnahme von Krediten. Die USA haben es zum festen Teil ihrer Destabilisierungspolitik gemacht, die multilateralen Kreditorganisationen unter Druck zu setzen und so die Kreditvergabe an Nicaragua

zu verhindern. Bei Entscheidungen legte die Reagan-Administration mehrmals ihr Veto ein. Die internationale Hilfe floß bis 1982 großzügig und erreichte 1,8 Mrd. Dollar, von denen 250 Mio. Dollar als Schenkungen gewährt wurden. Doch ab 1983 versiegten diese Finanzquellen rapide[23]. Wegen des US-Drucks blieb Nicaragua seit 1982 ohne Zuwendungen von internationalen Kreditorganisationen. So wurde ein Kredit der Internationalen Entwicklungsbank BID über 85 Mio. Dollar 1985 erneut von den USA blockiert[24]. Als Ausgleich schaffte es die sandinistische Regierung, über 50 Prozent der bilateralen Hilfe aus den RGW-Staaten zu erhalten[25]. Für 1985/86 wurden mit den realsozialistischen Staaten bilaterale Handelskredite über 202 Mio. Dollar vereinbart. Die UdSSR hat seit 1984 bereits 40 Prozent der benötigten Treib- und Brennstofflieferungen übernommen und stellt dafür jährlich 75 Mio. Dollar an Krediten bereit[26]. Manipulationen mit diesem strategisch wichtigen Rohstoff sind so nur noch partiell möglich. Völlig neu am Beispiel Nicaragua ist die großzügige Bereitstellung von Krediten aus den Ländern der Dritten Welt. Allein aus Lateinamerika kamen über 758 Mio. Dollar[27]. Die USA, als der für alle anderen lateinamerikanischen Staaten wichtigste Kreditgeber, stellten bereits 1982 jegliche Hilfe ein. Außenminister Shultz versuchte sogar 1984 während der Außenministerkonferenz in San José die EG dahingehend unter Druck zu setzen, daß sie auf keinen Fall die Hilfe an Nicaragua erweitert. Über 200 Mio. Dollar stellte Westeuropa dem mittelamerikanischen Land zur Verfügung, vor allem Schweden, Italien und die Niederlande. Die Bundesrepublik Deutschland stellte 1983 ihre Kapitalhilfe ein, an ihre Stelle traten Frankreich und Spanien. Die Gesamthilfe der realsozialistischen Staaten ist für den Beobachtungszeitraum auf 605 Mio. Dollar zu veranschlagen[28]. Die wirtschaftliche Strangulierung durch die fälligen Zins- und Tilgungszahlungen, im Jahr 1984 bereits 319 Mio. Dollar, konnte Nicaragua nach langwierigen Verhandlungen durch Umschuldung verhindern. Im Juli 1985 zeichnete die Regierung mit den internationalen Gläubigerbanken eine Stundung auf Juni 1986. Die Vereinbarung kam erst zustande, nachdem Nicaragua noch aus der Somoza-Zeit fällige Zinszahlungen geleistet hatte[29]. Bis 1986 sind bisher über 1,5 Mrd. Dollar gestundet, zu sehr ungünstigen Zinsbedingungen um 10 Prozent. Schon aus diesen Anforderungen wird deutlich, daß Nicaragua 1985 kaum noch über Devisen für die Importe verfügen konnte, was zu weiteren Verschuldungen führen mußte.
Die dramatische Zuspitzung der allgemeinen Finanzlage des Landes wird auch in den Wechselkursverhältnissen deutlich. Ein ausschlaggebendes Moment ist die politisch nicht zu vertretende Überbewertung des nicaraguanischen Córdoba. Mit einem gegliederten Wechselkurssystem hoffte die Regierung sektorale Entwicklungen zu kontrollieren und zu fördern. Für kommerzielle Transaktionen sah das Wechselkurssystem eine dreifach Gliederung vor. Die Bezahlung von Auslandsschulden wird mit 10 Córdoba pro Dollar verrechnet, für die Abrechnung von Exporten und die Bezahlung von lebensnotwendigen Importen werden 28 Córdoba pro Dollar festgelegt und für nicht lebensnotwendige Importe 50 Córdoba pro Dollar. Für nicht kommerzielle Transaktionen soll sich der Córdobakurs nach Angebot und Nach-

frage richten. Die Zentralbank richtete hierfür Wechselstuben ein, die Ende 1985 mit einem Freikurs von 750 Córdoba pro Dollar versuchten, den Schwarzmarkt (1 000 pro Dollar) abzuschöpfen[30]. Staatliche Entwicklungshilfezuwendungen verrechnet Nicaragua mit 50 Córdoba pro Dollar und die Hilfe nichtstaatlicher Organisationen 350 zu eins. Resultat war aber keine Klärung der Verhältnisse, sondern eine chaotische Beziehung zwischen Devisen und nationaler Währung. So hat der Wechselkurs jeglichen Wert als Bezugsgröße für das Verhältnis zwischen internen und externen Preisen verloren. Da die Rentabilität der Hauptexportproduktion bereits 1982 durch Weltmarktpreise, Devisenunterbewertung und Inflation gefährdet war, versucht die Regierung die Exportproduktion durch „Anreize" anzukurbeln. Die nominale Angleichung lag dabei jedoch unter der Inflationsrate, die Produktion ging zurück. So wurde auch die Preisgestaltung der Importe völlig konfus. Die Produkte werden den Käufern zu Preisen angeboten, die jeglichen Bezug zu ihren Realkosten verloren haben. Eine einfache Büroschreibmaschine, die es nur auf dem Parallelmarkt gibt, ist teurer als die Anschaffung eines Traktors auf dem offiziellen Markt. Dessen Preis von 320 000 Córdoba ist so niedrig, daß sich größere Reparaturen nicht mehr lohnen, weil Ersatzteile teurer sind. Die Auswirkungen: 1985 standen bereits über 40 % der seit 1980 importierten landwirtschaftlichen Maschinen defekt herum und wurden nicht mehr repariert.

So wie die Preispolitik als Stimulus für die Produzenten angesetzt ist, sollte auch die Exportproduktion durch die Festsetzung von Garantiepreisen gefördert werden. Der Effekt war jedoch ein anderer. Die Garantiepreise wurden durch das Agrarministerium an den Kosten der effektivsten Produzenten orientiert, die real jedoch nur 20 Prozent der Anbieter ausmachen. Der größte Teil der Produzenten sah sich nicht in der Lage, zu diesen Garantiepreisen kostendeckend zu arbeiten. Der skeptische Privatsektor reduzierte sein Angebot drastisch. Zur Korrektur wurden bei festgelegten Mengenabgaben Devisenzertifikate durch den Staat ausgegeben, die jedoch in der Folgezeit wegen fehlender Dollars nicht eingelöst werden konnten. In dieser verfahrenen Situation wäre es stimulierender gewesen, wenn der Staat versucht hätte, nicht über Garantiepreise die allgemeine Wirtschaftlichkeit anzuheben, sondern gezielt den Sektor zu fördern, der Devisen erwirtschaftet.

Über hochsubventionierte Importpreise die nationale Produktion anzukurbeln, ist nur so lange möglich, wie effektiv Devisen oder Kredite zum Ankauf vorhanden sind. Da der Vertrieb dieser Waren bei steigender Nachfrage und Angebotsverknappung nicht effizient kontrolliert werden kann, ermöglichten Parallelpreise riesige Händler- und Spekulationsgewinne. Durch die Politik der festen Preise trug der Staat ungewollt dazu bei, diesen Parallelmarkt zu fördern.

Ein weiterer Faktor für die prekäre Finanzsituation des Landes liegt in der sozialen Zielsetzung der Revolution verankert. Die hohen Investitionen für den sozialen Bereich, das Erziehungswesen, die Krankenversorgung und Rentenversicherung sind für Lateinamerika und die gesamte Dritte Welt beispielhaft. Bereits 1980 wurden 37 Prozent des gesamten Budgets für soziale Aus-

gaben veranschlagt. Wegen des Haushaltsdefizits mußten sie 1983 auf 17 Prozent gesenkt werden. Die wuchernde schwerfällige Bürokratie dieser Institutionen hat einen Grad an Ineffizienz erreicht, der die Regierung Anfang 1986 zu einer strikten Personalreduzierung veranlaßt hat — mit dem entsprechenden politischen Preis. Man folgt damit der These, daß mit weniger Personal und verstärkter Innenkontrolle gleiche, wenn nicht bessere Ergebnisse erzielt werden. Hervorzuheben ist, daß sich Nicaragua bei der Verwendung der Kredite in qualitativer Hinsicht wesentlich von den anderen lateinamerikanischen Staaten unterscheidet und einen beachtlichen Teil seiner Verschuldung zur Finanzierung von sozialen Kosten eingesetzt hat. Der Staat wurde durch die Revolutionsprogrammatik zum allgemeinen Promotor der Entwicklung und zum größten Investor. Zwischen 1980 und 1984 investierte er durchschnittlich 20 Prozent des Bruttoinlandsproduktes[31]. Noch 1984 entfielen hiervon 52 Prozent auf den produktiven Sektor. Dieser ungewöhnlich hohe Anteil mußte wegen des defizitären Haushaltes ab 1985 stark zurückgenommen werden. Der FSLN hoffte, mit dieser Politik, bei gleichzeitiger Garantie der gemischten Wirtschaft, den privaten Sektor anzuregen — eine Fehleinschätzung.
Die privaten Investitionen waren 1984 bereits auf ein Drittel des Niveaus von 1977/78 gesunken. Um den privaten Sektor zu stimulieren, legte der Staat dann im Bereich der Exportproduktion bis zu 95 Prozent der Produktionskosten durch Kredite vor. Das nationale Kreditvolumen wurde nicht zuletzt deshalb zwischen 1980 und 1983 um 88 Prozent auf 28,8 Mrd. Córdoba ausgeweitet und gleichzeitig das interne Geldvolumen um 166 Prozent erhöht. Darüber hinaus förderte die Regierung den Exportsektor durch die bereits diskutierten hoch favorisierenden Wechselkurse. Aber die Ausweitung des zirkulierenden Geldes entsprach nicht der Steigerung der nationalen Produktion, so daß die Inflation angeregt wurde, die 1984 offiziell 55 Prozent betrug.
Versuchen wir nun, den Zusammenhang mit dem wichtigsten politischen Programmpunkt der nicaraguanischen Revolution herzustellen, der Garantie, die Grundbedürfnisse zu befriedigen und somit die Lebenssituation des weitaus größten Teils der Bevölkerung zu verbessern. Bis 1983 konnte dieses Ziel in beispielhafter Weise verfolgt werden. Um bei niedrigem Lohnniveau die Preise zu stabilisieren und gleichzeitig die Inflation zu kontrollieren, wurden die Grundnahrungsmittel hoch subventioniert und Festpreise für den Verkauf vorgeschrieben. Das sich ständig reduzierende Angebot erforderte jedoch eine mengenmäßige Beschränkung pro Familie, um deren Bedarf zu sichern und gleichzeitig die frei zirkulierende Menge unter Kontrolle zu halten. Deshalb wurden Lebensmittelkarten eingeführt. Zur weiteren Sicherung des Reallohns wurden Betriebsverkaufsstellen eingerichtet, Kommissariate und staatliche Verkaufsstellen eröffnet. Diese hochsubventionierten materiellen Zuwendungen sollten den sogenannten „Soziallohn" ausweiten, um das Einfrieren der Löhne zu ermöglichen, ohne daß es zu wesentlichen Konsumeinbußen kam. Diese Versorgungsart funktionierte jedoch nur in einigen Großbetrieben und auch dort nur teilweise, weil sich das Angebot weiter verknappte. Der weitaus größte Teil der Arbeiter in den mittleren und privaten

Betrieben kam nicht in den Genuß dieser Zuwendungen. Der Staat ging davon aus, daß sich diese Unternehmen nicht an den staatlich festgelegten Gehältern orientierten, sondern weitaus besser bezahlten. Gebremst werden sollte mit diesen Maßnahmen auch die hohe Fluktuation von Arbeitern von den Staatsbetrieben in private Unternehmen. Der Erfolg stellte sich nicht ein. Spektakuläre Preisentwicklungen bei den nicht kontrollierten Gütern führten bereits 1983 zu hohen Reallohnverlusten. Um die niedrigen Löhne aufzubessern, versuchten einzelne Betriebe, angesichts wachsenden Protests der Arbeiter, durch direkte Produktzuwendungen aus der eigenen Produktion eine Lohnaufbesserung zu erzielen. Die Arbeiter verkauften diese Artikel dann zu Parallelpreisen auf dem freien Markt.

Bereits 1983 zeigte sich eindeutig, daß die hohen Subventionen der Basiskonsumgüter und Dienstleistungen die Inflationstendenz keineswegs eindämmten, sondern bestenfalls leicht bremsten. Die Güter der Basisversorgung werden zum größten Teil von Kleinbauern produziert, die nicht mehr die defizitären staatlichen Aufkaufpreise akzeptieren. Da das zuständige Binnenhandelsministerium nicht in der Lage ist, eine funktionierende Kontrolle zu organisieren, vertreiben die Bauern ihre Produkte über den Parallelmarkt mit einem anderen Preisgefüge. Gleichzeitig ging in den Kriegsgebieten, in denen hauptsächlich Grundnahrungsmittel angebaut werden, die Produktion stark zurück. Bis 1982 wurden außerdem auf den Großplantagen Grundnahrungsmittel angebaut, die zur Versorgung der eigenen Arbeiter nötig waren, um die Lohnkosten zu senken. Mit den von der Regierung subventionierten Preisen war es für sie kostengünstiger, die Produkte beim staatlichen Verteilungssystem einzukaufen, was ebenfalls die Verknappung förderte. Die geplante Favorisierung der ländlichen Gebiete durch ein erweitertes Arbeitsplatzangebot bei attraktiveren Löhnen blieb aus, und die ohnehin hohe Landflucht nahm, verstärkt durch den Krieg, weiter zu. Das Arbeitslosenpotential der Städte stieg rasch an und konnte nicht aufgefangen werden; es erweiterte sprunghaft den Dienstleistungssektor und vergrößerte die Ansiedlungen unter prekären hygienischen Verhältnissen. Als eine weitere Folge dieser Landflucht entstand eine Arbeitskraftlücke in den Hauptproduktionszonen der Exportwirtschaft. Ein Ausgleich ist in den Erntezeiten nur über die massive Mobilisierung von Freiwilligen und Staatsangestellten möglich. Die Schulen, Universitäten und ganze Ministerien werden dann geschlossen.

Bereits Mitte 1984 waren unpopuläre Maßnahmen unumgänglich geworden, um die Wirtschaft wieder unter Kontrolle zu bringen. Dem FSLN schien dieser Preis angesichts der anstehenden Wahlen jedoch zu hoch. So zögerte die Regierung die Austeritätsmaßnahmen bis April 1985 hinaus. Den hohen Wahlsieg im Rücken, verlangten die Sandinisten von den Nicaraguanern, den Gürtel noch enger zu schnallen. Alle Subventionen wurden gestrichen, was sprunghafte Preissteigerungen zur Folge hatte.

Entsprechend der offiziellen Begründung sollte die Preisfreigabe den Produzenten neue Anreize geben und so das Angebotsdefizit ausgeglichen werden. Auf dem Parallelmarkt hatte sich aber bereits ein Preisgefüge etabliert, das nicht mehr zurückgenommen werden konnte, aber zu Konsumverzicht führen mußte. Mit einer erweiterten Kreditpolitik, die real negative Verzinsungen oder sogar Schenkungen bei Zahlungsunfähigkeit der Kooperativen und Klein- und Mittelproduzenten einschloß, versuchte man dieses Dilemma zu umgehen. Diese wiederum hohen Investitionen, die aufgeblähte, schwerfällige Bürokratie und die wachsende Notwendigkeit, alle Mittel in die Verteidigungsausgaben zu stecken, haben schon 1984 das Haushaltsdefizit um 36,9 Prozent oder 9,3 Mrd. Córdoba erhöht. Die angestrebte Kostenbegrenzung durch die Subventionsstreichung, die Reduzierung der Staatsangestellten zugunsten der Produktion, die Erhebung von indirekten Steuern, die zum erstenmal auch die freiberuflichen Großverdiener erfassen wird, sind notwendige Schritte, um das Defizit nicht noch weiter ausufern zu lassen. Getroffen wird von den Streichungen vor allem der soziale Bereich. In welchem Maße sich die Finanzierungslage verschlechtert hat, wird daran meßbar, daß man im Erziehungsministerium über die Möglichkeiten der Erziehung ohne Bücher, Papier und didaktisches Material nachdenkt.

SNOTS brachte keine Lösung

Nach dem Grundsatz „gleiche Arbeit, gleicher Lohn" versuchten die Sandinisten über das „SNOTS", das „Nationale System für Arbeitsorganisation und Löhne" eine Normierung der Arbeit nach Produktivitäts- und Qualitätsmaßstäben einzuführen und so eine Angleichung der Löhne und Gehälter zu erreichen. Die Regierung orientierte sich dabei an kubanischen Vorbildern, erzielte aber bisher nicht den gewünschten Erfolg. In einzelnen Sektoren ist sogar festzustellen, daß das „SNOTS" Produktionsrückgänge verursachte. Darüber hinaus verschärfte das SNOTS die Widersprüche zwischen Angestellten und Arbeitern, zwischen privaten und staatlichen Betrieben. Qualifikationsanforderungen und Ausbildungsgrad der Arbeiter machten die Einführung dieses Systems anfechtbar, weil es nicht den realen Bedürfnissen entsprach und entspricht. Zwar werden hierdurch die Arbeiter angeregt, sich beruflich zu verbessern, meist ist jedoch das Arbeitsplatzangebot in der nächsthöheren Kategorie etwa vom Schweißer A nach B enger, so daß sich der Aspirant nach einem anderen Betrieb umsehen muß, wenn er eine besser bezahlte Stelle sucht. Die staatlich festgelegten Löhne werden in der Praxis nur von Betrieben eingehalten, die in einer wirtschaftlichen Krise stecken. Parallelbezahlungen außerhalb des Lohnsystems sind die Regel. Bei höheren Angestellten können sie bis zu 100 Prozent über den festgelegten Löhnen liegen. Politisch engagierte und hochqualifizierte Kräfte erhalten nicht selten Fahrzeuge für den privaten Gebrauch, billige, hochsubventionierte dauerhafte Konsumgüter, Wohnungen und in einzelnen Managementbereichen gibt es Kreditkarten für den zollfreien Einkauf in Devisen.
Auch die Ministerien gehen mit den festgelegten Löhnen unterschiedlich um. Reine Verwaltungsministerien halten sich an die Vorschriften, Ministerien, in denen jedoch auch die Produktion verwaltet wird, geben sich selbst Zuschläge. Das Agrarministerium zahlt durchschnittlich 30 bis 60 Prozent höhere Löhne, als die Lohnleitlinien vorschreiben. In der Privatindustrie sieht

die Lage noch verwirrender aus. Durchschnittlich werden hier bis zu 50 Prozent höhere Löhne gezahlt, als in Staatsbetrieben.
Trotzdem konnte die Abwanderung von Arbeitskräften in das zentralamerikanische Ausland oder die USA nicht verhindert werden. Dadurch verjüngt sich das Personal auf der betrieblichen Entscheidungsebene ständig, mit einem zwar geringeren Qualifikationsgrad, aber meist mit einer wesentlich höheren politischen Motivation. Den Mangel an Fachkräften kann langfristig nur die Rückkehr von im Ausland ausgebildeten Studenten und Technikern beheben, für die insbesondere in den RGW-Staaten großzügig Stipendienprogramme bereitgestellt wurden. Die Stipendienangebote des kapitalistischen Auslandes sind nur von geringer Bedeutung.
Der größte Teil der staatlichen Produktionsbetriebe arbeitet ineffizient und defizitär[32]. Der APP-Bereich ist oft nicht in der Lage, seine Schulden auszugleichen. Industriebetriebe erhielten Ende 1985 zum erstenmal ein Kostenerfassungssystem, mit dem betriebliche Erfolge gemessen und entsprechende Produktionspreise bestimmt werden können. Vorher wurden Produktpreise unter politischen Gesichtspunkten oder nach Gewichtseinheiten festgelegt, weil die Realkosten nicht bekannt waren.
Ein Hauptproblem für die Produktion ist die hohe Mobilisierung von Personal für den Wehrdienst. Durchschnittlich werden 30 Prozent der Belegschaften in der Verteidigung eingesetzt, hinzu kommen fehlende Rohstoffe, Ersatzteile und Wartungsprobleme. Die Regierung ging davon aus, daß auch 1985 die Produktion real weitersinken würde[33].
So hat sich die soziale Distanz zwischen den unterschiedlichen Einkommensschichten, die ja nach dem Programm der Revolution verringert werden sollte, trotz der Angleichung der unteren Lohngruppen weiter vergrößert. Die Beteiligung von Arbeitern an den betrieblichen Entscheidungsprozessen ist bis auf wenige Ausnahmen nicht verwirklicht worden. Konzeptionen wie Arbeiterselbstverwaltung werden zurückgewiesen. Die sandinistischen Gewerkschaften verteidigen wegen ihrer engen Bindung zum FSLN nicht die unmittelbaren Interessen der Arbeiter, sondern haben eher die ökonomische und politische Gesamtsituation im Auge und folgen den Anweisungen der Partei. Erreicht wurde allerdings eine übergreifende gewerkschaftliche Organisierung, auf deren Basis sich der Politisierungsgrad herausbilden und verstärkt werden kann.

Gemischte Wirtschaft und nationale Einheit

Eine weitere Schwierigkeit in der prekären Situation der nicaraguanischen Ökonomie ist das Prinzip der „Gemischten Wirtschaft". Neben politischen Gründen gab es auch ökonomische Aspekte, die zu ihrer Beibehaltung zwangen. Gerade wegen der nationalen Produktionsstruktur mit ihrer großen Abhängigkeit vom Weltmarkt und wegen der übergreifenden geopolitischen Faktoren bestand keine andere Möglichkeit, als alle sozialen Träger der Revolution in den Prozeß des Wiederaufbaus einzubeziehen. Die Vertreter des privaten Kapitals erhielten im neuen ökonomischen Programm der JGRN ihren festen Platz, und die Regierung legte ein allgemeines Bekenntnis zur gemischten Wirtschaft ab. Das private Kapital in Nicaragua konzentrierte sich auf den Agrarexportbereich und hatte sich kaum um den Aufbau einer nationalen Industrie gekümmert. Risikobereiche neben der lukrativen Exportproduktion, die langfristig die hohen Importe hätten reduzieren können, gehörten nicht zum Interessenfeld des Privatkapitals. Die enge Verzahnung zwischen dem Agrarexport und dem Import der hierfür benötigten Einsatzstoffe garantierten eine hohe Profitrate und verstärkten den merkantilen Charakter. Der FSLN griff über die enteigneten Somozabetriebe in die Produktion ein. Unter „Regulierung der Wirtschaft" stellten sich die Sandinisten ferner vor, die Kapitalzirkulation (Banken) und den Export staatlich zu kontrollieren und das private Kapital auf den produktiven Bereich zu beschränken. Der nationalen Bourgeoise war bald klar, daß sie von der politischen Macht ferngehalten wurde. Die angestrebten Reformen und die folgenden Transformationen bedeuteten einen weiteren tiefen Eingriff in die bürgerliche Autorität des Kapitals. „Wir haben der Bourgeoisie ihren Platz in Córdobas eingeräumt", resümierte Argrarminister Wheelock[34]. Die ökonomische Abhängigkeit der Sandinisten vom privaten Kapital war allerdings auch eindeutig. Die Unternehmer setzten auf die Flucht nach vorn und forderten politische Kontrolle. Nachdem der Versuch fehlgeschlagen war, zog es schon 1982 ein Großteil der Privatunternehmer vor, nach der Devise „Rette sich wer kann" zu handeln. Diese Situation hat sich bis heute durch die wachsende Krise noch weiter verschärft. Die Einbindung der nationalen Bourgeoisie steht auch heute nicht zur Disposition, aber der Staat strebt langfristig nach der Vorherrschaft über alle wirtschaftlichen Sektoren. Die klassische Interpretation von Rechts wie Links, nach der eine gemischte Ökonomie in einem revolutionären Prozeß nur ein taktisch konjunkturelles Konzept ist, haben die Sandinisten mit ihren Äußerungen weiter untermauert. So orientiert der FSLN seinen politisch-ideologischen Bezug an sozialistischen Werten — für ambivalente Sektoren der Unternehmer kein besonders attraktives Konzept. Der Staat versuchte, mit einer großzügigen Kredit- und Investitionspolitik, die das private Kapital wirtschaftlich förderte und die Dekapitalisierungstendenzen reduzieren sollte, gegenzusteuern. Statt jedoch den nationalen Aufbau zu stützen, suchten weite Teile des Unternehmerverbands COSEP ihre neue politische Heimat in der Konterrevolution. Formal hält der FSLN an seinem historischen Bündnis mit Teilen der nationalen Bourgeoisie weiter fest. Da die wirtschaftliche Krise jedoch mittelfristig nicht lösbar ist, kehren immer mehr Unternehmer der Revolution den Rücken. Ihre Hauptbeschäftigung, die Akkumulation des Kapitals, ist in Nicaragua zu kompliziert geworden. Trotzdem wird der FSLN dieses Bündnis, das sich in eine passive Allianz verwandelt hat, kaum aufkündigen. Diese „Einheit" wird mehr und mehr ihre strukturelle Komponente in einem Konzept des „Dritten Weges" verlieren und zu einer rein politischen Achse verkommen[35]. Sollte der FSLN wirklich einen anderen Charakter der Einheit wollen, dann begeht er den Fehler, dem nationalen Kapital keine klaren und verläßlichen Aussagen über seine zukünftige Rolle zu machen. Es gibt auch keine klare theoretische Klassifizierung dieses Verhältnisses im Sandinismus.

Die Verstaatlichungsoption wurde nicht in Frage gestellt und die Enteignung des politischen Einflusses des privaten Unternehmertums zum politischen Prinzip erklärt. Aus der Verschlechterung der Beziehungen zum privaten Kapital haben die Sandinisten bereits die Konsequenz gezogen, sich verstärkt auf das kleine und mittlere Eigentum zu stützen. Gerade dieser Sektor hat in den letzten Jahren trotz verschärfter Krise weiter prosperiert und beschäftigt über 32 Prozent der wirtschaftlich aktiven Bevölkerung in über 8 500 Betrieben mit weniger als dreißig Arbeitern. Allerdings sind für diesen Sektor die wachsende Knappheit und die damit verbundene Spekulation ein sehr wesentlicher Antrieb. Insbesondere in den Städten hat sich als parasitäre Schicht ein informeller ökonomischer Sektor von kleinen Waren- und Dienstleistungsanbietern gebildet, der wesentlich von der Migration der Landbevölkerung genährt wird. Verbunden mit dem Devisenschwarzmarkt und der Spekulation wickelte dieser Bereich 1984 über 1/4 des BIP ab und saugt wegen seiner Attraktivität ständig bisher produktive Arbeitskräfte auf. Die Einkommen betragen in dieser „Handelssphäre" das Drei- bis Fünffache der mittleren Löhne in staatlichen Betrieben. Dieses typische Phänomen kann sicherlich nicht durch harte Bestrafung der Spekulation beseitigt werden, sondern verlangt produktive Alternativen unter Beteiligung großer Bevölkerungsgruppen bei hinreichendem Lohnangebot.

Als unbrauchbar hat sich bisher auch der Versuch erwiesen, die starken planwirtschaftlichen Eingriffe in die kapitalistische Wirtschaft über eine Gesamtplanung zu koordinieren. Der Versuch, mit Hilfe von Experten aus dem realsozialistischen Lager eine ambitiöse vertikale Planung einzurichten, vergrößerte real das Defizit weiter und führte innerhalb des FSLN zu einer Auseinandersetzung über die angestrebte Konzeption der Fünfjahrespläne. Die Tendenzen um Ortega und Wheelock setzten sich mit einer flexiblen Konzeption gegenüber den orthodoxen Planungsmethoden durch.

Die Strategie des Überlebens, die sich mit der Verhängung des Ausnahmezustandes im Oktober 1985 ihr präventives politisches Korsett gab, muß sich verstärkt an der blockfreien Konzeption orientieren, wenn sie erfolgreich sein will. Obwohl die RGW-Staaten schon jetzt über 50 Prozent der Wirtschaftsbeziehungen tragen, ist davon auszugehen, daß die UdSSR versuchen wird, mit einer „Strategie der geringen Kosten" dem revolutionären Experiment das politische, ökonomische und militärische Überleben zu sichern. Zu mehr ist sie nicht in der Lage, wenn sie nicht bewußt eine weitere Gefährdung des labilen Gefüges in dieser für die USA wichtigen Zone mit einkalkuliert.

Überleben zu sichern bedeutet für Nicaragua aber auch, die Grundbedürfnisse befriedigend zu lösen. Der Konsum der Mittelschichten und des Staates muß radikal auf das Nötige beschränkt werden. Es gilt, die „Zivilisation der Einfachheit" nicht nur theoretisch zu entwickeln, sondern sie auch als kreative Antwort auf die eigenen Probleme zu nutzen. Diese Strategie darf nicht mit einer „geplanten Armut" verwechselt werden. Sie ist vielmehr die schnellste und einfachste Form der gesellschaftlichen Entwicklung. Die aber ist nur im Frieden möglich — alles andere kann nur zwischenzeitliches Flickwerk sein, um die Aggression zu überstehen.

Anmerkungen:

1) Pensamiento Propio, edición especial Nr. 15, Jg. II, Juli 1984, Managua, S. 17
2) Pensamiento Propio, Nr. 26, Jg. III, September 1985, S. 12
3) vgl. CEPAL: Nicaragua: el impacto de la transformación política, Santiago de Chile 1981, S. 16 ff., ferner: Raíces y vicisitudes de un empeño transformador, in: Comercio Exterior, Vol. 35 H. 2, Mexico 1985, S. 138–148
4) vgl. Primera proclama del Gobierno de Reconstrucción Nacional, Secretaria de Prensa, Julio 1979, S. 5 ff.; ferner: Programa de Reactivación Económica en Beneficio del Pueblo, Managua 1980; ferner zur Interpretation: Petras, James: Nicaragua – The Transition to a New Society in: Latin American Perspectives, Issue 29, Vol. VIII, Nr. 2, Frühjahr 1981, S. 74–94; und Harris, Richard: A commentary on the contemporary conjuncture in Nicaragua. Response to James Petras, Latin American Perspectives, Issue 36, Vol. XI, Winter 1983, S. 114–119; ferner: Nicaragua, Establishing the State as Centre of Accumulation, George Irvin Institute of Social Studies, Amsterdam 1983
5) vgl. Comité Nacional de Emergencia, Instituto Nicaragüense de Seguridad Social y Bienestar INSSBI, Managua 1983
6) Zur Objektivierung der Angaben beziehen wir uns im folgenden auf die Studie der Comisión Económica para América Latina y el Caribe 1984 – Nicaragua, México, Julio 1985; vgl. ferner: Instituto Histórico Centroamericano, ENVIO, 4. Jg., Nr. 51, Sept. 1985, El costo económico de la guerra de agresión
7) ebd., S. 67–71, ferner 72–74
8) INSSBI, Seis Años de Revolución en el INSSBI, Managua, Juli 1985, S. 4 ff.
9) JANE's Defence Weekly geht von 100 000 Soldaten aus, was sicherlich überhöht ist; vgl. Vol. II, Nr. 21, 1984; am 9.2.1985 ging Präsident Ortega noch von 40 % des Haushaltes für Verteidigungszwecke aus: Mensaje de la Dirección Nacional del FSLN, Barricada 9.2.85, Managua
10) vgl. Pizarro, Roberto: La nueva política económica, S. 10 f., unveröffentlichtes Manuskript, Ministerio de Comercio Exterior, Managua, März 1985
11) Gorostiaga, Xavier, in: Pensamiento Propio, September 1985; S. 12, Rede Präsident Ortega vom 8.2.1985, Barricada
12) vgl. El País vom 11. und 14.2.1985, Madrid
13) Die Kommissariate waren eingerichtet worden nach der Entscheidung, die Löhne einzufrieren und sie durch einen erweiterten „Soziallohn" inflationär aufzufangen; vgl. La Austeridad: Principio y norma de nuestro Pueblo, Serie: Orientación Sandinista, Nr. 3, Managua 1981, und Fitzgerald, E.V.K: The Economics of Revolution, in: Th. Walker (Hrsg.), The Nicaraguan Revolution, New York 1982, S. 203–221
14) „Für jeden produzierten US-Dollar, der durch den Export erwirtschaftet wird, muß Nicaragua 60 Cents Input investieren", Gorostiaga, Xavier, Direktor des Instituto de Investigaciones económicas y sociales INIES, Documentos de trabajo Nr. 6, Managua 1985
15) vgl. hierzu den Artikel von: Ralf Leonard und H. Martin Kröll in diesem Buch
16) CEPAL, Mexico 1985, S. 17; vgl. auch die Zusammenfassung in: Nicaragua y la sobrevivencia, Pensamiento Propio, Nr. 24, III. Jg., Juni 1985, S. 34–37
17) ebd., S. 40. Für 1983 konnte noch ein Wachstum von 9 % verzeichnet werden. Die Planungsbehörde des nicaraguanischen Präsidialamtes geht für 1985 von einer Angleichung der Produktion auf den Stand von 1983 aus; vgl. Datos preliminares del 20 de Agosto 1985 para el Producto Interno Bruto.
18) CEPAL, Mexico 1985, S. 45 ff.; trotz der Devisenknappheit nahmen die Importe von dauerhaften Konsumgütern um 13% zu.
19) Rede von Präsident Ortega vom 8. Februar 1985 in Barricada 9.2.85; in dieser Summe sind auch die fälligen Schuldendienste aus der Somozazeit enthalten.
20) vgl. CEPAL, Mexico 1985, S. 37

21) vgl. Barricada vom 4.11.1985
22) vgl. Deutsch-Südamerikanische Bank, Vierteljahresberichte Lateinamerika, Heft 2, 1985, S. 98
23) vgl. Pizarro, Roberto: op. cit. S. 9, Henry Ruiz, Ministro de Cooperación Externa, Rede vom 23.5.1985, Barricada
24) vgl. Deutsch-Südamerikanische Bank, Vierteljahresberichte Lateinamerika, Heft 3, 1985, S. 96; Planungsminister Henry Ruiz, Rede vom 23.5.1983
25) Latin American Regional Reports, Mexico and Central America, 3.5.1985, London
26) The Washington Post vom 21.3.85. Die Sowjetunion sprang für Mexico ein, nachdem der IWF diesem Land Auflagen machte, die Lieferung an Nicaragua einzustellen, weil die Kreditvereinbarungen von Nicaragua nicht eingehalten werden.
27) Financial Times 3.5.85; vgl. ferner: Comercio Exterior, Vol. 35, Nr. 5, 1985, S. 148, Banco Nacional de Comercio Exterior, México
28) Ministerio de Cooperación Externa, Circular interno, Mai 1985
29) Deutsch-Südamerikanische Bank, Vierteljahresberichte Lateinamerika, Heft 3, 1985
30) Nach Schätzungen des INIES werden über den Schwarzmarkt 40 bis 60 Mio. Dollar abgewickelt; vgl. Vilas, Carlos M.: Unidad nacional y contradicciones sociales en una economía mixta: Nicaragua 1979—84, in: La Revolución en Nicaragua, México 1985, S. 41—45
31) CEPAL, Centroamérica: Bases de una política de reactivaciones y desarrollo, México, März 1985, S. 30, geht davon aus, daß dies die höchste Investitionsrate in Mittelamerika ist
32) vgl. Rede des Agrarministers Jaime Wheelock vor 400 Direktoren der APP Betriebe, El Nuevo Diario, 7.3.1985, und Barricada, 13.2.85
33) Ministerio de Cooperación Externa, Circular interno vom 20. August 1985, Entwicklung des BIP 1984: 22 862,7 Mio Córdoba und 1985: 22 437,6 Mio Córdoba (Schätzung)
34) Jaime Wheelock: El gran desafío, Managua 1983, S. 35
35) vgl. Vilas, op. cit. S. 31 ff.

Auf dem Weg nach Pantasma. © Haraldo Horta

Privater Großgrundbesitz in der Provinz Rívas. © Oscar Cantarero

Ralf Leonhard und Hans-Martin Kröll

Nicaraguas Agrarreform: Historischer Kompromiß zwischen Großgrundbesitz und kleiner Landwirtschaft

Im Departement Masaya, südöstlich von Managua, leben neben den Latifundisten, in erster Linie Baumwollpflanzern, über 10 000 Kleinbauern, die auf Parzellen von oft weniger als einem Hektar vegetieren müssen. Da weder die Großgrundbesitzer noch die Staatsbetriebe der Region genug Beschäftigung für ein verarmtes Landproletariat bieten, war das Kunsthandwerk, das in Masaya florierte, die einzige Alternative für die Campesinos.
Enrique Bolaños, der Chef des Unternehmerverbandes COSEP, und seine Brüder hatten in Masaya große Liegenschaften von ihrem Vater geerbt, der in den 50er Jahren den Kleinbauern das Land durch äußerst unsaubere Methoden abgenommen hatte. Ihm half damals ein Dekret Somozas, das indianisches Gemeindeland in Individualeigentum umwandelte und damit veräußerlich machte. Den Agrarkapitalisten fiel es leicht, die Bauern auszutricksen und billig an ausgedehnte Ländereien zu kommen.
Auf den Baumwollhaciendas der Bolaños herrschten feudal-paternalistische Zustände, in denen die Verwalter durch Privilegien bei der Stange gehalten wurden und über die Treue der Bauern und Landarbeiter wachten. Die Zone war daher ein schwieriges Pflaster für die sandinistischen Gewerkschaften und Massenorganisationen. Da die Sandinisten im Rahmen der nationalen Einheit jede unnötige Konfrontation mit der Bourgeoisie vermeiden wollten, hatten sie bereits zweimal die Räumung der Ländereien der Bolaños verfügt, als unzufriedene Bauern die Güter schließlich besetzten.
Die Popularität der Regierung war bei den Subsistenzbauern von Masaya dementsprechend gering, was sich im November 1984 auch im Wahlergebnis niederschlug. Unsanfte Methoden bei der Rekrutierung von Wehrpflichtigen taten das ihre, um das Volk gegen die Sandinisten aufzubringen. Als mehrere Gruppen von Bauern im Mai 1985 kurz vor der Aussaat eine Anzahl von Staats- und Privatgütern, darunter auch die der Familie Bolaños, besetzten, erkannten die Funktionäre des Klein- und Mittelbauernverbandes UNAG die Brisanz der Lage und empfahlen der Regierung dringend, den Forderungen der Bauern nachzugeben und das Land zu verteilen, da sonst die landhungrigen Campesinos an den Rand eines Aufstandes gebracht werden könnten. Die auf Entspannung mit den Unternehmern bedachte Staatsführung zauderte bis zum letzten Moment und wollte lieber die ausschließlich für Wasserreisanbau und Rinderzucht geeigneten Staatsbetriebe an die Kleinbauern verteilen als das üppige Baumwolland der Großgrundbesitzer. Bolaños, der nach Meinung sandinistischer Wirtschaftsexperten das Spiel hätte gewinnen können, beging einen Fehler. Statt lauthals zu protestoeren, bevor noch der Stab über ihn gebrochen war, hätte er das Land freiwillig verteilen und sich so die Bauern

verpflichten können. Er, der schon allein durch die einzige Flugzeug- und Traktorflotte der Region und die einzige Baumwollverarbeitungsanlage die Wirtschaft der Region weiterhin beherrscht hätte, wählte statt dessen die Rolle des Märtyrers in der „marxistisch-leninistischen Diktatur". Als er sich zu einem Gespräch mit dem Präsidenten und dem Agrarminister nicht einfinden wollte, beschloß die Regierung, auch gleich sein Baumwollverarbeitungsunternehmen SAIMSA zu enteignen. Zur Entschädigung wurden ihm Böden vergleichbarer Qualität in doppeltem Ausmaß offeriert.

Die politischen Spannungen zwischen Regierung und Bauern waren mit einem Schlag wie weggeblasen, als Jaime Wheelock im Juni 250 ha Land an die Campesinos verteilte und dabei sogar allen, die es wünschten, Individualparzellen zuwies.

Der Weg zur Agrarreform

Nicaragua ist ein klassisches Agrarland. Über die Hälfte der Bevölkerung lebt im bäuerlichen Milieu und arbeitet in der Landwirtschaft und den ihr nachgeordneten Bereichen. Agrarprodukte erbringen rund neun Zehntel aller Devisen. Trotzdem besaß der FSLN zum Zeitpunkt der Vertreibung Somozas praktisch noch kein Konzept zur Reorganisation des Agrarsektors. Einzig die Enteignung Somozas und seiner Günstlinge war beschlossene Sache und wurde auch sofort nach dem Sieg durch Dekret in die Tat umgesetzt. Wie aber mit diesen Riesenbetrieben zu verfahren sei, die über 20 % der landwirtschaftlich genutzten Fläche ausmachten, wußte eigentlich niemand so recht. Zunächst dachte man daran, sie — zumindest zum Teil — in Arbeiterselbstverwaltung zu betreiben. Aber die an selbständiges Wirtschaften nicht gewöhnten Landarbeiter verfügten nicht über genügend betriebswirtschaftliche und organisatorische Kenntnisse und Fähigkeiten, um hochtechnisierte Großbetriebe zu leiten. Da die Regierung nicht riskieren wollte, daß es mit der durch den Bürgerkrieg ohnehin beeinträchtigten landwirtschaftlichen Produktion Nicaraguas weiter bergab ginge, blieb nur eine Möglichkeit, die wirtschaftliche Basis des Landes zu retten: die Verstaatlichung aller enteigneten Betriebe.

Ein weiterer Konflikt ergab sich, als landlose und Minifundienbauern Ländereien ehemaliger Hacendados besetzten, mit denen es sich die auf Nationale Einheit bedachten Sandinisten nicht verderben wollten und konnten. Die neuen Machthaber mußten weiteren Landbesetzungen einen Riegel vorschieben und alte teilweise rückgängig machen, indem sie den landhungrigen Bauern Staatsgründe zur Verfügung stellten. Für die Klein- und Mittelbauern und für die Lösung der Frage nichtsomozistischen Großgrundbesitzes wurde erst mit der Verkündung des Agrarreformgesetzes am 2. Jahrestag der Revolution der Rahmen gesteckt.

Die „Diktatur des Kapitals" zu schwächen, die die Landarbeiter in Abhängigkeit hielt und den Kleinbauern die Konkurrenz mit den Großproduzenten auf dem Markt unmöglich machte, war eines der vorrangigen Ziele der allerersten Phase der Agrarreform. Der Pachtzins wurde drastisch vermindert (von 200

Córdobas/ha für Baumwollfelder auf 40 und von 80 Córdobas auf 14 für Getreideäcker) und die Verpächter wurden gesetzlich zur Weiterverpachtung verpflichtet. Billiger Kredit sollte die Kleinbauern zur vermehrten Produktion ermuntern. Gleichzeitig übernahm der Staat einen Teil des Vermarktungsapparates im Inneren und nationalisierte den Außenhandel. Dadurch wurde die Herrschaft des Handelskapitals über die Kleinbauern gebrochen. Wie sich später zeigen sollte, brachten weder die Kreditspritzen noch das staatliche Eingreifen in die Marktmechanismen die erwünschte Produktionssteigerung und Besserstellung der Kleinbauern.

Wollte man nur das historische (vorrevolutionäre) Produktionsniveau erreichen, waren von den Strategen der Agrarreform umfangreiche Maßnahmen zur wirtschaftlichen Wiederbelebung zu treffen. Die Versorgung der Bevölkerung mit Grundnahrungsmitteln war mehr als prekär, die Baumwollflächen teilweise verwüstet und von 200 000 ha (1977) auf etwa 90 000 ha (1981) reduziert worden, der Viehbestand durch Krieg, Dürre und Diebstahl drastisch vermindert (1977 wurden 58 Millionen Pfund Rindfleisch exportiert, 1982 nur mehr 20 Millionen Pfund), die Staatskasse leer. Die Ministerien für Binnen- und Außenhandel sowie die Banken drängten auf pragmatische, kurzfristige Lösungen für die Lokalversorgung, die Exportproduktion und die Sanierung des Defizits. Die Planer im Agrarministerium (MIDINRA) blickten dagegen weit in die Zukunft und wollten Prozesse der Produktionssteigerung durch höhere Technisierung der Landwirtschaft einleiten. Ein aufwendiges, langfristiges Projekt, das in der Folge oft in Widerspruch zur Notwendigkeit sofortiger Lösungen treten sollte.

Das Problem war also anders gelagert als im benachbarten El Salvador, wo die Campesinos nur durch radikale Enteignung der Großgrundbesitzer gerecht beteiligt werden könnten, weil das Land klein und voll erschlossen ist. Deswegen verfügt das nicaraguanische Agrarreformgesetz vom 19. Juli 1981 keine Höchstgrenze für landwirtschaftliche Güter, sondern macht die Bewirtschaftung des Bodens zum Kriterium. Wer über 350 ha (an der Pazifikküste) oder 700 ha (an der Atlantikküste und in Las Segovias) besitzt und brachliegen läßt, kann enteignet werden. In der Praxis wird diese Bestimmung sehr selten angewandt. In der Regel bemüht sich die Agrarreformbehörde um Landkauf oder –tausch, wenn in einem Gebiet den Kleinbauern und Landarbeitern Grund und Boden zugeteilt werden soll.

Das Gesetz verschaffte den Großgrundbesitzern die Gewißheit, daß ihr Eigentum nicht angetastet wird, solange sie es zur Produktion und nicht zur Spekulation verwenden, und diente außerdem dazu, den wilden Landbesetzungen Einhalt zu gebieten, mit denen sich viele Campesinos ihr Recht verschaffen wollten, als sie sich plötzlich nicht mehr vor dem brutalen Einschreiten der Nationalgarde fürchten mußten.

Nachdem sich das ursprüngliche Agrarreformgesetz im Laufe des Transformationsprozesses als unzureichend erwiesen hatte, verfügten die Sandinisten im Januar 1986 eine wesentliche Erweiterung und Vertiefung. Jetzt ist auch die Enteignung verlassener und schlecht bewirtschafteter Ländereien unabhängig von deren Größe möglich. In sogenannten „landwirtschaftlichen Ent-

wicklungsgebieten" können im öffentlichen Interesse auch produktive Güter enteignet werden.
Die Gesetzesreform entspricht den Erfordernissen der Dynamik des Krieges und nimmt auf strukturbedingte Probleme Rücksicht. Sie bestehen insbesondere in der dicht besiedelten und intensiv bewirtschafteten Pazifikebene, wo den Forderungen der verarmten Kleinbauern nur auf Kosten der Großgrundbesitzer Rechnung getragen werden kann. Situationen wie die bereits geschilderten Landbesetzungen in Masaya werden durch das neue Rechtsinstrumentarium erfaßt und lösbar. So erforderten die Massenumsiedlungen aus den Operationsgebieten der Contra die umgehende Bereitstellung von bebaubarem Land an die evakuierten Bauern. Das Agrarreformgesetz von 1981 war diesen Krisensituationen nicht gewachsen.

Genossenschaften: eine Frage des Bewußtseins

Der Gedanke des Genossenschaftswesens, schon von General Sandino in den späten Zwanzigerjahren in den Bergen Nicaraguas heimisch gemacht, wurde auch vom FSLN unter jenen Bauern propagiert, die der Repression durch die Nationalgarde nicht ausgesetzt waren. Nach der Vertreibung Somozas setzte eine Welle von Genossenschaftsgründungen ein, vor allem auf Gütern, deren Eigentümer sich Hals über Kopf davongemacht hatten oder die von Landarbeitern einfach besetzt wurden. Dabei kam es wiederholt zu Konflikten zwischen den landhungrigen Minifundienbauern und Staatsorganen, die unkontrollierte Landbesetzungen verhindern wollten.
Deshalb war es auch eines der vorrangigen Ziele der sandinistischen Agrarreform, dem Landproletariat eine Produktionsbasis zu verschaffen, und das möglichst in Form von Kooperativen. Diese werden vom Genossenschaftsgesetz, verkündet im Oktober 1981, als „höchste Form der Arbeitsorganisation, die den Geist der Solidarität und Zusammenarbeit (fördert), um die Beziehungen der Konkurrenz und Ausbeutung zwischen den Menschen zu überwinden", angesehen. Gemeint sind damit in erster Linie die CAS (Cooperativas Agrarias Sandinistas = Produktionsgenossenschaften), bei denen gemeinschaftlicher Besitz am (unveräußerlichen) Boden, an den Wirtschaftsgebäuden und Betriebsmitteln besteht. Folgerichtig wurde in den ersten Jahren der Landreform landlosen Bauern Grundbesitz auch nur in Form von CAS zugesprochen.
Bei den durch Überlebenskampf und Individualismus geprägten kleinen und mittleren Bauern erfreuten sich jedoch von Anfang an die Kredit- und Dienstleistungsgenossenschaften (Cooperativas de Crédito y Servicios, CCS) größerer Beliebtheit. Sie ermöglichen einerseits leichteren Zugang zu den Krediten der Nationalen Entwicklungsbank (BND) und andererseits gemeinsame Beratung und Vermarktung der Produkte. Der individuelle Besitz an Grund und Boden bleibt bei dieser Organisationsform erhalten. Um Einzelbauern den Übergang von der Dienstleistungs- zur Produktionsgenossenschaft schmackhaft zu machen, erfand man eine Zwischenform: die Cooperativas de Surco Muerto (CSM; etwa: Genossenschaften der toten Furche). Hierbei bearbeiten

die Mitglieder der CSM ihre benachbarten Ländereien gemeinsam und bauen auch dieselbe Frucht darauf an. Die Felder bleiben zwar weiterhin Individualbesitz, dürfen jedoch nicht durch Zäune, sondern nur durch einen Streifen unbearbeiteten Bodens (surco muerto) voneinander abgegrenzt werden.
Produktionsgenossenschaften funktionieren vor allem dort, wo ehemalige Landarbeiter den Besitz von enteigneten Hacendados übernahmen oder Land aus Staatsbesitz übereignet bekamen. Diese aus politisch bewußten Mitgliedern bestehenden Kooperativen trifft man vor allem in der fruchtbaren nordwestlichen Pazifikebene an. Außerdem bewähren sich Kooperativen, in denen vorwiegend Angehörige einer einzigen Familie oder Sippe zusammen arbeiten. Auch die Selbstverteidigungsgenossenschaften entlang der Grenze, die besonders gefördert werden, gelten als ökonomisch und sozial stabil. Anfang 1985 waren rund 3 000 Genossenschaften registriert, wovon über 70% CCS sind. Die CCS haben im Durchschnitt 35 Mitglieder mit je 16 ha, die CAS nur 12, auf die je 22 ha entfallen. Insgesamt werden etwa 18% des landwirtschaftlichen Grundbesitzes genossenschaftlich bewirtschaftet. Diese Zahlen sagen jedoch wenig über die tatsächliche Situation in den einzelnen Genossenschaften aus, die oft über sehr unterschiedliche Voraussetzungen verfügen, wie die folgenden Beispiele belegen:

Die Idee zu der Hühnerfarm entstand am Biertisch. Vier ehemalige FSLN–Kämpfer aus Estelí überlegten zusammen, wovon sie in Zukunft leben sollten. Der Einfall mit den Hühnern kam von einem, dessen Bruder 2 000 Legehennen hatte – der konnte sein Fachwissen beisteuern. Wenige Tage später fanden sich die Freunde bei der Filiale der nationalen Entwicklungsbank ein, um einen Kredit zu beantragen. Der zuständige Referent erklärte, weniger als 5 000 Hühner seien unrentabel, daher würde er einen Kredit in der entsprechenden Höhe beantragen. Das Agrarreformministerium übergab den künftigen Genossenschaftlern bald ein geeignetes Stück Land wenige Kilometer östlich von Estelí. Nach einer ausführlichen Studie entschied die Bank, daß die neugegründete Kooperative besser mit 10 000 Legehennen beginnen sollte. Der erste konkrete Voranschlag wurde schließlich für insgesamt 18 000 Hühner erstellt. Inzwischen war die Genossenschaft auf sieben Mann angewachsen, von denen einer sogar 25 Jahre Erfahrung mitbrachte. Kaum zwei Jahre später hatte die Genossenschaft „Julio César Parrilla" von Isiquí 11 000 Legehennen, ebenso viele Masthühner und 15 000 Junghennen. Während die Anfangsinvestitionen alle aus den Bankkrediten von insgesamt 8 Millionen Córdobas finanziert wurden, konnte die Wasserleitung bereits vom erwirtschafteten Gewinn gebaut werden. Dabei ist der Kredit noch gar nicht ganz ausgezahlt worden.

Innerhalb von weniger als zwei Jahren zogen sieben Personen mit bescheidenen Vorkenntnissen ein gewinnbringendes Agrarunternehmen auf, das über kurz oder lang 20 Familien ernähren wird. Ohne Kredite und fachliche Beratung durch die Entwicklungsbank und ohne die Landzuteilung durch die Agrarreform wäre das nicht möglich gewesen. Die Hühnergenossenschaft von Isiquí ist ein Musterbeispiel, wie die sandinistische Agrarreform funktionieren kann.

Der Milchviehbetrieb Santa Rita, 33 km nördlich von Managua, den der Staat dem alten Eigentümer abgekauft hatte, ging im November 1984 im Zuge der Agrarreform an eine neugegründete Genossenschaft ehemaliger Landarbeiter über. Die neuen Herren mußten jedoch feststellen, daß das Agrarreforminstitut in den drei Monaten zwischen Kauf und Weitergabe nicht nur die zwei Traktoren und den Caterpillar aus dem Inventar der Finca, sondern auch einen Großteil des Milchviehs an Staatsbetriebe verkauft oder verschenkt hatte. In einem Betrieb mit technischen Installationen für 100 Milchkühe fanden die Genossenschaftler ganze 13 produktionsfähige Kühe sowie eine Anzahl Färsen und alter Rinder. Die nationale Entwicklungsbank wollte die zum Flottmachen des Unternehmens unentbehrlichen Kredite nicht gewähren, solange die Hypotheken und ausstehenden Kredite des Vorbesitzers nicht getilgt waren. Obwohl der Betrieb rund 250 ha ertragreiches Weideland umfaßt, das künstlich bewässert werden kann, ist ohne substantielle Investitionen an Produktion in größerem Umfange nicht zu denken. Allein für die Instandsetzung der Bewässerungspumpe müßten die Genossenschaftler das Hundertfache dessen auslegen, was sie sich derzeit an Monatslohn zahlen können.

Die Agrarreformbehörde hat letzten Endes zwar eingesehen, daß sie die Schulden übernehmen muß, wenn Santa Rita überleben soll, konnte sich aber mit der BND noch nicht über die Zahlungsbedingungen einigen. Da die Genossenschaft außerdem ohne Eigenkapital gegründet wurde, mußte sie das Vieh auf Kredit nehmen. Die Bedingungen (zinsfrei und Tilgung nach Ertragslage der Kooperative) sind zwar denkbar günstig, doch dürfen die Genossenschaftler nur mit Genehmigung des regionalen Agrarreforminstituts Vieh an- und verkaufen. Das erschwert eine flexible Handhabung des Viehbestandes wegen bürokratischer Verzögerungen erheblich.

Ein halbes Jahr nach Gründung der Kooperative sind von 16 Mitgliedern noch 5 übriggeblieben – alle, die Familie haben, mußten sich nach einer anderen Arbeit umsehen. Der Hungerlohn, den sich die Genossenschaftler auszahlen können, sichert kaum das Überleben einer Person. Einen Kreditantrag über 5 Millionen Córdobas für den Ankauf von besserem Vieh und Arbeitsmaterial hat die Agrarreformbehörde zwar im Prinzip genehmigt, die Auszahlung wird jedoch von der endgültigen Klärung der Schuldenfrage abhängig gemacht. Die letzten verbliebenen Genossenschaftsmitglieder, die noch an die Zukunft der Santa Rita glauben, könnten vom Hunger zur Aufgabe gezwungen werden, bevor die Lösung gefunden ist.

Um die Genossenschaftsbewegung in Nicaragua mittel- und langfristig zu konsolidieren und wie geplant zur tragenden Kraft im klein- und mittelbäuerlichen Milieu zu machen, müssen die FSLN-Strategen noch wichtige Voraussetzungen schaffen, darunter eine flexible und realistische Handhabung des Kreditwesens. Die großzügigen Kredite der ersten Jahre an Genossenschaften wurden von den Bauern teilweise in den Konsum statt in die Produktion gesteckt. Mangelndes Wissen über effiziente Produktionsmethoden, unzureichende Versorgung mit Betriebsmitteln (Dünger, Spritzmittel, Kraftfutter etc.), mangelnde Arbeitsorganisation und -planung, fehlende betriebswirtschaftliche Kenntnisse, später schleppende Kreditvergabe und sinkende Rentabilität der landwirtschaftlichen Produktion, besonders von Grundnahrungsmitteln, hervorgerufen durch die auf billige Versorgung der städtischen Bevölkerung ausgerichtete Preispolitik des Staates, drückten viele der jungen Genossenschaften an die Wand.

Um die verschuldeten Bauern nicht gegen sich aufzubringen, erließ die Regierung Mitte 1983 den Genossenschaften sowie den kleinen und mittleren Produzenten von Grundnahrungsmitteln ca. 360 Millionen Córdobas (rd. 13 Mill US $), fast 28% der in den vorangegangenen 12 Monaten vergebenen Kredite. Gleichzeitig wurde das Kreditvolumen eingeschränkt. Während die sogenannten „créditos rurales" an die Klein- und Mittelbauern oder Kooperativen zumindest von 1983 auf 1984 nominal noch um 35% stiegen und somit real etwa dem Vorjahresaufkommen entsprachen (die subventionierten Betriebsmittelpreise stiegen erheblich weniger als die Lebenshaltungskosten), wurden die Zahlungen von Krediten an Staatsbetriebe und private Großbauern auf dem Nominalstand von 1983 eingefroren.

Im Agrarministerium wußte man aber schon wesentlich früher, daß allein mit finanziellen Manipulationen dem Problem nicht beizukommen war. So wurden 1983 einzelne Gebiete — fast ausschließlich in der dicht besiedelten Westhälfte des Landes — zu „genossenschaftlichen Entwicklungszonen" erklärt. In diesen Zonen sollten dann bestimmten ausgewählten Kooperativen Beratung, Ausbildung und Kredite bevorzugt gewährt werden. Es ging darum, Modelle zu schaffen.

Für das Jahr 1984 waren insgesamt über 500 Kooperativen, davon zwei Drittel CAS, in den Entwicklungsplan einbezogen. Doch auch hier scheint die wirtschaftlich-politische Situation des Landes die guten Ideen der politischen Führer einzuholen. Das Geld für die Schaffung von Modellen ist knapp geworden und es fehlt an Personal zur Umsetzung der Pläne: Anfang 1985 mußte ein Berater im Durchschnitt 80–100 Genossenschaften betreuen.

Zudem waren die am „grünen Tisch" entworfenen Ausbildungsprogramme an der Zielgruppe vorbeigeplant worden. Erst im Laufe des Jahres 1984 begann die Agrarreformbehörde mit einer systematischen Untersuchung der sozio-ökonomischen Struktur der einzelnen Genossenschaften, die als Grundlage für die Neuformulierung der Ausbildungsprogramme dienen sollte. Bemerkenswert ist, daß die Kritik und die Verbesserungsvorschläge meist aus den Reihen derselben MIDINRA-Mitarbeiter in den relativ autonomen Regionalbüros kamen, die seinerzeit selbst die nun als nicht umsetzbar erkannten Pläne entworfen hatten.

Von dem an Genossenschaften übereigneten Land wird weit weniger als die Hälfte wirklich landwirtschaftlich genutzt. Dies ist jedoch eher ein generelles Problem der Landwirtschaft Nicaraguas. Von den rund 5,7 Mio ha, die von der Agrarreformbehörde als mit Besitztitel ausgewiesene Nutzfläche angegeben werden, betrachten das Statistische Zentralamt (INEC) und die private Agrarproduzentenvereinigung (UPANIC) nur 11% als intensiv genutzt. Der Rest ist Weide- und Brachland, meist in privatem oder staatlichem Großgrundbesitz. Demgegenüber sind die privaten Minifundisten darauf angewiesen, ihre „Handtuchgrundstücke" bis auf den letzten Quadratmeter zu bebauen.

Die Agrarreformbehörde ist bemüht, dies zu ändern. Staatsland – inzwischen von 23% auf 18% der Nutzfläche reduziert – ist an Genossenschaften, mittlerweile sogar an Einzelbauern verteilt worden. Auch die nicht oder nicht ihrem Produktionspotential gemäß genutzten privaten Liegenschaften können laut Agrarreformgesetzt umverteilt werden. Bis Ende 1983 wurde rund 240 000 ha Brachland (tierra ociosa) aus Privatbesitz enteignet. Für 1984 waren nochmals 140 000 ha aus privatem Großgrundbesitz zur Umverteilung vorgesehen, wovon bis Jahresende allerdings nur 31 000 ha tatsächlich betroffen waren. Der Grund ist wohl in den schwammig formulierten Durchführungsbestimmungen zum Agrarreformgesetz zu suchen, die den „hacendados" ausreichend Schlupflöcher lassen und den mit der Enteignung betrauten Agrartribunale das Urteilen schwer machen. Zum anderen handelt es sich jedoch in erster Linie um politische Rücksichtnahme auf eine zahlenmäßig kleine, aber einflußreiche Bevölkerungsgruppe.

Bis Ende 1984 wurden rund 1,4 Mio ha Land mit Besitztiteln versehen. Davon stammen rund 40% aus Enteignungen und Umverteilungen privaten und staatlichen Großgrundbesitzes, der Rest sind schon seit Jahren von Kleinbauern bearbeitete Böden, deren Besitz durch die Agrarreform legalisiert wurde. Die Titel für neuvergebenes Land haben in den Augen der Bauern einen gewaltigen Nachteil: das Land darf nicht veräußert werden. Für die Bauern an der landwirtschaftlichen Grenze (Grenze zwischen schon genutztem und noch unerschlossenem Land), vor allem im Landeszentrum, bedeutet das einen Einbruch in ihre Traditionen. Sie waren es gewohnt, ihr im Laufe der Jahre hochgewirtschaftetes Gut zu einem guten Preis zu verkaufen, um vom Erlös ihren herangewachsenen Söhnen ein Grundstück (unerschlossen) erwerben zu können. Weil die so betroffenen Campesinos sich zunehmend von den Konterrevolutionären gegen die Sandinisten aufhetzen ließen, ist der Staat dazu übergegangen, den Bauern in den politisch heiklen Gebieten volle Eigentumstitel (titulos negociables) auszuhändigen.

Die seit 1984 verstärkt geübte Verteilung von Individualparzellen begründet Landwirtschaftsminister Jaime Wheelock in seinem Anfang 1985 erschienenen Buch „Zwischen Krise und Aggression" so:

„Natürlich sehen wir uns mit großen Problemen konfrontiert, von denen manche sehr komplex und schwer zu lösen sind. In der bäuerlichen und genossenschaftlichen Produktion stehen wir heute vor einer Explosion umverteilter und mit Besitztiteln versehener Ländereien, die bei den Bauern Erwartungen auf technische Beratung und Versorgung mit Betriebsmitteln und Maschinen, auf Technisierung wecken. Und andere, die der Staat angesichts der gegenwärtigen Einschränkungen gar nicht zu erfüllen in der Lage ist."

Dies bedeutet, daß die neuen Schwerpunkte bei der Landzuteilung vor allem gesetzt werden, weil Bauern, die Genossenschaften gründen, auch mit Erwartungen an den Staat herantreten, die dieser größtenteils nicht erfüllen kann. Einzelbauern sind dagegen froh, ein Stück Land ergattert zu haben, das zumindest ihre Subsistenz garantiert. Auch hat man erkannt, daß offensichtlich „genossenschaftliches Bewußtsein" durchaus nicht in dem Maße vorhanden ist, wie es sich einige Theoretiker der Agrarreform wünschten: der Prozeß der – stets freiwilligen – Kollektivierung hat sich verlangsamt.

Der Niedergang des Agrarexportmodells in Nicaragua

Mit der Landverteilung an Kleinbauern und Genossenschaften und großzügigen Investitionen in agroindustrielle Großprojekte ist das Strukturproblem der nicaraguanischen Landwirtschaft noch nicht gelöst. 1983 wurden 68,7% der Exporteinnahmen aus dem Verkauf von drei Produkten erlöst: Zucker, Kaffee und Baumwolle, die vierzig Jahre lang abwechselnd auf dem Weltmarkt hoch im Kurs standen und dem Land zu relativem Wohlstand verholfen hatten. Heute befinden sich nach Projektionen von Wirtschaftsexperten alle drei Produkte nicht nur in einem konkunkturellen Tief, sondern tendenziell in Krise.
Die Vorzugspreise, die die sozialistischen und manche arabischen Länder derzeit für Nicaragua-Zucker zahlen, können nicht darüber hinwegtäuschen, daß der Zuckerkonsum weltweit sinkt.
Die Baumwollager sind nach dem guten Erntejahr 1983/84 von 5,5 Mio Tonnen weltweit auf die Rekordhöhe von 8 Mio Tonnen geklettert. Wirtschaftsprognosen sagen aus, daß auch im kommenden Jahr die Produktion global den Verbrauch übersteigen wird.
Auch der Kaffee wird keine anhaltenden Preisverbesserungen erfahren, denn der Weltkonsum lag 1983/84 mit 89,4 Mio Sack 2,5 Mio Sack unter der Weltproduktion. Allein die derzeitigen Stocks von weltweit 50 Mio Sack könnten 55% des Weltjahreskonsums decken. Selbst die durch Frost verursachte Mißernte in Brasilien, die Ende 1985 den Kaffeepreis international in die Höhe trieb, kam Nicaragua nur beschränkt zugute, da der Großteil der Ernte bereits auf Termin verkauft war.
In den Fünfzigerjahren war es der Korea-Krieg, der in Zentralamerika den Baumwollboom auslöste, in den Sechzigerjahren die kubanische Revolution, die die USA veranlaßte, ihren Zuckerbedarf in Zentralamerika zu decken, und in den Siebzigerjahren eine Mißernte in Brasilien, die den zentralamerikanischen Kaffeeproduzenten neue Absatzmärkte erschloß. Nicaragua kämpft mit demselben Problem, das in allen Ländern der Region zu Krisen geführt hat: daß seine Landwirtschaft keine Zukunft hat. Denn ein neues Agrarprodukt, das plötzlich zum Exporthit aufsteigen und den Weg aus der Krise weisen könnte, ist weit und breit nicht in Sicht.

Mit Großtechnologie aus der Abhängigkeit?

Die Verringerung der Abhängigkeit von Preisschwankungen am Weltmarkt ist vorrangiges Ziel der Agrarreform. Zwei Maßnahmen werden mittel- bis langfristig ins Auge gefaßt: Exportdiversifizierung durch den Anbau nicht traditioneller und die Weiterverarbeitung der bisher roh oder nur wenig aufbereitet verschifften Produkte.
Der erste agroindustrielle Großbetrieb, der unter sandinistischer Regie entsteht, ist der Zuckerrohrkomplex „Victoria de Julio", der auch TIMAL (nach den das Projektgebiet durchfließenden Flüssen Tipitapa und Malacatoya) genannt wird. Dort, in der Tiefebene zwischen Managua- und Nicaraguasee,

sollen ab 1988 — in der Endausbaustufe — täglich fast 1 000 t Zucker aus rund 7 000 t Zuckerrohr gewonnen werden. Zur Verarbeitung des TIMAL-Zuckers wurde die größte Zuckermühle Zentralamerikas in die brettebene Landschaft östlich von Managua gestellt. Die Technologie stammt aus einer Reihe verschiedener Länder: die auf dem Gebiet führenden Kubaner lieferten die Anlagen für die Zuckerrohraufbereitung, die DDR Großbrenneranlagen und Turbinen zur Stromerzeugung, Schweden Hydraulikanlagen und Zentrifugen, die UdSSR Traktoren, Brasilien Lkws, die CSSR Pressen und Frankreich Steuerungsanlagen. Rund um die Zuckerfabrik soll auf 16 000 ha Zuckerrohr angebaut werden, für die Bewässerung sorgen 200 riesige Kreisberegnungsanlagen, von denen jede 80 ha abdeckt. 300 Mio US-$ mußten für dieses gigantische Projekt aufgebracht werden, wobei nur der kubanische Anteil (ca. 70 Mio US-$) in eine Schenkung umgewandelt wurde.

Gigantisch wird auch das Loch sein, das TIMAL in den Staatshaushalt zu reißen droht, denn die Rentabilität ist mittlerweile fraglich. Ging man zu Baubeginn 1981 noch von 40 Mio US-$ Gewinn pro Jahr aus, womit sich die Investitionen in 8—10 Jahren amortisiert hätten, rechnet man heute mit 20 bis 30 Jahren. Schuld ist vor allem der Zuckerpreis, der der Gewinnkalkulation zugrundegelegt wurde. In vier Jahren fiel er von 16 US-$ pro Zentner auf knapp über 3 US-$ pro Zentner. Eine Erholung des Zuckerpreises ist wegen der weltweiten Überproduktion und der zunehmenden Substitution durch andere Süßstoffe nicht zu erwarten. Nicaragua hat bisher noch den Vorteil, bis auf weiteres seinen Zucker zu Solidaritätspreisen — vor allem in arabische Länder und den Ostblock — verkaufen zu können.

Wenn TIMAL auch für die Exportproduktion wenig bringen wird, so ist es für den Inlandsmarkt ein umso wichtigeres Projekt: einerseits kann mit der Zuckerproduktion der nationale Markt weitgehend gedeckt werden, und andererseits können Zuckerrohrfelder in fruchtbaren Zonen der Pazifikebene für anspruchsvollere Pflanzen wie Mais und Bohnen verwendet werden. Zuckerrohr verlangt keine hohe Bodenqualität. Wenn nicht produziert wird, kann das mit Zuckerrohrbagasse beheizte Kraftwerk mit 12 Megawatt zur Stromversorgung von Managua beitragen. Das ist ebensoviel, wie das geothermische Kraftwerk am Vulkan Momotombo erzeugt. Wenn die Zuckermühle läuft, verbraucht sie die Hälfte der Energie selbst. Die Herstellung von Plastik und Chemiealkohol aus dem Zucker wird wohl erst langfristig zur Erleichterung der Importbilanz beitragen.

Auch die weiteren Projekte der verarbeitenden Industrie und Exportdiversifizierung befinden sich erst im Anfangsstadium:
— Die Umwandlung von Wasserreisflächen und Brachland zur Gemüseproduktion: Im Tal von Sébaco (100 km nördlich von Managua) soll ab 1988 auf rund 1 000 ha Gemüse angebaut werden. Während die Hälfte als Frischgemüse für den einheimischen Markt gedacht ist, wird die andere Hälfte in den Export gehen. In einer Konservenfabrik, die derzeit mit bulgarischer und spanischer Hilfe gebaut wird, soll das Gemüse in Dosen eingemacht werden.
— Die Pflanzung von 1 000 ha Kokospalmen im äußersten Südosten des Landes und die Wiederbelebung des Kakao- und Kautschukanbaus im Departement Río San Juan im Süden.

– Die Ausweitung und Verbesserung der Tabakkulturen durch den Anbau blonder Burley-Tabake.
– Die Pflanzung von Ölpalmen im südlichen Urwaldgebiet. Frankreich liefert die Ölextraktionsanlagen. Bis zum Jahr 2000 sollen diese Plantagen die Hälfte des nationalen Konsums an Speiseöl abdecken (das derzeit in erster Linie aus Baumwollsamen gewonnen wird und von schlechter Qualität ist). An diesem Beispiel zeigt sich deutlich, daß sich die Planer im MIDINRA übernommen haben, denn es fehlen die personellen und finanziellen Kapazitäten: Während im Februar 1984 noch von 3 000 ha Ölpalmplantagen gesprochen wurde, war die Anbaufläche im Juni 1985 auf 1 750 ha nach unten korrigiert worden. Viele Arbeiter hielten außerdem die Isolation und das eintönige Leben im tropischen Urwald nicht aus und machten sich davon.

Massenumsiedlungen gegen die Konterrevolution

Die Campesinos, die im Zuge der Ausbreitung des Agrarkapitalismus in die bis dahin unbesiedelten Berg- und Urwaldregionen abgedrängt worden waren, gerieten plötzlich zu Schachfiguren in einem internationalen Konflikt, als die Konterrevolutionäre von der Grenze bis tief ins Landesinnere eindrangen. Die Sandinistische Revolution mit ihren Bemühungen im Erziehungs- und Gesundheitswesen, mit ihrer Agrarreform und volksnahen Kultur hatte sie kaum erreicht, als Reagans „Freiheitskämpfer" auftauchten und die Bauern in erster Linie mit religiösen Argumenten gegen die „gottlosen Kommunisten" aufhetzten. Viele ließen sich mit dem Argument zum bewaffneten Kampf überreden, mit der Agrarreform würde ihnen das Land weggenommen. Andere blieben und dienten den periodisch vorüberziehenden Trupps als Versorgungs- und Informationsbasis. Wieder andere wurden von den bewaffneten Antisandinisten attackiert und zogen es vor, das Feld zu räumen. Die Campesinos, die mit Sack und Pack und Vieh von den Bergen herab in den nächsten größeren Ort kamen, mußten angesiedelt werden, wo sie Getreide anbauen und neu anfangen konnten. Die ersten „asentamientos" (Siedlungen) entstanden.
Später wartete die Regierung nicht mehr, bis die Bauern von selbst aus den Konfliktzonen abzogen. Um der Konterrevolution militärisch und ideologisch Herr werden zu können, griff die Sandinistische Regierung ab Mitte 1984 zu einem ebenso drastischen wie umstrittenen Mittel: Massenumsiedlungen von der – militärisch unsicheren – landwirtschaftlichen Grenze ins Landesinnere zu bereits vorhandener Infrastruktur. Bis Oktober 1984 wurden nach offiziellen Angaben 12 521 Familien (70 244 Personen) in 154 „asentamientos" umgesiedelt. Der wirtschaftlich motivierte Migrationsschub der 50er Jahre wurde umgekehrt.
Der größte Schub sollte jedoch erst Anfang 1985 im bergigen Norden einsetzen. Die Massenumsiedlungen, von denen bis Jahresende 7 000 Familien betroffen sein sollten, entsprechen einem alten Plan der Agrarreform, dessen Ziel die rationellere Nutzung der vorhandenen Böden und größerer Wohl-

stand für alle ist. Die Subsistenzbauern sollen aus ihren abgelegenen Weilern und Einzelgehöften herausgeholt werden und im Umkreis des nächsten Marktes Land erhalten. Dort finden sie nicht nur leichteren Zugang zu Einkaufs- und Absatzmärkten, sondern kommen auch in den Genuß von Strom, Trinkwasser, besserer Gesundheitsversorgung und Schulen.

Das ist nicht nur Theorie, wie die „asentamientos" beweisen, die in den vergangenen Jahren, allerdings ohne den Druck des Krieges, entstanden sind. Dort gibt es inzwischen Kooperativen, die Gewinn abwerfen, und eine Infrastruktur, die ein menschenwürdiges Dasein ermöglicht. Selbst unter den kriegsbedingt geschaffenen Neusiedlungen im Süden (Departamento Río San Juan) mauserten sich im Laufe von zwei Jahren trostlose Zeltstädte zu Ansiedlungen mit Zukunft.

Die Ausweitung des Krieges auf das Landesinnere hat das ursprüngliche Umsiedlungsprojekt nicht nur beschleunigt, sondern auch auf Gebiete ausgedehnt, die zunächst nicht einbezogen waren. Statt die Bauern mit sichtbaren Anreizen aus ihrer Zurückgezogenheit zu locken, wurden sie mit sanfter Gewalt aus ihren Hütten geholt. Häufig rissen Soldaten die Behausungen nieder, wenn die Bewohner über Nacht wieder zurückkehrten.

Das ehrgeizige Umsiedlungsprogramm im Norden, das die Evakuierung von etwa 54 000 Bauern aus einem Streifen von San Juan de Limay, bei Estelí, bis Waslala und Mulukukú im östlichen Matagalpa vorsieht, überfordert spürbar das durch Krieg und Wirtschaftsboykott ausgeblutete Nationalbudget. Das Agrarministerium hatte für 1985 die Vergabe von 20 000 ha Land an die ersten 25 000 Umgesiedelten vorgesehen. Mindestens 7 000 Häuser und 35 Gesundheitszentren sollten gebaut werden. Für jedes der „asentamientos", die an der Peripherie beinahe jedes größeren Ortes im Norden entstanden sind, werden Expertenteams abgestellt. Fachleute aus dem Unterrichts-, Agrarreform- und Sozialversicherungsministerium, von der Kleinbauernunion UNAG und vom FSLN wurden aus den Provinzstädten, zum Teil auch aus Managua abgezogen, wo sie an ihren Arbeitsplätzen deutliche Lücken hinterließen. In den Neusiedlungen gibt es Baumaterial, das sonst im ganzen Land nicht zu haben ist, und Lebensmittel, die selbst in der Hauptstadt knapp sind. Für das politisch wie wirtschaftlich delikate Umsiedlungsprojekt werden keine Kosten gescheut, doch steht in der Realität der Effekt oft in keinem gesunden Verhältnis zum Aufwand.

Ein nach dem ersten Evakuierungsseminar des FSLN Ende 1984 erstelltes internes Papier zeigt die mit den Umsiedlungen verbundenen Probleme mit aller Offenheit auf: Die abrupte Ortsveränderung verletzt die wirtschaftliche Eigenständigkeit der Bauern und verursacht Produktionseinbußen und damit ein Absinken des Lebensstandards der Betroffenen. Das Papier: „Dies äußert sich in der Einstellung der vorherigen produktiven Tätigkeit, mangelndem Zugang zu Lohnarbeit, engem Zusammenwohnen, Mangelernährung und völliger Abhängigkeit vom Staat."

Die Erkenntnisse der Studie, die auf Erhebungen in den „asentamientos" im Süden und den ersten Neuansiedlungen im Norden basiert, treffen auch auf die neuen Siedlungen zu. Der Staat hat gegenwärtig keinen schnellen Ausweg aus diesem Dilemma zur Hand. Die in erster Linie militärischen Bedürfnissen gehorchenden Massenumsiedlungen seit Anfang März 1985 überfordern die Kapazität aller betroffenen Ministerien. Die Agrarreformbehörde versucht, allen Umgesiedelten sofort brauchbare Böden anzubieten, die den verlassenen mindestens gleichwertig sein sollen. Nicht überall aber gibt es geeignetes Staatsland, das verteilt werden kann, oder einen Großfarmer, der sich sein Gut abkaufen läßt. Für das wenige neuerschlossene Acker- oder Weideland, das bebaut werden soll, bestehen in der Regel keine Bodennutzungspläne. So werden manchmal Produkte angebaut, für die der Boden völlig ungeeignet ist. Obwohl aus pragmatischen Gründen auf Wunsch Kleinparzellen als Individualeigentum übergeben werden, besteht eine klare Weisung zur Förderung von Genossenschaften; angesichts der exponierten Lage vieler Siedlungen, bevorzugt Selbstverteidigungskooperativen. In den ersten Monaten nach den Umsiedlungen sind bereits mehrere „asentamientos" von Contras überfallen worden.

Dennoch weigern sich viele Bauern, bei der Verteidigung mitzumachen. Manche, weil sie sich jeder Form von Organisation widersetzen, andere, weil sie evangelischen Sekten angehören, die das Tragen von Waffen verbieten. Das selbstkritische FSLN-Dokument spricht es deutlich aus: Viele Bauern weigern sich schon deswegen, sich in die „asentamientos" einzugliedern, weil sie die Umsiedlungen als einen Schritt zur militärischen Organisierung auffassen und weil sie dort in der Regel einer unzureichend angepaßten politisch-ideologischen Rhetorik ausgesetzt sind. Zahlreiche evakuierte Familien haben es daher vorgezogen, bei Freunden oder Verwandten Zuflucht zu suchen oder wilde Siedlungen am Straßenrand zu errichten. Dort profitieren sie zwar nicht von der staatlichen Unterstützung in Form von Lebensmitteln und Baumaterial, sind aber auch nicht in unbekannte Strukturen eingebunden und dennoch relativ geschützt.

Die Sandinisten hoffen, alle wirtschaftlichen und sozialen Probleme in den Griff zu bekommen, wenn der militärische Druck einmal weg ist. Die „asentamientos" sollen Pole rationellen Wirtschaftens werden und den verarmten Kleinbauern bescheidenen Wohlstand bieten. Diese Perspektive ist aber keineswegs in allen Neusiedlungen zu erkennen. Im Tal von Jalapa, einer der ältesten Konfliktzonen, liegen zwei Extreme nur wenige Kilometer auseinander.

In Santa Cruz leben etwa 50 Familien, die Mitte 1983 vor den Kampfhandlungen um Las Pilas und San Pablo bei Jalapa flohen — authentische Flüchtlinge, die einen Neuanfang in sicherem Gebiet suchten. Die Regierung schuf ihnen eine Siedlung aus schmucken Steinhäusern, die zwar keinen Komfort, aber Schutz vor den schlimmsten Unwettern bieten. Die Männer arbeiten in einer Genossenschaft, die inzwischen allein die Selbstversorgung garantiert. Die Schulkinder züchten Kaninchen. Von den Einwohnern der Siedlung denkt keiner an Rückkehr in die alten Dörfer.

In El Portillo leben manche Familien noch in Zelten auf dem feuchten Erdboden. Da die Siedlung an einem Hang liegt, dringt bei jedem Regen Wasser in die Zelte und Holzhütten, eine Wasserleitung ist noch nicht gelegt worden. In der Kooperative, deren Mechanismus die Campesinos nicht begreifen, fühlen sie sich wie schlecht bezahlte Landarbeiter — Befehlsempfänger, auf die nicht gehört wird, die aber auch gar nicht die Courage aufbringen, sich zu Wort zu melden. Die meisten wollen wieder dorthin zurück, wo sie hergekommen sind. War früher für die Flüchtlinge aus den Konfliktzonen noch genug Geld da, das in großzügige Bauprojekte gesteckt wurde, so reicht es heute kaum mehr für notdürftige Bretterverschläge für alle Evakuierten. Die wirtschaftlichen und sozialen Kosten der Umsiedlungen werden das Land noch auf Jahre belasten.

Exportieren oder das Volk ernähren?

Trotz erheblicher Anstrengungen der Regierung, mittels Programmen zur Produktion von Grundnahrungsmitteln und Importen die Versorgung der Bevölkerung abzusichern, gibt es weiterhin dauernde (Milch), jahreszeitlich bedingte (Gemüse, Kartoffeln, Rindfleisch), konjunkturelle (Geflügel, Eier) und regionale (vor allem ländliche Gebiete) Unterversorgung.
Zur Überbrückung des Produktionsdefizits von rund 40 000 t Mais im Jahr 1984 wurde im Rahmen des sogenannten „Plan Contingente" 4 800 ha Mais auf den bewässerbaren Baumwollfeldern in der nordwestlichen Tiefebene angebaut. Die dreieinhalbmonatige Brache zwischen dem Abschluß der Baumwollernte und der Aussaat im Juli soll dergestalt zur Nahrungsmittelproduktion genutzt werden. Dieses spitzfindige ökonomische Projekt hat jedoch ganz bedenkliche Schattenseiten: wegen der starken Belastung des Bodens durch Pestizide kann der Genuß dort gewonnener Nahrungsmittel gesundheitsschädlich sein.
Während Reis zu über 80% von Großbauern und Staatsbetrieben angebaut wird, da nur kapitalkräftige Landwirte die Vorleistungen für Bewässerungssysteme und Mechanisierung aufbringen können, werden Mais und Bohnen zum überwiegenden Teil von kleinen und mittleren Einzelbauern und Genossenschaften produziert. Die Reisproduktion deckt den Inlandsbedarf weitgehend, bei den beiden anderen Produkten hat es 1983 und 1984 schwere Ertragseinbrüche gegeben.
Dies ist zum Teil auf die schlechten Witterungsverhältnisse 1983 zurückzuführen. Allerdings wurden im folgenden Jahr trotz günstigem Wetter und ausreichendem Niederschlag nochmals weniger geerntet, da die von MIDINRA im Mai 1984 festgelegten Kaufpreise für Mais und Bohnen nicht zum Anbau stimulierten. Im Gegenteil: manche Bauern zogen es vor, ihren Eigenbedarf bei der staatlichen Umschlagstelle für Grundnahrungsmittel (ENABAS) zu subventionierten Preisen zu decken, die unter den Produktionskosten lagen. Es kam sogar vor, daß Bauern bei ENABAS kauften, die Bohnen oder den Mais in andere Säcke umfüllten und wiederum an ENABAS verkauften. Zu allem Überfluß wurden die Aussaatkredite oft nur schleppend vergeben, was der sonst eher regierungsfreundliche Bauernverband UNAG heftig kritisierte.
Trotz aller Bestrebungen zur Erlangung der Nahrungsmittelautarkie ist Nicaragua auch heute noch auf ausländische Unterstützung angewiesen: 1983

erhielt das Land rund 17 500 t Mais und mehr als 73 000 t Weizen geschenkt. Allein in der ersten Jahreshälfte 1984 wurden weitere 60 000 t Weizen gestiftet, in erster Linie aus der UdSSR und den COMECON-Staaten, aus Frankreich, Österreich, Schweden und Spanien, der EG und Kanada.
Aus Gründen der Handelsbilanzverbesserung stoppte Nicaragua 1985 die Importe von „granos básicos" (die hauptsächlichen Grundnahrungsmittel Mais, Reis und Bohnen). Die Einfuhrsperre konnte jedoch in der Erntezeit nicht durchgehalten werden, da auf den Kaffee- und Baumwollgütern den freiwilligen Pflückern zumindest die tägliche Ration Reis und Bohnen mit Maistortillas geboten werden mußte. So kaufte Nicaragua allein im März 1985 11 300 t guatemaltekischen Mais im Wert von 2,1 Mio US-$.
Ähnlich wie bei der Getreideversorgung sieht es auch auf dem Milchsektor aus. So schenkte die UNO Nicaragua im März 1984 Trockenmilch und Butter im Wert von 13 Mio US-$. Obwohl sich die Milchproduktion nach den unkontrollierten Massenschlachtungen von Rindern in den Jahren 1978/79 merklich erholt hat, werden bisher nur rund 70 l/Person/Jahr produziert. Davon stammen 87% aus privaten Herden und 13% aus Staatsbetrieben. Die pasteurisierte Milch, die abgepackt auf den Mark kommt, besteht nur zu 36% aus Frischmilch, der Rest ist Trockenmilch.
Die staatliche Milchproduktion wird forciert: 1982 wurde mit kubanischer Technologie und kanadischer Kofinanzierung auf der Halbinsel Chiltepe im Managua-See ein Milchviehgroßprojekt initiiert. In sieben eigenständigen Betrieben, die in jeweils acht Herden zu 150 Kühen aufgeteilt sind, sollen ab 1987 von 8 400 Kühen täglich 80−100 000 Liter Milch produziert werden. Ursprünglich waren einmal 16 solcher Mammutbetriebe, über das Land verteilt, geplant. Doch angesichts der finanziellen, technischen und personellen Schwierigkeiten auf Chiltepe ist man von diesen kühnen Plänen längst abgekommen. Zudem scheint man von der Effizienz solcher Riesenstaatsbetriebe nicht mehr so ganz überzeugt zu sein, denn das nächste geplante Milchproduktionszentrum bei Muy Muy im Departement Matagalpa soll nach neuesten Plänen unter Regie einer Kooperative betrieben werden.

Kein Spielplatz für alternative Experimente

In der Diskussion über einen Vortrag, den der Landwirtschaftsminister Jaime Wheelock im Dezember 1983 vor ausländischen Entwicklungshelfern und Vertretern von Expertenorganisationen gehalten hatte, fragte einer der Anwesenden, warum die Windenergie nicht in größerem Umfange, etwa für Wasserpumpen, in der Landwirtschaft genutzt werde. Wheelock vertrat die Meinung, daß derartige Technologien zwar fallweise sinnvoll eingesetzt werden könnten, daß jedoch die Entwicklung der Landwirtschaft im großen Stil „moderne" Technik erfordere. Im Klartext: wir wollen uns in Nicaragua nicht von ausländischen Hilfsorganisationen irgendwelche „altmodischen" Produktionsmethoden aufschwatzen lassen, sondern unsere Felder mit genauso großen und leistungsfähigen Maschinen bearbeiten, wie ihr die euren in Europa oder Nordamerika.

Folgerichtig sind seit 1979 Tausende von Schleppern, Mähdreschern und Erntemaschinen meist sowjetischer oder ostdeutscher Herkunft eingekauft worden. Ob diese auf den Kombinaten in Weißrußland oder Brandenburg erprobten Apparate für Nicaragua automatisch Wirtschaftlichkeit und „Fortschritt" (gemäß dem Namen einer Futterhäcksler-Marke aus der DDR) bringen, ist zweifelhaft. Ein großer Teil des Maschinenparks ist schon nach wenigen Jahren oder gar Monaten schrottreif, weil die Geräte wegen mangelnder Ausbildung des Personals unzureichend gewartet und Ersatzteile nicht rechtzeitig bestellt werden. Das Phänomen, daß Gerät nachlässig behandelt wird, wenn es dem Staat gehört, ist auch aus anderen Ländern hinreichend bekannt.

Für Experimente mit Alternativtechnologie schuf das Landwirtschaftsministerium 1980 das Forschungszentrum für angepaßte Technologie (CITA-INRA). Der 60 Mann starke Mitarbeiterstab wurde jedoch schon zwei Jahre später auf die Hälfte reduziert. Ein deutlicher Hinweis auf das Desinteresse der Regierung. Damals begann ein Expertenteam der bundesdeutschen „Gesellschaft für technische Zusammenarbeit" (GTZ) seine Kooperation mit CITA-INRA. Ziel der Zusammenarbeit war die Verbreitung von Biogasanlagen in landwirtschaftlichen Betrieben. Da die GTZ das ganze Programm großzügig finanzierte, waren die Experten zwar gern gesehene Mitarbeiter und bekamen auch zwei nicaraguanische Counterparts zur Seite gestellt, doch unternahm CITA-INRA keine Anstrengungen zur Propagierung dieser Technologie, die helfen könnte, die knappen Brennholzvorräte des Landes zu schonen. Die deutschen Experten zogen schließlich Anfang 1985 die Konsequenzen und richteten ihr Büro bei einem staatlichen Schweinemastbetrieb ein, der seine Erlöse eigenständig verwaltet und deutlich mehr Interesse an diesem umwelt- und devisenschonenden Verfahren zu Verwertung organischer Abfälle und der Produktion von Brenngas hat als Jaime Wheelock und sein Ministerium. Die Zukunft der Biogasentwicklung in Nicaragua wird wohl davon abhängen, ob weitere Betriebe aus dem Beispiel lernen.

Vor zwei Jahren begann ein staatlicher metallverarbeitender Betrieb in Managua mit der Herstellung von einfachen Maisreblern (Maisdreschmaschinen), die in Ecuador entwickelt und mit Erfolg verkauft worden waren. MIDINRA sagte prompt die Abnahme von 50 Maisreblern zu. Als jedoch die ersten 20 Maschinen fertig waren, kaufte das Ministerium keine einzige. Behördliche Trägheit oder Desinteresse? Die 20 Maisrebler sind inzwischen verrostet. Derselbe Betrieb stellt auch Windmühlen her, mit denen Trinkwasser gepumpt werden kann. Diese Windräder (Stückpreis 350 US-$) eignen sich außerdem für Bewässerungsanlagen – zumindest dort, wo das Land eben und somit zur Furchenbewässerung geeignet ist. Das gilt für weite Bereiche der Pazifikregion, wo die fruchtbarsten Böden liegen und die Landwirtschaft am ertragreichsten ist. Bisher hat MIDINRA keine einzige Windmühle für seine Staatsbetriebe angeschafft. Bevorzugt werden – ebenfalls nur in der Ebene verwendbare – Kreisberegnungsanlagen zum Stückpreis von 80 000 US-$.

Noch immer rentabel — Nicaraguas weißes Gold

Großtechnologie soll auch im Baumwollsektor den Weg aus der Krise weisen, in die dieser mit der Revolution geschlittert ist und von der er sich bis heute noch nicht erholt hat. Zwar stieg ab 1981 der Anteil des Baumwollexports an den gesamten Ausfuhreinnahmen, der 1980 von über 20% auf 6,6% gefallen war, wieder auf 20%, doch ist angesichts der Verschlechterung der Austauschverhältnisse die Rentabilität des Baumwollanbaus fraglich.
In keinem anderen Sektor kann man die Entwicklung des Agrarkapitalismus und seine Folgen in Nicaragua besser beobachten, als in dem der Baumwolle. Nicaragua hatte seit jeher für den Weltmarkt produziert und seinen Wohlstand damit von den Preisschwankungen an den internationalen Rohstoffbörsen abhängig gemacht. Im vorigen Jahrhundert war der natürliche Farbstoff Indigo die beherrschende Monokultur, nach dessen Niedergang folgte der Kaffee, anschließend das Zuckerrohr und von den Fünfzigerjahren an die Baumwolle. Ausgelöst durch eine Versorgungskrise in den USA nach dem Korea-Krieg explodierte der Baumwollpreis und machte den großzügigen Anbau dieses Projekts in den Pazifikebenen Nicaraguas rentabel für alle, die über genügend Kapital für die nötigen Investitionen verfügten.
Die Gesetzgebung Somozas ermöglichte es den Interessenten, die Kleinbauern, die meist keine Eigentumstitel für ihr Land vorweisen konnten, zu vertreiben oder ihren Grund zu Spottpreisen zu erwerben. Die Vertriebenen mußten ihren Hof verlassen, um Neuland im Zentrum des Landes zu erschließen, oder sich als abhängige Lohnarbeiter durchschlagen. Der Anteil der Baumwollregion León–Chinandega an der nationalen Grundnahrungsmittelproduktion ging zwischen 1951 und 1961 von 24,3% auf 13,9% zurück. Die proletarisierte Landbevölkerung wurde zum unentbehrlichen Arbeitskräftereservoir für die Baumwollwirtschaft, die zur Erntezeit nahezu die Hälfte der ökonomisch aktiven Bevölkerung beschäftigte und Mitte der Siebzigerjahre fast ein Drittel der landwirtschaftlich genutzten Flächen beanspruchte. Damals erreichte der Weltmarktpreis die Rekordhöhe von US-$ 90/Quintal (1 Quintal = 45,3 kg), und die Baumwolle übertraf den Kaffee als bedeutendster Devisenbringer Nicaraguas. Heute liegt der Weltmarktpreis um 63 US-$. Arbeitskräfte waren billig und reichlich vorhanden, denn für die Subsistenzbauern bot die Baumwollernte die Möglichkeit, innerhalb weniger Monate mehr Geld zu machen als im ganzen restlichen Jahr. Selbst aus Honduras und El Salvador kamen am Jahresbeginn zu Tausenden Pflücker, die von Agenten der Großgrundbesitzer angeworben wurden. 1962 verdiente ein Baumwollpflücker 50% mehr als ein gewöhnlicher Land- oder Minenarbeiter und knapp mehr als ein ungelernter Arbeiter in der Stadt. Für die Bauern, die kaum Zugang zu modernen Konsumartikeln hatten, brachte die Baumwollernte die Bekanntschaft mit Gütern, die meist von honduranischen und salvadorianischen Wanderarbeitern mitgebracht und verkauft wurden: Radios, Batterien, Fahrräder, Küchengerät aus Plastik, kohlensäurehaltige Getränke, die auf Raten verkauft wurden. Kurz, die Baumwollernte war so attraktiv, daß das Arbeitsangebot in den Erntemonaten Januar bis März selbst in Managua spürbar zurückging.

Die Sandinistische Revolution brachte einen schweren Einbruch in dieses System: Die Baumwollproduktion, die während des Volksaufstandes drastisch gesunken war, wurde zwar auch in den inzwischen verstaatlichten Plantagen wieder aufgenommen, weil die Erwirtschaftung von Devisen gegenüber der Diversifizierung des Anbaus Vorrang hatte, die Produktionsweise mußte jedoch überdacht werden. Die Pflücker aus den Nachbarländern blieben bald aus, aus politischen Gründen und weil der Währungsverfall die Arbeit auch ökonomisch unattraktiv machte. Die nicaraguanischen Arbeitskräfte wurden nach und nach durch die Agrarreform zu Kleinbauern oder Genossenschaftlern, die durch ihre neue Produktionsgrundlage gänzlich beansprucht wurden. Schließlich ließ sich auch das städtische Lumpenproletariat nicht mehr auf die glühenden Baumwollfelder von León und Chinandega locken, weil der Handels- und Dienstleistungssektor, vor allem der informelle — Straßenverkauf und Schwarzmarkt — weit bequemere und höhere Gewinne versprachen als die Erntearbeit. Ein Teil der potentiellen Pflücker ist außerdem in der Verteidigung organisiert.

Die Verantwortlichen im Agrarministerium begegneten dem Arbeitskräfteproblem in der Erntezeit mit verstärktem Einsatz von Erntemaschinen und der Mobilisierung von Studenten und Freiwilligen aus den Ministerien, die auf Grund ihrer politischen Überzeugung für magere Kost und spartanisches Quartier in die Ernte ziehen. Unter Somoza hatte sich der Einsatz von Maschinen nicht bewährt, da bei maschineller Ernte der Ertrag pro Hektar geringer ist und die menschlichen Arbeitskräfte sowieso billiger kamen. Wurde im Agrarzyklus 1976/77 weniger als 1% der Baumwolle mit nur 21 Maschinen eingebracht, so waren es 1983/84 bereits 32% mit mehr als 200 Maschinen allein im staatlichen Sektor.

Ohne den Einsatz von Schülern und Studenten könnte heute weder der Kaffee noch die Baumwolle eingebracht werden. Die negativen Konsequenzen liegen jedoch auf der Hand. Abgesehen von Folgen wie dem Absinken des akademischen Niveaus (wenn die Universitäten zur Erntezeit geschlossen werden müssen oder die Studenten beim Examen in erster Linie deswegen approbiert werden, weil sie bei der Ernte mitgemacht haben) sind die Auswirkungen auch für die Produktivität der Baumwollfelder verheerend. Nach jüngsten Erhebungen sind 26,8% der Baumwollpflücker Jugendliche unter 14, die in der Regel weniger schnell pflücken als Erwachsene oder gar Profis. Die Produktivität ist daher seit 1976/77 von 2,15 Quintales pro Mann auf 1,33 im Jahr 1983/84 zurückgegangen.

Verschärfend wirkt das allgemeine Nachlassen der Arbeitsdisziplin, weil das patriarchalische aber effiziente System der Überwachung durch die allmächtigen Vorarbeiter außer Kraft gesetzt ist und die finanziellen Anreize gering sind, neigen auch die professionellen Pflücker zum Schlendrian — ein Phänomen, das als „historische Ferien des Proletariats" bezeichnet wird.

In einer nicht veröffentlichten Studie des dem Landwirtschaftsministerium angeschlossenen Agrarforschungszentrums CIERA heißt es:
„Die Bemühungen der Unternehmensleitung und der Gewerkschaft, die Produktivität wieder zu steigern, sind auf den stillschweigenden und zähen

Widerstand des Proletariats gestoßen. Sein sichtbarstes Resultat ist die Abwertung der Gewerkschaft als Waffe des Proletariats im wirtschaftlichen Kampf, der Prestigeverlust der Geschäftsleitung in Staatsbetrieben und in vielen Fällen der Gewerkschaftsführung innerhalb des Betriebes."
Die privaten Agrarunternehmer bauen nur noch Baumwolle an, um ihr Land nicht zu verlieren. Ramiro Gurdian, der Präsident der privaten Agrarproduzentenvereinigung UPANIC erklärt, worum es geht: „Früher hat man für seine Exportproduktion harte Dollars bekommen, heute steckt der Staat die Devisen ein." Er verschafft dem Produzenten zwar die Chemikalien, Düngemittel und Landmaschinen zu demselben subventionierten Umrechnungskurs, der für die Abnahme des Produkts gilt, rückt jedoch die knappen Dollars nicht heraus. Der Großgrundbesitzer mißt seinen Gewinn nicht daran, was er im Inland dafür kaufen kann, sondern wie oft er damit nach Miami fliegen kann. Kostete ein Retourticket früher den Erlös von 2 ha Baumwolle, so muß man heute 28 ha anpflanzen, um einmal ins Traumziel der zentralamerikanischen Bourgeoisie reisen zu können.

FDN–Contras in der Nähe von Ocotal.   © Murry Sill/Miami Herald

César Jerez SJ

Kirche und Revolution in Nicaragua

Mittelamerika hat zweifellos eine Bedeutung gewonnen, die man vor sechs oder sieben Jahren kaum voraussehen konnte. Der Vatikan zeigt lebhaftes Interesse an den Ereignissen in dieser Region. Die derzeitige US-Administration verfolgt mit größter Aufmerksamkeit alles, was sich in Mittelamerika tut. Der erst kürzlich verfaßte Kissinger-Report spiegelt diese Bedeutung wieder. Auf lateinamerikanischer Ebene macht die Contadora-Gruppe den bisher nie dagewesenen, ernsthaften und von großer Unabhängigkeit zeugenden Versuch, zu einem ausgehandelten Frieden in dieser Region zu kommen, die von Bürgerkriegen so hart betroffen ist. Wenn auch die traurigen Ereignisse im Libanon die weltweite Aufmerksamkeit immer wieder von Mittelamerika ablenken, kann doch die Temperatur des Nord-Süd-Konflikts am genauesten an Mittelamerika gemessen werden. Mit geringerer Genauigkeit ist Mittelamerika auch das Thermometer für Temperaturschwankungen im Ost-West-Konflikt.

Die Katholische Kirche, die traditionell eine einflußreiche gesellschaftliche Kraft in der Region darstellt, spielt eine wichtige Rolle. Die meisten Leute fragen sich nach der Rolle der Katholischen Kirche in Mittelamerika und haben gleichzeitig eine an der Oberfläche bleibende Meinung dazu. Mit Absicht befaßt sich dieser Essay mit der Kirche isoliert von dem sehr komplexen Kontext Mittelamerikas, was unweigerlich auch einiges an Vereinfachung nach sich zieht.

Nach einer Militärdiktatur, die mehr als 40 Jahre dauerte, übernahm die Sandinistische Front für die Nationale Befreiung die Macht in Nicaragua. Es war der Höhepunkt eines sich lange hinziehenden Guerillakrieges, der schließlich in einen allgemeinen Volksaufstand überging. Seit 1979 hat die neue Regierung Nicaraguas eine Revolution in Bewegung gesetzt und mit einer tiefgreifenden Veränderung des nicaraguanischen Lebens begonnen. Diese Revolution hat die traditionellen Strukturen des Landbesitzes, das Bildungswesen, die Zuordnung des nationalen Einkommens, die Einkommensstrukturen, das Verbandswesen — sowohl im Bereich des privaten Unternehmertums wie auch im Bereich der Arbeiterorganisation —, das Finanzwesen, den Außenhandel, das gesellschaftliche Gewicht der armen Mehrheit der Gesamtbevölkerung usw. radikal verändert. Auf diese Veränderung der nicaraguanischen Gesellschaft haben die verschiedenen „Marxismen", ihre Theorien und ihre Praxis, auch Einfluß gehabt. Allerdings haben Erfahrungen mit der nationalen Geschichte die wichtigste Rolle in diesem Prozeß der gelenkten sozialen Veränderung gespielt.

Dieser revolutionäre Versuch, soziale Realitäten in Nicaragua anders und neu zu gestalten, hat Strukturen des gesellschaftlichen Gefüges zerteilt und dabei — wie zu erwarten — zu einer tiefen Polarisierung innerhalb aller Arten von sozialen Gruppen, städtischen und ländlichen Vereinigungen, religiösen

Gemeinschaften und den Kirchen einschließlich der Katholischen Kirche geführt. In einer solchen Lage ist es nicht einfach, unvoreingenommen miteinander zu diskutieren. Einige der Probleme sind ihrerseits erst durch diese Polarisierung hervorgerufen worden: Für die Akteure, die in dieser Geschichte eine Rolle spielen, deren persönliche und ökonomische Interessen auf dem Spiel stehen, sind die Probleme Nicaraguas Fragen auf Leben oder Tod oder werden doch als solche verstanden.

Das Thema könnte mit Hilfe eines ausführlichen Überblicks über einzelne Vorkommnisse, die Konflikte heraufbeschworen haben, dargestellt werden. Daraus könnten dann allgemeingültige Schlüsse von wahrscheinlich generellem Wert gezogen werden. Diese Methode wird hier nicht angewandt und das aus mehreren Gründen: Sie könnte uns zur Auflistung und Analyse einer Folge von Ereignissen führen. Selbst wenn einige davon als relevant anerkannt würden, käme doch entweder Konfusion oder Polarisation heraus, da es viele divergierende Interpretationen eben dieser Fakten gibt. Selbst in kurzgefaßter erzählerischer Form vorgebracht, könnte der Katalog von Ereignissen und Personen so unerschöpflich sein, daß der Durchblick auf den Kernpunkt der Probleme verstellt würde. Es passiert einfach zu leicht, daß eine besonders schmerzliche Tatsache ausschweifend dargestellt wird, z.B. der eine oder andere Fehler, der gemacht wurde: eines der vielen wichtigen Dokumente zum Verlauf der Ereignisse während des Besuchs des Heiligen Vaters in Nicaragua, die Erörterung des Bischof-Schaeffler-Falles, die Frage der Miskitos usw. Die Auflistung könnte endlos sein. Diese Analyse der Beziehungen zwischen Kirche und Staat in Nicaragua wird in einer weniger anekdotischen Art durchgeführt, dafür in der Hoffnung, daß dieser alternative Zugang zu einem besseren Verständnis der Lage führen wird. Die hier vorgelegte Analyse geht von einer praktisch theologischen Perspektive aus. Sie wird sich mit juristischen, politischen, ökonomischen oder sozialen Aspekten der Gesamtangelegenheit nicht speziell befassen, sondern nur insoweit, als sie eben diese Perspektive mit herausarbeitet.

Die Kirche und das zentrale Problem von Gerechtigkeit und Ungerechtigkeit

Inzwischen ist es wohl nicht mehr nötig, sich bei dem Ausmaß an struktureller Ungerechtigkeit aufzuhalten, das in Nicaragua so verheerend gewirkt hat. Die Strukturen, die das Maß an Ungerechtigkeit verursacht haben, umzuformen, ist die zentrale Aufgabe sowohl in Nicaragua als auch in ganz Mittelamerika. Es trifft zu, daß im Falle von Nicaragua unbarmherzige Ungerechtigkeit manchmal durch paternalistische Großzügigkeit gemildert war, die durch ernst zu nehmende religiöse und humanitäre Gefühle ausgelöst wurde. Aber trotz solcher Gefühle blieb doch die wirtschaftliche Macht in den Händen weniger konzentriert. Das zeigen die Statistiken zum Landbesitz, die in Mittelamerika immer der wichtigste Index dafür sind, wie es um Reichtum und Armut bestellt ist: 1979 besaßen zwei Prozent der nicaraguanischen Familien

46,6 Prozent des gesamten Landes in Form von Großgrundbesitz, währen 43 Prozent der nicaraguanischen Familien der untersten Schicht ihren Lebensunterhalt aus den Erträgen von Landbesitz bestreiten mußten, der nicht einmal das Existenzminimum für eine Familie garantierte. Vor der Revolution war Analphabetentum das Los von mehr als 50 Prozent der nicaraguanischen Bevölkerung. Die Elite in Nicaragua lebte für gewöhnlich auf die gleiche luxuriöse Art wie im anderen Mittelamerika. Von einigen Nuancen abgesehen, stellt der Kissinger-Report in seinem Kapitel III diesen Grad der Unterentwicklung und Armut richtig dar. Diese Beschreibung, wie oberflächlich und unvollständig auch immer, kann sehr wohl dazu dienen, herauszustreichen, was bereits allseits bekannt ist: daß dieses Rahmenwerk von Ungerechtigkeiten sowohl die Konflikte innerhalb der Kirche akzentuiert als auch der Schlüssel für das Verstehen des Konflikts zwischen Kirche und Staat ist.

Das Verständnis von Kirche, das dieser Analyse zugrunde liegt, ist das von „Lumen Gentium", des zweiten Vatikanischen Konzils dogmatischer Satzung über die Kirche, ausgedrückt in ihrem zweiten Kapitel. „Die Kirche" heißt hier soviel wie die Kirche — oder noch präziser — die Katholische Kirche, wie sie durch ihre Hierarchie, ihre Priesterschaft, ihre Frauen- und Männerorden und die Laienschaft gebildet wird, also das ganze Volk Gottes.

Die tiefgreifenden Veränderungen im Verständnis der inneren Verfassung der Kirche und in der Beziehung zwischen Kirche und Gesellschaft, wie sie das Vatikanum II verficht, brachen nicht urplötzlich auf. Genausowenig trifft das auf das Nachholen des Vatikanum II in Lateinamerika sowohl in Medellín (1968) als auch in Puebla (1979) zu. All diese Bewegungen der Erneuerung hatten ihre Vorläufer. Die nicaraguanische Kirche setzte sich für solche Veränderungen ein, auch wenn viele Teile gerade dieser Kirche häufig tatenlos blieben, wenn es an der Zeit war, sie auszuführen. Viele Schwierigkeiten ergaben sich, als die Änderungen, für die man sich eingesetzt hatte, begannen in der Kirche Form anzunehmen. Man muß sich mit diesen Schwierigkeiten befassen, um die Anfänge der verschiedenen Richtungen in der Kirche zu verstehen. Das Anwachsen und die Entwicklung dieser Bewegungen und Strömungen haben zu einer kirchlichen Einheit geführt, die in dem Konflikt ein wesentliches Element wurde. Trotzdem gibt es keinen Grund, diesen Konflikt als fundamentale Spaltung der Kirche im Glauben oder in der Kommunion zu interpretieren.

Einheit oder Spaltung werden in der Kirche für gewöhnlich nach Kriterien von Doktrin oder Disziplin beurteilt. Auf keiner der beiden Ebenen gibt es in der nicaraguanischen Kirche so etwas wie ernst zu nehmende Uneinigkeit, obgleich es intolerante Stimmen gibt, die immer wieder versuchen, legitim voneinander abweichende Auffassungen zur Theologie oder kirchlichen Praxis als fundamentale Uneinigkeit auszugeben. Andererseits entstehen natürlich Konflikte, wo von voneinander abweichenden Denkansätzen über die gesellschaftliche Rolle der Kirche und ganz besonders der Kirche als Institution innerhalb der Gesellschaft ausgegangen wird. Dort, wo aus den verschiedenen Bereichen der nicaraguanischen Kirche voneinander abweichende Beurteilungen über den Wert der unterschiedlichen Gesellschaftsmodelle laut werden, die heute für Nicaragua wichtig sind, wird auch Konflikt deutlich. Das führt seinerseits zu Differenzen darüber, wie die prophetische Seite der Mission der Kirche zu verstehen und zu erfüllen sei. Schließlich besteht auch ein bedeutungsvoller Konflikt darin, welche Inhalte Spiritualität haben kann. Was auch immer in verschiedenen kirchlichen Kreisen als Ansicht über das Wesen der politischen Entwicklungen in Nicaragua vertreten werden mag, immer bleiben Unterschiede darin offen, worauf man den religiösen Akzent setzen will. Die Betonung kann auf Furcht oder Hoffnung liegen; auf Beteiligung an dem Veränderungsprozeß oder darauf, daß man sich kritisch distanziert, auf Verdammnis oder Dialog — das ist die Frage.

Wahrscheinlich fördert gerade das überwältigend Neue dessen, was in Nicaragua geschieht, die Differenzen zwischen diesen beiden religiösen Seinsweisen zutage. Die Spannungen innerhalb der Kirche in Nicaragua wurzeln in drei Ebenen: der der Rolle von Kirche als Instituion in der Gesellschaft; der der kirchlichen Werturteile über gesellschaftliche Prozesse; und der der religiösen Reaktionen von Kirche auf diese Werturteile. Die vorliegende Analyse konzentriert sich auf die zweite Ebene, die der Werturteile von Kirche über gesellschaftliche Prozesse, sowie die Umsetzung der prophetischen Mission der Kirche in ihr praktisches Handeln in bezug auf diese Prozesse.

Unversöhnliche Gegner des Prozesses

Ein ziemlich großer Teil der Kirche — selbst wenn er gesellschaftliche Veränderungen wirklich herzlich herbeiwünscht — reagiert hochempfindlich, wenn er wahrnimmt, daß die Gruppen, die auf diese gesellschaftlichen Veränderungen aus sind — und im Falle von Nicaragua sind das die revolutionären Sandinisten — auf marxistische Elemente zurückgreifen, um ihr Ziel zu erreichen. Die Reaktion darauf hat erfahrungsgemäß traumatischen Charakter. Darüber können sich diese Leute offensichtlich überhaupt nicht hinwegsetzen. Sie verdammen den Marxismus in Bausch und Bogen, ohne sich darum zu bemühen, zwischen der weitgespannten und ursprünglichen Unterschiedlichkeit von theoretischen und praktischen Formen des Marxismus zu unterscheiden. Genausowenig nehmen sie Notiz von den sehr verschiedenartigen Aspekten, die das Wort „Marxismus" abdeckt. Welchen Marxismus meinen sie eigentlich? Ist es ein ökonomischer, sozialer, politischer oder metaphysischer Marxismus? Keiner von ihnen nimmt derartige Unterscheidungen ernst. Und noch weniger kümmern sie sich um die Analysen der verschiedenen Formen des Marxismus, die durch Geographie oder Geopolitik bedingt sind.

Ihre allumfassende Verurteilung vereinnahmt jeden einzelnen dieser sehr komplexen Aspekte. Sie werden alle unter dem vereinfachenden Etikett „Kommunismus" abgestempelt. Folglich ist die Art ihrer Verurteilung total und mitleidslos. Sie hat Züge einer fast biologischen Reaktion. Diese Position läßt sich unter dem Begriff „Alles, bloß kein Kommunismus" zusammenfassen. Alles andere ja, aber Kommunismus ist seinem Wesen nach böse, atheistisch und führt zum Klassenkampf. Wenn sie „Kommunismus" definieren, können sie ihn als das fleischgewordene Böse abtun. Um weltliche Ungerech-

tigkeit auszurotten, können sie kein System dulden oder gar trotz bester Absichten herbeiführen, das Auswirkungen haben könnte, die noch schlimmer sind als die Ungerechtigkeit, die es an der Wurzel zu treffen versucht. Man kann nicht lasch mit Strömungen umgehen, die auf die eine oder andere Weise Kräfte freisetzen, die letztlich in den Kommunismus führen. Johannes XXIII schrieb in seiner Enzyklika „Pacem in Terris" sehr weise, aber auch sehr kühn, daß menschliche Irrtümer niemals die Würde des Menschen antasten könnten (§ 158), und daß philosophische Theorien von ökonomischen, sozialen, kulturellen oder politischen Strömungen unterschieden werden müßten. Das müsse auch dann geschehen, wenn sie von solchen Theorien hervorgebracht würden oder deren Impulse in sich aufnähmen. Denn Menschen und gesellschaftliche Strömungen unterliegen persönlich und historisch ständigen Veränderungen und können doch glaubhaft gerechtfertigte menschliche Hoffnungen widerspiegeln (§ 159). Daraus leitete der Papst den Schluß ab, daß tatsächliche Berührung mit jenen Strömungen und ihren Trägern, die bisher weitgehend für Zeitverschwendung gehalten wurde, höchstwahrscheinlich gewinnbringend sein oder es doch in Zukunft werden könnte (§ 160). Unweigerlich jedoch stellen diese wichtigen Nuancen bei Johannes XXIII ihrerseits für diejenigen nur Zeitverschwendung dar, die Marxisten und marxistische gesellschaftliche Strömungen als das Böse schlechthin brandmarken. Angesichts eines derartigen Bösen muß der Widerstand absolut sein, bis hin zu dem Punkt, wo es zu Verfolgung und Märtyrertum kommt.
Diese Schwarz-Weiß-Sicht der nicaraguanischen Lage hat sich als Position von Leuten in hohen Stellungen in der hierarchischen Struktur der Katholischen Kirche herausgebildet. Bemerkenswert als Folge dieser Bemühungen in Nicaragua ist, daß nur noch wenige Kirchenführer den Mut haben, den sie brauchen, um noch irgend etwas Gutes über die Revolution zu sagen. Das wiederum zeigt, wie sehr Ideologie die Wirklichkeit verzerren kann. Diese unversöhnliche Haltung wächst sich zu einem heiligen Krieg aus. Unter denen, die diese Haltung teils bewußt, teils unbewußt einnehmen, sind in Nicaragua auch einige Bischöfe. Aus historischen Erfahrungen muß jedoch geschlossen werden, daß Unversöhnlichkeit und Intoleranz niemals gute Berater in schwierigen und ungewissen Zeiten sind. Der kirchlichen Unversöhnlichkeit in Nicaragua liegt die Überzeugung zugrunde, daß die Sandinisten der Macht enthoben werden können und müssen. Von dieser Intoleranz getrieben, sind diejenigen, die diese Überzeugung haben, vollkommen unfähig zu begreifen, wie wenig sie politisch zutrifft, und nehmen die Verluste menschlichen Lebens und die Zerstörung lebenswichtiger nicaraguanischer Ressourcen nicht zur Kenntnis. Und das Wichtigste: Sie setzen sich über den Willen des Volkes hinweg.
Soweit der revolutionäre Prozeß in Nicaragua von der Kirche als „kommunistisch" verurteilt wird, wird betont, daß derzeitige kommunistische Regime in jedem Fall der Kirche feindlich gegenüberstehen. Einige von ihnen gehen sogar so weit, eine derartige Feindseligkeit bis hin zur Kirchenverfolgung in Nicaragua bereits diagnostizieren zu können. Andere weisen darauf hin, daß die Macht der Sandinisten jetzt noch nicht gefestigt sei. Sie gehen aber davon

aus, daß es unweigerlich zu Kirchenverfolgung durch den Staat kommen wird, sobald diese Festigung erreicht ist. Diese Leute erinnern immer wieder daran, daß das Nationale Direktorat der Sandinistischen Front sich selbst marxistisch-leninistisch nennt, und schließen daraus, daß eine offene und direkte Konfrontation mit der Kirche beabsichtigt sein muß. Sie sagen auch, daß die Sandinisten bis jetzt noch nicht wagen, die Kirche öffentlich zu verfolgen, weil die Mehrheit des nicaraguanischen Volkes, die religiös ist, das nicht dulden würde. Deshalb warteten die Sandinisten geduldig ab, versuchten aber, die Kirche zu unterwandern, junge Leute zu indoktrinieren und ihre wahren Absichten hinter der Maske der Dialogbereitschaft zu verbergen. Für diesen Teil der Kirche von Nicaragua ist die Strategie des „sandino-kommunistischen" Staates sonnenklar. Daher kommt auch die unvermeidliche Konfrontation. Innerhalb dieses Teils der nicaraguanischen Kirche befindet sich eine kleine, jedoch mächtige Untergruppe, die eindeutig mit Umtrieben auf der extrem rechten Seite des politischen Spektrums verbunden ist. Diese Kräfte sind politischer Natur und haben sich in anderen Ländern Mittelamerikas mit den berüchtigten „Todesschwadronen" zusammengetan.

Verfechter eines „Dritten Weges"

Es gibt eine zweite Gruppe in der Kirche von Nicaragua, deren Position meiner Meinung nach durch den folgenden Satz charakterisiert wird: „Weder diese noch die andere Lösung", weder die zur Zeit herrschende schreckliche Situation noch jede andere, die dem Marxismus ähnelt. Folglich sind sie gegen die uralten Ungerechtigkeiten und auch nicht bereit, sie weiterhin um der Verhinderung des Marxismus willen hinzunehmen. Ganz im Gegenteil! Sie verfechten es als notwendig, gegen Ungerechtigkeit zu kämpfen, bestehen aber doch darauf, daß das Errichten eines marxistischen Regimes jedenfalls mehr Schlechtes als Gutes bringen wird. Sie halten schwerpunktmäßig an der „Option für die Armen" fest, die durch die lateinamerikanischen Bischöfe in Puebla ausgerufen wurde. Dennoch halten sie jedes System für antichristlich, das zu Haß oder Klassenkampf führt. Sie teilen die vorher geschilderte Position, daß jede Art von Marxismus nahezu unvermeidlich auf Haß und Klassenkampf angelegt ist, doch für sie ist damit nicht die Verteidigung der zur Zeit herrschenden Ungerechtigkeit als das kleinere Übel gerechtfertigt. Das schwierigste Problem ist für diese Gruppe, einen authentischen Weg aus diesem Dilemma zu finden.

Im Fall von Nicaragua erklärt diese Gruppe eindeutig, daß sie nicht zum Somoza-System zurückkehren will; sie akzeptiert keinen nackten Kapitalismus mit seiner starken Abhängigkeit von den Vereinigten Staaten, aber genausowenig akzeptiert sie das Regime der Sandinisten. Auf mittelamerikanischer Ebene hat diese Gruppe dahin tendiert, „Gewalt, woher auch immer" grundsätzlich zu verwerfen. Soweit eine solche Erklärung von aktiver Gewaltlosigkeit begleitet wäre, hätte sie ihre Berechtigung. Verdruß bereitet aber, daß keinerlei Versuch gemacht wird, die Strukturen und Prozesse offenzulegen oder zu verstehen, die solche Gewalt erzeugen. Die Gruppe verurteilt

Gewalt linksgerichteter Kräfte mit sehr viel mehr Schärfe als die rechtsgerichtete oder gar strukturelle Gewalt. Nie ist es in Nicaragua zu einer offiziellen Erklärung der Bischofskonferenz gekommen, in der konterrevolutionäre Gewalt und die Unterstützung verurteilt wurden, die von flankendeckenden Operationen der USA kamen.

Diejenigen, die diese Position in der Kirche vertreten haben, fühlen sich immer dann erleichtert, wenn sie sich mit den Ungerechtigkeiten eines bestehenden Regimes konfrontiert sehen. In derartigen Situationen sprechen sie ein christliches Wort der Verurteilung aus. Sie machen sich dann mit Sicherheit zum Anwalt von Gerechtigkeit, Freiheit, Brüderlichkeit und Demokratie. Das ist nicht ohne Bedeutung. Das Problem, das sich für sie stellt, tritt dann auf, wenn strukturell ungerechte Regime durch revolutionäre Bewegungen in Frage gestellt werden, die aus dieser kirchlichen Perspektive gesehen ebenfalls verdächtig sind. Das Volk jedoch fragt nach den praktischen Mitteln und Wegen, Fleisch an das Gerippe dieses „Dritten Weges" wachsen zu lassen. Besonders aber wartet es auf konkrete soziale und politische Kräfte, die sich dafür eignen, diesen „Dritten Weg" auch zu verwirklichen. Das Volk braucht politisch lebensfähige Wahlmöglichkeiten und nicht nur moralische Ideale. D.h.: Können die Verfechter des „Dritten Weges" unmißverständlich darlegen, wie ihre Wertvorstellungen von den Menschen in Nicaragua von heute in die Wirklichkeit umgesetzt werden können?

Christliche Präsenz in der Revolution

Wiederum ein anderer Teil der nicaraguanischen Kirche, ein authentischer Teil des Gottesvolkes, vertritt die Position, daß eine christliche Mitwirkung innerhalb des revolutionären Prozesses möglich ist. Sie sind der Meinung, das Gottesvolk in Nicaragua habe sich das Recht auf Mitwirkung durch den großen Beitrag erworben, den Christen im revolutionären Kampf geleistet haben und weiterhin im revolutionären Kampf leisten. Die Art, wie sie sich die Rolle der Kirche vorstellen, kann wie folgt zusammengefaßt werden: „Das neue Nicaragua zu evangelisieren, ist es wert, auch die Risiken, die damit verbunden sind, in Kauf zu nehmen". Sie sehen nicht über die marxistischen Elemente hinweg, die beim Aufbau des neuen Nicaragua mit im Spiel sind. Diese Elemente besagen jedoch für sie nicht, daß die Sandinisten eine rigide marxistische Strategie verfolgen, an deren Ende ein sozialistisches Regime stehen soll. Sie sind eher der Meinung, daß die Sandinisten sich mehr an der nationalen Geschichte als am doktrinären Marxismus orientieren. Für sie bedeutet die Situation in Nicaragua eine kritische Wegkreuzung und vielleicht schon ein Schritt dahin, etwas Neues und Bedeutungsvolles für andere Länder der Dritten Welt zu erreichen. Sie verstehen die Sandinisten nicht als Gruppe, die der Religion, wie sie der größere Teil der Gesellschaft in Nicaragua für wichtig hält, oder der Kirche systematisch feindselig gegenübertritt. Sie sind willens, innerhalb der Revolution eine kritische Mitwirkung auf sich zu nehmen. Diese Gruppe versteht die Kirche als Sauerteig; sie glaubt daran, daß es möglich ist, als Licht und Salz im neuen Nicaragua zu wirken, wie es der Auftrag des Evangeliums ist. Sie glaubt auch, daß sie aus der Teilnahme heraus den revolutionären Prozeß kritisch begleiten und, wenn nötig, die Fehler, die von der Revolution gemacht werden, vom Geist des Evangeliums her ansprechen und gleichzeitig versuchen sollte, sich an ihrer Korrektur zu beteiligen. Diese Haltung beschränkt sich nicht nur auf gute Absichten. Weder ist dies leicht gesagt noch gleich praktisch umzusetzen, und das ganz besonders dann, wenn sich diese kritische Mitwirkung gerade aus den Strukturen von Macht heraus vollziehen muß.

Diese hoffnungsvolle Gruppe, die auch in anderen Ländern Mittelamerikas präsent ist, hatte sich selbst den Namen „Kirche des Volkes" gegeben. Inzwischen hat sie diesen Namen aufgegeben, einmal wegen der Befürchtungen, die von den kirchlichen Autoritäten über eine mögliche Zweideutigkeit geäußert wurden, zum anderen, weil Gruppen am rechten Flügel der Kirche den Begriff mit deutlich emotionalen Obertönen gebraucht haben. Es ist so, daß die Gruppen auf der äußersten Rechten des politischen wie auch kirchlichen Spektrums über die „Kirche des Volkes" in einer Weise sprechen und schreiben, die darauf abzielt, diese Gruppe falsch darzustellen. Indem sich die Kritiker selbst von allen derartigen Gruppen distanzieren, versuchen sie, die ultrakonservativ sind, sich selbst als die einzig glaubwürdige Kirche darzustellen.

Andererseits ist es aber auch so, daß die Leute, die sich tatsächlich zu einer Idee von der Kirche als „Kirche der Armen" bekennen, keineswegs eine Kirche ohne Hierarchie wollen. Sie wissen durchaus, daß die Kirche verschiedenartige Funktionen und Charismen hat, darunter auch das Charisma der Pastoren und anderen Leitfiguren. Da jedoch ihre Vision von Kirche in der Gesellschaft nicht die einer mächtigen Institution ist, deren Partner nur zu oft der Staat sein würde, bestehen sie auf dem Wesen der Kirche als Volk Gottes, dessen erste Bürger die Armen sind. Die Strukturen dieser Kirche schließen nicht nur Disziplin und Gehorsam ein, sondern vor allem das Hören auf das Wort und Gehorsam vor dem Geist, der in einer erwachsenen charismatischen und prophetischen Gemeinschaft des Gottesvolkes reflektiert wird.

Es trifft zu, daß es auch in diesem Teil der Kirche eine Partei gibt, die Fehler gemacht hat, wie sie von jenen Kirchenmitgliedern angeprangert werden, die zur ersten Gruppe gehören. Es sind nicht so sehr die Priester, die zeitweise oder dauernd in der eigentlichen Politik schwierige Aufgaben übernommen haben. Diese wenigen Fälle sollten als Ausnahmen gewertet werden, als Grenzfälle, die nach Begriffen der Moraltheologie und des kanonischen Rechtes abgehandelt werden sollten. Das Problem ist eher, daß blinde Unterwerfung unter politische Pläne sowie eine zweifelhafte Art der Identifikation von revolutionären Prozessen mit dem Reich Gottes vorkommen. Diese Fehler in der Praxis haben manchmal den Blick auf die Einzigartigkeit der Mission der Kirche und die ekklesiale Identität einiger ihrer Mitglieder getrübt. Dieses Phänomen, das nicht oft vorgekommen und sicherlich nicht wohlüberlegt und theologisch abgesichert gewesen ist, wurde in unverantwortlicher Weise durch verallgemeinernde Unterstellungen gegen diesen Teil der Kirche als Ganzes hochgespielt. „Politisiert", „durch die Sandinistische Front manipuliert", „durch Marxisten infiltrierte Gruppen", „gegenüber den Sandinisten–

Kommandanten gehorsamer als gegenüber den Bischöfen", „nützliche Einfaltspinsel": Dies sind nur einige der Etiketten, mit denen man die belegt hat, die versuchen, fest auf Seiten der Kirche der Armen zu stehen. In der jetzigen Lage großer Polarisierung haben diese Anschuldigungen, die sich nicht nur an die möglicherweise fehlgeleitete Partei, sondern an diesen besonderen Teil der Kirche als Ganzes richten, ein bisher nicht dagewesenes Niveau an Bösartigkeit erreicht. Die Rechte geht sogar so weit, die Gegenpartei der Häresie zu bezichtigen. Ganz besonders in Zeiten der Spannungen bewirken internationale Propaganda und interne Konfrontation, daß „die unversöhnlichen Gegner des Prozesses" gegen die besonders heißblütigen kirchlichen Gruppen ausgespielt werden, welche die Revolution unterstützen. Oft eher nachlässig oder ungeduldig vorgebrachte Analysen haben zum Ziel, die Feindseligkeit zwischen der ersten und der dritten kirchlichen Gruppe zu schüren. Das noch verheerendere Ziel ist, die zweite Gruppe an die Seite der ersten zu drängen.

Einstellungen zur Kirche innerhalb der sandinistischen Institutionen

So weit haben wir das „Dilemma" innerhalb der Kirche umrissen. Wir sind dabei der Versuchung aus dem Wege gegangen, die schmerzliche Tatsache zu ignorieren oder zu verschleiern, daß Konflikte da sind. Damit kommen wir jetzt zu der Betrachtungsweise der anderen Seite in dem Konflikt. Konkret: Welche Einstellung haben die Sandinisten gegenüber Religion und Kirche? Wie wird diese Einstellung in politische und ideologische Praxis umgesetzt? Die offizielle Erklärung des Nationalen Direktorats der Sandinistischen Front zu Religion und Kirche vom Oktober 1980 ist ziemlich detailliert und weitreichend. Damals richtete die Front einen offiziellen Brief an alle Mitglieder, in dem festgestellt wurde, daß die in diesem Dokument erläuterte Position für alle Mitglieder der Partei politisch bindend sei. Die Erklärung zu den Beziehungen zwischen Kirche und Staat wurden bei mindestens zwei aufeinanderfolgenden Anlässen ratifiziert, einer davon war das Ende der päpstlichen Reise nach Mittelamerika, die in Nicaragua einen so tragischen Charakter hatte. Kein ehrlicher Beobachter der nicaraguanischen Situation kann zu dem Schluß kommen, daß die dargelegte Position der Sandinisten nicht ernst gemeint ist.
Die Erklärung selbst ist historisch. Es ist die erste Erklärung einer vom Marxismus inspirierten politischen Bewegung an der Macht, in der nicht nur erklärt wird, daß Religion zu den Grundrechten auf Gewissensfreiheit gehört, die jeder Staatsbürger hat, sondern auch, daß in der jüngsten Geschichte Nicaraguas der christliche Glaube sich als eine aktive Kraft im Kampf um Gerechtigkeit sogar auf der Ebene der institutionalisierten Kirche erwiesen habe. Mit diesem historischen Urteil setzt sich das Dokument expressis verbis in Gegensatz zu jenen Theorie–Erklärungen des traditionellen Marxismus, die allen religiösen Glauben als illusionär und reaktionär abtun.

Eine Erklärung ist natürlich nur eine Erklärung, und viel hängt von ihrer offiziellen politischen und praktischen Umsetzung ab. Deshalb ist es hilfreich, die sandinistische Praxis in bezug auf Religion und Kirche sehr genau zu untersuchen. Gehen wir wiederum nach der Typologie vor. Es gibt in der Sandinistischen Front Leute, die sich theoretisch wie praktisch unwiderruflich auf die dogmatische marxistisch-leninistische Interpretation von Religion festgelegt haben. Diese Leute glauben gerade das, was die Sandinistische Front ablehnt, nämlich daß Religion illusionär und reaktionär sei. Zu ihnen gehören auch Leute, die dennoch zur Parteidisziplin stehen und ihre Ansichten für sich behalten. Andere agieren – jedenfalls gelegentlich – ihren Überzeugungen entsprechend. Wann immer sie sich so verhalten, sind Konflikte mit religiös eingestellten Menschen und der Kirche unvermeidlich. Doch scheint es so, daß diese doktrinäre Gruppe in der Partei in der Minderheit ist. Mit Sicherheit haben sie im Sandinistischen Nationalen Direktorat nicht die Oberhand. In religiösen ebenso wie in anderen Angelegenheiten, die für die sogenannten marxistischen Revolutionäre kontrovers sind, geht die Tendenz dahin, daß ein Mittelkurs von vermischter Wirtschaft, politischem Pluralismus und Bündnislosigkeit gesteuert wird.
Daneben gibt es andere, die im Prinzip Anhänger der orthodoxen marxistischen Thesen und doch überzeugt sind, daß es sinnlos ist, gegen die Religion und also auch die Kirchen zu kämpfen. Sie gehen davon aus, daß der Fortgang von revolutionären Prozessen mit ihrer Tendenz zur Säkularisierung langsam den Einfluß des Religiösen auf den Menschen abbauen wird. Bis sich schließlich ein allgemeiner kultureller Prozeß, der ein wissenschaftlich und technologisch orientiertes Verhalten zur Folge hat, entwickelt haben wird, scheint es ihnen sinnlos, die religiösen Gefühle der Leute künstlich beeinflussen zu wollen. Folglich nehmen sie für gewöhnlich Abstand von der Konfrontation mit Religion und Kirche.
Wieder andere, ein dritter Typ innerhalb der Sandinistischen Front, bringen – wie die Mehrheit der lateinamerikanischen Bevölkerung – aus ihren Familien eine religiöse Tradition mit. Aber sie haben Religion und Kirchgang wenigstens auf Zeit sozusagen zurückgestellt, entweder, weil sie von der institutionalisierten Kirche desillusioniert wurden, oder einfach, weil sie denken, daß die revolutionäre Arbeit volle und ungeteilte Konzentration braucht. Aus ihrer Sicht haben in dieser so besonders aufregenden Zeit andere Dinge in ihrer nationalen Geschichte Vorrang.
Daneben gibt es noch einen vierten Typ, Leute, die weiterhin religiös sind und nie aufgehört haben, den katholischen Glauben als den ihren zu akzeptieren. Aber sie haben ihre Schwierigkeiten und sind manchmal sogar der sakramentalen Praxis so weit entfremdet, daß sie vielleicht nur noch ihre Kinder taufen lassen. Als militante Sandinisten sind sie der festen Überzeugung, daß der nicaraguanische revolutionäre Prozeß erstmals den unterdrückten und verarmten Menschen ihrer Nation so etwas wie Menschenwürde auf materieller und geistiger Grundlage bietet. Sie können nicht die Zurückhaltung und noch weniger die Angriffe verstehen, die das Verhalten so vieler Geistlicher in der katholischen Kirche gegenüber dem revolutionären Prozeß charakterisiert.

Ihre Art der Reaktion darauf zeigt sich an ihrem Fernbleiben von Sakramenten und kirchlichen Gruppen.
Schließlich gibt es in den Rängen der Sandinistischen Front auch Leute, die ihren glühenden Glauben beibehalten und sich in ihrem Entschluß nicht beirren lassen, an jedem Aspekt des kirchlichen Lebens teilzunehmen und so die Intensität ihrer Hoffnung immer wieder unter Beweis zu stellen. Beide, ihre christlichen und ihre revolutionären Überzeugungen, finden in ihrer Gewißheit Ausdruck, nach der es kein Widerspruch ist, Christ zu sein und deshalb ein aktives Mitglied des Volkes Gottes und zugleich sandinistischer Revolutionär. Es ist genau diese Gruppe, die es sich gefallen lassen muß, von anderen Mitgliedern der Kirche heftig dafür angeklagt zu werden, die fünfte Kolonne des Marxismus innerhalb der Kirche zu sein. Ihre Position durchzuhalten ist nicht leicht, denn mit Sicherheit erfreuen sie sich nicht der pastoralen Sympathien vieler Geistlicher mit Amtsgewalt. Und doch wissen sie sich dadurch getröstet, daß sie sich entschieden an das halten, was ihrem Glauben nach das Mandat Jesu Christi ist: „Ihr seid das Licht der Welt, ihr seid das Salz der Erde". Ihre zeugnishafte Mitwirkung als Christen im Zentrum eines revolutionären Prozesses an der Macht ist nahezu einmalig und hat die hergebrachte Weisheit von orthodox–marxistischen Revolutionären in Lateinamerika und in Europa erschüttert. Diese Gruppe beschränkt sich nicht auf die weithin bekannten (und sehr wenigen) Priester, die, wie schon andernorts festgestellt, Ausnahmefälle sind. Sie setzt sich zusammen aus weiblichen und männlichen Laien aller Altersgruppen und auch aus armen und wohlhabenden Kreisen. Einige von ihnen haben sich in besonderen kirchenartigen Gemeinschaften gerade zur Vertiefung ihres Glaubens zusammengefunden.
So sieht das ganze Spektrum der Tendenzen in bezug auf Religion und Kirche innerhalb der Sandinistischen Front aus. Es wäre reine Spekulation, Prozente schätzen zu wollen, aber die Mehrheit ist wahrscheinlich der zweiten, dritten und vierten Gruppe zuzurechnen. Das ist auch der Grund dafür, daß es zu so vielen Fällen von Konfrontation zwischen Kirche und revolutionären Institutionen gekommen ist, und doch ist es bis heute bei dem konstanten Bemühen um Dialog geblieben. Die tiefergehende Erklärung dafür ist sicherlich der tiefe Respekt der revolutionären Institutionen für das katholische Bewußtsein und die Zugehörigkeit zur katholischen Kirche in der Mehrheit des Volkes. Das könnte rein aus politischem Zweckrealismus hergeleitet sein. Andererseits jedoch ist es eine Tatsache, daß auch sehr religiöse Leute die eigentlichen Partner der Anführer im Aufbau der revolutionären Institutionen sind. Es spricht für mehr Umsicht und Intellektualität, wenn die sandinistischen Führer etwas beschließen müssen, was den religiösen Charakter und die kirchliche Zugehörigkeit des Volkes in Nicaragua betrifft.

Besondere Konfliktfelder

Im gesellschaftlichen und politischen Leben Nicaraguas gibt es Bereiche, wo Konflikte zwischen Kirche und Staat oder Spannungen innerhalb der Kirche mit besonderer Intensität erfahren werden. Selbstverständlich können sie nicht voneinander isoliert werden, da sie allzu oft eng zusammenhängen.

Religion als solche: In Nicaragua ist Religion etwas, das jeden angeht. In gewisser Weise wirkt Religion im heutigen Nicaragua auf alles, und alles wirkt auch zurück auf die Religion. Die Stimmung ist ähnlich wie in der Innenstadt von Puebla 1979 zur Zeit der Dritten Lateinamerikanischen Katholischen Bischofskonferenz, als Zeitungen Schlagzeilen über den Einfluß der Konferenzdokumente auf fast jeden Aspekt des lateinamerikanischen Lebens brachten, und als Menschen sogar durch die Straßen der Innenstadt marschierten, so, als wären die Zeiten des Konzils von Nicäa oder Ephesus wieder angebrochen. Das beweist mit Nachdruck, welche besondere Bedeutung Religion im heutigen Lateinamerika hat. Doch die andere Seite der Medaille ist, daß Leute mit höchst verschiedener politischer Interessenlage versuchen, Religion zu manipulieren oder zu ideologisieren, was öfter vorkommt. Wo politische und soziale Fragen unterschiedslos im Namen Gottes verhandelt werden, wird es schwierig, Leidenschaften unter Kontrolle zu halten und vor der Sache als solcher Gelassenheit zu bewahren. Letztendlich läuft es darauf hinaus, daß jede politische Richtung ein positives Votum der Kirche sucht.
Die Disziplin in der Kirche: Das kirchliche Disziplinarwesen spiegelt die derzeitigen Spannungen innerhalb der Kirche und auch die Konflikte zwischen Kirche und Staat wider. Disziplinarmaßnahmen sind gegen Priester oder Nonnen ergriffen worden, die nach Ansicht mancher Bischöfe dem Sandinismus ergebener sind als dem Katholizismus. Jurisdiktion wird angewandt oder vorenthalten, klösterliche Häuser erhalten kanonische Bestätigung oder auch nicht, Pfarrstellen werden Priestern neu gegeben oder abgenommen. Oft gehen diese Aktionen von Kriterien aus, in denen pastorale und politische Aspekte durcheinander geraten sind. Eines der dornigsten Probleme ist die Unprofiliertheit, in der manche Bischöfe definieren, was pastorale Arbeit ist und was nicht. Orden, die im höheren Bildungswesen oder in der Forschung tätig sind, haben damit oft ihre Schwierigkeiten, denn das wird vielfach nicht als apostolische Arbeit anerkannt.
Andererseits erheben die Massenorganisationen des Volkes ziemlich häufig ihre Stimme oder demonstrieren sogar öffentlich zugunsten der Priester und Nonnen bzw. Mönche, die sie entweder für diskriminiert halten oder denen Disziplinarmaßnahmen drohen. Diese Art von leidenschaftlicher Teilnahme des organisierten Volkes hat zu Beschuldigungen geführt, der Staat manipuliere oder zöge „nicht regierbare Volksmengen" in die Angelegenheiten der Kirche hinein. Jeder neue Anlaß wird auch breit gestreut von der internationalen Presse aufgenommen und dafür benutzt, den revolutionären Prozeß unter Beschuß zu nehmen. Solche Straßendemonstrationen sind schon als Zeichen von Kirchenverfolgung dargestellt worden. Seltsamerweise gerät jedes dieser Vorkommnisse auch schnell wieder in Vergessenheit. Der Hauptgrund dafür ist die Ungereimtheit der Dinge, die sie ausgelöst haben, und man hat sich daran gewöhnt, auf die nächste derartige Episode in der Serie zu warten. Selbstverständlich kommt es vor, daß sich die Anlässe aus wirklichen Fehleinschätzungen auf Seiten der Massenorganisationen ergeben. Trotzdem muß gesagt werden: häufiger kommt es zum Mißbrauch kirchlicher Amtsgewalt und einem gewissen Ungleichgewicht zwischen wirklicher und symbolischer Wichtigkeit dieser Ereignisse.

In diesen Kontext gehört auch eine andere leidige Angelegenheit, nämlich die der Priester in öffentlichen Ämtern oder in der Parteiorganisation. Das Kirchengesetz verbietet Priestern eindeutig, derartige Verantwortlichkeiten zu übernehmen, und läßt nur ganz besondere Ausnahmen zu. Offensichtlich ist auch, daß Papst Johannes Paul II es nicht wünscht, daß die Priester in solchen Ämtern bleiben. Andererseits aber ist die Regierung von Nicaragua der Ansicht, daß die Sache nach den Verhandlungen von drei Delegationen, die sie extra deswegen in den Vatikan entsandt hatte, jedenfalls für die Dauer des Ausnahmezustandes geregelt ist. Da dieser Ausnahmezustand von der Regierung nicht nur als eine Angelegenheit der Gesetzgebung verstanden wird, sondern als tatsächlicher nationaler Notstand, man sich aber nicht über die Definition dessen einig werden konnte, was nun Notstand wirklich ist, schwelt die Sache weiter. Versuche kirchlicher Anhänger, das neue kanonische Recht kirchlicherseits gleichgeschaltet zu praktizieren, könnten den Konflikt nochmals entfachen.

Die Ungeschicklichkeit im Umgang mit Disziplinarfragen hat zu einem Verfall kirchlicher Autorität in Nicaragua geführt. Dieser Verfall nimmt in einigen der Diözesen fast täglich zu. Keiner ist sich im klaren darüber, wieviele sich in der Kirche noch Verfügungen unterwerfen, die sie für despotisch halten. Darüberhinaus profitieren die fundamentalistischen Sekten täglich von dieser Lage. Deswegen und aus rein administrativen Gründen sollte sich der Vatikan als Vermittler mit dem Ziel einschalten, vernünftige Beziehungen zwischen den verschiedenen Sektoren der Kirche wiederherzustellen. Gegenseitige Toleranz muß in der Kirche von Nicaragua zum Grundsatz werden.

Aspekte der Lehre: Einige der Streitpunkte, die in der Kirche von Nicaragua Anlaß für Konflikte sind und deren Einheit belasten, sind ihrer Natur nach Fragen von Lehre und Theologie. Kaum einer von ihnen berührt etwas Dogmatisches, wenn Extremisten auch ein Interesse daran haben, diese Konflikte als dogmatische hochzuspielen. Die Rolle der kirchlichen Hierarchie ist dafür ein gutes Beispiel: Da sind die, die ohne jede theologisch begründete Nuancierung die Identität zwischen den Bischöfen und Jesus verkündigen. Darüberhinaus sind diejenigen da, die Meinungsäußerungen von Bischöfen zu sozialen und politischen Fragen, die eigentlich autonom sind, essentielle Bedeutung für den Glauben der Kirche zumessen. Beliebig viele Beispiele könnten bemüht werden, um zu zeigen, wie der Bereich christlicher Gehorsamspflicht gegenüber den Bischöfen ausgeweitet wurde. Eine typisch extreme Reaktion auf der anderen Seite war der Versuch, die Bedeutung der pastoralen Rolle von Bischöfen der Kirche herunterzuspielen oder den revolutionären Prozeß mit dem Reich Gottes zu identifizieren.

Junge Leute sind ein anderer Brennpunkt für Konflikte. Junge Leute sind die Zukunft von Kirche und Land. Das trifft auf Nicaragua und die anderen lateinamerikanischen Länder mehr als irgendwo anders zu. Mehr als zwei Drittel der Bevölkerung Nicaraguas ist unter 24 Jahre alt. Außerdem war die Revolution in erster Linie das Werk von Leuten unter 30, und die meisten jungen Leute haben seit dem Sieg revolutionäre Aufgaben und Ideale unterstützt. Die jungen Leute sind in einem Stadium ideologischer und politischer Gärung.

Sie besitzen nicht immer die religiöse Reife der Erwachsenen, und das Mißtrauen der Hierarchie gegenüber der Revolution führt zu mehr Ausfällen kirchlicher Partizipation unter den jungen Leuten als unter den Älteren, besonders in den Städten.

Die Mittel- und Oberschicht ist in Mittelamerika immer besonders empfindlich in allen Dingen gewesen, die ihre Kinder betrafen. Aus dieser verhältnismäßig dünnen Schicht der Bevölkerung von Nicaragua sind oft Vorwürfe erhoben worden, im Bereich des öffentlichen Erziehungswesens würde ideologische Indoktrination betrieben. Befürchtungen sind laut geworden, daß die Kirche nicht in der Lage sein wird, das System eines katholischen Bildungswesens aufrechtzuerhalten. Weder die relativ häufigen Bekundungen des Respekts für das katholische Bildungswesen aus dem Erziehungsministerium noch die Freiheit, die den katholischen Schulen eingeräumt wird, haben ausgereicht, um solche Befürchtungen zu zerstreuen. Auch die Tatsache, daß kubanische Berater im höheren Erziehungswesen tätig sind, ist eine Quelle für Konflikte. Selbstverständlich hat die Kirche immer und überall auf der Welt eine aktive Rolle im Erziehungswesen, und Nicaragua ist da keine Ausnahme. Das Gesetz zum patriotischen Wehrdienst — soviel wie Wehrpflicht —, das im August letzten Jahres verabschiedet wurde, ist gleichfalls ein Streitpunkt. Nach Verlautbarungen der Mehrheit der Bischöfe ist es mit moralischen Maßstäben unvereinbar, junge Leute in einer Armee dienen zu lassen, die ihrer Meinung nach eher der sandinistischen Partei als der Nation dient. Aus der Sicht der gesetzgebenden Revolutionäre dagegen besteht so etwas wie ein allgemeines nationales Einverständnis über die Notwendigkeit, die Gesellschaft Nicaraguas neu zu gestalten. Dieser Notwendigkeit kann aber nur mit Hilfe einer Armee entsprochen werden, wie der Fall Allende in Chile es trauriger- weise belegt. Es geht um die allgemeine nationale Souveränität, die die Armen durch die Revolution für sich zurückgewonnen haben. Von da leitet sich die Verpflichtung zum Wehrdienst her. Es war üblich, daß die Kinder der Mittel- und Oberschicht in der Armee des vorrevolutionären Nicaragua nicht dienen mußten, genau so wie das noch heute in Guatemala und El Salvador der Fall ist. Einige Betroffene haben Nicaragua bereits von einer seltsamen Panik erfaßt verlassen. In ganz Mittelamerika bestand das Militär mit Ausnahme der Offiziere aus armen Landbewohnern, und nur unter ihnen wurde die allgemeine Wehrpflicht durchgesetzt.

Die Sicherheit des Staates: Das Problem der Sicherheit des Staates hat sich zu einem weiteren Konfliktfeld entwickelt. Faktisch besteht eine kriegsähnliche Lage. Sie wird durch eine Wirtschaftsblockade und durch propagandistische Entstellungen erschwert; die „flankendeckenden" Operationen der USA und die konterrevolutionären Angriffe gehen weiter; sie führen zum Tod vieler Nicaraguaner (fast 1 000 im Jahre 1983) und beträchtlichen Störungen der produktiven Infrastruktur des Landes. Der Sicherheitsdienst versucht zu verhindern, daß innere Fronten oder fünfte Kolonnen entstehen. Das ist auch der Grund dafür, daß die Aufenthaltsgenehmigungen bei einigen Priestern aus dem Ausland für ungültig erklärt wurden. Dabei wurde folgendes Verfahren durchgeführt: Diese Priester wurden den Botschaften ihrer Länder unterstellt

und ihre Aufenthaltsgenehmigungen eingezogen, wenn man ihnen den Vorwurf machen mußte, mit den Konterrevolutionären konspiriert oder Leute gegen die Regierung aufgehetzt zu haben.
Die Reaktion der Kirchenhierarchie war, dem Staat vorzuhalten, er verfolge die Kirche. Ferner kritisierte sie andere Sektoren der Kirche, weil diese entweder ihre christlichen Brüder nicht gegen Verfolgung verteidigten, oder schlimmer, weil sie bereit seien, selbst als Mitglieder des staatlichen Sicherheitsdienstes gegen ihre eigenen Brüder zu agieren. Wenn Derartiges vorkommt, wird der Druck auf die Einheit der Kirche von Nicaragua extrem. In solchen Situationen sind nur wenige von unseren unversöhnlichen Gegnern ruhig genug geblieben, um sich ins Gedächtnis zurückrufen zu können, daß im revolutionären Nicaragua — im Gegensatz zum derzeitigen El Salvador oder Guatemala — kein aktiver Laie aus den Basisgemeinden, kein Katechet, keine Nonne, kein Mönch, kein Priester, kein Bischof durch die Regierung ermordet worden ist, und daß die ausländischen Mitarbeiter in der Pastoralarbeit sehr viel weniger Schwierigkeiten haben, Aufenthaltsgenehmigungen zu bekommen, als in El Salvador oder Guatemala.
Konkurrenz zwischen Kirche und Staat um Laien für Führungsaufgaben:
Im allgemeinen, aber in den ländlichen Diözesen mehr als in den überwiegend städtischen, hat die katholische Kirche sich viel Mühe damit gemacht, Frauen und Männer zu pastoralen Führungskräften auszubilden. Unter ihnen sind Katecheten, aktive Laien aus den Basisgemeinden, Diakone, Leiter von Basisgmeinden usw. Gewöhnlich sind das Leute von beachtlichem Ansehen in ihren örtlichen Gemeinschaften. Aber gleichzeitig versuchen die revolutionären Volksorganisationen, die Bataillone der Miliz und auch die Sandinistische Front selbst, diese angesehenen Leute für schwierige und verantwortungsvolle Dienste und für Führungsaufgaben anzuwerben. Natürlich besteht für die Mitarbeiter in der Pastoralarbeit die Möglichkeit, in diesen kritischen politischen und staatsbürgerlichen Positionen ihren Einfluß als Christen geltend zu machen. Doch ihre neuen Verantwortlichkeiten nehmen ihre Zeit und Kraft in einem Maße in Anspruch, daß sie sich gezwungen sehen, ihre Arbeit in der direkten Evangelisation zu vernachlässigen. Einige Pfarreien und sogar Diözesen erleiden auf diese Weise den Verlust gerade ihrer am besten ausgebildeten und geeigneten Leute, auch wenn man aus einem anderen Blickwinkel argumentieren kann, daß diese Entwicklung auch ihr Gutes für die Pastoralarbeit hat.

Ausblick auf die Zukunft und einige Empfehlungen

Angesichts der Komplexität der Situation kann der Versuch eines Einzelnen, Schritte für die Lösung zu empfehlen, arrogant erscheinen. Zwar ist dieser Essay nicht aus politischer Besorgnis, sondern aus pastoralem Interesse entstanden, aber es mag dennoch Leute geben, die dem entgegenhalten, daß die Beschreibung der Problemlage von einem voreingenommenen Standpunkt aus geführt worden ist. Eine wirklich unvoreingenommene Beschreibung des heutigen Nicaragua zu versuchen, ist wahrscheinlich unmöglich. Worauf es ankommt, ist überhaupt den Versuch zu machen, an alle Probleme aufrichtig und gelassen aus einer dem Evangelium gemäßen Perspektive heranzugehen. Sie hätten auch auf viel dramatischere Weise vorgebracht werden können. Jeder Versuch, die von Konflikten geschüttelte Einheit der Kirche in Nicaragua ohne einäugige Subjektivität zu behandeln, ist ein Beitrag dazu, die Dinge zu entkrampfen. Der erste Schritt dazu ist die Analyse dessen, was wirklich vor sich geht.

Die Leute haben bereits Partei ergriffen. Was gebraucht wird, ist eine ziemlich rigorose Analyse, damit christliche Einsicht möglich wird, ohne die kein Problem der Kirche angemessen gelöst werden kann. Realismus, mehr Distanz von der Emotionalität und christliche Liebe sind notwendige Voraussetzungen, um die Spannungen aufzulösen.

Die Ergebnisse einer solchen Analyse der allgemeinen Lage und jedes Konfliktfeldes sollten dann in einen offenen und aufrichtigen Dialog eingebracht werden, in den Vertreter der armen Mehrheit der Katholiken in Nicaragua einbezogen sein sollten. Was derzeit fehlt, ist, daß man sich innerhalb der Kirche gegenseitig trauen kann und Vertrauen zwischen einem Teil der Kirche und dem Staat besteht. Ohne Zutrauen und Glaubwürdigkeit ist es nicht möglich, Lösungen zu finden. Vorab müssen wir uns gegenseitig Fehler und Mißverständnisse zugestehen. Diese dürfen dem tiefen Wunsch nach gegenseitigem Verstehen und Aufeinanderhören nicht im Wege stehen. Kein Teil der Kirche sollte von vornherein davon ausgeschlossen werden, an diesem Dialog zwischen den verschiedenen Sektoren der Kirche teilzunehmen. Auch sollte weder Kirche noch Staat a priori Teile der anderen Seite von diesem Dialog ausschließen. Keine Partei hat das Recht, eine andere dadurch zu disqualifizieren, daß sie diese gefühlsmäßig abstempelt. Das haben Gruppen an der äußersten Rechten in Nicaragua und überall in Lateinamerika getan. Christliche und menschliche Toleranz ist unverzichtbar, soll sich der Konflikt nicht so verfestigen, daß es schließlich zu irreparablen Brüchen führt. Zwei Aspekte des Problems sind beunruhigender als alle anderen: die Unversöhnlichkeit der christlichen Rechten und die wachsende Entfremdung der jungen Leute von der Hierarchie. Um einen solchen Dialog überhaupt anzufangen, ist letztlich neben Offenheit und Aufrichtigkeit vor allem die großzügige Bereitschaft vonnöten, zu vergeben und zu vergessen. In diesem Kontext sollten die vorhandenen Trends des Klassenkampfes nicht eine Quelle der Angst, sondern der Herausforderung für die Kirchenleute sein. Versöhnung kann nicht auf der Grundlage versucht werden, daß dieser Trend ignoriert wird, sondern nur dadurch, daß seine Berechtigung anerkannt und der Versuch gemacht wird, seine Ursachen zu bekämpfen.

Die Kirche von Nicaragua muß sich der großen Herausforderung stellen, im revolutionären Kontext ihre Mission neu zu entdecken. Innerhalb dieses Kontexts hat sich die Aufgabe der Kirche, dem Volk die Gute Botschaft zu verkündigen, nicht in nichts aufgelöst. Sie stellt sich jetzt eher in viel hellerem Licht dar. Aus der neuen Lage heraus muß der Auftrag Christi, das ganze Volk von Nicaragua und seine Armen im besonderen zu evangelisieren, deutlicher als je zuvor erkannt werden. Glaube, Hoffnung und Liebe zum Vater Jesu Christi können durch ein authentisches Bemühen um Gerechtigkeit wirksam gemacht werden. Wenn sie sich auf alte Erfahrungen der universalen Kirche besinnt, wird auch die Kirche von Nicaragua Formen der Inkarnation in den neuen revolutionären Strukturen der Gesellschaft finden. Nichts kann zurückverlangt werden, was an der Inkarnation vorbeigeht; auch in einem revolutionären Prozeß – ebenso wie in einem Prozeß der kirchlichen Erneuerung – kommt es zur Sünde, die vergeben werden muß. Für eine Kirche, die die Gabe des Geistes hat, sollte diese Herausforderung nicht als eine „unmögliche Mission" abgetan werden.

Der Fall Nicaragua kann nicht vom mittelamerikanischen und vom internationalen Kontext isoliert werden. Aus der Katholischen Kirche und darüberhinaus auch aus anderen Kirchen haben – Gott sei es gedankt – viele Menschen und Institutionen versucht, der Katholischen Kirche in Nicaragua dabei zu helfen, ihre derzeitigen Konflikte zu lösen. Man kann davon ausgehen, daß sie diese brüderliche Aufgabe auch weiterhin wahrnehmen werden. Wir sind dankbar für ihre Beiträge und zählen weiter auf sie als Zeichen aufrichtiger Solidarität, die darauf hofft, daß wir durch die Krise hindurchfinden, in der wir jetzt gefangen sind. Wenn ich mit dem durchdringenden Blick der Hoffnung vorausschaue, sehe ich sowohl in der Kirche als auch im revolutionären Staat die Bereitschaft zum Dialog, deren Authentizität anzuzweifeln ich kein Recht habe. Diese Bereitschaft beider Seiten ist die Basis für christliche Solidarität in Nicaragua.

Die Rolle von Außenstehenden

Oft hört man, daß wir Lateinamerikaner andere für unsere eigenen Fehler und Probleme verantwortlich machen. Auch dieser Vorwurf sollte aufrichtig analysiert werden. Im Falle Nicaragua allerdings müssen Außenstehende ihre Rolle übernehmen. Einige von ihnen sind bereits sehr aktiv darin. Wenn unser Land unterwandert und besetzt wird, wenn „flankendeckende" Operationen gegen die Revolution immer aggressiver ausgelöst werden, wenn entstellende Darstellungen der Situation Nicaraguas durch die Medien in Wort und Bild genüßlich gepflegt werden, wird es auch in Nicaragua zu Ausbrüchen der Leidenschaft kommen. Einige Leute von außerhalb – und auch in Nicaragua selbst – argumentieren, daß – wenn sich der Druck, wie sie es nennen, auf die Regierung von Nicaragua verringert – die Regierung sich konsolidieren und wagemutiger in der Kirchenverfolgung werden wird. Das jedoch ist der auffallendste Beweis für Fanatismus und zynische Entstellung. Die Worte „Druck auf die Regierung von Nicaragua" setzen sich über Tausende von Toten aus dem Volk von Nicaragua hinweg, von denen viele von Angehörigen der ehemaligen Nationalgarde Somozas auf unbeschreiblich grausame Weise umgebracht wurden, wobei mit Waffen, die der CIA bereitgestellt hatte, „Flankendeckung" gewährt wurde. Diese Vorkommnisse sollten sympathisierenden Außenstehenden, und unter ihnen besonders Christen, ernsthaft zu denken geben.

Andererseits, wenn Toleranz gegenüber der unabhängigen Existenz eines revolutionären Regimes an die Stelle von Unversöhnlichkeit tritt, wenn die Aggression zu einem Ende kommt und Nicaragua endlich doch damit anfangen kann, eine neue Gesellschaft in Frieden aufzubauen, könnte es auch dazu kommen, daß die Veränderung innerhalb der Kirche und zwischen Kirche und Staat weniger schmerzlich wäre.

Nicaragua erbietet sich weiterhin, aufrichtige und offene Gespräche mit der Regierung der USA zu führen. Wann und wie weit werden sich die Tore der Reichen für die Armen öffnen, ohne sie zu demütigen? Wann und wie deutlich werden die Stimmen der Armen von den Reichen gehört werden? Derzeit sehe ich keine Bereitschaft auf Seiten der jetzigen Regierung der Vereinigten Staaten, einen aufrichtigen und respektvollen Dialog mit Nicaragua zu eröffnen. Die Regierung der Vereinigten Staaten beschuldigt die sandinistische Regierung, sie versuche, ihre marxistisch-leninistische Natur zu verschleiern, und verweigert so Nicaragua das Recht, als wirklich unabhängige Nation aufzutreten und unvoreingenommen angehört zu werden. Stattdessen herrscht die aktive Entschlossenheit vor, das revolutionäre Nicaragua auszulöschen, es vollkommen zu zerstören, egal, was es kostet.

Indem ich an die Worte des Erzbischofs Oscar Romero erinnere, die er kurz vor seiner Ermordung äußerte, bitte ich Euch alle, beschwöre ich Euch im Namen Gottes, im Namen des Volkes von Nicaragua und seiner Kirche: Tut alles in Eurer Macht Stehende, um das zu beenden, was ständig Unruhe für Nicaragua bringt, um dem Frieden eine Chance zu geben, bevor die Zerstörung so unwiderruflich wird wie in Vietnam. Ich bitte alle Menschen guten Willens, den notwendigen Dialog möglich zu machen und nicht länger Öl in das Feuer von Haß und Verzerrung zu gießen.

Ralf Syring

Gemischte Wirtschaft im Gesundheitswesen

Daß Revolution Gesundheit sei, hat wohl jeder mit Gesundheitspolitik beschäftigte Verantwortliche einer Befreiungsbewegung einmal gesagt. Wenn man an die Definitionen denkt, die die Weltgesundheitsorganisation ihrer Charta vorangestellt hat – Gesundheit bedeute physisches, psychisches und soziales Wohlbefinden, so mag in der Tat die Gesundheit der entscheidende Inhalt einer Revolution sein; sofern sie als Umwälzung der Verhältnisse mit dem Ziel der Befreiung aller Menschen verstanden wird.
Zweifellos ist die Gesundheit eine der elementarsten Voraussetzungen. Die Verbesserung des Gesundheitswesens prägt deswegen auch entscheidend das Verhältnis der Bevölkerung zu einem revolutionären Prozeß.
Die sandinistische Befreiungsbewegung übernahm einen Gesundheitsapparat, der sich nicht von dem anderer abhängiger Länder unterschied. Ein Wirrwarr von dreiundzwanzig unterschiedlichen Institutionen verwaltete das auf wenige städtische Zentren konzentrierte Medizinwesen. In den Städten praktizierende Privatärzte sicherten denen, die es bezahlen konnten, eine Versorgung auf hohem technischen Niveau. Die ländlichen Gebiete wurden von der medizinischen Versorgung kaum erreicht, obwohl schon in Somozas Nicaragua die Erkenntnis gedämmert war, daß die Medizin aufs Land zu gehen habe, daß die primäre Gesundheitsversorgung, die Einrichtung von ländlichen Gesundheitsposten und Impfkampagnen sehr wichtig seien. Dies propagierte die US-„Allianz für den Fortschritt" und auch die Weltbank im Rahmen eines weltweiten Krisenmanagements. Der FSLN sah die Gesundheitspolitik dagegen als Bestandteil eines umfassenden revolutionären Prozesses: „Die Gesundheitsdienste dürfen nicht etwas Fremdes für die Bevölkerung sein, sondern müssen zu ihr gehören, kulturell, materiell und politisch."[1] Die Schlüsselwörter des Konzepts sind Partizipation, Prävention und Dezentralisierung.

Gesundheitspolitische Maßnahmen

Die neue Regierung reorganisierte das Gesundheitswesen zunächst mit dem Ziel, eine flächendeckende Versorgung der Bevölkerung zu garantieren. Sie faßte alle im Gesundheitsbereich arbeitenden Organisationen im „Einheitlichen Nationalen Gesundheitsdienst" (SNUS) zusammen. Das Gesundheitsministerium (MINSA) in Managua funktionierte vor allem als zentrale Planungsstelle. MINSA richtete in allen sechs Regionen und in den drei Spezialzonen des Landes eine Art Filiale ein. Die Regionen wurden in sogenannte „Gesundheitsgebiete" aufgeteilt, deren Größe nicht nur von der Einwohnerzahl bestimmt wird, sondern auch vom Vorhandensein von Transportwegen, also davon, wie und in welcher Zeit ein Gesundheitszentrum, ein Krankenhaus oder ein kleines Dorf erreichbar sind. Die Anzahl der Menschen in einem Gesundheitsgebiet variiert zwischen etwa 20 000 und 100 000.²

In der Hauptstadt Managua gibt es mehrere spezialisierte Krankenhäuser, die wegen ihrer Fachleute und der vorhandenen Arbeitsmittel zu komplizierten medizinischen Eingriffen in der Lage sind.

Die Regionen haben Regionalkrankenhäuser, von denen einige seit 1979 erweitert oder neu gebaut worden sind. In den Gesundheitsgebieten gibt es Gesundheitszentren, in denen mindestens ein Arzt arbeitet. Es wurden Gesundheitszentren mit und ohne Betten errichtet. In Gesundheitszentren mit Betten arbeiten in der Regel mehrere Ärzte. Jüngere Ärzte, die ihre Universitätsausbildung und das praktische Jahr beendet haben, sind im Sozialdienst tätig. Einem Gesundheitszentrum sind jeweils mehrere Gesundheitsposten in den entsprechenden Gebieten zugeordnet. Das Ziel: Auf etwa 3 000 Einwohner soll ein Gesundheitsposten kommen. Sie sind ständig mit einer Hilfskrankenschwester oder einem Hilfskrankenpfleger besetzt und werden in der Regel wöchentlich von einem Arzt oder einer voll ausgebildeten Krankenschwester oder einem Pfleger des entsprechenden Gesundheitszentrums besucht.

Auf dem Land geht ein Mensch, der sich krank fühlt oder verletzt ist, in der Regel (sofern er den staatlichen Gesundheitsdienst in Anspruch nimmt) zunächst zum nächstgelegenen Gesundheitsposten. Dort wird entschieden, wo er behandelt wird. So sollte ein Kranker mit dem Verdacht auf eine akute Blinddarmentzündung schnellstmöglich zur Operation in ein Regionalkrankenhaus eingewiesen werden, während ein Mensch mit einer Hirnverletzung nach entsprechender Erstversorgung im Gesundheitszentrum auf dem Luftwege in die Neurochirurgie der Hauptstadt transportiert werden sollte. Oft ist dies eher eine Beschreibung von Absichten als von Wirklichkeit. Bemerkenswert ist in der Situation eines Landes wie Nicaragua jedoch, daß es einschließlich des letztgenannten Beispiels gelegentlich funktioniert. Vergleichbares war vor 1979 undenkbar.

Zusätzlich zu den Gesundheitsposten gibt es auf der untersten Versorgungsebene noch die sogenannten Gesundheitsbrigadisten, die als Freiwillige, also ohne Bezahlung, an bestimmten Aufgaben des Gesundheitsdienstes beteiligt werden. Sie unterrichten über Gesundheitsfürsorge, achten auf Hygiene, leisten Erste Hilfe. Sie gehen bei den zeitlich begrenzten Kampagnen wie Impfen oder bei anderen Programmen von Haus zu Haus. Die Brigadisten werden in speziellen Wochenendkursen ausgebildet. In jedem Gesundheitsgebiet ist ein Gesundheitserzieher (Educador popular de salud) für die Ausbildung und Arbeit der Brigadisten verantwortlich; sie gehören meistens einer der Massenorganisationen an. Ihre Arbeit ist damit der augenblicklich wohl wichtigste Ausdruck der Beteiligung der Bevölkerung an der Gesundheitsarbeit. Die Zahl der Brigadisten war jeweils zu den landesweiten „Gesundheitstagen" (Jornadas populares de salud) sehr hoch. So wurden für die Kampagne gegen die Malaria 83 000 und gegen die Kinderlähmung 19 000 Brigadisten vorbereitet und eingesetzt.

Jeder der genannten Ebenen des Gesundheitsdienstes sind Organe zugeordnet, in denen sich die Bevölkerung beteiligen soll. Die „Volksgesundheitsräte" (Consejos populares des salud) kommen aus Massenorganisationen und der staatlichen Gesundheitsstruktur. Für die im Gesundheitswesen Angestellten gibt es die Gewerkschaft FETSALUD, die für alle offen ist. Mitglieder dieser Gewerkschaft bilden in den Betrieben des Gesundheitswesens gewählte Personalräte, die bei Einstellungen und Entlassungen mitreden. Sie sorgen außerdem für die Versorgung der Angestellten mit Schuhen und anderen Materialien, beteilgen sich auch an Weiterbildungsprogrammen. Das Pflegepersonal hat eine eigene Organisation. Für die Ärzte gibt es zwei Gruppierungen: Die FESOMEMIC, nach 1979 von Ärzten gegründet, die dem revolutionären Prozeß freundlich gesinnt sind, und die schon früher bestehende AMSUS. Beide dürften etwa die gleiche Mitgliederzahl haben.

Die folgenden Tabellen sollen statistisch einen Eindruck vom Erreichten vermitteln. Man muß jedoch bedenken, daß es in Nicaragua außerordentlich schwierig ist, zuverlässige Statistiken aufzustellen. Sicherlich ist es möglich, die Krankenhäuser und Gesundheitsposten zu zählen. Schon wesentlich schwieriger wird es aber, wenn Meldungen über auf dem Land abgehaltene Sprechstunden gesammelt werden sollen. Die Statistik zeigt also keine Einzelheiten mit großer Genauigkeit. Sie zeigt aber zusammen mit den Erfahrungsberichten der Gesundheitsarbeiter und der Patienten eine Tendenz.

Tabelle 1: Einrichtungen des Nationalen Gesundheitsdienstes

Region	Einwohner	Gesundheitsgebiete	Gesundheitserzieher	Krankenhäuser Anzahl	Krankenhäuser Betten	Gesundheitszentren mit Betten Anzahl	Gesundheitszentren mit Betten Betten	Gesundheitszentren ohne Betten	Gesundheitsposten	Gesamt Einheiten Anzahl	Gesamt Einheiten Betten
I	339 000	10	19	4 (4)	375 (368)	2 (2)	51 (33)	9 (15)	44 (26)	59 (47)	426 (401)
II	538 600	17	24	5 (5)	853 (741)	4 (2)	68 (26)	14 (15)	71 (63)	94 (85)	921 (767)
III	914 300	18	26	8 (7)	1598 (1634)	1 (1)	8 (8)	19 (14)	55 (26)	83 (48)	1606 (1642)
IV	506 800	18	24	6 (6)	821 (778)	1 (1)	21 (9)	16 (17)	70 (63)	93 (87)	842 (787)
V	344 900	9	13	2 (3)	247 (301)	4 (2)	105 (60)	6 (8)	77 (76)	89 (89)	352 (361)
VI	407 300	12	16	3 (3)	461 (523)	3 (3)	95 (41)	9 (8)	31 (38)	46 (52)	556 (564)
Spezial-Zone I	134 600	6	8	1 (1)	69 (61)	3 (-)	69 (-)	2 (2)	17 (10)	23 (13)	138 (61)
Spezial-Zone II	55 300	7	6	1 (1)	132 (133)	- (2)	- (15)	7 (4)	7 (7)	15 (14)	132 (148)
Spezial-Zone III	34 300	4	7	1 (-)	67 (-)	- (3)	- (83)	4 (-)	11 (7)	16 (10)	67 (83)
Gesamt Republik	3 275 100	101	143	31 (30)	4623 (4593)	18 (16)	417 (275)	86 (83)	383 (316)	518 (445)	5040 (4814)

Quelle: Zusammengestellt aus Informationen des MINSA aus den Jahren 1983 und 1985. Die Zahlen beziehen sich auf 1984, die in Klammern auf 1982. 1982 gehörte die heutige Spezialzone III noch zur heutigen Region V, was sich in der Tabelle bei der Zählung der Krankenhäuser auswirkt.

Tabelle 2: Sprechstunden je Einwohner auf allen Ebenen des SNUS

Region	1977	1980	1981	1982
I	0,2	1,4	1,7	2,0
II	0,9	1,5	1,4	1,6
III	2,1	2,8	2,9	2,7
IV	0,5	1,7	1,8	1,8
V	0,2	1,4	1,1	1,3
VI	0,3	0,7	1,3	1,7
Spezial-Zone I	0,9	1,8	1,9	3,7
Spezial-Zone II		2,6	2,9	2,9
Spezial-Zone III		0,2	0,2	1,0
Gesamt Republik	1,0	1,8	1,9	2,1

Quelle: MINSA: Plan de Salud 1983, S. 28

Besondere Programme

Schon am Anfang seiner Arbeit entschied das MINSA, daß einige Gruppen der Bevölkerung bei der Entwicklung der Gesundheitsvorsorge Priorität haben sollten, solange wegen des Mangels an Ressourcen die Möglichkeiten begrenzt sind. Das Ministerium setzte vier Schwerpunkte:
— das Mutter-Kind-Programm (Programa de atención materno-infantil)
— das Gesundheitsprogramm für die Arbeiter (Programa Salud Integral al trabajador)
— das Tuberkuloseprogramm
— das Immunisierungs (Impf-) Programm.

Zum Mutter-Kind-Programm gehörte Schwangerenvorsorge, Wochenbettbetreuung, Familienplanung sowie, speziell auf Kinder ausgerichtet, Programme für Frühgeborene, für Unterernährte und für die orale Rehydration. Die Arbeit liegt in der Hauptsache bei den Gesundheitsposten. Da ein solcher Gesundheitsposten meistens nur über einen Vollzeit-Gesundheitsarbeiter verfügt, also eine Hilfskrankenschwester oder einen Hilfskrankenpfleger, ist die Arbeit oft schwierig. Schwangere, Mütter oder Familien mit Kindern müssen besucht werden, um sie für die Programme zu gewinnen.
In der Umgebung von Estelí ist ein solches Programm ausgewertet worden. Das Ergebnis: Frauen, die zum ersten Mal wegen der Teilnahme am Mutter-Kind-Programm zu einem Gesundheitsposten kommen, wollen entweder

eine Sterilisation (Tubenligatur), brauchen irgendwelche Papiere für sich oder ihre Kinder oder hoffen schlicht auf besondere Rationen von Mehl, Milch und Öl für ihre Kinder (Nahrungsmittel, die wegen der wirtschaftlichen Situation knapp und teuer wurden). Schwangere suchen gewöhnlich erst im letzten Drittel der Schwangerschaft einen Gesundheitsposten auf. Wer bereits Erfahrung mit dem Programm aus einer frühereren Schwangerschaft hatte, kommt aber schon im ersten oder zweiten Drittel. Dies ist sicherlich zu einem großen Teil auf die Aufklärungsarbeit zurückzuführen, auf die großer Wert gelegt wird. Wie gut das geht, hängt selbstverständlich letzten Endes von der Initiative des Personals ab.

In dem Bezirk, in dem die Auswertung des Programms stattfand, gab es eine gute Zusammenarbeit mit den traditionellen oder „empirischen" Hebammen in den Dörfern. Sie erhielten einen Kurs von einer Woche. Das Ziel war in erster Linie, sie im Bezug auf Risiken zu schulen und davon zu überzeugen, daß in schwierigen Situationen die Schwangeren in ein Hospital einzuweisen sind. Der Kurs für die empirischen Hebammen fand ausschließlich mit audiovisuellen Mitteln statt, da die überwiegende Mehrheit von ihnen Analphabeten sind.

Ausbildung

Um das Gesundheitsprogramm zu verwirklichen, muß das medizinische Personal gut ausgebildet sein. Dies gilt sowohl für den medizinisch-technischen Bereich als auch für den politischen Aspekt, da das Gesundheitskonzept ein neues Bewußtsein bezüglich der Gesundheitsarbeit erfordert.

Nicaragua hat zwei medizinische Fakultäten, eine in Managua, die andere in León. Gegenwärtig schreiben sich jährlich etwa 300 bis 400 Studenten dort ein, drei- bis viermal mehr als unter dem Somoza-Regime. Deutlich geändert hat sich die soziale Zusammensetzung der Studenten. Es sind keine Studiengebühren zu entrichten. Jugendliche aus den Stadtteilen der Armen oder Kinder der Campesinos besuchen jetzt auch in großer Zahl die Sekundarschulen, und einige von ihnen dann auch die medizinischen Fakultäten. Allerdings muß diese Tatsache nicht notwendigerweise bedeuten, daß die zukünftigen Ärzte die Revolution unterstützen werden. Sicherlich erhoffen sich einige durch den Arztberuf auch gesellschaftlichen Aufstieg. Dem wird im Studium mit einem bedeutenden Anteil politischen Unterrichts begegnet. Im übrigen ist die medizinische Ausbildung sehr praxisorientiert. Schon während des vorklinischen Studiums arbeiten die Studenten jede Woche einmal in einem Gesundheitszentrum. Die Ausbildung umfaßt 5 Jahre sowie ein Internatsjahr im Krankenhaus und zwei Jahre Sozialdienst an einem vom MINSA angewiesenen Ort. Danach folgt eine Facharztausbildung von drei Jahren (vier Jahren in der Neurochirurgie).

Die ersten ganz unter der sandinistischen Regierung ausgebildeten Ärzte haben im Laufe des Jahres 1985 ihren Sozialdienst angefangen. Sie werden in den nächsten Jahren die Notwendigkeit verringern, ausländische Ärzte nach Nicaragua zu holen.

Die Ausbildung für Schwestern und Pfleger dauert drei Jahre, die für Krankenpflegehelfer(innen) ein Jahr.
In der letzten Zeit wurden auch auf dem Land zahlreiche Ausbildungsstätten eröffnet, um zu verhindern, daß die Mehrheit der Studenten aus den Städten kommt und nach der Ausbildung in den Städten oder deren Nähe arbeiten will.

Tabelle 3: Medizinisches Personal 1984

(Anzahl Personen)	
Ärzte	1474
Zahnärzte	214
Krankenschwestern und -pfleger einschl. Krankenpflegehelfer (innen)	5184
Labortechniker	713
Röntgentechniker	195
Registraturangestellte	243
Verwaltungspersonal	3925
Verschiedene medizinische Berufe: Nahrungsmitteltechniker, Hygieniker, Diätetiker usw.	2021
Hilfspersonal	6196

Quelle: Lineamientos de Políticas de Salud. Plan de Actividades 1985. MINSA, Managua 1985, S. 27.

Zur Ausbildung gehören auch die zahlreichen Weiterbildungsprogramme. Es wird viel Energie darauf verwandt, medizinisches Wissen breit zu streuen. Im MINSA gibt es eine Abteilung für die Erziehung und die Kommunikation in Gesundheitsfragen (DECOPS), die Gesundheitskampagnen vorbereitet und didaktisches Material erarbeitet. Im gleichen Sinne und besonders erfolgreich arbeitet das Kollektiv CISAS, eine nichtstaatliche Organisation mit Sitz in Managua, die sich an der Weiterbildungsarbeit des medizinischen Personals und an breiten Ausbildungsprogrammen für die Bevölkerung beteiligt.

Private Medizin

Neben dem einheitlichen staatlichen Gesundheitsdienst besteht die private Medizin weiter. Es gibt privat praktizierende Ärzte, private Krankenhäuser, Laboratorien und Apotheken, die Ärzte sind allerdings verpflichtet, mindestens vier Stunden am Tag im Staatlichen Gesundheitsdienst zu arbeiten. So kommen viele von ihnen morgens in die Krankenhäuser, um dann nachmittags in ihrer eigenen Praxis zu arbeiten, wo selbstverständlich der Patient bezahlen muß.

Der Staatliche Gesundheitsdienst ist kostenlos — bis auf eine geringe Rezeptgebühr, die nur dann bezahlt werden muß, wenn der Patient die Mittel hat. 80 Prozent der Ärzte arbeiten in dieser gemischten privatöffentlichen Weise, 15 Prozent nur für den staatlichen Gesundheitsdienst, die Mehrheit von ihnen in leitenden Stellungen, und 5 Prozent nur privat.[3]
Die private Medizin wird von recht vielen Patienten in Anspruch genommen, und nicht nur von Reichen. Zahlreiche Patienten, auch auf dem Land, erwarten sich mehr von der Versorgung, für die sie bezahlen. Schwer wiegt aber auch, daß der Staatliche Gesundheitsdienst, besonders in den Städten, kaum in der Lage ist, alle Patienten zu behandeln. Die langen Wartezeiten schrecken viele Menschen vom Besuch eines staatlichen Ambulatoriums oder eines Krankenhauses ab.
Die Sandinisten betreiben gegenüber den privat praktizierenden Medizinern eine sehr behutsame Politik. Dadurch sollte und soll verhindert werden, daß eine noch größere Zahl von Ärzten das Land verläßt. Mehrere hundert sind dennoch gegangen. Der Staat bot den Ärzten materielle Anreize — sie können sich z.B. schnell und relativ billig ein neues Auto kaufen — oder er vergab großzügig Professorentitel an Ärzte, die in den Lehrkrankenhäusern der Hauptstadt arbeiten. Auf dem Land werden Ärzte oft nicht verpflichtet, eine bestimmte Zeit im Staatlichen Gesundheitsdienst zu arbeiten. Die privat praktizierenden Ärzte wohnen oft seit vielen Jahren in ihren Dörfern und repräsentieren für die Bevölkerung eine Kontinuität, die sie bei dem häufig wechselnden Personal des SNUS nicht finden.

Medikamente

Die Einfuhr von Pharmaka und medizinischem Gerät hat sich nach Angaben des Gesundheitsministeriums gegenüber der Somoza–Zeit verdreifacht und macht jetzt 10 Prozent des Gesamtimports Nicaraguas aus.[4] Aus den Informationen des MINSA geht nicht hervor, ob dabei die zahlreichen Unterstützungsprogramme ausländischer Organisationen mitgerechnet wurden. Möglicherweise liegt also die Menge dessen, was in diesem Bereich ins Land kommt, noch höher. Im Jahre 1984 standen 52,9 Mio. US–Dollar für die Einfuhr von medizinischem Material zur Verfügung, über 80 Prozent davon für Medikamente im staatlichen und privaten Sektor.[5]
MINSA gibt an, daß 20 Prozent des Medikamentenbedarfs im Land produziert werden[6] und daß dieser Anteil auf 40 Prozent erhöht werden könne. Maschinen zur Ausweitung der eigenen Medikamentenproduktion befinden sich seit langem im Land. Technische Probleme wie Wartung verhinderten bisher, daß das Ziel erreicht wurde. Außerdem wird auch auf die sogenannte traditionelle Medizin zurückgegriffen. In der Gegend um die Stadt Estelí gibt es bereits ein Projekt, in dem Möglichkeiten des Anbaus und der Verwendung medizinisch wirksamer Pflanzen untersucht werden. Es soll auf das ganze Land ausgeweitet werden. Unter „traditioneller Medizin" versteht man die Anwendung von chemisch nicht gereinigten, medizinisch wirksamen Pflanzen oder Pflanzenextrakten. Ihre Anwendung sieht die Mehrheit der Beteiligten als Notbehelf,

als Ausweg, wenn andere Medikamente zu teuer sind. Dabei werden die pflanzlichen Produkte durchaus in einem westlich-schulmedizinischen Sinne angewendet. Da die „traditionelle Medizin" die Konzepte von Gesundheit und Krankheit einbezieht, die es in der Bevölkerung gibt, könnte sie jedenfalls hilfreich sein.

Gesundheitsstand

Der Gesundheitsdienst hat weite Bevölkerungsteile erreicht, die vorher nicht versorgt wurden. Die großen Impf- und Hygienekampagnen haben zu einer drastischen Verminderung wichtiger Infektionskrankheiten geführt.

Tabelle 4: Anzahl der gemeldeten Erkrankungen an wichtigen Infektionskrankheiten

	1980	1981	1982	1983	1984
Kinderlähmung	21	45	–	–	–
Keuchhusten	2469	1935	393	97	60
Masern	3784	224	226	112	153
Diphterie	5	2	2	4	–
Wundstarrkrampf	89	132	109	9	195

Quelle: Lineamentos de Políticas de Salud. Plan de Actividades 1985. MINSA, Managua 1985, S. 24.

Besonders bemerkenswert ist das Zurückdrängen der Kinderlähmung. Wie Tabelle 4 zeigt, wurde in den Jahren 1982 bis 1984 kein einziger Fall gemeldet. Sicher wäre es leichtsinnig, schon jetzt von einer Ausrottung dieser Krankheit in Nicaragua zu sprechen, aber jedenfalls wurde hier ein gutes Ergebnis erreicht.

Die Malaria wurde mittels landesweiter Kampagnen zunächst erheblich zurückgedrängt, steigt aber wieder. 1983 wurden 12 907 Fälle diagnostiziert, was 3,13 Prozent der untersuchten Proben entsprach, während 1984 in 15 702 Fällen Malariaparasiten (3,47 Prozent der untersuchten Proben) festgestellt wurden.[7] Schwerpunkte der Malariaerkrankungen sind die Gebiete mit besonders großer Mobilität der Bevölkerung: die Baumwollanbaugebiete in der Umgebung von León und die Kaffeeregion von Matagalpa. Auch die Truppenbewegungen und Flüchtlingsbewegungen wegen der Contra-Angriffe haben die weitere Ausbreitung der Malaria begünstigt.

Im Herbst 1985 wurde nach einer Epidemie eine intensive Kampagne gegen das Dengue-Fieber organisiert, hauptsächlich durch das Versprühen von Insektiziden gegen die Vektor-Mücke „Aedes aegyptii" und das Trockenlegen von Brutplätzen. Während Mitte Oktober 1985 in einem Krankenhaus von

Tabelle 5: Die zehn häufigsten meldepflichtigen Krankheiten 1984

1.	Amöbenruhr
2.	Windpocken
3.	Krätze
4.	Mumps
5.	Infektiöse Gelbsucht (Hepatitis)
6.	Gonorrhö (Tripper)
7.	Tuberkulose (unterschiedlicher Formen)
8.	Syphilis
9.	Leishmaniase
10.	Röteln

Quelle: Lineamientos a.a.O. S. 25.

Managua noch täglich bis zu 60 Patienten mit schwerem Dengue-Fieber stationär aufgenommen werden mußten, hatte sich diese Zahl Anfang November auf drei bis vier pro Tag verringert.
Gegen Tuberkulose wurden nach Angaben des MINSA im Jahre 1984 97,2 Prozent aller Kinder unter einem Jahr geimpft.[8] Das Tuberkulose-Programm betreute im gleichen Zeitraum 2 739 Patienten.[9]
Trotz dieser Anstrengungen bleiben die folgenschwersten Krankheiten jene, die ihre Ursache in der Armut und dem daraus folgenden Mangel an Nahrungsmitteln und Hygiene haben. So sterben weiterhin zahlreiche Kinder an Durchfallerkrankungen, zu deren Bekämpfung es die „Einheiten zur oralen Rehydratation" (URO) gibt, die 1984 173 081 Kinder behandelten.[10]

Tabelle 6: Einige Gesundheitsparameter vor und nach 1979

	1978	1984
Lebenserwartung bei Geburt (Jahre)	52,9	58,7
Kindersterblichkeit (pro 1 000 lebende Neugeborene)	121	71,5
Anzahl der Ärzte	1551	1474
Anzahl der Zahnärzte	167	214
Anzahl der Krankenschwestern und -pfleger	716	5184*
Schwangerschaftsvorsorge (% der Schwangeren)	23%	92%
Vorsorgeuntersuchungen für Kinder bis zum Alter von 6 Jahren (% aller Kinder dieses Alters)	--	50,8%

* einschließlich Krankenpflegehelfer(innen)

Quelle: MINSA-DECOPS: Faltblatt The National Unified Health System (SNUS), 1985, S. 7.

Schwierigkeiten und Widersprüche

Gegen Nicaragua wird Krieg geführt. Die Strategen in den USA wissen sehr genau, daß die Gesundheitspolitik eine große Bedeutung für das Verhältnis der Bevölkerung zu einem revolutionären Prozeß hat. Deshalb ist es eines der Ziele der US-gesteuerten Konterrevolution, die Gesundheitspolitik zu durchkreuzen.

In seiner Beschreibung der Schwierigkeiten bei der Verwirklichung seiner Pläne nennt das MINSA zunächst die weltweiten wirtschaftlichen Probleme, insbesondere die Verschuldung der abhängig gehaltenen Länder. Anschließend heißt es: „Dazu kommt der imperialistische Krieg und sein Einfluß auf die Gesundheit. Oft haben wir nur die Angriffe gegen Gesundheitsposten und -zentren und ihre Beschädigung angeprangert. Wir haben gesagt, daß sie wegen der Anwesenheit konterrevolutionärer Banden in den Kriegsregionen nicht benutzt werden können.

Doch die Aggression ist auch hier in Managua zu spüren, in unseren Krankenhäusern, in unseren Gesundheitszentren, im ganzen pazifischen Gebiet. Unser Volk widmet sich nicht mehr nur den Aufgaben des Aufbaus und der Produktion, sondern der Hauptaufgabe – DER VERTEIDIGUNG DER NATION –".

Die Folgen der Aggression seien „unter anderem das Auftreten einer Kriegsepidemiologie, der Verlust von Menschenleben, Kriegsverletzte, wirtschaftliche Schäden und die Neuansiedlung von Bevölkerungsgruppen auf Grund des imperialistischen Krieges in verschiedenen Zonen des Landes einschließlich hier in Managua".[11]

Dies alles beeinflußt die Gesundheitspolitik und es ist in unterschiedlicher Stärke in zahlreichen Bereichen spürbar. Neun Prozent der Gesundheitsarbeiter, im Jahre 1984 1 743 Personen, befinden sich ständig im Militärdienst.[12] Das führt zu häufigem Personalwechsel. Gesundheitsbrigadisten werden in den Kriegszonen oft bedroht. Viele wurden ermordet und entführt. Das Ziel dieser Aktionen, nämlich die durch die Brigadisten verwirklichte breite Streuung

Tabelle 7: Personal des MINSA, das 1980 bis 1984 von der Contra angegriffen wurde (Gesundheitsbrigadisten sind nicht eingeschlossen)

Jahr	Getötete	Verletzte	Entführte
1980	1	–	–
1981	1	–	3
1982	3	–	2
1983	15	2	–
1984	11	2	10

Quelle: Lineamientos, a.a.O., S. 36.

von medizinischen Kenntnissen in der Bevölkerung — und damit ihre Beteiligung an der Arbeit und an der Verantwortung — zu verhindern, wurde teilweise erreicht. Es ist in einigen Gebieten schwieriger geworden, Nicaraguaner als Gesundheitsbrigadisten zu gewinnen. In stark von Angriffen bedrohten Gebieten ist die Zahl der Brigadisten erheblich gesunken.

Tabelle 8: Von der Contra 1980 bis 1984 zerstörte Gesundheitseinrichtungen

62 Gesundheitsposten
5 Gesundheitszentren
1 Krankenhaus

Quelle: Faltblatt, a.a.O, S. 8.

Nun kann eine solche Kriegssituation, deren Bedeutung nicht unterschätzt werden soll, immer auch zur Verdeckung oder Entschuldigung anderer Mängel dienen und auch auf diese Weise Einfluß auf die Politik nehmen. Die ehemalige Gesundheitsministerin Lea Guido spricht in ihrem Rechenschaftsbericht selbst diese Gefahr an: „Wenn die Leitung nicht funktioniert, wenn sie nicht von oben nach unten ein Rückgrat bildet, dann kommen wir nicht weiter, auch wenn wir alle materiellen und menschlichen Ressourcen, keinen Krieg, keine wirtschaftliche Krise hätten; bei Verschwendung, Korruption und Mangel an Effektivität, bleiben immer entscheidende Probleme im Ministerium".[13]
Lea Guido nennt fünf Bereiche, auf denen erhebliche Probleme zu lösen sind[14]: Versorgung des Gesundheitsdienstes mit dem erforderlichen Material, Wartung von Material und Einrichtungen, Kontrolle innerhalb der Gesundheitsdienste, Behandlung der Patienten und Qualität der Dienste und schließlich „Konsolidierung der Autorität".
Im folgenden sollen diese Probleme umrissen werden, ohne daß ich mich dabei auf die Ausführungen des MINSA beschränke.

1. Materialversorgung
Für die effektive Versorgung der Gesundheitsarbeiter mit dem benötigten Material bedarf es zahlreicher Schritte. Die Entscheidung, w a s beschafft werden soll, ist ein politisch sehr wichtiger Schritt. Es müssen Prioritäten gesetzt werden, da auf Grund der wirtschaftlichen Situation die Mittel beschränkt sind. Die Bedarfsfeststellung fällt schwer, da sie sich ja aus der Interpretation der Notwendigkeiten durch das medizinisch geschulte leitende Personal ergibt. Für den Bereich der Pharmaka wurde eine Liste essentieller Medikamente erstellt, die sich an die von der WHO vorgeschlagene Liste anlehnt und 220 Medikamente umfaßt. Eine zusätzliche Liste von speziellen Medikamenten enthält 173 Substanzen. Außerdem muß herausgefunden werden, was vorhanden ist. Dies geschieht bisher nur unzureichend. Die ausländische Hilfe, die an den geschaffenen Strukturen des Gesundheitsdienstes vorbei direkt an

die Krankenhäuser und Gesundheitszentren geht, erschwert die Untersuchung. Diese Art von Hilfe behindert auch die Planung, weil sie nicht erfaßt wird. Eine planvolle Materialbeschaffung stößt darüberhinaus auf ein Problem, das wahrscheinlich auf kulturellen Zusammenhängen beruht. Neu bestellt wird erst, wenn nichts mehr da ist. Das führt immer wieder zu der Situation, daß bestimmte Medikamente oder Arbeitsmittel vorübergehend nicht verfügbar sind.
Schließlich gehört zur Materialversorgung eine funktionierende Verteilung. Sie wird durch die unzureichende Infrastruktur in Nicaragua erschwert. Darüberhinaus aber sind Mängel in der Verteilung eine notwendige Folge der Schwächen bei Inventarisierung und Planung.

2. Wartung
Als ein Problem mangelnden Bewußtseins betrachtet das MINSA die zahlreichen Unterlassungen im Bereich der Wartung von Einrichtungen und Geräten des staatlichen Gesundheitsdienstes: „Für viele von uns hat das Eigentum des Staates keinen Wert. Durch die Nachlässigkeit bei der Materialerhaltung entstehen dem Land große Kosten."
Welches Ausmaß diese Vernachlässigung hat, zeigt ein Beispiel: Ende 1984 standen 60 Prozent der Fahrzeuge, die im ganzen Land für den Gesundheitsdienst im Einsatz sein sollten, still.[15]
Um die Situation zu verbessern, wurde bereits 1981 zusammen mit der Panamerikanischen Gesundheitsorganisation ein Fünf-Jahres-Plan aufgestellt. Durch eine Finanzhilfe der niederländischen Regierung in Höhe von 1,7 Mio. Gulden ab September 1984 wurde ein Impuls für die Verwirklichung dieses Plans erwartet.

3. Kontrolle
Verschwendung, Mangel an Disziplin, Korruption herrschen dort, wo es keine ausreichende Kontrolle in den Gesundheitsdiensten gibt. Damit ist ausdrücklich nicht nur ein strenges Regiment der Zentrale gemeint, sondern das Achten aller auf die richtige Einstellung zur Arbeit und zu den Arbeitsmitteln — auch dies wieder eine Frage des Bewußtseins.
Die Probleme haben vielfältige Erscheinungsformen, die keineswegs typisch für ein Land wie Nicaragua sind, in hochindustrialisierten Ländern aber wegen des vorhandenen Überflusses nicht so stark auffallen: Die Krankenschwester, die sich aus dem Gesundheitszentrum einen kleinen Vorrat an Medikamenten mit nach Hause nimmt, um sie eventuell für ihre Kinder zu benutzen, der Krankenhausdirektor, der mit dem Krankenwagen ins Nachbardorf fährt, um Bier zu kaufen ...

4. Behandlung und Qualität der Dienste
Patienten werden in zahlreichen Einrichtungen des Gesundheitsdienstes, besonders der Hauptstadt, nicht nur unfreundlich, sondern auch nachlässig behandelt. Verschiedene Ärzte, die am selben Krankenbett Visite machen, setzen immer wieder die Therapien um, Schwestern und Pfleger vergessen die

Verteilung von Medikamenten. Das ist kein Problem einzelner unqualifizierter Gesundheitsarbeiter und wird auch vom MINSA nicht als solches gesehen. Möglicherweise ist die Erklärung, daß das Konzept des staatlichen Gesundheitsdienstes, das ja die Rolle des Gesundheitsarbeiters entmystifiziert, den medizinischen Professionellen einen Teil ihres Prestiges nimmt. Sie müssen in Nicaragua auf längere Sicht einen Abbau ihrer noch vorhandenen Privilegien erwarten. Verstärkt wird das nachlässige Verhalten im staatlichen Gesundheitsdienst bei den Ärzten dadurch, daß sie sich in der Mehrheit in den privaten Sektor zurückziehen können.
Sicher wird die Situation auch dadurch erschwert, daß ein Gesundheitsdienst, der von der gesamten Bevölkerung in Anspruch genommen werden kann, wesentlich mehr Arbeit verursacht, als einer, der nur für die Wohlhabenden bestimmt ist.

5. Konsolidierung der Autorität
Die Vorstellung von Autorität ist mit dem Gedanken der Avantgarde, der revolutionären Vorhut, verbunden. Sie braucht bestimmte Qualitäten. „Konsolidierung" heißt, daß die leitenden Angestellten im Gesundheitsdienst in der Lage sein müssen, die auftretenden Probleme richtig zu behandeln. Das Personal soll „kreativ sein und den Willen zur Überwindung von Schwierigkeiten haben, Verantwortung übernehmen, sich mit Entschlossenheit den Problemen stellen und ihnen nicht aus dem Wege gehen".[16]

Viele, von denen diese Fähigkeiten verlangt werden, — wie etwa ein großer Teil der Direktoren von Gesundheitsgebieten auf dem Land, die Ärzte im sozialen Jahr sind —, haben noch keine Berufserfahrung und sind mit den Problemen überfordert. Die häufigste Reaktion: Die Unsicherheit wird in rigides und dogmatisches Verhalten umgesetzt. Für Kreativität bleibt kein Platz mehr. Erschwerend kommt hinzu, daß das MINSA gelegentlich mit seiner Politik die Probleme noch verschärft:
Wer schwere Fehler begangen und sich heftige Kritik zugezogen hat, wird versetzt — häufig in abgelegene Gebiete, in denen die Probleme besonders schlimm sind. So wird nicht zu Unrecht ein Arbeitsplatz in solch einer schwierigen Zone von vielen als Strafe, eine Arbeit in der Hauptstadt aber als Belohnung aufgefaßt. Ein Gesundheitsdienst, dessen wichtigstes Ziel es ist, die Gesundheit aufs Land zu tragen, verhält sich damit widersprüchlich.
Als wesentliche Ursache für alle diese Schwierigkeiten sieht die frühere Gesundheitsministerin Lea Guido das unzureichende Verständnis der im Gesundheitswesen Beschäftigten für die Notwendigkeiten, die sich aus dem Gesundheitskonzept ergeben. Diesem Problem soll mit Ausbildung und Bewußtseinsbildung begegnet werden. Wahrscheinlich aber ist auch die Mobilisierung der Bevölkerung nötig, denn eine bessere Behandlung der Patienten in den Ambulatorien ist wohl erst dann zu erwarten, wenn die Patienten einfach die schlechte Behandlung nicht mehr akzeptieren. Diesen wichtigen Aspekt greift das MINSA nicht auf, obwohl hier eines der wesentlichsten Problemfelder im Aufbau des neuen Gesundheitswesens liegt.

Auch bei der Ausbildung kämpft das Ministerium mit dem Problem, daß die Professionellen des Gesundheitswesens in der Mehrheit nur ungern auf dem Land arbeiten. Wie in anderen Ländern versucht die Regierung dem zu begegnen, indem sie die Gesundheitsarbeiter nach Abschluß ihres Studiums zu zwei sogenannten sozialen Jahren verpflichtet, die sie an einem zugewiesenen Arbeitsort ableisten müssen. Normalerweise warten die Betroffenen dann sehnsüchtig auf das Ende dieser Zeit, um so schnell wie möglich wieder in die Hauptstadt zurückzukehren. Das führt zu einem ständigen Personalwechsel an den Stellen, an denen die Arbeit am schwierigsten ist und eigentlich größere Kontinuität erfordert. Eine Verbesserung dieser Situation wird jetzt davon erwartet, daß etwa Schwesternschulen auf dem Land eingerichtet wurden. Die Schülerinnen kommen aus der Umgebung und sind vermutlich sehr viel eher bereit, auch längerfristig dort zu arbeiten.
Die Dezentralisierung, die hier im Bereich der Ausbildung verwirklicht wurde, ist eines der schwierigsten Probleme im Aufbau des nicaraguanischen Gesundheitswesens. Das Gesundheitsministerium reklamiert für sich allein die Planungskompetenzen. Es erklärt sich darüberhinaus für die politischen Richtlinien für zuständig. Andererseits impliziert aber das Ziel, den Gesundheitsdienst auf das Land und nahe an die Bevölkerung heranzutragen, eine dezentrale Struktur. Dieser Widerspruch ist in der Praxis nicht gelöst. So kommt es zum Beispiel vor, daß in Managua Pläne für ein Regionalkrankenhaus erstellt werden, die überdimensioniert sind, die spezielle Struktur der Region nicht berücksichtigen und das Vorkommen lokaler Baumaterialien außer Acht lassen. Probleme der Planung und Verteilung werden auf der Ebene der Zentrale dadurch erschwert, daß die Abteilungen des Ministeriums von ihrer personellen Besetzung her gar nicht in der Lage sind, die Aufgaben, die sie für sich beanspruchen, zu erfüllen.
Der Widerspruch zwischen zentraler und dezentraler Struktur besitzt darüberhinaus grundlegende Bedeutung. Hier kommt etwas zum Ausdruck, was auch in anderen Bereichen des nationalen Aufbaus im Rahmen eines revolutionären Prozesses eine Rolle spielt, im Bereich der Gesundheit aber stärkeres Gewicht hat. Es verstärken sich gegenseitig zwei Konzepte, denen ein tiefes Mißtrauen gegenüber den „Massen" eigen ist: die im Sinne eines Avantgarde-Konzeptes durchgeführte Revolution und die Spezialisten-Medizin sogenannter wissenschaftlicher Prägung.
Befreiungsbewegungen sind Vorhut-Bewegungen. Nur solchen ist es bisher gelungen, brutale koloniale oder neokoloniale Regime zu stürzen. Alle diese Befreiungsbewegungen haben während des bewaffneten Kampfes ein starkes Gewicht auf die Mobilisierung der Bevölkerung gelegt. Sie waren — im Gegensatz zu konventionellen Armeen — auf deren Unterstützung angewiesen. Durch ihren Kampf haben die Befreiungsbewegungen Hoffnungen auf schnelle Lösungen der drängendsten Probleme geweckt — nicht, weil sie das so wollten, sondern einfach dadurch, daß sie erfolgreich kämpften. Jede Befreiungsbewegung, die nach ihrem militärischen Sieg Macht ausübte, hat die Erfahrung gemacht, daß sie geweckte Hoffnungen nicht erfüllen konnte. Im Moment der Machtausübung sieht sich die Befreiungsbewegung nicht

mehr nur den Angriffen imperialistischer Mächte gegenüber, sondern muß sich nun auch mit den Forderungen der Bevölkerung des eigenen Landes auseinandersetzen. Die Befreiungsbewegung an der Macht befindet sich in dem Widerspruch, daß sie die Forderungen der Bevölkerung nach besseren Lebensbedingungen für richtig hält, ihre Verwirklichung aber auf unbestimmte Zeit verschieben muß, weil etwa ökonomische Bedingungen eine schnelle Verbesserung der Lebensumstände nicht erlauben. <u>Das erste Interesse der Befreiungsbewegung gilt deshalb der Machterhaltung, um eine Rückkehr zur neokolonialen Situation zu verhindern.</u> Einerseits ist man sich der Tatsache bewußt, daß die zu erhaltende Macht einen politischen Inhalt hat: die Lebensbedingungen der Bevölkerung zu verbessern. Das ist der entscheidende Inhalt von Befreiung, und das ist zunächst durchaus ein quantitativer Begriff und erst langfristig ein qualitativer, etwa im Sinne von Basisdemokratie. Andererseits muß der Avantgarde jede Massenbewegung, die aus ihrer Kontrolle geraten könnte, suspekt erscheinen, und sei es nur deshalb, weil sie vom imperialistischen Feind ausgenutzt werden könnte. In Nicaragua ist dies eine ganz reale Gefahr.

Die westliche, sogenannte wissenschaftliche Schulmedizin geht davon aus, daß das Funktionieren des menschlichen Körpers ein komplexes Geschehen ist, das nur wenige Experten zu verstehen in der Lage sind. Diese Experten übernehmen die Verantwortung für die Gesundheit und verlangen dafür vom Kranken unbedingten Gehorsam. Demokratie und Medizin haben nichts miteinander zu tun. Über eine Therapie kann man nicht abstimmen. Forderungen nach einer Beteiligung der Bevölkerung in Fragen der Gesundheit erscheinen naiv und lächerlich. Die nicaraguanischen Ärzte haben diese Art von Medizin gelernt und lernen sie noch heute.

Diese Elemente wirken stark in Richtung einer straffen Zentralisierung; hinzu kommen aber politische Inhalte, die Willenserklärungen der Befreiungsbewegung, ein Gesundheitswesen zu schaffen, in dem die Bevölkerung die Gesundheit gleichsam wieder in die eigene Verantwortung übernimmt. Auch diese Inhalte wirken, aber nur schwach, denn sie sind unklar, weil nur unzureichende Erfahrungen mit ihnen gemacht wurden. Das ist kein Versagen der sandinistischen Führung, sondern eine jener Bedingungen, mit denen sich die Befreiungsbewegung auseinandersetzen muß.

Das angestrebte Gesundheitswesen

Die Entwicklung eines Konzepts für die Gesundheitspolitik hat bei den Befreiungsbewegungen in der Phase des bewaffneten Kampfes einen untergeordneten Stellenwert, weil andere Probleme vordringlicher sind. Eine Versorgung der Bevölkerung durch einen Gesundheitsdienst geschieht unter schwierigen Bedingungen mit geringsten Mitteln. Es können nicht viele Medikamente verteilt werden, weil sie nicht vorhanden sind. Die Landbevölkerung hat ohnehin in der Regel nie oder selten Zugang zu den Gesundheitsdiensten des bekämpften Regimes gehabt. Ihre erste Forderung, die sich die Befreiungsbewegung zu eigen macht, ist die nach dem Zugang zur medizinischen Versorgung für alle. Dies wird von allen Beteiligten in erster Linie als ein quantitatives Problem angesehen. Die Mutter, deren Kind Durchfall hat, nimmt vom Arzt der kämpfenden Befreiungsbewegung gern den Rat an, daß sie ihrem Kind viel abgekochtes Wasser mit etwas Salz und Zucker geben soll. „Nach der Befreiung" aber, wenn die Befreiungsbewegung an der Macht ist, hält sie diese Erklärung für eine Beleidigung. Jetzt will sie den Zugang zur Medizin der Reichen. Für sie ist Fortschritt, wenn ihr Kind eine Infusion bekommt, oder, wenn das noch nicht geht, dann wenigstens ein Beutelchen orale Rehydratationslösung von der UNESCO.

Wer dieser Patientin gegenüber in Nicaragua eine etwa in der BRD konzipierte alternative Medizin vertritt, stößt auf Schwierigkeiten, wenn er sein Konzept durchsetzen will. Ein basisdemokratisch orientierter Arzt befindet sich dann in einer Zwickmühle: Er muß dem „Volk" sagen, daß das, was es will, Nachteile bringt, und daß er besser weiß, was gut für es ist. So wird er selbst zum Vertreter eines Avantgarde-Konzepts, das er bei der offiziellen Gesundheitspolitik und in der Medizin kritisiert. Es gibt in der Welt zahlreiche Erfahrungen, die beweisen, daß Medizinsysteme abhängig machen, daß die Verantwortung für die Gesundheit nicht wenigen Experten überlassen werden kann, daß Krankheiten mit allen Lebensbedingungen zu tun haben, daß es besser ist, eine Apfelsine zu essen als eine Vitamin-C-Tablette zu schlucken... Aber diese Erfahrungen hat die Landbevölkerung von Nicaragua nicht gemacht, und auch die Mehrheit der Kader im Gesundheitswesen hat bestenfalls von ihnen gehört. Es scheint unbillig, den Aufbau eines basisdemokratischen Gesundheitswesens gerade von denen zu erwarten, die vielleicht die schlechtesten Bedingungen dafür haben.

Die Bedingungen sind nicht überall gleich schlecht. Es scheint, daß auf dem Land die Anstrengungen mehr Erfolg haben als in der Hauptstadt. Die Gesundheitszentren als kleine Einheiten auf dem Land entsprechen dem proklamierten Konzept viel stärker als die spezialisierten Krankenhäuser in den Städten.

Wo im nicaraguanischen Gesundheitswesen Beteiligungsstrukturen wie die Gesundheitsräte aufgebaut werden, geschieht es aufgrund des revolutionären Gesamtkonzepts des FSLN, nicht wegen eines entsprechenden Plans für Gesundheit. Wo die Bevölkerung mobilisiert und medizinisches Wissen breit gestreut wird, geschieht es wohl nicht auf der Grundlage eines entsprechenden klaren Konzepts, sondern weil es in der augenblicklichen Mangelsituation nicht möglich ist, sich anders zu verhalten.. Sicherlich würden, wenn genug Ärzte da wären, die Ärzte auch impfen. Der Glaube an eine Verbesserung des Gesundheitsstandes der Bevölkerung durch technologischen Fortschritt ist tief verankert. Er drückt sich in überdimensionierten Krankenhausprojekten aus. Sogar in seinen politischen Richtlinien für 1985 scheint MINSA diesem Glauben zu erliegen: Die entsprechende Broschüre zeigt auf der Titelseite ein Ärzteteam, das in einem blitzblanken gekachelten Operationssaal bei der Arbeit ist.

Was sonst? Nun, es gibt ein paar Beispiele — wenige — eines Gesundheitswesens, das von unten, mit der Beteiligung aller potentiellen Patienten aufgebaut wird. Die Beispiele zeigen, daß diese Modelle besonders gut oder nur dann funktionieren, wenn sie Teil eines Kampfes sind, wenn sie von Oppositionsbewegungen oder im bewaffneten Kampf befindlichen Befreiungsbewegungen getragen werden.[17] Befreiungsbewegungen an der Macht bauen häufig bestenfalls einen gut funktionierenden Gesundheitsapparat auf, der von oben nach unten Gesundheit verteilt und dabei auch wirklich den Gesundheitsstand der Bevölkerung verbessert und die Kindersterblichkeit senkt. Sie schaffen dies, weil sich die Machtstrukturen der Medizin mit den Machterhaltungsinteressen der Befreiungsbewegung decken. Aber hier sei auch noch auf einen anderen Aspekt hingewiesen: Die Machtstrukturen der herkömmlichen Medizin decken sich n u r mit den Machterhaltungsinteressen der Befreiungsbewegung, nicht aber mit ihren politischen Inhalten. Dies erklärt die Widersprüchlichkeit in der Entwicklung des Gesundheitswesens in einem Land wie Nicaragua. Die Frage, ob sich die oben zitierte programmatische Aussage des MINSA, nach der Gesundheitsdienste der Bevölkerung gehören sollen, durchsetzen wird, ist deshalb noch offen.

Ausländische Hilfe

Gesundheit und Medizin werden in der Regel als humanitär angesehen. Und Humanitäres wird in der Regel nicht für politisch gehalten. So läßt sich für Gesundheitsprojekte leicht und viel Hilfe bekommen. Nicaragua nutzt das aus. Stolz berichten Angestellte in Regionalverwaltungen des MINSA, daß in ihrem Bereich die meisten „Internationalisten" arbeiten. Das ist eine Seite der internationalen Hilfe: ausländische Ärzte, Krankenschwestern und -pfleger, Hebammen, Laborantinnen, Krankenhausplaner. Die andere Seite ist das Geld, das im allgemeinen projektgebunden ins Land kommt. Die ausländische Hilfe kommt von Staaten und von nichtstaatlichen Organisationen, von Solidaritätsgruppen und von begeisterten, in ihr Land zurückgekehrten Entwicklungshelfern.
Von einem absoluten Mangel an Gesundheitsperonal kann man in Nicaragua wahrscheinlich nur bei einigen wenigen, sehr speziellen Beispielen sprechen. Die Zahl der Ärzte ist relativ groß. Ein 300–Betten–Krankenhaus mit 60 Fachärzten, wie es in Managua besteht, dürfte in Europa eine Seltenheit sein. Allerdings arbeiten diese 60 Fachärzte auch in ihrer Privatpraxis. Es gibt aber auch Regionen, in denen nur wenige Ärzte oder gar keine verfügbar sind. An einigen Orten arbeiten ausländische Gesundheitsarbeiter hart und lange, an anderen haben sie den Eindruck, gar nicht gebraucht zu werden. Die Mängel in der Planung machen sich bemerkbar. Zu fragen ist, ob die Anwesenheit der ausländischen Helfer es dem Land ermöglicht, die Lösung der Probleme hinauszuschieben, die durch die Konzentration des Personals in der Hauptstadt entstehen.
Das Problem der personellen Entwicklungshilfe ist sehr vielfältig.[18] Es seien hier nur die Aspekte genannt, die sich besonders im Gesundheitsbereich auswirken. Die ausländischen Gesundheitsarbeiter bringen ihre Medizinkonzepte mit. So verstärken zahlreiche kubanische Ärzte, deren medizinische

Schulung an technologischem Fortschritt und Effizienz ausgerichtet ist, sicher die entsprechenden Tendenzen im nicaraguanischen Gesundheitswesen. In der Operationsindikation aggressive Chirurgen aus der US–Schule treffen im Operationssaal auf in der Indikationsstellung vorsichtige Mitteleuropäer. Europäische Alternativmediziner kommen mit dem Gedanken, hier nun endlich das verwirklichen zu können, wovon sie in ihrem Heimatland schon immer geträumt haben: eine ganzheitliche, auf Prävention und Beteiligung konzentrierte Medizin. Dann wundern sie sich, daß die Behörden von ihnen ausgerechnet das erwarten und verlangen, was nach Ansicht der Nicaraguaner in Europa besonders gut gemacht wird: eine schnelle und gezielte Sprechstunde, ein technisch einwandfreies und effektives Vorgehen. So wird dem komplexen Bild des nicaraguanischen Gesundheitswesens noch mancher Widerspruch hinzugefügt.

Das gilt auch für den Bereich der finanziellen und der Projekthilfe. Die Gesundheitsbehörden sind nicht in der Lage, die Vielzahl der Projekte überhaupt zu verwalten. Ihr Interesse ist das Geld, das mit den Projekten ins Land kommt. Sie wollen darüber möglichst frei verfügen. Die Projektpartner verlangen ihrerseits eine korrekte Abrechnung des ins Land gebrachten Geldes. MINSA besteht zusammen mit dem kürzlich geschaffenen „Ministerium für auswärtige Zusammenarbeit" auf zentraler Abwicklung aller Projekte. Die Projektpartner umgehen lieber die schwerfällige, bürokratische Zentrale und arbeiten direkt mit regionalen Partnern. Die Vorstellungen des MINSA und die der Projektpartner unterscheiden sich oft erheblich voneinander. Dabei liegen die Vorschläge ausländischer Organisationen oft näher an den erklärten gesundheitspolitischen Grundsätzen Nicaraguas als die Auflagen des Gesundheitsministeriums.

Zu den großen, zwischen ausländischen Organisationen oder Regierungen und dem Ministerium abgewickelten Projekten kommen die immer zahlreicher werdenden Kleinprojekte, deren wichtigste Funktion offenbar darin besteht, das Planungschaos zu verstärken. Eine Krankenschwester, die von ihren Kolleginnen in Schweden 2 000 Dollar gesammelt hat, kommt damit in ein Gesundheitszentrum, wo ihr der Leiter erzählt, daß schon lange ein Ersatzteil für den Krankenwagen fehlt. Die Schwester kennt jemanden, der eine Woche später nach Panama fährt und gibt ihm Geld mit, um dort das Ersatzteil zu kaufen. Der Krankenwagen ist wieder einsatzfähig. Irgendwann erfährt die Regionalverwaltung, daß sich die dringende Anforderung des Ersatzteils erledigt hat. Die nächste dringende Anfrage wird erst gar nicht bearbeitet, weil der Sachbearbeiter meint, das werde sich schon irgendwie erledigen. Leider ist die schwedische Krankenschwester inzwischen weitergereist. Viele Schwierigkeiten werden durch zufällige Kontakte kurzfristig beseitigt. Die Lösung der zugrundeliegenden Probleme wird dadurch hinausgeschoben. Dies hat sich in dem Maße verstärkt, wie Nicaragua zum bevorzugten Ziel von Revolutionstouristen und kurzzeitigen Arbeitseinsätzen geworden ist.

Hiermit sei nichts gegen die individuelle Arbeit und erst recht nichts gegen die dahinterstehenden guten Absichten gesagt. Mir scheint jedoch, daß die Ergebnisse sich eher gegen den Aufbau des nicaraguanischen Gesundheitswesens richten, als daß sie ihn unterstützen.

Schluß

Nicaraguas Gesundheitswesen wird unter den Bedingungen eines bisher abhängig gehaltenen, hoch verschuldeten Landes aufgebaut, gegen das zudem Krieg geführt wird. Die an der Macht befindliche Befreiungsbewegung soll an der Verwirklichung ihrer an den Interessen der Mehrheit der Bevölkerung orientierten Absichten behindert werden. Determinierend für das, was bei diesem Aufbau möglich ist, ist in erster Linie die Struktur eines in neokolonialer Abhängigkeit gehaltenen Landes. Der Bauer, der mit dem Holzpflug seinen Acker bestellt, und der Computerfachmann, der gleichzeitig in einem Büro der Hauptstadt arbeitet, geben die Spannweite an, in der sich ökonomische Möglichkeiten und gesellschaftliches Bewußtsein bewegen. Die zweite Determinante ist der spezifische Charakter der Befreiungsbewegung an der Macht. Emanzipatorische Konzepte und Machterhaltungsinteressen begrenzen nach beiden Seiten die Handlungsspielräume. Erst die dritte Stelle in der Rangfolge der Probleme nimmt der Krieg gegen Nicaragua ein, der den Widersprüchen ein besonderes Gepräge gibt, sie aber nicht in ihrem Wesen bestimmt. Dies ergibt sich auch aus einem Vergleich mit der Gesundheitspolitik anderer Befreiungsbewegungen an der Macht.

Innerhalb dieser Determinanten sind in Nicaragua erfolgreiche Anstrengungen unternommen worden, eine Gesundheitsversorgung aufzubauen, die die große Mehrheit der Bevölkerung erreicht, auch in Gebieten mit kaum entwickelter übriger Infrastruktur.

Nicaraguas Gesundheitspolitik vollzieht sich im Rahmen eines revolutionären Prozesses. Sie muß sich daher qualitativ von der solcher Länder unterscheiden, die weiter neokolonial dominiert sind. Die Propaganda der Weltbank und die Programme einiger neokolonial regierter Länder zeigen, daß der Unterschied nicht in der Quantität liegen muß. Gesundheitsposten auf dem Land können auch zur „Befriedigung" der Bevölkerung dienen. In diesem Sinne etwa sieht auch der Kissinger–Bericht über Mittelamerika sie für diese Region vor. Nicaragua hat mit seinen Gesundheitsräten, seinen Gesundheitsbrigadisten und seiner Gesundheitserziehung Schritte in eine qualitativ andere Richtung gemacht. Der Prozeß hat jedoch erst angefangen.

Anmerkungen

1. Lineamientos de Políticas de Salud. Plan de Actividades 1985. MINSA, Managua 1985, S. 16.
2. A.a.O. S. 18
3. A.a.O. S. 6
4. A.a.O. S. 9
5. A.a.O. S. 29
6. Ebd.
7. A.a.O. S. 25
8. A.a.O. S. 24
9. A.a.O. S. 25
10. Ebd.
11. A.a.O. S. 7
12. A.a.O. S. 27
13. A.a.O. S. 11
14. A.a.O. S. 8. Für das Folgende vgl. a.a.O. S. 8–12.
15. A.a.O. S. 30
16. A.a.O. S. 11
17. Berichte über solche Gesundheitsprojekte gibt es zum Beispiel aus chilenischen Stadtteilen, aus guatemaltekischen Flüchtlingslagern in Mexiko oder aus den befreiten Gebieten während des bewaffneten Kampfes in Mosambik und Guinea-Bissau. Veröffentlichungen über derartige Projekte finden sich nur spärlich. Eine Quelle ist die „Christian Medical Commission" des Ökumenischen Rates der Kirchen in Genf mit ihrem periodischen Organ „Contact".
18. Vgl. dazu zum Beispiel Amílcar Cabral-Gesellschaft (Hrsg.): Da beschloß ich, Entwicklungshelfer zu werden. Vierte, erweiterte Auflage, Bochum 1983.

Michael Rediske und Robin Schneider

Vom Krieg zur Autonomie?

Zähes Ringen um die Rechte der ethnischen Minderheiten der Atlantikküste

Noch ist der Krieg nicht zu Ende an Nicaraguas Atlantikküste. Doch seit im Oktober 1984 der Miskito-Guerillaführer Brooklyn Rivera auf Einladung der sandinistischen Regierung nach Managua kam, in das indianische Siedlungsgebiet reiste und Verhandlungen über ein Autonomiestatut angeboten bekam, gibt es wieder Hoffnung, die inter-ethnischen Konflikte durch einen politischen Kompromiß zu entschärfen. Eine Einigung wäre nicht nur ein in Lateinamerika außergewöhnlicher Versuch, die Beziehungen zwischen einem Nationalstaat und seinen indigenen Völkern auf eine gleichberechtigte Grundlage zu stellen. Sie wäre auch die Voraussetzung für ein Ende des Krieges an der Atlantikküste.

Zum Jahresende 1985 ist die Situation an der Atlantikküste unübersichtlich. Waffenstillstandsabkommen und die ersten vorsichtigen Angebote der Regierung zu einer „Autonomie" genannten Dezentralisierung der staatlichen Verwaltung haben die Lage entschärft. Auf der anderen Seite ist der Graben weiterhin groß zu denjenigen — vor allem den Miskitoorganisationen —, die unter Autonomie eine scharfe Ausgrenzung von Kompetenzen verstehen, die ausschließlich und ohne Eingriffe der Zentralregierung den Bewohnern der Atlantikküste zustehen. Im vergangenen Dezember ist ausgerechnet die bislang von der Regierung gestützte Miskito-Organisation MISATAN aus dem staatlichen Autonomieprojekt ausgestiegen — Zeichen dafür, daß unter den Miskito die Forderung nach mehr Autonomierechten, als sie die Regierung bisher anbietet, starken Rückhalt hat. Werden solche substantiellen Zugeständnisse allmählich erreicht, dann besteht auch eine reelle Chance, die 25 000 indianischen Flüchtlinge aus Honduras und über 2 000 aus Costa Rica zurückzuholen. Eine solche Vereinbarung wäre ein Beispiel dafür, wie aus einem schweren inter-ethnischen Konflikt ein Modus vivendi für eine multiethnische Gesellschaft gefunden werden kann — wenn es nur gelingt, zunächst den Konflikt von den internationalen Einflüssen, die ihn seit 1983 überlagern, zu isolieren.

Wie konnte es zu diesem bewaffneten Konflikt kommen, bei dem zum ersten Mal in Nicaragua seit den Kämpfen gegen die spanischen Kolonisatoren eine indianische Guerilla antrat (denn eine solche bleibt sie, auch wenn sie sich mit spanischsprachigen „Contras" verbündete)? Warum entwickelte sich kein indianischer Widerstand gegen die Diktatur des Somoza-Clans, wohl aber gegen die revolutionäre Regierung der Sandinisten?

Nicaragua, auf der Landenge zwischen dem Pazifischen und dem Atlantischen Ozean, ist von zwei Seiten kolonisiert worden: Seit dem 16. Jahrhundert besie-

delten die Spanier nur die leichter zugängliche Pazifikebene und die dahinter aufsteigende vulkanische Gebirgskette. Dies ist heute das spanischsprachige Nicaragua, in dem neun Zehntel der fast drei Millionen Einwohner leben.
Die Spanier beanspruchten auch die Karibikküste Mittelamerikas für sich, aber reichten mit ihrer Besiedelung und kolonialen Verwaltung kaum je in dieses Gebiet. Die Gründe: Die Unzulänglichkeit des tropischen Regenwaldes und vor allem der Kampf zwischen dem spanischen und dem britischen Kolonialreich. Zum Ende des 17. Jahrhunderts sahen die Briten die Chance, an der Miskito-Küste Stützpunkte für einen Warentausch einzurichten – Rum, Kleidung, Macheten und andere europäische Produkte gegen Einbäume und Paddel, Kalebassen, Hängematten und Mais. Mit den Dorfgemeinschaften der Miskito verbündeten sie sich gegen die Spanier und die übrigen indianischen Völker, sie wurden tributpflichtig gemacht. Den Miskito lieferten die Briten Handfeuerwaffen, mit denen diese sich erfolgreich dem Vordringen der Spanier von Westen her widersetzen konnten.
Dank des Bündnisses erreichten die Miskito formal auch interne Selbständigkeit unter einem Miskito-König, der erstmals 1687 in Jamaica von den Briten gekrönt wurde. Was nach außen ein Protektorat mit einem von der britischen Krone eingesetzten König war, besaß nach innen kein zentralisiertes System – es war weder ein Königreich im eigentlichen Sinne noch ein Häuptlingsstaat. Die einzelnen Dorfgemeinschaften organisierten sich wirtschaftlich autark und politisch autonom.
Der König hatte in diesem System der indirekten Herrschaft keinerlei Einfluß auf sie. Selbst von der britischen Kolonialmacht funktionalisiert, unterwarfen die Miskito ihrerseits die vielen anderen indigenen Völker – darunter auch die Sumu und Rama – und beuteten sie aus. Raub und Sklaverei gehörten zu einer kolonialen Wirtschaft, die auch die Menschen selbst kolonialisiert. Die Miskito blieben von der Versklavung verschont, indem sie als Sklavenfänger halfen, einen Teil der Arbeitskräfte für die Enklavenwirtschaft, den Raubbau an Edelhölzern und die Kautschuk- und Palmöl-Plantagen zu liefern.
Afrikanische Sklaven, die sich befreien konnten, vermischten sich mit den Miskito und wurden in deren Gesellschaft – in der sowohl landwirtschaftliche Produktion als auch Kindererziehung in den Händen der Frauen liegen – selber zu Miskito-Indianern. Die kulturelle und ethnische Identität der Miskito wurde also seit dem 17. Jahrhundert von der Praxis des Kolonialsystems mitgeprägt.
Seit 1849 missionierten Mitglieder der protestantischen Herrnhuter Brüdergemeinde aus Niederschlesien – auch „Mährische Kirche" genannt – die indianischen Gemeinschaften. Nach dem Ersten Weltkrieg übernahmen nordamerikanische Missionare der „Moravian Church", die mittlerweile ihren Hauptsitz in die USA verlegt hatte, die Missionsarbeit. Englisch wurde für einen Teil der Miskito zweite Sprache, Schulen und Krankenhäuser wurden von der Kirche gebaut. Bis in die fünfziger Jahre waren auch die Bischöfe der Mährischen Kirche nordamerikanischer Nationalität. Seitdem ist die Kirche, der die Mehrheit der rund 100 000 Miskito-Indianer und ein Großteil der rund 30 000 Afroamerikaner an der Atlantikküste angehört, zwar „autoch-

thon", aber die positive Einstellung der Menschen gegenüber ideologischen Einflüssen und Kulturgütern aus den USA hält an.

Parallel zur Missionierung kamen in den achtziger Jahren des vorigen Jahrhunderts die ersten US-Konzerne an die Atlantikküste, um Bananenplantagen anzulegen und Edelhölzer im Urwald zu schlagen. Später beuteten sie die Gold- und Silbervorkommen aus und exportierten die begehrten Meeresschildkröten. Doch erstaunlicherweise – und vielleicht erklärbar als Folge der Mission – wurden auch die schwerwiegenden Eingriffe in das Ökosystem der Region und in die Selbstversorgung, die „Subsistenzwirtschaft" der Dorfgemeinschaften, von den Miskito nicht negativ interpretiert und abgewehrt – die Veränderungen wurden eher idealisiert. Die Lohnarbeit für die Konzerne nahm zu – jedoch nur in Form einer Enklavenwirtschaft, die nicht direkt in die Dorfgemeinschaften hineinreichte. Den Männern kam nun eine viel stärkere Rolle bei der Sicherung des Unterhalts zu. Die Beziehung zwischen den Geschlechtern veränderte sich, aber im Mittelpunkt der Versorgung mit Lebensmitteln stand weiter die unbezahlte Arbeit der Familien und die gegenseitige Hilfe bei der Subsistenzproduktion.

Das Geld, das die Männer aus den Plantagen mitbrachten, diente in erster Linie zum Erwerb von Importgütern (heute sind es Haushaltsgegenstände aus Plastik oder Werkzeuge). Vielleicht liegt es an dieser „Zusatzfunktion" des Geldeinkommens, daß der Rückgang der Lohnarbeit am Ende des jeweiligen Exportbooms – bei den Bananenplantagen in den vierziger Jahren, bei der Holzindustrie im jetzt kahlgeschlagenen Nordosten zwanzig Jahre später und schließlich auch in den langsam versiegenden Goldminen – sich im Bewußtsein der indianischen Bevölkerung nicht gegen diejenigen wendete, die die Region ökologisch fast zugrundegerichtet hatten: die US-Konzerne.

Zugleich schuf die koloniale und neokoloniale Verformung ihrer Kultur bei den Miskito einen tiefen Gegensatz zu allen Spanischsprachigen. Noch heute nennen sie die Nicaraguaner der Pazifikseite „Spaniards". Sie sehen keinen wesentlichen Unterschied zwischen den Spaniern, die bis zum 18. Jahrhundert ihre Kolonialisierung nach Osten ausdehnen sollten, und deren Nachfolgern aus der nicaraguanischen Oligarchie, die 1894 die Atlantikküste militärisch besetzen ließen und das in Verkehrung der historischen Tatsachen die „Wiedereingliederung" („reincorporación") nannten.

Von diesem Jahr an wurde der europäische Kolonialismus an der Atlantikküste durch etwas ersetzt, das man „internen Kolonialismus" nennen kann: Der Nationalstaat der spanischsprachigen Mestizen der Westseite des Landes beherrschte ökonomisch und politisch auch die östliche Hälfte des Territoriums, obgleich dort andere indigene Völker die Mehrheit der Bevölkerung bildeten. Seit Mitte der fünfziger Jahre wurde der Raum für die autochthone Bevölkerung immer geringer. Sie wurde allmählich zur Minderheit im eigenen Territorium. Die rasche Expansion von Baumwollanbau und Viehzucht im westlichen und mittleren Nicaragua machte es nämlich für die Großgrundbesitzer profitabel, Zehntausende von Kleinbauern von ihrem angestammten Boden, für den sie jedoch keine juristisch gültigen Eigentumstitel besaßen, zu vertreiben. Die landlosen Campesinos mußten immer weiter nach Osten ziehen, über das Hochland von Matagalpa und Jinotega hinweg; so kolonisierten und rodeten sie immer weitere Gebiete des tropischen Urwalds in der Atlantikregion. Bei Bluefields im Süden der Atlantikküste reicht diese Siedlungsgrenze schon bis an die Küste selbst – Folge der Vertreibung und des Rückzugs indianischer Bevölkerung, die zuweilen unter gewalttätigen Auseinandersetzungen um das Land abliefen.

Die Kolonisierung indianischen Landes zu bremsen – das wird zu einer Hauptforderung der Indianerorganisation, die kurz nach dem Sieg der Sandinisten über Somoza gegründet wird. Vertreter aus fast allen der mehr als 250 Dorfgemeinschaften haben sich versammelt, als am 11. September 1979 in Anwesenheit des FSLN-Comandante Daniel Ortega MISURASATA (MIskito SUmo RAma Sandinista Asla TAkanka) gegründet wird. Der Name steht für das Programm: „Miskito, Suma, Rama gemeinsam mit den Sandinisten". MISURASATA ist aber nicht nur die Hoffnung auf ein Bündnis zwischen Indianern und nationaler Revolution. Die Organisation ist auch ein Kompromiß zwischen dem ursprünglichen Wunsch der Regierung, eine Art sandinistischer Massenorganisation für die Indianer zu schaffen, und der Vorstellung der Indianer, mit ihrer Vertretung unabhängig von der spanischsprachigen Kultur Nicaraguas zu bleiben. „Integration" der Atlantikküste war der ambivalente Schlüsselbegriff für diesen Kompromiß. MISURASATA meint damit die eigenständige Beteiligung der Bewohner an der Planung und Verwirklichung sandinistischer Politik in den Indianergebieten. Sie hofft, daß die regional besondere Entwicklung, die einige FSLN-Führer immer wieder für diese Region proklamieren, eine Absage an Hispanisierung und Anpassung an die Mehrheitskultur bedeuten soll, die letztlich in die Auflösung der Dorfgemeinschaften mit ihrer kollektiven Bodennutzung und ihrer ethnisch-kulturell bestimmten Identität münden würde.

Der MISURASATA-Führer, auf den die Sandinisten setzen, ist selbst am stärksten hispanisiert: Steadman Fagoth, nicht nur eine schillernde, sondern auch eine äußerst charismatische Figur. Über ihn weiß auch der FSLN, daß er als Student in Managua als Doppelagent mit Somozas Geheimdienst zusammengearbeitet hat, (so wie er gleichzeitig Doppelagent für die Sozialistische Partei Nicaraguas war). Von ihm, der sich unmittelbar nach Somozas Sturz in sandinistischer Miliziuniform gezeigt hatte, erwarten manche in der FSLN-Führung, er würde das Bündnis mit ihnen zur Befriedigung seiner persönlichen Eitelkeit nutzen und als Gegenleistung die indianische Bevölkerung an den FSLN heranführen.

Im ersten Jahr bringt das Bündnis für MISURASATA beträchtliche Erfolge. Es sichert der Organisation, die „von oben" und nach westlichem Organisationsmuster durch indianische Intellektuelle gegründet worden ist, den notwendigen Spielraum, um sich im Laufe des Jahres 1980 in eine soziale Bewegung mit enormer Mobilisierungsfähigkeit in den indianischen Gemeinden zu verwandeln. Dazu trägt auch der erste Konflikt mit der Regierung nicht unerheblich bei: Als an der Atlantikküste – wie in ganz Nicaragua – im Frühjahr 1980 eine Alphabetisierungskampagne ausschließlich auf Spanisch beginnen soll, sorgt MISURASATA dafür, daß das Programm in den Dorfgemeinschaften boykottiert wird. Die Regierung entschließt sich darauf zwar, eine neue Kampagne zu beginnen — diesmal in den Sprachen der ethnischen Minderheiten, Miskito, Sumo und Englisch —, doch jetzt kommt sie erst recht nicht ohne MISURASATA aus.

Denn die 15- bis 18jährigen Jugendlichen, die die Rolle der Alphabetisatoren übernehmen, hören auf MISURASATA. Staatliche Strukturen haben fast nur noch über MISURASATA Zugang zu den sozialen Strukturen der Dorfgemeinschaften. Als die Regierung ablehnt, die Zeugnisse für die alphabetisierten Indianer von dem MISURASATA-Koordinator Fagoth mitunterschreiben zu lassen, kündigt die Organisation kurzerhand an, dann würde sie eben alleine Zeugnisse in den Dörfern verteilen.

Die MISURASATA-Führer sind dem FSLN schon bald zu erfolgreich und zu mächtig. Denn während der FSLN an der Pazifikküste die Mehrheit der Bevölkerung durch eigene Massenorganisationen in sein Revolutionskonzept einbeziehen kann, ist in den Indianergemeinden der Einfluß von FSLN-Kadern oder Angestellten staatlicher Institutionen gering. Versehen mit dem starken Rückhalt der eigenen Bevölkerung — vor allem der Miskito, die die große Mehrheit der indigenen Bevölkerung ausmachen —, beginnen die Führer von MISURASATA, die selbst ausnahmslos dem Miskitovolk angehören, entweder eine immer mehr von der sandinistischen abgegrenzte „indianische Revolution" und „Selbstbestimmung der Völker" zu fordern — wie Brooklyn Rivera — oder sie arbeiten, wie sein späterer Gegner Steadman Fagoth, enger mit rechtsorientierten politischen Parteien der Pazifikregion sowie mit der Oppositionszeitung „La Prensa" zusammen und suchen wie sie die Polarisierung zu den Sandinisten.

Allerdings vermeidet auch der FSLN die Polarisierung nicht. Schon 1979 verstaatlicht die Revolutionsregierung all das Land, für das keine privaten Eigentumstitel bestehen. Fast das ganze indianische Gebiet wird dadurch rechtlich zum Staatsbesitz. Zwar werden den indianischen Dorfgemeinschaften kommunale Landtitel nicht explizit verweigert, doch die Regierung beginnt mit der Ausbeutung von Edelhölzern, ohne daß die Landrechte geklärt wären.

Anfang 1981 soll MISURASATA schließlich die Landforderungen aller indianischen Dorfgemeinschaften anmelden. Doch wenige Tage vor dem Termin, zu dem MISURASATA eine Landkarte und ein Rechtsgutachten übergeben will, läßt die Regierung die gesamte Führung der Organisation und über 50 junge Mitglieder, die an der Alphabetisierungskampagne bei den Miskito beteiligt sind, festnehmen. Hinter dem Vorwurf des „Separatismus", den die Staatsführung erhebt, stehen MISURASATAs Aktionsprogramm für 1981, das mehr politischen Einfluß auf lokaler wie nationaler Ebene fordert, und die vorbereitete Landkarte, mit der 38% der Fläche Nicaraguas als zusammenhängendes indianisches Territorium beansprucht werden. Als dann in der „Mährischen Kirche" des Miskito-Dorfes Prinzapolka eine Patrouille des Sandinistischen Heeres versucht, einen weiteren lokalen MISURASATA-Führer, Elmer Prado, zu verhaften, kommt es zu einer bewaffneten Auseinandersetzung, bei der vier Soldaten und vier Miskitos getötet werden.

Diese Ereignisse verhindern nicht nur, daß das Landproblem endlich angegangen werden kann. Es beginnt auch eine zunehmende Verhärtung auf beiden Seiten. Zwar wird nach drei Wochen die MISURASATA-Führung auf Vermittlung der Führung der „Mährischen Kirche" wieder freigelassen — doch bleibt Steadman Fagoth, auf den sich jetzt die Vorwürfe konzentrieren, in Haft. In den Dorfgemeinschaften hat sich mittlerweile so viel Protest aufgestaut, daß jetzt mit neuen Formen zivilen Ungehorsams auch seine Freilassung gefordert wird: Wochenlang finden Massendemonstrationen statt, in Waspán am Río Coco versammeln sich 10000 Miskito, und in der Hafenstadt Puerto Cabezas wie in anderen Ortschaften werden Kirchen und die Büros von MISURASATA-Aktivisten besetzt gehalten — Aktionen, auf die die sandinistische Regierung erst mit Unsicherheit und dann mit Unterdrückung reagiert. Sie befürchtet, es könne sich eine Art Gegenmacht etablieren, wenn sie nachgebe. Nach über einer Woche des Zögerns läßt die Regierung die Demonstrationen gewaltsam auflösen. Aus Angst vor einer erneuten Verhaftungswelle flüchten nun etwa 3000 Miskito, meist junge MISURASATA-Aktivisten, über den Grenzfluß Río Coco nach Honduras. Um die Lage zu entschärfen, läßt der FSLN zwar Fagoth Anfang Mai frei — doch mit der Auflage, die Flüchtlinge zur Rückkehr aufzufordern und anschließend ein Auslandsstudium in Bulgarien anzutreten. Fagoth geht nur zum Schein darauf ein, setzt sich mit seinen Gefolgsleuten ebenfalls über den Fluß nach Honduras ab und organisiert Teile der Flüchtlinge dort in bewaffneten Verbänden, die später unter dem Namen MISURA mit dem von ehemaligen Somoza-Offizieren gelenkten FDN („Frente Democrático Nicaragüense") zusammenarbeiten. Fagoth kann deren Rundfunksender ("Radio 15 de Setiembre") für seine Propaganda benutzen und agitiert nun täglich von Honduras aus gegen alle Versuche der „Mährischen Kirche" und der in Nicaragua gebliebenen MISURASATA-Führer um Brooklyn Rivera, die Flüchtlinge zurückzuholen.

Zerrieben zwischen einem unnachgiebigen FSLN, der über die Landfrage nicht mehr verhandeln will, und der antisandinistischen Haltung Fagoths, schwindet Riveras Einfluß rapide. An seiner Mittelposition hat auch der FSLN kein Interesse mehr. Die FSLN nimmt ihn als Gesprächspartner nicht mehr ernst und verbietet ihm politische Aktivitäten in den Dorfgemeinschaften. Nachdem er und die meisten seiner Mitarbeiter auch nach Honduras gegangen sind, verbietet die Regierung MISURASATA am 30. August 1981 und setzt mit einer später viel kritisierten Grundsatzerklärung zur Indianerpolitik auf eine neue Strategie: <u>An die Stelle einer Indianerorganisation sollen direkte Verhandlungen zwischen Regierung und den einzelnen Dorfgemeinschaften treten.</u> Doch schon die ersten Regierungsdelegationen, die ausgeschickt werden, um über die Landfrage zu diskutieren, werden in den Dörfern boykottiert.

Nach dieser Grundsatzerklärung, die neben dem Ja zur ökonomischen und kulturellen Förderung der ethnischen Minderheiten ein Nein zu ihrer politisch autonomen Interessenvertretung verkündet und die unmißverständlich feststellt, daß „die nicaraguanische Nation eine einzige" und „ihre Staatssprache Spanisch" ist, gibt es drei Jahre lang keine aussichtsreichen politischen Initiativen an der Atlantikküste. <u>Bis Ende 1984 bestimmt allein der Krieg den Ablauf der Ereignisse.</u>

Im September 1981 läßt Steadman Fagoth militärische Ausbildungslager im honduranischen Teil des Miskito-Siedlungsgebietes in der Nähe des Flüchtlingslagers Mocorón errichten. Beraten von ehemaligen Offizieren der Nationalgarde, schickt MISURA Kämpfer auf nicaraguanisches Gebiet zurück. Dort rekrutieren sie entlang der Küstenlinie andere Miskitos und bauen Trainingslager auf. Ernsthafte bewaffnete Auseinandersetzungen brechen im Dezember 1981 aus. In der Zeit um Weihnachten finden Kämpfe entlang des Río Coco statt. Nachdem Fagoths Kämpfer regelmäßig Lebensmitteldepots und -transporte sowie Armeepatrouillen auf dem Fluß und auch eine Goldmine („Cerro Dorado") überfallen haben, kommt es zu Zusammenstößen in den Miskitodörfern. Bis heute blieb ungeklärt, wie weit sie von Fagoth gesteuert wurden, oder ob es spontane Reaktionen der Miskitobevölkerung auf Repression durch das sandinistische Heer gegeben hat. Zumindest ein Anlaß hierfür ist belegt: In dem Dorf Leimus begeht eine Einheit des Heeres ein Massaker an 14 bis 17 Miskito-Arbeitern der Goldmine von „Cerro Dorado" — die Zahlenangaben differieren. Das mögliche Motiv: Rache für ihre vermutete Komplizenschaft bei dem Überfall auf die Mine. Bis zum Jahresende gibt es (nach Regierungsangaben) insgesamt 60 Tote auf beiden Seiten. Der FSLN entschließt sich, die indianische Bevölkerung von dort umzusiedeln: um die einen (die eigenen Sympathisanten) vor Fagoth zu schützen und die anderen an der Zusammenarbeit mit ihm zu hindern.

Die Umsiedlungen vollzieht in aller Eile das sandinistische Heer. Den meisten Dorfbewohnern entlang des Río Coco werden nur wenige Stunden gegeben, um ihre Habseligkeiten zusammenzupacken. Doch genau was die Blitzaktion verhindern sollte, tritt nun ein: Weit mehr als die Hälfte der Miskito flüchtet vor der Umsiedlung, indem sie den Fluß Richtung Honduras überqueren. Nur etwa 8 000 erreichen die neuen Lager in Nicaragua, etwa 80 km weiter südlich. Ihre verlassenen Dörfer werden sofort zerstört, ihr Vieh wird getötet, um den Verbänden der MISURA keine funktionsfähige Infrastruktur zu hinterlassen. Nach dieser überstürzten Aktion, die international auch bei Freunden der Revolution auf harte Kritik stößt, versucht die Regierung, das Beste aus der Situation zu machen. Die behelfsmäßigen Zeltlager werden zu Mustersiedlungen ausgebaut, die von den Sandinisten den Sammelnamen „Tasba Pri" (Freies Land) erhalten. Es gibt Schulen und Gesundheitszentren, und später werden auch kommunale und private Landtitel an die Bewohner verteilt. Doch so wenig die Neusiedlungen „Konzentrationslager" sind, wie die Reagan-Regierung und MISURA behaupten, so wenig dort militärischer Zwang ausgeübt wird, so sehr bleiben diese künstlichen Großdörfer, die nicht der traditionellen Wohnweise der Miskito-Dorfgemeinschaften mit ihren weit verstreuten, auf Pfählen gebauten Holzhäusern entsprechen, Symbol einer gescheiterten Indianerpolitik — und zugleich Symbol eines Krieges an der Atlantikküste, der 1982 in vollem Ausmaß entbrennt.

Die mehr als 20 000 indianischen Flüchtlinge in Honduras werden Rekrutierungsreservoir für Fagoths militärische Ambitionen. Die Flüchtlingslager stehen zwar unter der Betreuung des UN-Flüchtlingshochkommissariats und von Hilfsorganisationen wie „World Relief", politisch und militärisch werden

sie jedoch von MISURA und dem honduranischen Heer kontrolliert. Die Streitkräfte von Honduras dienen nicht nur als Kanal für Waffen aus dem von den ehemaligen Nationalgardisten angeführten FDN, sondern liefern auch für die „Miskito-Guerilla" Waffen, Ausrüstungsgegenstände und Versorgungsgüter aus nordamerikanischen Beständen. Nicht zufällig wird gerade im Februar 1982 bekannt, daß Präsident Reagan drei Monate zuvor 19 Millionen Dollar für die anti-sandinistische „Contra" bewilligt hat. Und genauso wenig zufällig beginnen die USA um diese Zeit, das honduranische Heer aufzurüsten, eigene Luftwaffenstützpunkte dort aufzubauen und die Waffenlieferungen an die Honduraner (ab 1983 auch gemeinsame Manöver mit der Armee von Honduras) für unauffälligen Nachschub an FDN und MISURA zu nutzen. Die Schnelligkeit, mit der MISURA im Laufe des Jahres 1982 im gesamten nördlichen Teil der nicaraguanischen Atlantikküste Fuß fassen kann, und die Unterstützung, die ihre Kämpfer fast überall in den verbliebenen indianischen Dörfern entlang der Küste und der großen Flüsse erhalten, überrascht offenbar das sandinistische Heer. Es läßt sich zu Repressalien gegen die Zivilbevölkerung verleiten. Als Dorfgemeinschaften den MISURA-Kämpfern mit Lebensmitteln helfen und ihre Überfälle auf Regierungseinrichtungen decken, dürfen die Dorfbewohner zeitweise nicht zu ihren Feldern, und der Zusammenarbeit mit MISURA Verdächtige werden umstandslos und oft willkürlich inhaftiert. Aus dem Jahr 1982 stammen auch die meisten ernstzunehmenden Vorwürfe von Menschenrechtsorganisationen wie Amnesty International oder Americas Watch über die Mißhandlung von Verhafteten und einzelne Fälle von Folter und das dokumentierte „Verschwinden" von 69 verhafteten Miskitos. In einigen stark verallgemeinernden Berichten wird eine systematische und andauernde Repressionspolitik der Sandinisten behauptet (wie in einer Vorlage des Professors Bernard Nietschmann für den US-Kongreß). Dagegen zeigen die neueren Menschenrechtsberichte, daß es seit Beginn des Jahres 1983 an der Atlantikküste nur noch vereinzelt schwerwiegende Vorwürfe gegen das sandinistische Heer gibt.
Gleichzeitig ist (laut den Berichten von „Americas Watch") Fagoths MISURA immer mehr zu einer Taktik des Terrors übergegangen: Die Überfälle der Organisation beschränken sich nicht mehr auf Patrouillen des Heeres und Regierungsprojekte, sondern treffen auch Einrichtungen, die zur Versorgung der Bevölkerung dienen (wie Gesundheitszentren). Außerdem werden direkt die Miskitos angegriffen, die sich in Tasba Pri mit den Sandinisten arrangiert haben oder mit ihnen mittlerweile zusammenarbeiten, wie die MISURA-Überfälle auf die Großdörfer von Columbus und Sumubila 1984 zeigen. Bis Ende 1984 zumindest unternimmt MISURA alles, um teils mit Propaganda, teils mit Zwangsanwendung möglichst viele Miskitodörfer zum Überqueren des Grenzflusses nach Honduras zu bringen.
Anders dagegen die Strategie der zweiten Miskito-Guerilla, die Brooklyn Rivera (der 1981 aus Honduras abgeschoben wurde) in Costa Rica unter dem Namen der alten Indianerorganisation MISURASATA aufbaut und die seit Anfang 1983 auf dem Seeweg in den südlichen und den mittleren Teil der nicaraguanischen Atlantikküste eindringt. Sie beteiligt sich zwar auch an militäri-

schen Aktionen von MISURA, macht sich jedoch deren Politik des Terrors und der Entführung von Zivilbevölkerung nicht zu eigen. Rivera ist mit Fagoth zerstritten, weil er dessen Unterordnung unter die alten Somozisten des FDN und unter die CIA ablehnt. Stattdessen schließt Rivera einen Pakt mit Edén Pastoras Allianz ARDE (Alianza Revolucionaria Democrática) in Costa Rica und will – im Gegensatz zu Fagoth – die militärische Aktion nicht so sehr zum Sturz der Sandinisten einsetzen, sondern eher als Druckmittel zur Durchsetzung seiner Forderungen nach politischer und kultureller Autonomie der indianischen Bevölkerung unter Führung MISURASATAs.

Nach drei Jahren Krieg kommt es im Oktober 1984 schließlich zu ersten Treffen zwischen Rivera und der sandinistischen Regierung. Jetzt schiebt sich allmählich auch das gemeinsame Interesse, zu einer politischen Lösung des Konflikts zu kommen, in den Vordergrund. Denn als der einzige Gewinner dieses Krieges haben sich die USA erwiesen. Für sie waren die verfehlte Indianerpolitik und Menschenrechtsverletzungen durch die Sandinisten ein willkommenes Propagandamittel, um ihr eigenes Ziel zu rechtfertigen: den Sturz der Sandinisten.

Unmittelbare Verlierer und Leidtragende dieses Krieges sind die drei indianischen Völker Nicaraguas. Ob nun unmittelbar auf einer der kämpfenden Seiten beteiligt – auch auf sandinistischer Seite gibt es in der freiwilligen Miliz und bei den Wehrpflichtigen seit 1983 zunehmend Miskito – oder nicht: Sie sind zwischen die politischen Fronten Zentralamerikas geraten, in die Mühlen einer Polarisierung, die umso stärker gegen sie ausschlägt, je länger der Krieg dauert. Unmittelbar von der Auslöschung bedroht sind die beiden kleineren Völker. Die Sumu (vielleicht noch 15 000), die heute kaum noch Siedlungen in Nicaragua haben (sie sind fast alle nach Honduras geflüchtet), und die Rama, mit weniger als 1 000 Menschen die ohnehin am stärksten gefährdete Ethnie. Sie wurden im Juli 1984 in den Krieg hineingezogen, als MISURASATA versuchte, ihr größtes Dorf, die Insel Rama Cay, die in einer Lagune vor dem Atlantikhafen Bluefields liegt, zu besetzen. Damals schickte MISURASATA die etwa 400 Inselbewohner in Einbäumen zum Festland, bevor die Kämpfe begannen und das Dorf teilweise zerstört wurde.

Auch die Miskito – zwischen 80 000 und 120 000 sind es nach den verschiedenen Schätzungen in Nicaragua – haben in den vergangenen fünf Jahren mehr unter der Kulturzerstörung gelitten als unter den gravierenden, aber langsam vor sich gehenden Veränderungen ihrer Subsistenzwirtschaft durch die aufeinanderfolgenden nordamerikanischen Wirtschaftsenklaven (Bananen, Goldminen, Holz und Meeresschildkröten). Das Ausmaß der Kriegsfolgen läßt sich heute kaum abschätzen, so spärlich sind die vorhandenen Informationen. Doch allein die Vorstellung, daß etwa die Hälfte der Miskito nach Honduras und Costa Rica geflohen sind, von MISURA entführt oder von der sandinistischen Regierung zwangsweise umgesiedelt worden, läßt auch die Änderungen in ihrer Lebensweise erahnen. Zuvor in ihrer eigenen Lebensmittelproduktion im wesentlichen autark (mit Ausnahme der Überschwemmungsgebiete am unteren Lauf des Río Coco), sind sie heute großenteils von Nahrungsmittelhilfe abhängig. In Tasba Pri ersetzen zum Teil Landwirtschaftskooperativen die traditionelle Gemeinschaftsarbeit der Großfamilien; und die jungen Miskito, die vom Oberlauf des Río Coco in einer zweiten Umsiedlungswelle Ende 1982 in die gebirgigen Kaffeeregionen von Matagalpa und Jinotega gebracht wurden, leben heute unter deprimierenden Verhältnissen als proletarisierte Landarbeiter in kleinen Gruppen auf Staatsgütern verteilt, inmitten der spanischsprachigen Campesino-Bevölkerung. Die Zersplitterung unter den Miskito hat fast alle Gebiete erfaßt, oft gehen auch die politischen Gräben mitten durch Familien oder durch Dorfgemeinschaften. Zuweilen sind aber Gemeinschaften auch nur durch die Folgen des Krieges getrennt worden: Manche, die heute in Honduras leben, werden von Fagoths MISURA an der Rückkehr gehindert; einige hundert leben außerdem als Flüchtlinge in Nicaraguas Hauptstadt Managua und Tausende in Puerto Cabezas; aber alle wollen zurück in ihre Dörfer.

Auch die sandinistische Seite hat in diesen drei Jahren Krieg viel verloren: da sind nicht nur die Verluste an Menschenleben und die hohen Kosten des Kampfes gegen eine Guerilla im dünnbesiedelten Urwald-, Savannen- und Sumpfgebiet. Vor allem war es eine politische Niederlage, daß sich — anders als auf der Pazifikseite Nicaraguas — die große Mehrheit dieser ethnisch verschiedenen Bevölkerung gegen die Sandinisten stellte. So unmöglich wie ein militärischer Sieg in diesem Buschkrieg (in dem die andere Seite zudem auf unabsehbare Zeit durch die US-Regierung versorgt werden würde) war es auch, die Bevölkerung mit einer neuen Politik „für die Revolution" zu gewinnen, solange kein Ende des Krieges abzusehen war. Zwar gab es schon immer im FSLN einen Flügel (um die Comandantes Jaime Wheelock und Luis Carrión), der lieber Kompromißlösungen und politische Wege aus den inter-ethnischen Konflikten gesucht hätte, doch als Fagoths MISURA 1981 mit ihren Überfällen begann, setzten sich in der Revolutionspartei die Vertreter durch, die lieber auf umfassende militärische Kontrolle vertrauten. Korrekturen an dieser Linie blieben zunächst paternalistisch und griffen zu kurz — wie die Amnestie für kämpfende Miskito im Dezember 1983, die kaum hundert von ihnen nutzten, oder die Gründung einer FSLN-nahen Miskito-Organisation MISATAN im Juli 1984, die sich nur in den Umsiedlungsdörfern von Tasba Pri einen begrenzten Rückhalt schaffen konnte.

In der zweiten Hälfte des Jahres 1984 setzen sich in der FSLN-Führung dann diejenigen durch, die nicht nur allgemein „aus den Fällen lernen", sondern aus dem Scheitern der bisherigen Politik auch radikale Konsequenzen ziehen wollen. Im Zuge der politischen „Öffnung" vor den Präsidentschafts- und Parlamentswahlen des 4. November lädt Daniel Ortega, Koordinator der Regierungsjunta, Brooklyn Rivera zu Verhandlungen nach Managua und zu einer offiziellen Reise in die Dörfer der Atlantikküste ein. Die Reise Riveras direkt vor den nicaraguanischen Wahlen wird für beide Seiten zum Erfolg. Sie liefert den Beweis, daß eine Verhandlungslösung prinzipiell möglich ist. Beide Seiten wagen sich indes auch weit vor und gehen Risiken ein: Die Comandantes Ortega und Carrión geben die Polarisierung ein stückweit auf und verhandeln mit dem bisher als „Contra" eingestuften Rivera über eine Autonomieregelung für die Atlantikküste. Der MISURASATA-Chef wiederum scheidet mit diesem Vorstoß aus der anti-sandinistischen Koalition ARDE in Costa Rica aus und verbindet sein politisches Schicksal weitgehend mit einem Erfolg dieser Verhandlungsrunden, während sein Konkurrent Fagoth in Honduras weiter auf die militärische Konfrontation mit den Sandinisten setzt.

Von Dezember 1984 bis Mai 1985 treffen sich die Delegationen von Regierung und MISURASATA insgesamt dreimal in Bogotá unter der Schirmherrschaft des kolumbianischen Präsidenten Belisario Betancur und einmal in Mexiko, ohne daß es schon zu einem Verhandlungsabschluß kommt. Der wechselvolle Verlauf der Verhandlungen ist gewissermaßen ein Spiegelbild der Schwierigkeit, eine für beide Seiten akzeptable Lösung zu finden. Sie muß einerseits die „historischen Forderungen" (Rivera) der indianischen Seite nach Autonomie erfüllen, andererseits auch dem Sicherheitsbedürfnis einer Revolutionsregierung Rechnung tragen, für die „Autonomie" nicht dazu führen darf, daß die Atlantikküste in den Einflußbereich der USA und von Honduras rückt, die auf den Sturz der Sandinisten hinarbeiten.

Nach einem vielversprechenden Auftakt der Verhandlungen am 9./10. Dezember in Bogotá sagt Rivera das folgende Treffen ab, nachdem es um Weihnachten herum wieder Kämpfe gegeben hat und er selbst dabei leicht verletzt worden ist. Erst am 26. und 27. März trifft man sich wieder in der kolumbianischen Hauptstadt — ohne konkrete Fortschritte. In der nächsten Runde (am 21./22. April in Mexiko-Stadt) kommt man sich zwar in den substantiellen Fragen über Inhalt und Prozedur einer Autonomieregelung nicht näher, unternimmt aber eine gemeinsame Anstrengung, um ein Zeichen guten Willens zu setzen: Gegen die Regierungszusage, die letzten bewaffneter Aktivitäten verdächtigten Miskito freizulassen, humanitären Organisationen den Zugang zu den Dorfgemeinschaften zu gestatten und die Wiederaufnahme der durch den Krieg behinderten Subsistenzwirtschaft zu erleichtern, stimmte Brooklyn Rivera einem De-facto-Waffenstillstand zu. Laut einem gemeinsam unterzeichneten Kommuniqué wollen beide Seiten künftig auf „offensive militärische Aktionen" verzichten. Auf der bisher letzten Sitzung (am 24./25. Mai in Bogotá) wirft man sich dann gegenseitig den Bruch dieser letzten Vereinbarung vor, und Rivera verläßt das Treffen, weil die Regierung in den grundlegenden Fragen von Autonomie und Landrechten keine Zugeständnisse mache und sich nur an dem Waffenstillstand interessiert zeige. Nur vier Tage nach dem Abbruch der Gespräche kündigt allerdings Innenminister Tomás Borge in einer Rede im Atlantikhafen Puerto Cabezas an, man werde in Kürze mit der Rücksiedlung zunächst eines Teils der umgesiedelten Miskito an den Río Coco (Francia Sirpi und Waspán) beginnen, nachdem die militärische Lage sicher genug sei — ein offensichtliches Signal der Regierung für neue Verhandlungen.

Von diesem Moment an nimmt dann die Entwicklung an der Atlantikküste bis zum Jahresende einen ganz anderen Verlauf. Innenminister Tomás Borge, der im Frühjahr bei den Sandinisten die Verantwortung für die Politik an der Atlantikküste übernommen hat, sind die Verhandlungen mit Rivera zu mühsam, denn Rivera wird von seinen Beratern aus indianischen Organisationen anderer Länder sowie Indianerschutzorganisationen in den USA (Cultural

Survival und International Law Ressource Center) in seinen harten inhaltlichen Forderungen bestätigt. So beginnt Borge, für seinen Autonomieplan im Land selbst Unterstützung zu suchen. Als ersten Schritt kündigt er die Rückkehr der umgesiedelten Miskito- und Sumuindianer an. Bis Jahresende sind etwa 13 000 Miskito wieder an den Río Coco zurückgekehrt — nur wenige davon allerdings aus Honduras, wo die mit der FDN-Contra verbündete Miskitoguerilla MISURA, die sich seit September KISAN nennt, die Flüchtlinge zurückzuhalten versucht. Die meisten Heimkehrer, die provisorisch unter Zelten in den zerstörten Dörfern leben, sind interne Flüchtlinge oder kommen aus den Umsiedlungsdörfern von Tasba Pri. Hier leben Ende 1985 nur noch etwa 3 000 Menschen — allesamt ehemalige Bewohner des Flußlaufes oberhalb von Leimus, den die FSLN-Regierung wegen der stärkeren FDN-Präsenz noch nicht freigegeben hat.

Borges zweiter Schachzug ist die von der Regierung ernannte Autonomiekommission, der er selbst vorsitzt. Ethnologen, Soziologen sowie kooperationswillige Vertreter von Miskito und Sumu arbeiten bis zum Juli ein Grundsatzdokument zur Autonomie aus („Prinzipien und Politiken"). Unterstützt werden sie von zwei Unterkommissionen: eine für den stärker von Miskito besiedelten Norden, die andere für den mehr von Mestizen und Afroamerikanern bevölkerten Süden. Gemeinsam beginnen sie anschließend eine „Befragung" der Bevölkerung („consulta") über ihren eigenen Vorschlag. Eine endgültige, von Juristen ausgearbeitete Fassung des Autonomiestatuts soll dann der Nationalversammlung vorgelegt und in die Verfassung aufgenommen werden — so jedenfalls der Plan der Regierung. Brooklyn Rivera weigert sich, einen Platz und damit eine Minderheitenrolle in der Autonomiekommission einzunehmen. Er beharrt darauf, unter internationaler Aufsicht einen förmlichen Vertrag zwischen Regierung und MISURASATA als der Vertreterin der indianischen Völker zu schließen.

Hinter dem Streit um die Vorgehensweise stehen handfeste inhaltliche Differenzen. Die sandinistische Regierung sieht das Autonomiestatut als eine Art Sonderregelung im Rahmen einer allgemeinen Dezentralisierung staatlicher Kompetenzen in ganz Nicaragua. „Regionalversammlungen" unter proportionaler Beteiligung jeder Gemeinde der Atlantikküste sollen zwei Regionalregierungen wählen: eine im Norden mit überwiegender Miskitobevölkerung, die andere im stärker von afroamerikanischen „Creoles" bevölkerten Süden. Diese Regionalregierungen sollen für die Kulturpolitik, die juristische Regelung interner Konflikte, für Sozial-, Bildungs- und Gesundheitspolitik („im Rahmen nationaler Richtlinien") und für die Förderung der nicht-spanischen Sprachen verantwortlich sein. Einen „Beitrag leisten" — aber nicht entscheiden — sollen die Regionalregierungen bei wirtschaftlichen Fragen und bei der Gestaltung des regionalen Staatsbudgets.

Gegenüber dieser Konzeption beharrt MISURASATA auf weitergehender juristischer und wirtschaftlicher Autonomie. Anstelle einer funktionalen Aufteilung von Entscheidungskompetenzen, wie sie auch in anderen Regionen Nicaraguas vorgenommen werden könnte, fordert Brooklyn Riveras Organisation die Anerkennung eines grundlegenden Unterschieds: der besonderen

Rechte indigener Völker gegenüber dem Nationalstaat — und als erstes die explizite Anerkennung als indianische Völker (während die Regierung bisher nur von „ethnischen Gruppen" oder „indianischen Dorfgemeinschaften" sprechen will). Diesen Völkern soll ein eigenes Territorium zugesprochen werden (also nicht nur Ländereien in der Umgebung der einzelnen Dörfer), in dem eine regionale Regierung (der allerdings auch die nicht-indigenen Gruppen, also die Afroamerikaner genauso wie die spanisch-sprachigen Mestizen angehören würden) interne Autorität ausüben würde — einschließlich der Kontrolle über die Naturschätze. Rivera will zwar die ausschließliche Kompetenz Managuas in Angelegenheiten der Außenpolitik und der Verteidigung anerkennen, doch als fundamentaler Streitpunkt bleibt die Frage einer besonderen Souveränität, also einer Entscheidungsgewalt, die zum Beispiel der Zentralregierung Schranken bei der Ausbeutung der Bodenschätze setzen könnte. Oder in den Worten von Vize-Präsident Sergio Ramírez: „Naturressourcen einer Region in den Händen einer anderen Regierung — das verletzt die territoriale Integrität Nicaraguas."

Dezentralisierung oder geteilte Souveränität? Die Konzepte sind noch weit voneinander entfernt, sind aber nicht unbedingt unvereinbar. Bei den Naturressourcen wäre beispielsweise an ein beiderseitiges Vetorecht bei der Ausbeutung zu denken. Zentralregierung und Regionalvertretung wären dann gezwungen, sich über die Wirtschaftsstrategien zu verständigen, und eine — wie auch immer geartete — zunehmende „Integration" der beiden Landeshälften müßte auf der Basis von Gleichberechtigung und Teilung der ökonomischen Vorteile vor sich gehen. Die „consulta" allerdings, die die staatliche Kommission durchführt, diskutiert nicht alternative Vorstellungen von Autonomie. Nach dem Manual, das man an die Frager verteilt hat, wird zunächst nur der Vorschlag der Kommission vorgestellt. Anschließend sollen die Leute in lokalen Versammlungen gefragt werden, was sie sich unter Autonomie vorstellen und welche Rechte sie beanspruchen.

Neben Rückkehr an den Río Coco, Auonomiekommission und „consulta" gibt es noch ein entscheidendes Element in der jüngsten FSLN-Strategie: Seit Mai hat das sandinistische Heer eine Reihe von Stillhalteabkommen mit verschiedenen Anführern der MISURA/KISAN geschlossen, die im Norden der Atlantikküste Nicaraguas operieren. Die Rechnung der in Tegucigalpa ansässigen obersten Führung der Organisation (nach dem Sturz von Steadman Fagoth und dessen Exilierung in Miami sind es die Miskito Wycliffe Diego, Roger Hermann und Adán Artola) ist bisher nicht aufgegangen. Für ihren harten anti-sandinistischen Kurs — Bündnis mit dem FDN, US-Hilfsgelder und Terrorkrieg ohne Verhandlungen — wollte sie eine Einheitsorganisation der kämpfenden Indianergruppen bilden. Doch zu mehr als der Umbenennung von MISURA in KISAN langte es nicht. Riveras MISURASATA machte nicht mit, und am 28. September schloß sogar der „Generalstab" von KISAN ZONAL — also der in Nicaragua operierenden Front — einen formellen Vertrag mit den Sandinisten. Ohne irgendwelche politischen Zugeständnisse zu machen, garantiert er den neun unterzeichnenden Miskito-Kommandanten die Versorgung mit Nachschub von Waffen durch das sandinistische Heer — vorausgesetzt, sie verteidigen das Gebiet gegen ihre ehemaligen Gefährten von KISAN und deren Verbündeten FDN. Weiter

dürfen sie keine Hilfe mehr aus Honduras erhalten und müssen sich „an friedlichen Aktivitäten" wie dem Autonomieprozeß beteiligen.
Diese Spaltung von MISURA bzw. KISAN und damit der starke Rückgang der militärischen Probleme im Norden der Atlantikküste kann als Borges größter Erfolg bis zum Jahresende gelten. Doch auf der anderen Seite wurde er ausgerechnet von der Miskitoorganisation MISATAN desavouiert – von der Gruppierung, die erst im Juli 1984 unter der Schirmherrschaft der Sandinisten entstanden war. MISATAN ist im Dezember 1985 aus der staatlichen Autonomiekommission ausgetreten. Sie hatte sich erst getraut, die Forderung nach Autonomie in ihr Programm aufzunehmen, als die Regierung selbst schon ein Autonomiestatut angekündigt hatte. Und jetzt hat sie mit ihrem Rückzug dagegen protestiert, daß die Regierung die Art der Autonomie de facto allein bestimmen will. Im Rücktrittsschreiben des MISATAN-Präsidiums vom 4.12.85 heißt es u.a.: „Man hat Angst, grundlegende Vorstellungen, die das Volk hat, zu diskutieren. Man begrenzt den Zeitraum der Befragung, damit das Volk seine historischen Anliegen nicht vertiefen kann." Tatsächlich hatte die Autonomiekommission noch in einer Pressekonferenz am 5.12. angekündigt, die „consulta" am 14. Dezember mit einem Festakt in Puerto Cabezas abzuschließen. Am geplanten Schlußtag gab dann die für den Nordteil der Atlantikküste zuständige Ministerin, die Miskita Myrna Cunningham, zu, die Miskitobevölkerung in Tasba Pri und am Río Coco sei noch gar nicht befragt worden und man werde die „consulta" bis zum Februar 1986 verlängern.
In einem offenen Brief an die FSLN-Führung hatte MISATAN schon am 1. Oktober einen Forderungskatalog aufgestellt: Der Militärdienst sollte für die Miskitobevölkerung vorläufig ausgesetzt werden, das sandinistische Heer sollte die indianischen Dörfer verlassen. Vor allem aber sollten die indianischen Guerillaorganisationen MISURASATA und MISURA (die sich heute KISAN nennt) legalisiert und an der Autonomiedebatte beteiligt werden. Nur die Einheit aller indianischen Gruppen könne „Frieden und nationale Einheit garantieren". Als MISATAN nach zwei Monaten keinerlei Antwort des FSLN bekommen hatte, beschloß man den Rückzug aus der Autonomiekommission.
Das Ringen um ein Autonomiestatut wird weitergehen. Bisher hat die Regierung eine Regionalisierung der Verwaltung, gewisse Mitsprache bei wirtschaftlichen Entscheidungen und zweisprachige Schulen angeboten. Die Fortschritte in Richtung auf eine interne Selbstbestimmung sind langsam und mühsam – nicht zuletzt auch, weil alle spanisch-sprachigen Nicaraguaner ängstlich um die „nationale Integrität" besorgt sind – die rechten und linken Oppositionsparteien Nicaraguas teilweise noch mehr als die Sandinisten.
Doch der Druck, sich zu einigen, wird für beide Seiten – die Mestizen wie die ethnischen Minderheiten – nicht abnehmen. Alle brauchen ein Ende des Krieges. Und alle dürften auch wissen, daß eine dauerhafte Lösung nur durch einen ausgehandelten Kompromiß erreicht werden kann, den die verschiedenen Bevölkerungsteile freiwillig und gemeinsam umsetzen: im Rahmen eines multi-ethnischen Nicaraguas, das Schritt für Schritt die historische Spaltung überwindet, die die Kolonialgeschichte der beiden Landesteile hinterlassen hat – eine Lösung, die aber gleichzeitig doch kulturelle Verschiedenheit zuläßt und schützt.

Peter Schwiebert

Einst Tropen-Urwald, jetzt bald Wüste?

Nicaraguas Ökologie vor dem Desaster?

Nicarao-Agua oder „Wasser des Nicarao" kennzeichnete auch den großen See Cocibolca, der mit rund 7 000 Quadratkilometern im Südwesten Nicaraguas ein Viertel der Pazifik-Ebene einnimmt. Die Pazifik-Ebene war einst ein seichter Meeresboden, der sich vor Millionen von Jahren aus dem Pazifik herausgehoben hat. Ein Graben von Nord- bis Südamerika, zu dem in Nicaragua parallel eine Kette von 23 Vulkanen verläuft — ein halbes Dutzend sind noch aktiv — füllte sich mit abfließenden Niederschlägen. So entstand der See Cocibolca und auch der kleinere See Xolotlan, Managuasee. Außerdem bildeten sich zahlreiche Kleinseen in den Kratern erloschener Vulkane und prägen so das typische Bild der Pazifikregion[1]. Die fruchtbaren Böden waren schon in vorkolumbischer Zeit das eigentliche Siedlungszentrum Nicaraguas. Laut alten Berichten und Vegetationsbeobachtungen[2] herrschte feuchtes Savannenklima mit Niederschlägen bis über 2 000 mm jährlich. Heute ist es mehr eine Trockensavanne mit Niederschlägen zwischen 800 und 1 600 mm, die zu 95 % in der Regenzeit von Mitte Mai bis Mitte November fallen. Die Temperaturen liegen zwischen 25 und 30° C im Jahresdurchschnitt. Die Pazifikregion ist Siedlungs- und Entwicklungsschwerpunkt geblieben und wird es auch weiterhin sein. Der Einklang mit der Natur, der zu Zeiten der Indianer bestand, ist aber längst zerstört[2]. Die Kolonisierung des zentralen Berglandes, das sich nach Osten hin anschließt, begann im letzten Jahrhundert. Vor allem europäische Siedler ließen sich in dem angenehmen Bergklima nieder, bauten Kaffee an oder züchteten Rinder.

Sierra Madre wurde früher das zentrale Bergland genannt, das im Norden am Río Coco beginnt und annähernd in Form eines Dreiecks mit der Spitze in Río San Juan im Süden ausläuft[1]. Über diese Plattform erheben sich Bergzüge und Vulkankegel bis auf 2 100 m Höhe, die wiederum von steil einfallenden Tälern und wasserreichen Flüssen durchzogen werden. Im Bergland, in dem es mindestens 8 Monate im Jahr regnet, wuchs einst dichter, immergrüner Laub- und Kiefernwald. Die Jahresniederschläge liegen hier etwa zwischen 1 500 und 2 500 mm, die Temperaturen bewegen sich je nach Höhenlage zwischen 18 und 25° C im Jahresmittel[3].

Die Karibische Küstenebene nimmt gut die Hälfte des Landes ein. Die vielen wasserreichen Flüsse aus dem Landesinneren ziehen sich in den Niederungen in Mäandern dahin und speisen zahlreiche Seen und Moore. Bei Niederschlägen zwischen 2 500 und 6 000 mm, die über das ganze Jahr verteilt fallen, wächst im Süden der immergrüne tropische Regenwald mit seinen begehrten Edelhölzern. Der nördliche Küstenstreifen, dessen sandiger Grund Dünen geformt hat, wird von Kiefernwäldern geprägt. Die Jahresdurchschnittstemperatur liegt bei etwa 25° C.

In den Jahrzehnten der Somoza-Diktatur sind die natürlichen Ressourcen des Landes, Existenzgrundlage der Menschen, genauso ausgebeutet worden wie diese auch. Den Stellenwert, den die Sandinisten nach ihrem Sieg dem Umweltschutz einräumten, erläuterte der heutige Vize-Präsident Nicaraguas, Sergio Ramírez, bei der Eröffnung des 2. Umweltseminars 1981: „Innerhalb dieses Prozesses spielt die Politik der Naturressourcen die entscheidende Rolle. Die Revolution sah dies so vom ersten Moment an. Es war etwa im September 1979, wenige Wochen nach dem Sieg, als wir unsere Politik zum Schutze der natürlichen Ressourcen organisierten. Wir hatten noch keine nationale Ordnung errichtet, als wir die Gründung von IRENA diskutierten. Seit diesem Moment war die Notwendigkeit klar, eine staatliche Institution zum Schutze, zur Förderung und zur geplanten Nutzung unserer natürlichen Ressourcen zu gründen[4]."

IRENA sollte alle natürlichen Ressourcen verwalten, erforschen, entwickeln und sichern. Es war unabhängig und besaß den Rang eines Ministeriums, mußte aber bald Federn lassen. Zur Verwaltung und Ausbeutung der Mineralien, hauptsächlich Gold und Silber, Kalk sowie Bau- und Zuschlagstoffe, wurde INMINE gegründet, mit der Erschließung und Nutzung des Fischreichtums der Meere und Binnengewässer INPESCA beauftragt. Bei IRENA blieben am Ende nur noch „erneuerbare" natürliche Ressourcen: Wasser, Wald, Natur. Aber auch in diesen Bereichen bestimmt IRENA nicht uneingeschränkt. Bodenuntersuchungen und -erforschungen wurden mitsamt einer gut ausgerüsteten Abteilung in die Zuständigkeit des Landwirtschaftsministeriums übergeben. Dies gilt auch für die Wasserwirtschaft, soweit sie für die Produktion relevant ist. Die Wasserführung der Flüsse und die Wasserkraftnutzung obliegen der Energiebehörde, die sich darüberhinaus auch mit der Erzeugung und Verwertung von Biomasse als Energieträger beschäftigt. Waldnutzung und Forstinventur sind Aufgabe von CORFOP. Bei IRENA verblieben schließlich die Abteilungen:

— Planung der natürlichen Ressourcen: Sie ist unmittelbar der Direktion unterstellt und soll andere Abteilungen dirigieren sowie deren Arbeit gemäß der politischen Strategie koordinieren. Eine weitere Aufgabe: Technische Normen für eine adäquate Landbewirtschaftung zu erarbeiten.
— Umweltverbesserung: Diese Abteilung untersucht Umweltbelastungen, besonders der Gewässer. Eine Arbeitsgruppe „Erkundung und Erforschung" (von Umweltschäden) aus Biologen, Chemikern und Limnologen widmet sich landesweit dieser Aufgabe. Für die Sanierung des Managua-Sees wurde eine selbständige Projektgruppe gebildet, die vorwiegend aus Chemikern und Umwelttechnikern besteht. Einer aus Ökologen und Sozialarbeitern bestehenden Arbeitsgruppe wurde die „Umwelterziehung" übertragen.
— Nationalparks und wildlebende Tiere: Diesen Abteilungen obliegt die Erforschung und Inventarisierung der Ökosysteme sowie die Evaluierung des volkswirtschaftlichen Nutzens. Bedrohte Arten werden ebenfalls erfaßt.
— Dem nationalen Forstdienst war die Aufgabe zugeteilt worden, die Restbestände der Wälder zu inventarisieren, Forstdienststellen mit Forstrevieren

einzurichten, eine sinnvoll geordnete Waldbewirtschaftung einzuführen sowie die potentiell geeigneten Flächen wieder aufzuforsten. Darüberhinaus hat die Abteilung die Aufsicht über landesweite Holzgewinnung. Durch die starke Eingliederung in den produktiven Bereich mit Einnahmen aus den Holzverkäufen kommt dieser Abteilung eine besondere Bedeutung zu.
Man kann sich vorstellen, daß die Aufgaben der Ressourcen- und Umweltsicherung umfangreich und schwierig sind, wenn man bedenkt, in welchem Zeitraum sich die Schäden angehäuft haben und in welcher wirtschaftlichen Situation Nicaragua sich befindet.
Die Umweltzerstörung beginnt beim Wald. Mit dem Einfall der Spanier im 16. Jahrhundert begann nicht nur die Vertreibung der auf dem Isthmus ansässigen naturverbundenen Nicarao-Indios ostwärts über den großen See nach Chontales, sondern auch der Umbruch in der Naturgeschichte: Der Holzabbau setzte ein. Zunächst für den Schiffsbau, dann zum Hausbau, und schließlich noch, um Weiden zu schaffen. Und nicht zuletzt für den Verkauf nach Europa, wo Edelhölzer als idealer Werkstoff immer begehrter wurden. Sehr schnell vollzog sich die gezielte Ausbeutung der Edelhölzer in den tropischen Regenwäldern Nicaraguas auf hohem technischem Niveau. Ein amerikanischer Reiseberichterstatter[5] berichtete in den 40er Jahren stolz, wie die damals schon dünn gesäten Mahagonibäume per Flugzeug gesucht und dann mit schweren Bulldozern über kilometerlange Trassen aus dem Urwald gezogen wurden. Nach damaligen nicaraguanischen Gesetzen mußten für jeden geschlagenen Mahagoni an gleicher Stelle sofort zwei neue gepflanzt oder gesät werden: Trotzdem schrumpfte aber die Fläche des tropischen Regenwaldes von 50 000 Quadratkilometern auf 35 000 im Jahr 1970[6]. Neben Konzessionen für den Holzeinschlag, die 1974 für insgesamt 40 000 Quadratkilometer vergeben waren, für 75% des Gesamtbestandes, verursachten diesen Rückgang vor allem der erhöhte Bedarf an Bauholz nach dem Erdbeben 1972 in Managua sowie die Pseudolandreform in den 70er Jahren, bei der im Zuge von „Flurbereinigungsmaßnahmen" in der Pazifikebene Tausende von Bauernfamilien in den tropischen Regenwald Zelayas verpflanzt worden waren, um dort Subsistenzkulturen anzubauen.
Auch die Kiefernwälder der nördlichen Atlantikküste und des nördlichen Berglandes wurden rücksichtslos abgeholzt und fanden als Stützholz in Bergwerken des In- und Auslandes Verwendung. Sie reduzierten sich in 30 Jahren um fast ein Drittel von rund 8 000 auf 5 500 Quadratkilometer.
Über die Wälder des zentralen Berglandes gibt es keine detaillierten Zahlen, doch sieht man überall das Resultat: Nackte Berghänge in Chontales, Matagalpa, Jinotega, Boaco, Estelí, Madriz und Segovia. Im Gebiet von Rivas, Carazo, Masaya und Granada steht oft nur noch auf 20% der Fläche Wald[12]. Über Managua nach Norden hin nimmt der Bestand weiter ab und wird in der nördlichen Pazifikebene mit 14% angegeben. Hier fiel der Wald Anfang der 50er Jahre der großflächig angebauten Exportkultur Baumwolle zum Opfer. Im Süden mußte er Zuckerrohr, Reis und der extensiven Rinderzucht weichen. Auch das Bergland wurde durch den sozio-ökonomischen Druck der

119

dichten Besiedlung in Form von Subsistenzwirtschaft und Brennholzproduktion stark geschädigt – von dort wird die Hauptstadt versorgt.
Der unkontrollierte Holzabbau geht weiter. Zwar hat IRENA Vorschriften und Gesetze erlassen, versucht sogar, die Einhaltung zu kontrollieren, aber es fehlen die Mittel: kein Fachpersonal, keine Aufklärungsarbeiten. Immer noch brennen die Bauern die trockenen Weiden ab und dabei häufig auch die Wälder; die Aufforstungsprogramme stagnieren, weil das Geld ausgeht oder in wichtigen Forstgebieten wegen der Aktionen der „Contra" nicht gearbeitet werden kann. Dabei ist die Holzproduktion eine der notwendigsten zukunftsgerichteten Landnutzungsformen für Nicaragua. Bis Ende dieses Jahrhunderts wird sich die Bevölkerung verdoppeln. Holz bleibt der wichtigste Baustoff und Energieträger. Zwar würde sich der Wald schnell wieder regenerieren, denn selbst in den Trockengebieten der Pazifikregion schießen die meisten Baumarten in den ersten Wachstumsjahren um 2 bis 4 Meter jährlich in die Höhe, aber die Landwirtschaft verhindert dies.
Im feuchten Klima der Atlantikküste, wie Zelaya auch genannt wird, obwohl es fast die Hälfte des Landes einnimmt, sind außer der Holznutzung Schwerpunkte der Kakaoerzeugung angesiedelt oder geplant und große Flächen für die afrikanische Ölpalme und Gummiplantagen bereitgestellt worden.
Seinen Bedarf an Grundnahrungsmitteln erzeugt dieser Landesteil selbst, wenn auch mit großen klimabedingten Verlusten. Damals wie heute richtet nicht standortgerechte Landnutzung große Schäden im natürlichen Wirkungsgefüge an, die nur schwer und teilweise gar nicht wiedergutzumachen sind. Häufig, besonders wenn sie schon seit langer Zeit bestehen, nimmt man die Schäden nicht mehr wahr, sondern sieht die Situation als natürlich an.
Extensive Rinderzucht, das war und ist immer noch ein einträgliches Geschäft: Sie braucht wenig Betriebsmittel, wenig Arbeitskraft, aber viel Weidefläche. Enteignet wird – so sagt das Gesetz –, wer sein Land nicht oder offensichtlich unzureichend nutzt, doch die extensive Weidewirtschaft wird nicht so eingestuft, obwohl man in der Gegend von Rivas nur 0,35 Stück Rindvieh pro Hektar und Jahr produziert. Im Gegenteil, auch die UPE, die Staatsbetriebe, hakken den sich regenerierenden Wald wieder ab, um ihre Weideflächen auszudehnen. Rund um die beiden großen Seen Nicaraguas gibt es die extensive Rinderhaltung, in der Ebene auf vielen tausend Hektar fruchtbaren Landes und in den angrenzenden Bergen.
Holzabbau und extensive Weidewirtschaft haben eine Reihe ökologischer Schäden verursacht, die schwer wieder zu beheben sind:
– Das Klima verändert sich, es regnet weniger und unregelmäßiger.
– Die meisten Niederschläge fließen oberflächlich und schnell ab, statt wie bisher in den Boden einzusickern; dies führt zu Überschwemmungen und Bodenerosion.
– Das Grundwasser wird nicht genügend erneuert.
– Brunnen vertrocknen und Flüsse versiegen.
– Es fehlt an Wasser für Mensch, Vieh und Acker sowie zur Verdünnung der Abwässer und zur Energiegewinnung.

Auch in Nicaragua zeigen die „großflächigen" Entwaldungen, wenngleich sie längst nicht an die des Amazonasbeckens heranreichen, ihre Auswirkungen. Das trifft bis jetzt vor allem auf die Pazifikregion und ihren Übergang ins Bergland zu, wo wir die größte Bevölkerungskonzentration und stärkste Landnutzung vorfinden. Im Gebiet um die Städte León und Chinandega, dem mit 29,2° C Jahresdurchschnittstemperatur heißesten Teil des Landes, sollen seit Beginn des Baumwollanbaues Anfang der 50er Jahre die Temperaturen um durchschnittlich 3° C angestiegen sein[7]. Die Niederschläge, die in der sechsmonatigen Regenzeit kaum 1 600 mm erreichen, liegen weit unter der potentiellen Verdunstung, die mit rund 2 200 mm pro Jahr veranschlagt werden muß[8], und schränken somit das Pflanzenwachstum stark ein. Da sie außerdem sehr unregelmäßig fallen, bringen sie oftmals die Baumwollaussaat in Gefahr. Hinzu kommt, daß der stets von Osten her über die Ebene hinwegfegende Wind an Geschwindigkeit und Kraft zunehmen kann, weil ihn nichts bremst. Er trocknet nicht nur die Pflanzen aus, sondern weht auch den Boden tonnenweise weg. Bewässerungsanlagen zur Sicherung der Ernten können auch von Großgrundbesitzern nur in begrenztem Umfang eingesetzt werden, weil die Grundwasservorräte längst nicht mehr ausreichen[9].

Im Süden der Pazifikebene stiegen die Temperaturen nicht bemerkenswert an, weil die Ostwinde stets feuchte Seeluft heranwehen, aber die Niederschläge gingen eindeutig zurück. Die jährlichen Niederschläge kommen im Durchschnitt kaum noch an 1 500 mm heran. Vor allem aber sind Extremsituationen häufiger geworden, und die Schwankungen von Jahr zu Jahr betragen oft über 1 000 mm. Das gilt für alle ausgewerteten Stationen im Pazifikgebiet und angrenzenden Bergland und ist für Natur wie Landwirtschaft außerordentlich problematisch, erklärt sich doch so die Häufigkeit der Mißernten, die vor allem den kleinen Campesino hart treffen, da insbesondere Mais streng an gewisse Regenmengen zur Zeit der Fruchtbildung gebunden ist. Oft kommt es vor, daß die Aussaaten wieder vertrocknen und die Weiden nicht grün werden, weil der Regen, der in der Pazifikhälfte des Landes spätestens zum 15. Mai erwartet wird, erst im Juli fällt und später dann die Ernte gefährdet, weil er nicht mehr aufhört.

In Estelí ist es wärmer und trockener geworden, und in Boaco gibt es Täler, die wie Sizilien aussehen – Sträucher mit kleinen Blättern und riesigen Dornen bewehrt. In Chontales ist das Bild der Trockensavanne mit Jicaro für die sonst baumlosen Weideflächen typisch. Dort hat sich innerhalb von 30 Jahren zwischen 1930 und 1960 der tropische Regenwald um 30 km nach Süden verschoben. Damit verbunden ist ein Niederschlagsrückgang von einstmals über 2 000 mm, ohne die kein tropischer Regenwald existiert, auf knapp 1 500 mm pro Regenperiode, ermittelt in einem siebenjährigen Zeitraum. Dabei treten starke monatliche und jährliche Schwankungen auf. In Boaco lagen diese in den letzten 10 Jahren zwischen 500 und 1 500 mm jährlich.

Auch der Rinderzüchter würde profitieren, ließe sich die Klimasituation wieder verbessern. Er muß seine Rinder in die Berge treiben, um die lange Trockenzeit zu überbrücken. Andere müssen ihre heruntergekommene Herde schließlich verkaufen, wie es einer kleinen Kooperative in Teustepe letztes

Jahr passierte. 10 der 20 Mitglieder der Kooperative haben schon aufgegeben, die Standhaften graben jetzt einen zwei Kilometer langen Kanal zu einer Wasserader, um in Notzeiten wenigstens den Gemüsegarten bewässern zu können.
Mit der Zerstörung des Waldes ist das Wasser knapp geworden. Die Wucht der schweren Tropenregen fangen Bäume in der Krone auf, Strauch- und Krautschicht schwächen sie weiter ab. Wo der Wald fehlt, trifft der Niederschlag mit ungebremster Vehemenz auf den Boden, zerstört und verdichtet die Krume, so daß die Regenmassen nicht sofort einsickern und stattdessen abfließen. Enorme Wassermassen verwandeln die Wege in reißende Bäche, tragen den Boden ab und lassen Hänge einstürzen, wodurch immer wieder ungeheure Schäden verursacht werden; aber noch größer sind die Folgeschäden, denn die großen Wassermassen, die nicht mehr im Boden versickern, ziehen auch nicht als Grundwasser langsam zu Tal. Der Grundwasserspiegel sinkt Jahr um Jahr mehr, und die Flüsse werden zu Rinnsalen, bis sie schließlich ganz versiegen. Wasserreservoirs füllen sich nicht, und Bewässerungsprojekte können nicht verwirklicht werden.
Nach vorsichtigen Schätzungen gehen durch Entwaldung und nachfolgende landwirtschaftliche Nutzung von mehr als 15 Prozent geneigten Hängen allein im Gebiet zwischen Rivas, Nandaime, Granada und Tisma über 50 Mio. Kubikmeter im Jahr[12] für die Grundwasserneubildung verloren, für die gesamte Pazifikregion dürften es annähernd zehnmal so viel sein. Aber gerade dort, im dichtestbesiedelten Gebiet mit den fruchtbarsten Böden Nicaraguas, die auch am intensivsten genutzt sind, weil sie die Hälfte des landwirtschaftlichen Exporterlöses und ein Drittel der Grundnahrungsmittel zu erzeugen haben, wäre die Aufstockung der Grundwasserreserve besonders wichtig, um dem unsicheren Klimaverlauf zu trotzen, die Ernte zu sichern.
Bewässerungswasser wird in zunehmendem Maße gebraucht, um die beständig wachsende Bevölkerung ausreichend mit Nahrungsmitteln zu versorgen. Das will man für die Grundnahrungsmittel Mais, Bohnen und Reis bis 1990, grundsätzlich bis zur Jahrtausendwende erreicht haben. Ein Instrument, um dieses Ziel zu verwirklichen, ist der „Plan Contingente". Er organisiert den Bewässerungsanbau von Mais, Bohnen, Sesam und Hirse zwischen zwei Baumwollzyklen in der Pazifikebene bei León, auf fruchtbaren vulkanischen Ascheböden. 1983 wurde zunächst auf 10 000 Manzana Mais angesät, 1984 waren es bereits 15 000 Manzana und 1985/86 sollen 20 000 Manzana Mais angebaut werden. Das wären bei einem Ertrag von 50 000 Quintales pro Manzana 1 Mio. Quintales in einer einzigen Ernte. Das ist ein Fünftel der Gesamtproduktion von 1983/84 auf einem Zehntel der Fläche! Alle Anwesenden schienen den Atem anzuhalten, als Comandante Jaime Wheelock, der Landwirtschaftsminister, diese unglaublichen Zahlen vor den versammelten Biologen und Ökologen präsentierte. War hier der Ausweg aus der Misere? Ziel soll jedenfalls sein, die völlig ungeeigneten Bergstandorte zu entlasten und dort wieder aufzuforsten.
Die Veränderungen im Wasserhaushalt der Landschaft und die durch die Störung des hydrologischen Gleichgewichts angerichteten Schäden und Auswir-

kungen hat man noch nicht erfaßt. Es wird nicht gemessen, nicht registriert, nicht einmal Bezug genommen auf das, was längst schon überall zu sehen ist. Niemand scheint sich zuständig zu fühlen. Nicht die Wasserbehörde, nicht die Energiebehörde, nicht die Landwirtschaft — nur IRENA scheint langsam, viel zu langsam aufzuwachen. Man verläßt sich weiterhin auf alte, zweifelhafte Daten, obwohl die Realität stutzig machen müßte. Es wird nicht offiziell geäußert, aber längst gilt als unsicher, ob sich der Stausee der Zuckerfabrik Timal, der eigens für die Bewässerung eines riesigen Zuckerrohranbaugebietes in der Nähe von Managua angelegt wurde, überhaupt füllen wird. 135 Mio. Kubikmeter soll der Stausee fassen, damit 100 Mio. jährlich für die Bewässerung der Plantagen entnommen werden können. Aber die Wahrscheinlichkeit, daß sich dies verwirklicht, wurde jetzt auf nur 48 Prozent veranschlagt[13]. Dabei soll bereits vom nächsten Jahr an die größte Zuckerfabrik Zentralamerikas auf Hochtouren laufen.

Die lange Dürre, das ist nicht nur verbrannte Erde, gelb und braun die Natur, vertrocknete Sträucher, vertrocknete Weiden, abgemagertes Rindvieh, nicht nur der verdörrte Gemüsegarten und die Suche nach Wasser, weil der Bach, der seit Menschengedenken Wasser führte, nun ausgetrocknet ist. Trockenzeit, das ist für die Menschen in der Pazifikregion verbunden mit Staub, viel Staub. Die lößähnlichen Bodenpartikel, junge Verwitterungsprodukte der vulkanischen Aschen, die sich wiederholt zu mächtigen Schichten abgelagert haben und dem Boden seine schier unerschöpfliche Fruchtbarkeit verleihen, auch wenn die Krume immer wieder abgetragen wird, haben noch nicht genug Bindungskräfte entwickelt, um der Trockenzeit und dem Wind zu trotzen. Besonders wenn der Boden mit dem Scheibenpflug bearbeitet wird, der sich im Zuge des technisierten Monokulturanbaues bis zu Arbeitsbreiten von 5 Meter im Gebiet eingebürgert hat, zerfällt die Bodenstruktur total und der Traktor zieht lange Staubwolken hinter sich her.

IRENA begann deshalb ein umfangreiches Windschutzprogramm in der Gegend um die Baumwollhochburg León. Es wurden rund 2 350 Kilometer Windschutzstreifen gepflanzt, insgesamt 2,5 Mio. Bäume in Dreier- und Viererreihen. Statt aber in einem groß angelegten Brigadeneinsatz von Freiwilligen das gesamte Gebiet flächendeckend zu schützen, stoppte die Regierung die Weiterführung des „nicht prioritären" Projekts — aus finanziellen Gründen. Jährlich werden in der Pazifikregion Nicaraguas und ihrem Übergangsbereich zum Bergland von den mehr als 15 Prozent geneigten landwirtschaftlich genutzten Flächen rund 10 Zentimeter Boden abgeschwemmt, insgesamt etwa 50 Mio. Tonnen pro Jahr[12a]. Die Erosion durch Wind dürfte ähnliche Größenordnungen erreichen.

In der Zukunft soll alles anders werden: Die „Granos Básicos", die Grundnahrungsmittel Reis, Mais, Hirse, Sesam und Gemüse werden im Bewässerungsfeldbau angepflanzt. Dies gilt auch für die Viehweiden. So sollen die bergigen Regionen zur Wiederaufforstung freigemacht werden, um das ökologische und hydrologische Gleichgewicht wieder herzustellen.

Der Anfang wurde mit dem „Plan Contigente" gemacht. Aber Mais zwischen den Baumwollzyklen anzubauen, das reicht längst nicht. Nun hat man alte

Ideen zusammengetragen und mit Hilfe der Ford-Stiftung aus den USA eine neue daraus gemacht: In einem kleinen Kreis von 48 ausgewählten Experten des In- und Auslandes wurde der Plan diskutiert. Die Idee: Der stark verschmutzte Managua-See soll über einen Kanal zum Pazifik entwässert werden, um das qualitativ gute Wasser des Nicaragua-Sees überzuleiten, das Wasser des Managua-Sees auszutauschen und an seinem Auslauf zur Bewässerung zu verwenden. Außerdem soll Wasser des Nicaragua-Sees in einem Kanal auf der 100-m-Höhenlinie durch die Pazifikebene gepumpt werden. Von dort sollen Stichkanäle zur Bewässerung von Plantagen und Weiden in das Gebiet abzweigen und einen Ausgleich für die jahreszeitlichen Wasserstandsschwankungen schaffen. Zudem spielt man wieder mit dem Gedanken, einen Kanal zwischen Pazifik und Atlantik im Süden Nicaraguas zu bauen. Bei allen diesen Operationen sollen außerdem 215 Megawatt Strom erzeugt werden, die die Energie für die nötigen Pumpen liefern und außerdem Einspeisungen in das interamerikanische Netz erlauben würden.

Durch dieses Vorhaben würden etwa 625 000 Hektar Land bewässert und jährliche Erträge von 223 000 Tonnen Baumwolle, 440 000 Tonnen Mais, 115 000 Tonnen Bohnen, 760 000 Tonnen Hirse, 31 000 Tonnen Soja, 344 000 Tonnen Bananen, 480 000 Tonnen Zucker, 509 000 Tonnen Reis, 100 000 Tonnen Fleisch, 800 Mio. Liter Milch und 22 000 Tonnen Tabak erzeugt werden. Die Verwirklichung des Projektes ist auf 14 Jahre programmiert und soll 2,2 Mrd. US-Dollar kosten[14]. Wir wollen hier nur auf ökologische Aspekte eingehen:

Allein im Baumwollanbau mit nahezu 200 000 Hektar würden in einem Anbau- und Ernte-Zyklus 15 000 Tonnen chlorierte Kohlenwasserstoffe oder 10 000 Tonnen Phosphorsäure-Ester ausgespritzt, um die Schädlinge zu bekämpfen. Dabei wird von 15maligem Spritzeinsatz pro Zyklus ausgegangen. Durch die Ausweitung des Reisanbaues werden auch Fungizide stark zunehmen, und neben der Zerstörung vielfältiger Ökosysteme, insbesondere der Feuchtbiotope von hohem genetischem Wert, wird die chemische Belastung der Ökosysteme, des Grundwassers und des Nicaragua-Sees unvorstellbar hoch sein.

Das ist noch Zukunft, doch die Gegenwart sieht nicht rosiger aus. Gegenwärtig werden in der Pazifikregion 150 000 Hektar mit Baumwolle bebaut, was einer jährlichen Ausschüttung von rund 10 000 Tonnen Schädlingsbekämpfungsmitteln entspricht. Da diese Nutzungsform schon seit 30 Jahren mit höchster Intensität erfolgt, ergibt sich eine Gesamtbelastung von 300 000 Tonnen, deren im Boden akkumulierter Teil noch heute aktiv sein kann. Früher wurden durchweg 25 Spritzungen pro Vegetationsperiode ausgebracht, und zwar DDT. Heute ist dieses Material in Nicaragua auch verboten, und man verwendet die schneller abbaubaren Phosphorsäure-Ester und organische Chlorverbindungen. Natürlich wird bei den riesigen Anbauflächen auch das Unkraut mit einer chemischen Keule bekämpft. Beim Einsatz von Erntemaschinen müssen vor der Ernte die Pflanzen chemisch entlaubt werden, damit man die Wattebäusche vor der Verschiffung nicht nochmals reinigen muß. Seit der Revolution im Juli 1979 beginnt sich die Schädlingsbekämpfung allerdings zu

verändern. 10 Prozent der Anbaufläche werden bereits im integrierten Pflanzenschutzverfahren kontrolliert.
Das bedeutet, daß man biologische Maßnahmen mit chemischen kombiniert, und zwar so: Nach der Ernte, wenn die leeren Sträucher abgemäht und in den Boden eingearbeitet worden sind, läßt man in Abständen Pflanzenstreifen stehen. Die Schädlinge, die sich dort sammeln – sie werden durch Lockstoffe verstärkt angezogen – vernichtet man so gezielt. Die Zahl der Sprüheinsätze hat sich inzwischen auf maximal 15 pro Vegetationsperiode reduzieren lassen, was auch aus ökonomischen Gründen angestrebt worden war. Der größte Teil der Wirkstoffe muß eingeführt werden, und Devisen sind Mangelware.
Eines der beliebtesten chemischen Mittel in Nicaragua ist Toxaphen, das zu den 12 gefährlichsten Insektengiften zählt. 5 Gramm töten einen erwachsenen Menschen, und es hat eine Persistenz von 40 Jahren. Es wird in Managua hergestellt und ist landesweit das bevorzugte Schädlingsbekämpfungsmittel. Vorsicht, giftige Dämpfe! steht auf einigen Tafeln am Rande eines mit Stacheldraht umsäumten offenen Abwasserkanals kurz vor seiner Einmündung in den Managua-See. Die Schilder beziehen sich auf die Dämpfe der Abwässer aus der Chlorfabrik, die der Kanal mit den Abwässern aus der Pestizidherstellung – pro Jahr werden 250 000 Tonnen Toxaphen produziert – und aus der nahegelegenen Raffinerie vereint. Der Managua-See ist heute hochgradig verschmutzt. Seit 1927 werden die Abwässer der Hauptstadt in ihn eingeleitet. Der See stinkt zum Himmel. Schuld sind die großen Mengen an organischer Substanz. Mit den täglich 130 000 Kubikmetern häuslicher Abwässer der rund 800 000 Einwohner von Managua gelangen nach Untersuchungen von IRENA rund 2 500 Tonnen Schwebstoffe in den See. In der Regenzeit erhöht sich die Fracht durch den abgetragenen Boden um weitere 1 000 Tonnen pro Tag. Besonders zu Beginn der Regenzeit, im Mai, wenn die Luft schwül und schwer ist und der Zugang an organischer Fracht die gering verfügbaren Sauerstoffreserven des Sees übersteigt, sind die rasch einsetzenden Fäulnisprozesse deutlich mit der Nase zu registrieren.
Aber was nicht stinkt, ist die Abwasserfracht der 1 875 in Managua ansässigen Industrie- und Handwerksbetriebe, und die ist viel gefährlicher. Beachtliche Belastung bringen die Abwässer der Petro-, der Agro-, der Waschmittel- und der Farbenchemie, der Lederindustrie und der Schlachthöfe, der Speiseölhersteller und, nicht zuletzt, die Feststoffe und Sickerwässer der Mülldeponie, die direkt am Seeufer liegt. Das Industriezeitalter begann in Nicaragua Anfang der 60er Jahre. Inzwischen liegt der Gehalt an chlorierten Kohlenwasserstoffen und Quecksilber um ein Zehnfaches über den deutschen Grenzwerten für Rohwasser. Dies gilt auch für die Fische des Sees und die Milch der Kühe auf den Uferweiden.
Die Zukunft verspricht wieder einmal eine Verbesserung der Situation: Vor zwei Jahren wurde das Projekt zur Sanierung des Managua-Sees an IRENA übertragen. Seither laufen die Untersuchungen auf Hochtouren, Strategien werden entwickelt. Vorgesehen ist, an der Stadtgrenze einen Ringkanal zu bauen, mit dem das Einfließen der Abwässer in den See verhindert werden soll. Statt dessen sollen sie in Absetzbecken und auf Rieselfeldern gereinigt

werden. Recycling-Programme haben einen hohen Stellenwert, besonders im Zusammenhang mit der Verringerung industrieller Belastungen. Ein Langzeitprogramm stellt in Aussicht, daß man in 25 Jahren wieder im Schatten blühender Bäume in Strandcafés sitzend Ruder- und Segelbooten am Ufer des Sees zuschauen kann. Zunächst aber bleibt das kontaminierte Seewasser eine ständige Gefahr für die nahegelegene Trinkwasser-Lagune von Managua, deren Verunreinigung zu befürchten ist. Ängstlich wird darüber gewacht, daß der Wasserspiegel der Lagune nicht unter den des Sees absinkt, damit die Schadstoffe nicht herübergesaugt werden.

Aber während IRENA noch Ermittlungen anstellt, kommen neue Störfaktoren hinzu. Das neueste Paket der Umweltbelastung für den See: das geothermische Kraftwerk Momotombo, in dem in der ersten Ausbaustufe 35 Megawatt Energie erzeugt werden, mit Turbinen, die durch Dämpfe aus dem Inneren des Vulkans angetrieben werden. Gleichzeitig aber werden mit jedem Kubikmeter Kondenswasser über 6 Kilogramm Kochsalz, je 1/2 Kilo Kalisalz und Siliziumoxyd, 50 Gramm Bor und eine erhebliche Menge Arsen ausgeschieden. Wohin damit? Zunächst wurde es in die Erde zurückgepreßt, dann aber fiel die Pumpe aus und die fast 100 000 Kubikmeter täglichen Abwassers mußten doch in den See geleitet werden. IRENA opferte schließlich eine in der Nähe gelegene Kratersenke, ein artenreiches Wald-, See- und Feuchtbiotop, für die Ablagerung der Salzfracht. Theoretisch übersteigt dort die Verdunstung die ausgebrachte Wassermenge, so daß man einen evolutionären Prozeß beobachten könnte, die Bildung von Salzlagerstätten.

So wie hier geschildert, ist es im ganzen Land: Häusliche, gewerbliche, industrielle, landwirtschaftliche Abwässer werden ungeklärt in Seen und Flüsse geleitet. Trotzdem wird weiterhin auch gefischt, gewaschen, gebadet und Wasser für Kaffee geschöpft, als ob es keine Umweltbelastungen gäbe. Der Grund: Es gibt keine Alternativen.

Bei der Vielfalt der Probleme und in Anbetracht der wirtschaftlichen Situation Nicaraguas hat IRENA bisher keine strahlenden Erfolge aufzuweisen, aber zumindest wurde Grundsätzliches geschaffen oder ist in der Entwicklung. Dazu zählen: die Strukturierung des Institus und die Formierung seiner Außenstellen; die Erarbeitung von Leitlinien für eine in die Zukunft gerichtete Politik mit einer Entwicklungsprojektion, die der Strategie des Landes entspricht; die Erarbeitung einer Gesetzgebung zur rationalen Nutzung von natürlichen Ressourcen und Umwelt und zu deren Schutz; Initiativen, die degradierten Ressourcen wieder herzustellen.

Ausdruck all dieser Ansätze ist eine Vielzahl einzelner Aktionen, Projekte und Programme, wie die Pflanzung tausender Kilometer von Windschutzhecken, die Aufforstung tausender Hektar von Berghängen, der Bau einfacher Stauwehre in überschwemmungsgefährdeten Abflußgebieten, Boden- und Erosionskartierung, Identifizierung von Gewässerverschmutzung und Entwicklung von Abwasserreinigungstechniken, Schutz der Schildkröten und Leguane, Kontrolle der Jagd und der Holznutzung und vieles mehr.

Viele dieser Ansätze sind allerdings auch steckengeblieben, und das hat vor allem drei Ursachen:

1. Die ökonomische und politische Situation des Landes.
2. Die Unzulänglichkeit der oft ausgezeichneten, aber wenigen Fachleute mit sehr guten Kenntnissen und großem Wissen; ihre Lebensfreude ist kaum mit europäischer Zielstrebigkeit vereinbar und macht es ihnen schwer, ihre Vorhaben auch zu verwirklichen.
3. Der gravierende Mangel an Fachleuten.

IRENA ist in der Vergangenheit seinen Aufgaben nicht voll gerecht geworden. Die Charakterisierung und Klassifizierung der „erneuerbaren Ressourcen" ist nicht vorangegangen, ihr Potential wurde nicht erfaßt. Das gilt auch für all die Belastungen und Schäden sowie die Normen und Richtlinien für Restaurierung und Rekultivierung. Statt dessen hat man sich mit Planungen verzettelt, die weit über den Rahmen der natürlichen Ressourcen hinausgingen und Stückwerk blieben, weil IRENA die Fachkompetenz dafür fehlte. Die Angliederung an das Landwirtschaftsministerium im Jahr 1983 brachte einen Gesundungsprozeß und die Hinwendung IRENAs zu seinen eigentlichen Aufgaben. Internationale Teams wurden gebeten zu helfen. Sie studieren das Potential der natürlichen Ressourcen, die bisherige Nutzung, die eingetretenen Schäden, aber auch Infrastruktur, Bevölkerungsentwicklung, Kultur und wirtschaftliche Aktivitäten, um ausgehend von der Analyse des gegenwärtigen Zustandes, die Aktivitäten zu koordinieren und für die regionale wie nationale Entwicklung geeignete Maßnahmen und Projekte vorzuschlagen. Nach nicaraguanischem Konzept, mit europäischem Wissen.

Literaturliste

1) INCER, J. (1964): Geografía de Nicaragua, Banco Central, Managua
2) BELT, Th. (1873): El Naturalista en Nicaragua, Banco Central, Managua, 1976
3) ORTEGA, H. (1980): 50 Años de Lucha Sandinista, Ediciones Especiales, Habana
4) IRENA (1984): Forjando una Política Ambiental, IRENA, Managua
5) MARDEN, L. (1944): A Land of Lakes and Volcanoes, The National Geografic Magazine (USA), S. 161–192
6) CORRALES, D. (1983): Impacto Ecológico sobre los Recursos Naturales Renovables de Centro América, IRENA, Managua
7) ARGUELLO, E. (1982): Persönliche Mitteilung, IRENA, Managua
8) SAN ANTONIO (div.): Klimaregister des Ingenios, eigene Auswertung, Managua 1982
9) CATASTRO (1977): Programa de Decentralización y Desarrollo de la Región del Pacifico – Riego I u. II, Ministerio de Agricultura, Managua
10) HOLDRIDGE, L. R. (1954): Ecología basada en Zonas de Vida, IICA, San José, 1979
11) INETER (div.): Daten des Meteorologischen Dienstes, eigene Auswertung, Managua 1984
12) EUROPÄISCHES CONSORTIUM (1984/5): Projekt Gran Lago, IRENA, Managua
12a) eigene Erhebungen
13) HOLTHUES, H.-G. (1985): Projekt Malacatoya, laufende Arbeitsergebnisse, persönliche Mitteilungen, IRENA, Managua
14) MIDINRA/FORD FOUNDATION (1985): Una Estrategia de Riego de la Planicie del Pacífico, Intern. Symp., Managua, 9.–14. Juli, (1983): Informe a la FAO, MIDINRA, Managua

Der 14jährige FDN-Soldat „Kleiner Kondor". © Murry Sill/Miami Herald

Michael T. Klare

In den Schlamassel

Die USA auf dem Weg zu einem zentralamerikanischen Engagement mit vietnamesischen Dimensionen

Nach 1945 schätzten die US-Strategen Lateinamerika als relativ unbedeutenden Kriegsschauplatz ein, der daher auch nur mit einem winzigen Anteil an den Militärpfründen bedacht wurde. Das Bild hat sich gewandelt: <u>Lateinamerika gilt heute als eine Region, in der lebenswichtige strategische US-Interessen auf dem Spiel stehen.</u> Aktivitäten des US-Militärs und die finanzielle Unterstützung nehmen rasch zu. Noch wichtiger ist, daß sich die Streitkräfte der USA zunehmend einer Gefechtsrolle nähern, die sich sehr leicht zu einem Engagement mit den Ausmaßen des Vietnamkrieges entwickeln könnte.
Vor kurzem noch ließen die USA nur kleinere Militäreinheiten in Lateinamerika aufmarschieren. Eine Infanteriebrigade in der Panama-Kanal-Zone, ein Marinebataillon in der Bucht von Guantánamo auf Cuba und kleine Marine- und Luftwaffeneinheiten in Puerto Rico, auf den Bermudas und in der Kanalzone. Obwohl das Verteidigungsministerium keine Aufschlüsselung seiner Aufwendungen in Lateinamerika zur Verfügung stellt, liegen nach einer groben Schätzung die Ausgaben für diese begrenzte Streitmacht etwa bei drei Milliarden US $ pro Jahr (etwa ein Prozent des Verteidigungshaushalts für das Jahr 1985). Diese relativ begrenzte Ausgabe war dadurch gerechtfertigt, daß Lateinamerika in Friedenszeiten keine nennenswerte Bedrohung für die US-Sicherheit darstellt und die Region im Falle eines totalen Krieges mit der Sowjetunion auch nicht zu einem Hauptschauplatz des Konfliktes werden würde. Wie die Befehlshaber der Streitkräfte in ihrer Stellungnahme noch anmerkten: „Die US-Strategie setzte eine freundliche und unterstützende Haltung Lateinamerikas voraus, die in Konfliktzeiten keinen Einsatz von wesentlichen Streitkräften erfordern würde"[1].
Vor kurzem jedoch überprüften die Strategen ihre Einschätzung des strategischen Gleichgewichts in Lateinamerika und orteten eine größere und grundsätzlichere Bedrohung der US-Sicherheit. Schon 1982 beobachteten die Oberbefehlshaber: „Es wird zunehmend klarer, daß eine sichere Hemisphäre nun nicht mehr als gegeben betrachtet werden kann und daß die Vereinigten Staaten eine aktivere und aufgeklärte Haltung in den Angelegenheiten der Hemisphäre zeigen müssen"[2].
Diese Verschiebung in der strategischen Einschätzung ist das Ergebnis mehrerer größerer Ereignisse: der Sieg der Sandinisten 1979 in Nicaragua, der Kuba den ersten Verbündeten auf lateinamerikanischem Festland brachte; der Staatsstreich von Maurice Bishop 1979 in Grenada, durch den Havanna einen weiteren Verbündeten im Karibischen Becken gewann; und die wachsende Kühnheit der marxistischen Guerilla in El Salvador, die mit der Macht-

übernahme einer weiteren linksgerichteten Gruppe enden könnte. Alle diese Ereignisse, obwohl sie aus den jeweils einzigartigen Gegebenheiten jedes Landes entstanden waren, ließen den Eindruck eines Impulses aufkommen, der in Washington Besorgnis auslösen mußte.

Zusätzlich zu diesen rein regionalen Entwicklungen refklektiert die neue US-Einstellung eine veränderte Einschätzung der Beziehungen zwischen Ereignissen in dieser Zone und US-Interessen in anderen Teilen der Welt. Sprecher des Verteidigungsministeriums haben besondere Besorgnis in Bezug auf die Sicherheit der lebenswichtigen Seeverbindungslinien geäußert (SLOGs im Pentagon-Jargon), die durch das Karibische Becken führen. Pentagon-Sprecher befürchten, daß die UdSSR im Falle eines großen Krieges versuchen würde, diese SLOGs zu unterbrechen, da ein großer Anteil der US-Öl- und Mineralienversorgung per Schiff diese Region auf dem Weg zu den südöstlichen Häfen der Vereinigten Staaten kreuzten und weil dieselben Routen benutzt werden, um US-Streitkräfte in Europa und im Mittleren Osten zu versorgen. Folglich wird jeglicher Gewinn prosowjetischer Kräfte in der Region als Bedrohung für Amerikas internationale sowie auch regionale Sicherheitsinteressen betrachtet. „Die Sicherheit des Beckens ist für die Vereinigten Staaten von lebenswichtiger Bedeutung", bestätigten die Befehlshaber in ihrem Bericht für das Finanzjahr 1983, weil „SLOGs in der Region den Transport von etwa 60 Prozent des US-Rohöls und 70 Prozent des raffinierten Ölimports ermöglichen und von grundsätzlicher Bedeutung für die erfolgreiche Verteidigung Europas sind".

Diese Betrachtungsweise der globalen strategischen Wichtigkeit des Beckens, lange nur ein Glaubensbekenntnis des Pentagons, wurde 1983 offiziell zur Doktrin des Weißen Hauses. „Die Karibik ist ein sehr wichtiger Durchfahrtsweg für unsere internationalen Handels- und militärischen Verbindungslinien", erklärte Präsident Reagan am 23. März 1983 in seiner sogenannten „Sternenkrieg"-Rede. Reagan bemerkte, daß „mehr als die Hälfte aller amerikanischen Ölimporte nun durch die Karibik gehen", und deutete an, daß die „sowjetisch-kubanische Militarisierung Grenadas und Nicaraguas nur als Einflußnahme in dieser Region gesehen werden kann" und somit eine direkte Bedrohung der US-SLOGs darstellt[4].

Dieser Eindruck erwies sich als ausschlaggebender Faktor bei der Entscheidung der USA zur Invasion in Grenada. Reagan machte im März 1983 in einer Rede bei der nationalen industriellen Vereinigung zum erstenmal deutlich, wie tief seine Besorgnis über die Entwicklung auf der Insel war, indem er andeutete, daß Grenada als Basis für sowjetische Eingriffe gegen US-SLOGs in der Karibik genutzt werden könnte. „Sowjetische Militärtheoretiker wollen unsere Fähigkeit zerstören, im Notfall Westeuropa zu versorgen", bemerkte er und ergänzte: „Es ist nicht Muskatnuß (Grenadas Hauptexport), die hier in Zentralamerika und der Karibik auf dem Spiel steht, es ist die nationale Sicherheit der Vereinigten Staaten". Dieses Thema wurde von Reagan in mehreren aufeinanderfolgenden Reden angeschnitten und war später auch Teil der Erklärungen, die er im Zusammenhang mit der Invasion selbst abgab.

Obwohl viele Experten die Existenz einer echten Bedrohung des US-Handels in der Karibik in Frage stellen – ein Beweis für einen solchen Plan konnte nach der US-Invasion in Grenada nicht vorgelegt werden, und die Sowjets haben niemals ernstzunehmende Militärstreitkräfte in dieser Zone aufmarschieren lassen –, bleibt diese Besorgnis weiterhin die Grundlage der US-Sicherheitspolitik. In seinem Haushaltsbericht 1985 für den Kongreß warnte Verteidigungsminister Caspar Weinberger erneut vor der kubanisch-sowjetischen Bedrohung der entscheidenden SLOGs und versprach erhöhte US-Anstrengungen, um „die Sicherheit der wichtigen Handels- und Seewege in der Karibik zu erhalten"[6].

Zusätzlich zu ihrer Sorge um die karibischen SLOGs beharrt die Administration auf einem weiteren globalen Sicherheitsfaktor in der Region: Ein Versäumnis der USA, in Zentralamerika wirkungsvoll zu handeln, könnte als Zeichen von Schwäche interpretiert werden und in anderen Regionen zur Herausforderung der US-Interessen geradezu einladen. „Wenn wir uns dort nicht verteidigen können", erklärte Reagan bei einer gemeinsamen Sitzung des Kongresses am 27. April 1983, „können wir nicht erwarten, uns irgendwoanders durchzusetzen. Unsere Glaubwürdigkeit würde zusammenbrechen, unsere Bündnisse würden auseinanderfallen und die Sicherheit unserer Heimat würde auf dem Spiel stehen"[7]. Ähnliche Gesichtspunkte finden sich im Bericht der Kissinger-Kommission (offiziell: die Nationale Zweiparteien-Kommission für Zentralamerika des Präsidenten), der am 11. Januar 1984 veröffentlicht wurde. „Über den Punkt der US-Sicherheitsinteressen in der zentralamerikanischen und karibischen Region hinaus", bemerkt der Bericht, „steht unsere weltweite Glaubwürdigkeit auf dem Spiel. Der Sieg feindlicher Kräfte in dem, was die Sowjets die strategische Rückseite der USA nennen, würde als Zeichen von Impotenz gewertet werden"[8].

Bei jedem, der mit der frühen Geschichte des Vietnamkrieges vertraut ist, kann eine solche Terminologie nur Besorgnis auslösen. Damals gewannen US-Sicherheitsinteressen in einer vorher unbedeutenden Zone plötzlich globale Bedeutung und wurden mit der „Glaubwürdigkeit des US-Engagements" verknüpft – was dann zur Rechtfertigung eines größeren US-Militärengagements diente. In einer der deutlichsten Stellungnahmen in den Pentagon-Papieren (in der Version des Verteidigungsministeriums zum Indochinakonflikt) drängte der damalige Vorsitzende des Vereinigten Generalstabs, General Maxwell D. Taylor, Verteidigungsminister Robert S. McNamara, den massiven Truppenaufbau zu befürworten, weil „der Fehlschlag unseres Programms in Südvietnam gewichtigen Einfluß auf Burma, Indien, Indonesien, Malaysia, Japan, Taiwan, die Republik Korea und die Philippinen in Bezug auf die Einschätzung der Ausdauer, Entschlossenheit und Verläßlichkeit der USA haben". Mehr noch, da Vietnam der erste Prüfstein für die Entschlossenheit der USA, „nationale Befreiungskriege zu bekämpfen", darstellte, würde jegliches Zögern einen „ungünstigen Effekt auf unser Image in Afrika und Lateinamerika haben"[9].

Beinahe die gleiche Sprache hörte man in Reagans Ansprache im April 1983 vor dem Kongreß: „Wenn Zentralamerika fallen sollte, welche Konsequenzen würde das für unsere Position in Asien und Europa und unsere Bündnisse wie die NATO haben? Wenn wir nicht auf eine Drohung nahe unserer eigenen Grenzen reagieren könnten, weshalb sollten Europäer oder Asiaten glauben, daß wir ernstlich besorgt sind über Bedrohungen, die ihnen gelten?"[10]

Blaupause für eine Intervention

Auf der Basis ihrer neugewonnenen generalisierten Wahrnehmung der strategischen Hürde in Zentralamerika plante die Reagan-Administration eine größere Ausdehnung der militärischen US-Präsenz in der Region und ist nun dabei, die Pläne umzusetzen. Diese erweiterte Sicherheitshaltung wurde erstmals in einem Memorandum des Nationalen Sicherheitsrates (NSC) ins Auge gefaßt, das im April 1982 von Präsident Reagan befürwortet wurde. Dem Dokument zufolge, das später von der New York Times veröffentlicht wurde, haben die USA „ein lebenswichtiges Interesse daran, die Ausbreitung des kubanischen Modells auf andere Staaten in Zentralamerika nicht zu erlauben". Solche Staaten würden „der Subversion Plattformen bieten" und „lebenswichtige Seeverbindungen gefährden", und deshalb „müssen die USA daran arbeiten, den kubanisch-sowjetischen Einfluß in der Region zu beseitigen" (Unterstreichung vom Vf.). Um diese Politik umzusetzen — welche Experten als formelle US-Entscheidung werten, das Sandinistische Regime in Nicaragua zu stürzen („beseitigen") und die Machtübernahme der Guerilla in El Salvador zu verhindern („nicht erlauben") —, verlangt das Dokument des NSC erhöhte US-Militärhilfe für die antisandinistischen Contras und für die Regierungskräfte in El Salvador[11].

Anschließend, im Juli 1983, bewilligte Reagan Pläne zu noch ausgedehnterem US-Militärengagement in Zentralamerika. Obwohl Einzelheiten dazu nie veröffentlicht wurden, teilte ein Sprecher des Weißen Hauses der New York Times mit, daß „wir ein Programm für eine bedeutende und langandauernde Aufstockung der US-Militärpräsenz in Zentralamerika entwickelt haben"[12].

Andere Äußerungen der Administration lassen vermuten, daß der Plan ein Programm mit folgenden Bestandteilen vorsieht:
— erhöhte Militärhilfe und Waffentransfer, wobei der Hauptanteil dieser Hilfe für die Regierungsstreitkräfte in El Salvador und Honduras bestimmt ist
— Vor-Ort-Ausbildung der honduranischen und salvadorianischen Streitkräfte durch amerikanische Militärausbilder, darunter viele „Antiaufruhrspezialisten" mit ausgedehnter Vietnamerfahrung
— vermehrte US-Unterstützung der Contras, die direkte US-Eingriffe in die täglichen Unternehmungen dieser Truppen nach sich zieht
— eine fortlaufende Serie größerer US-Militärmanöver, die die US-Truppen mit den Kampfbedingungen in Zentralamerika vertraut machen und die Passivität Nicaraguas im Hinblick auf andere US-Bewegungen in der Region erzwingen sollen
— die Etablierung einer permanenten US-Militär-Infrastruktur in Honduras, die dem Militär Aktionen „überall in der Region" erleichtern sollen.

Die neue Haltung der Vereinigten Staaten wurde zuerst in einer dramatischen Serie von militärischen Manövern enthüllt, die im August 1983 unter dem Namen „Operation BIG PINE II" begannen. Auf dem Höhepunkt der Operation wurden etwa 5 000 Mann US-Kampftruppen bei Manövern in Honduras eingesetzt, während Dutzende von amerikanischen Kriegsschiffen in den Küstengewässern patrouillierten. Big Pine II brachte auch das Auftauchen des Schlachtschiffes *New Jersey* vor der nicaraguanischen Pazifikküste und ein Landemanöver der US-Marines mit Amphibienfahrzeugen an der honduranischen Karibikküste[13]. Besonders bedeutsam ist der Bau mehrerer Landepisten und Dutzender kleinerer militärischer Einrichtungen in Honduras, von denen viele der Unterstützung von Contra-Aktionen innerhalb Nicaraguas dienen dürften[14].

Als Big Pine II im Februar 1984 offiziell beendet wurde, kündigte das Verteidigungsministerium an, daß es für Frühjahr und Sommer eine weitere Reihe von Manövern plane und daß wenigstens 1 000 US-Soldaten in Honduras bleiben würden, um die nächste Manöverserie vorzubereiten. Zusätzlich zu diesen Truppen, die im Luftstützpunkt Palmerola in Comayagua stationiert sind, haben die USA ein Geschwader von OV 1 Mohawk Aufklärungsflugzeugen in Honduras. Luftwaffenpersonal der USA bedient die Radarstation am La Mole-Berg im Südosten von Honduras und auf der Tigerinsel im Golf von Fonseca. Und Hunderte von US-Militärinstruktoren sind an der US-Botschaft in Tegucigalpa und waren im von den USA unterstützten „Regionalen Militärausbildungszentrum" in Trujillo stationiert, um honduranische und salvadorianische Soldaten auszubilden[15].

Diese Aktivitäten haben Honduras in eine große militärische Festung für die Vereinigten Staaten verwandelt, ebenso wie Südvietnam in den frühen 60er Jahren in eine US-Militärbastion verwandelt wurde. Wenigstens sechs honduranische Flugplätze — in Palmerola, San Lorenzo, Aguacate, Trujillo, La Ceiba und Puerto Lempira — sind von US-Militärtechnikern gebaut oder ausgebaut worden[16]. Und obwohl alle diese Einrichtungen angeblich zur vorübergehenden Nutzung gebraucht werden, unterstreichen Abgeordnete aus den USA, die die Einrichtungen besucht haben, daß sie den Eindruck erwekken, zur permanenten Benutzung erbaut worden zu sein. „Es gibt schlüssige Beweise", bemerkte Senator Jim Sasser (Demokrat aus Tennessee) nach einer solchen Inspektionsreise, „daß unsere Militärs Flugplätze und andere Infrastruktur bauen, um hier eine sehr lange und möglicherweise andauernde US-Militärpräsenz zu unterstützen". Solch eine „Zufälligkeit" könnte die US-Militärs direkt in den Antiguerillakrieg in El Salvador einbeziehen oder eine US-Intervention gegen Nicaragua bedeuten.

Obwohl voraussichtlich keiner der beiden Schritte übereilt getan würde, ist es auch kein Geheimnis, daß die Reagan-Administration voll ausgearbeitete Pläne für solche Aktionen entwickelt hat. Beide Aktionen wurden während der Manöver Big Pine I und II simuliert und die US-Marinestreitkräfte haben auch die Seeblockade Nicaraguas geprobt. Ähnliche Übungen fanden in größerem Ausmaß während der Manöver Grenadier I und Big Pine II statt[18]. Auch wenn sich die US-Streitkräfte nicht an echten militärischen Aktionen in Zentralamerika beteiligen, ist mit einer ständig ansteigenden Ausdehnung der

133

Kampfunterstützungsfunktion zu rechnen. Tatsächlich liefern US-Spionageflugzeuge schon „echte" (d.h. fast augenblickliche) Schlachtfeld-Daten über Guerillapositionen für die Regierungstruppen in El Salvador, und US-Hubschrauber fliegen Verpflegung für die Contra nach Nicaragua hinein[19]. Diese und andere „C3I"-Tätigkeiten (Kommando, Kontrolle, Kommunikationen und Informationen) sind dazu geeignet, die US-Truppen mehr und mehr in die Leitung der Militäroperationen in beiden Ländern zu verpflichten und auf diese Art und Weise jeglichen Unterschied zwischen „Unterstützung im Kampf" und dem Kampf selbst aufzulösen. Was sich derzeit abspielt, ist dem Beginn des Vietnamkonfliktes sehr ähnlich, als US-Berater „mehr und mehr Kampfverantwortung" zugeteilt bekamen, bis sie dann im Endeffekt den Krieg selbst führten.

Das Abschätzen der Kosten und Risiken

Trotz der offensichtlichen Bedeutung des Ausbaus der militärischen US-Präsenz in Zentralamerika sind über die finanziellen Aufwendungen von der Reagan-Administration keine Daten veröffentlicht worden. „Sie weigern sich absolut, Zahlen zu präsentieren", beklagte sich im Februar 1984 ein verzweifelter Kongreßassistent. Wenn wir jedoch die US-Anstrengungen in Zentralamerika mit den Kosten ähnlicher Unternehmen andernorts vergleichen, können wir eine grobe Einschätzung der Finanzaufwendungen vornehmen:

- Militäranlagen in Honduras: 1984 etwa 100 Millionen US-Dollar und 1985 vielleicht ebensoviel. Noch größere Beträge könnten in den kommenden Jahren ausgegeben werden, speziell wenn das Pentagon den Plan weiterverfolgt, in Puerto Castillo an der honduranischen Nordküste[20] einen kompletten Luftwaffen- und Marinestützpunkt zu bauen.
- Militärübungen: nahezu 250 Millionen US-Dollar im Jahr 1984 und vielleicht das Doppelte 1985 (schließt die laufenden Manöverserien Big Pine und Grenadier in Honduras ein, ebenso die fortlaufenden Marineübungen in der Karibik und in der Pazifikregion Zentralamerikas).
- Geheime Militäraktionen gegen die Sandinisten: Man spricht davon, daß diese Aktionen die USA annähernd 80 Millionen US-Dollar im Jahr kosten, aber die tatsächlichen Kosten sind wahrscheinlich viel höher, etwa mit 150 Millionen US-Dollar jährlich anzusetzen, wenn man alle Kosten der US-Unterstützung hinzufügt[21]. Die im Juni 1985 vom Kongreß berichtigten 27 Millionen für die Contras sind in dieser Kalkulation noch nicht enthalten.
- Gefechtsunterstützung: Die laufenden US-Spionageflüge mit Logistikhilfen sind in ihrem Ausmaß noch begrenzt. Die Kosten betragen vielleicht 200 Millionen US-Dollar pro Jahr, könnten aber erheblich ansteigen, falls die US-Streitkräfte beginnen sollten, eine aktive Rolle in der Region zu spielen.

Natürlich wurde beinahe nichts davon vom Kongreß befürwortet, außer dem regulären Militärhilfepaket für Zentralamerika (festgesetzt auf 114 Millionen US-Dollar im Haushaltsjahr 1984) und einigen begrenzten Ausgaben für militärische Anlagen und Geheimaktionen gegen die Sandinisten. Die US-Gesetzgeber hatten wenig Gelegenheit, über den Ausbau des militärischen Engagements durch die Administration zu diskutieren und abzustimmen. „Es scheint" sagte Senator Sasser auf einer Pressekonferenz in Tegucigalpa, daß die US-Offiziere in Honduras „einen gewaltigen Ausbau der Militäreinrichtungen vorantreiben und das in einigen Fällen ohne die Zustimmung des Kongresses"[22].

Wichtiger jedoch als die Frage der Finanzierung ist die Frage der direkten Beteiligung der USA an Kampfhandlungen in Zentralamerika. Obwohl die Pentagonsprecher wiederholt schworen, daß US-Militäreinheiten nicht in tatsächlichen Gefechtsunternehmen engagiert sind, ist der Gebrauch von US-Spionageflugzeugen für „aktuelle Kampfinformationen" über Positionen der Sandinisten sowie der Guerilla hart an der Grenze der direkten Gefechtsbeteiligung. Ein US-Hubschrauber ist schon abgeschossen worden, als er über nicaraguanisches Hoheitsgebiet flog (angeblich wegen eines Navigationsfehlers und nicht absichtlich), und US-Berater waren schon feindlichem Beschuß ausgesetzt, als sie salvadorianische Streitkräfte in Kampfzonen begleiteten. „Wir sind momentan in einer Region mit offenen Feindseligkeiten engagiert", klagte Senator Sasser im März an, „amerikanische Truppen sind und wurden unmittelbarer Gefahr ausgesetzt"[23].

Falls dieses Muster der sich ausdehnenden US-Einmischung fortgesetzt wird, ist es sehr wahrscheinlich, daß die US-Streitkräfte irgendwann ernsthafte Verluste durch Gefechtstätigkeiten erleiden werden. Denn je mehr US-Berater und Flugzeuge in aktiven Kampfzonen auftauchen, desto größer ist das Risiko der Verluste. Diese Gefahr stieg besonders während der Manöver Grenadier I und Big Pine III entlang der salvadorianischen und nicaraguanischen Grenze. Diese Manöver hätten eine bewaffnete Konfrontation mit den salvadorianischen Guerilleros provozieren können, die von den Regierungstruppen im Süden über die Grenze getrieben wurden, und/oder mit sandinistischen Truppen, die durch Provokationen der Contras in Nicaragua nach Honduras hineingezogen werden.

Während US-Sprecher darauf bestehen, daß sie solche Konfrontationen zu vermeiden suchen, sind die Manöver einfach darauf angelegt, Zwischenfälle zu provozieren. Und wenn die US-Streitkräfte einmal im Verlauf eines Gefechtes Verluste erleiden, könnte der Druck zu erhöhter US-Einmischung sich als unwiderstehlich erweisen, was letzten Endes vielleicht das von der Administration erwünschte Resultat ist. „Man braucht nicht sehr viel Vorstellungskraft", schrieb der frühere Herausgeber der New York Times, John B. Oakes, im Januar 1985, „um zu sehen, wie leicht unsere Streitkräfte miteinbezogen werden können, falls die Sandinisten dazu provoziert werden sollten, nach Honduras hineinzustoßen"[24].

Während einige der Aspekte von Reagans Blaupause für Zentralamerika noch nicht voll entschlüsselt werden können, besteht kein Zweifel mehr über seine grundsätzliche Stoßrichtung: erhöhte US-Militäreinmischung in El Salvador und Nicaragua. Welche Lippenbekenntnisse sie auch immer zu den Vermittlungsbemühungen der Contadoragruppe abgeben mag, es gibt keine Hinweise dafür, daß die Administration ernsthaft daran interessiert ist, auf Ver-

handlungsbasis eine Lösung für die zentralamerikanische Krise zu suchen. Der Staatssekretär im Verteidigungsministerium Fred C. Ikle ist ganz deutlich geworden: „Wir suchen kein militärisches Patt in Zentralamerika, wir suchen den Sieg"[25].
Ein derartiger „Sieg" nach dem US-Debakel im Libanon würde ohne Zweifel Reagan und seine Hardliner aufs Höchste befriedigen. Es ist jedoch derzeit unwahrscheinlich, daß dieses Ergebnis ohne ausgedehnte Verluste an Menschenleben und ohne den Ausbruch eines Krieges in der ganzen Region erreicht werden könnte. Und obwohl es schwer ist, sich vorzustellen, daß die USA in einem solchen Krieg den Kürzeren ziehen würden, könnte der Preis für den „Sieg" die permanente US-Militärpräsenz in Zentralamerika einschließen, zusammen mit einer grundsätzlichen Ablehnung im eigenen Land und gesteigertem Antiamerikanismus in Europa und der Dritten Welt.

Anmerkungen

1. U.S. Department of Defense, Organization of the Joint Chiefs of Staff, U.S. Military Posture for Fiscal Year 1983, Washington, D.C.: 1982, S. 1
2. ebd.
3. ebd., S. 12
4. vgl. The New York Times (NYT), 24. März 1983
5. vgl. NYT, 11. März 1983
6. Caspar Weinberger, Department of Defense Annual Report to the Congress, Fiscal Year 1985, Washington, D.C.: 1984, S. 40—41, 220
7. vgl. NYT, 28. April 1983
8. nach NYT, 12. Januar 1984
9. Gen. Maxwell Taylor, Memorandum to Secretary of Defense, Robert S. McNamara, 22. Januar 1964, veröffentlicht in NYT, 13. Juni 1971
10. vgl. NYT, 28. April 1983
11. zur weitergehenden Analyse vgl. NYT, 7. April 1983
12. nach NYT, 23. Juli 1983, weitergehend: The Washington Post (TWP), 21., 22. u. 23. Juli 1983
13. vgl. NYT, 3. August 1983; TWP, 26. Juli und 24. August 1983, und „Reagan's Gunboat Diplomacy", Newsweek, 1. August 1983, S. 12—17
14. vgl. The Cristian Science Monitor, 12. März 1984, und TWP, 16. Januar 1984
15. vgl. NYT, 23. Juli und 5. Oktober 1983, sowie 2. Februar 1984; ferner TWP, 1. Juli 1983, 11. Januar und 17. Februar 1984
16. TWP, 17. Februar 1984; The Cristian Science Monitor, 12. März 1984, und „Reagan's Military Buildup", Newsweek, 19. März 1984, S. 36—39
17. nach NYT, 2. Februar 1984
18. vgl. weitergehend NYT, 31. Oktober und 1. Dezember 1983; Long Island Newsday, 31. Oktober 1983, und TWP, 11. Januar 1984
19. vgl. NYT, 30. März 1984, und TWP, 16. Januar 1984
20. siehe NYT, 5. Oktober 1983 und 9. Februar 1984, sowie TWP, 17. Februar 1984
21. Als Überblick über die Einbindung der USA in die Operationen der „Contra" vgl. NYT, 2. Oktober und 8. November 1983, sowie TWP, 8. Mai 1983
22. nach NYT, 6. Februar 1984
23. nach NYT, 30. März 1984
24. NYT, 9. Januar 1984
25. nach NYT, 19. September 1983

Dieter Eich

Vom versprengten Haufen zur militärischen Bedrohung: Die Contra

„Es war weihevoll und pompös", erzählt Edgar Chamorro, wenn er sich an den Einzug des neuen Direktoriums der „Nicaraguanisch–Demokratischen Kraft" FDN in den Konferenzsaal des Miami Hilton im Dezember 1982 erinnert: „Wie eine Regierung, die die Macht übernimmt, nur die Musik fehlte." Dem achtköpfigen Direktorium gehörte außer dem ehemaligen Rektor der Jesuitenuniversität Managuas, dem Expriester und Investmentspezialisten Edgar Chamorro, auch Alfonso Callegas an, der unter Somoza von 1962 bis 1972 als Vizepräsident amtiert hatte. Hinzu kamen Marco Zeledón, bis 1979 Präsident der Nicaraguanischen Handelskammer, Indalesio Rodríguez, der noch vor dem Sieg den FSLN verlassen hatte, Lucía Cardenal, die Witwe von Jorge Salazar, der von den Sandinisten getötet worden war, und Enrique Bermúdez, Ex-Oberst der Guardia und Militärattaché Somozas in Washington. Bermúdez war bereits Stabschef des militärischen Flügels der FDN in Honduras. Die restlichen Kandidaten zogen es vor, geheim zu bleiben.

In den US–Medien hieß es über das neue Direktorium, sie stünden zwar alle „in irgendeinem Zusammenhang mit Somoza", seien aber „relativ ehrenwerte Leute." Das Direktorium löste Francisco „Chicano" Cardenal ab, der seit 1982 die „FDN-Koalition" geleitet hatte, ein Bündnis zwischen nicaraguanischen Exilanten und ehemaligen Guardia-Offizieren. Das Direktorium sollte aber noch einen anderen Schönheitsfehler korrigieren. Die „somozistischen Terroristen", wie die „New York Times" sie nannte, die bisher das Bild der Contra geprägt hatten, konnten jetzt in das zweite Glied abgeschoben werden. Die militärisch stärkste Gruppe in der FDN, die „Legion 15. September", befehligte Enrique Bermúdez. Bis auf wenige Ausnahmen gehörten ihr nur ehemalige Guardia-Angehörige mittlerer Dienstgrade an. Die Offiziere, die Geld beiseite geschafft hatten, zogen lieber nach Miami oder in südamerikanische Staaten, statt gegen die Sandinisten zu kämpfen. Die Legion besaß seit 1982 eine Radiostation, die jeden Tag von Honduras aus sendete: „15. September", benannt nach dem Tag der mittelamerikanischen Unabhängigkeit von 1821. Zum FDN-Bündnis gehörte ferner die „Demokratisch–Nicaraguanische Union" UDN, die 1980 von den Brüdern Fernando „El Negro" und Edmundo Chamorro Rappaccioli gegründet worden war. Die Chamorros hatten schon früher mit einer kleinen Gruppe gegen Somoza gekämpft und sich so den Beinamen „Familienguerilla" eingehandelt. Mit dem Kurs der Sandinisten nicht einverstanden, nahmen sie 1982 von Honduras aus den bewaffneten Kampf auf. Auch die UDN unterhielt, wie die Legion, enge Beziehungen zur honduranischen Armee. Eine Gruppierung, die rasch wuchs, sich aber bemühte, nicht allzusehr mit der Legion in Zusammenhang gebracht zu werden, war „MISURA". Sie bildete sich aus den Ethnien der Miskito, Sumu und Raman,

der nicaraguanischen Atlantikküste. MISURAs Stärke resultierte aus den schweren politischen Fehlern der Sandinisten gegenüber den Indigena, von denen es viele vorzogen, nach Honduras zu flüchten, anstatt sich umsiedeln zu lassen. Unter Steadman Fagoth Müller, der sich nach anfänglicher Zusammenarbeit zum „Feind der Sandinisten" erklärte, hatte MISURA Anfang 1983 über 800 Personen unter Waffen.
Die FDN war entstanden, weil die einzelnen kleinen Gruppierungen, die gegen die Sandinisten kämpfen wollten, nicht überlebensfähig waren. Aber auch die FDN brauchte Geld und Waffen. Das Blatt wendete sich, als Enrique Bermúdez „bald das Stapfen eines gewaltigen Tieres vernahm". Der Elefant, der die neuen politischen und militärischen Schneisen schlug, war niemand anderes als die CIA. Als erstes versuchte sie, die festgefahrenen Einzelinteressen der FDN-Gruppierungen durch Zugeständnisse zu vereinheitlichen. Durch eine intensive Bündnisarbeit, die sogar bisher noch nicht einbezogene Splittergruppen von Nicaraguanern in Guatemala und El Salvador erfaßte, verbreiterte sich die Basis der FDN weiter. Die erste Finanzspritze durch die CIA räumte den letzten Zweifel beiseite. Die „antisandinistischen Kräfte" zu unterstützen, hatte sich jedoch schon Präsident Carter 1980 überlegt. Mit einem Programm über eine Million Dollar zur Förderung der politischen Opposition in Nicaragua wollte er den Sandinisten einen Denkzettel geben, nachdem die 75 Millionen Dollar des US-Hilfsprogramms von 1980 die Comandantes nicht zurück auf die von den USA vorgegebenen Pfade gebracht hatte.

Von Sabotageakten zum Plan C

Die Reagan-Administration besaß bei Amtsübernahme schon klarere Vorstellungen davon, wie die Zukunft der Revolution aussehen sollte. Sie mußte, egal wie, wieder ins „richtige Fahrwasser" gebracht werden. Wie weit Reformen gehen durften, was Souveränität und Selbstbestimmung bedeuteten und welchem politischen Block sie sich anschloß, sollte letztendlich der Koloß im Norden bestimmen können. Wenige Tage nach dem Wahlsieg Reagans im November 1980 zog der neue CIA-Chef William Casey ein Restrukturierungskonzept für die in der Öffentlichkeit schwer angeschlagene „Company" aus der Tasche. Ein wesentlicher Programmteil sah den Ausbau der „Covert Action"-Abteilung vor, die Carter wegen einiger spektakulärer Pleiten stark reduziert hatte. Sechs Wochen später gab Casey grünes Licht für neue Aktivitäten dieser Abteilung in Zentralamerika. Als erfahrener Militär warnte jedoch Außenminister Alexander Haig vor Aktionen, die nicht überschaubar blieben und eventuell die Armee zum Einsatz zwingen könnten. Die Lösung bestand darin, im Hintergrund zu bleiben, „befreundete Nationen" und Dritte mit den Aufgaben zu betreuen.
Die argentinischen Militärs hatten sich nach dem Sieg der Revolution großzügig um einige „alte Kameraden" aus Nicaragua gekümmert und sie aufgenommen. Seit gemeinsamer Ausbildung in Fort Gulik, dem Sitz der „Escuela de las Américas", der Counter-Guerrilla-Schule der USA in der Panamakanalzone,

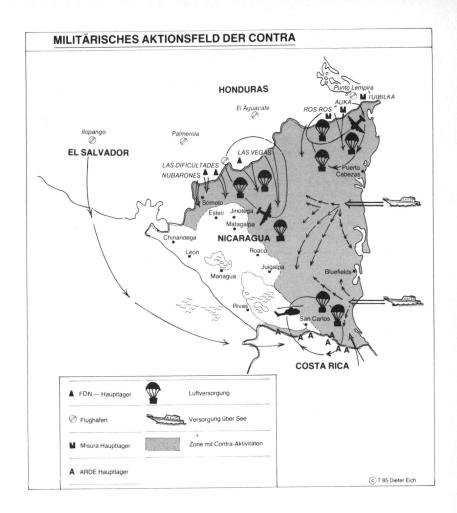

gab es viele persönliche Beziehungen unter den Kurskameraden, zu denen auch die Argentinier gehörten. In dieses Verhältnis klinkte sich die CIA ein. Sicher waren die argentinischen Militärs gerne bereit, den Sandinisten eins auszuwischen, da diese eine große Anzahl argentinischer Montoneros aufgenommen und dem Zugriff der Diktatur entzogen hatten. Beim Besuch des argentinischen Oberbefehlshabers und späteren Präsidenten von Argentinien, General Galtieri, in Washington, verschaffte sich Casey einen Sondertermin, um den Vorschlag zur Zusammenarbeit zu unterbreiten. Ein CIA-Beamter erinnert sich: „Die Argentinier zeigten sich freudig überrascht, eine den USA nicht mögliche Operation managen zu können, und das mit US-Geld, Waffen und Uniformen". Sie erhielten 22 Mio. Dollar aus dem Budget für „Verdeckte Aktionen", um damit die neue „Contra" aufzubauen. Die Operation unterstand dem argentinischen Hauptmann Oswaldo Rivero alias „Kügelchen" und José Oyás alias „Villegas". Beide gehörten der Armee an. Ein von Präsident Reagan in Auftrag gegebenes „Finding" grenzte Minimal- und Maximaloption der Contra-Unterstützung ab. Die Minimaloption sah vor, daß die Contra den nicaraguanischen „Ho Chi Minh"-Pfad zwischen Nicaragua und El Salvador unterbrach und damit die Waffenlieferungen an die salvadoreanische Guerilla. Als Maximale, und an dieser Option richtete sich auch die Entwicklung der Finanzbeteiligung aus, stand der Sturz der sandinistischen Regierung auf dem Programm.

Dieses feine Netz zu spinnen, mit dem zugleich die CIA ein neues Image aufbaute, oblag Duane „Dewey" Clarridge, alias „Maroni", einem CIA-Mitarbeiter der alten Schule. Schon als Stationschef in Venezuela, Kolumbien und Guatemala erprobt, verfügte er über die nötigen Kontakte. So pflegte er auch zu Enrique Bermúdez, dem FDN-Militärchef, alte Verbindungen und das notwendige Vertrauensverhältnis, um die Weiterentwicklung der Contra mit den politischen Zielen der CIA zu koppeln.

Im Dezember 1981 legte der CIA-Ausschuß für Geheimdienstaktivitäten den Plan vor, eine Einheit von 500 paramilitärischen nicaraguanischen Exilanten aufzubauen und entsprechend auszubilden. Diese als Grundstock zu verstehende Einheit sollte dann mit Unterstützung der Argentinier um 1000 Personen erweitert werden. Der CIA-Plan sah schon zu diesem Zeitpunkt die konkrete Einbindung von honduranischen Militärs vor, damit die Contra freier operieren konnte und die gründliche Ausbildung in Guerillataktik, Sabotage und Aufklärung gewährleistet war.

Die Kontrollausschußmitglieder waren jedoch verblüfft über CIA-Chef Caseys Auffassung, der wiederholt bezweifelte, daß eine solche FDN-Einheit stark genug wäre, die Sandinisten ernsthaft zu gefährden oder gar einen politischen Wechsel zu erreichen. Aber Destabilisierungstaktik hieß zugleich Langfristigkeit des Vorhabens, kontinuierliches Wachstum der Kräfte, um „Operationen mit geringer Intensität" durchzuführen und auch der Öffentlichkeit Zeit zu geben, sich an den Krieg zu gewöhnen. Ein erweitertes irreguläres Kriegskonzept also, das durch Guerillaformationen verwirklicht werden sollte. Die Betreuung dieses strategischen Konzepts erforderte auch von CIA-Seite eine entsprechende Personalaufstockung. Die „Company" baute ihr Personal 1982 in Honduras deshalb auf 150 Mitarbeiter aus, von denen 50 unter diplomatischem Schutz standen oder in „offizieller Mission" arbeiteten. Begleitet von dieser Maßnahme erhielt auch die honduranische Armee einige Spezialkurse von der „US Army-Delta Force", um bestehende Defizite aufzuarbeiten. Die CIA-Mitglieder gaben Kurse in Sabotageakten und im Umgang mit hochwertigen Explosivstoffen. Die honduranische Armee gestattete die Ausbildung der Contra-Einheiten auf ihrem Territorium, zumal sie selbst in großem Maße davon profitierte.

Unter diesem Schutz konnte die Contra bis Mitte 1982 über 17 Ausbildungs- und Versorgungslager einrichten. Alle lagen nur wenige Kilometer vom nicaraguanischen Territorium entfernt. So vorbereitet, führte die Contra im Mai 1982 die erste Aktion durch. Kommandos, begleitet von honduranischen und argentinischen Beratern, sprengten im Norden Nicaraguas zwei Brücken in die Luft. Völlig überrascht von diesem Sabotageakt, verhängten die Sandinisten den allgemeinen Ausnahmezustand. Sicherlich überschätzten sie zu diesem Zeitpunkt die wirkliche Schlagkraft der Contra. Sie gingen davon aus, daß im Inneren des Landes ein konterrevolutionäres Netz bestand. In Wirklichkeit handelte es sich lediglich um einige schlechtorganisierte Zellen. Der Anlaß führte auch zu einem verstärkten Aufbau der Staatssicherheit unter DDR-Anleitung. Ende 1982 verfügte die FDN bereits über eine Kampfstärke von 4 000 Mann. Schubweise infiltrierte sie diese in kleinen Einheiten in die Nordregionen Nicaraguas. Um hiervon abzulenken, mußten die sandinistische Armee und Miliz über die Gesamtlänge der Grenze in unwegsamem Gelände in Kämpfe verwickelt werden. Die CIA drängte deshalb, MISURA im Miskitogebiet verstärkt zu aktivieren, und ließ ihr über die FDN Waffen und finanzielle Unterstützung zukommen. Die Misura-Angriffe im Dschungelgebiet des Río Coco und gegen die einzige Verbindungsstraße zwischen Matagalpa und Puerto Cabezas konnte die sandinistische Armee nicht zurückschlagen. Die dringend notwendige Aufstockung ihrer Einheiten nahmen die USA sofort zum Anlaß, auf den „wachsenden Militarismus der Sandinisten" aufmerksam zu machen und Honduras großzügig Waffenhilfe zu gewähren. Die honduranische Armee sah die Sandinisten bereits Interventionsvorbereitungen treffen. Die in den USA diskutierte gigantische Aufrüstung der honduranischen Armee verlor schnell an Brisanz und die Medien äußerten sogar Verständnis hierfür. Vor diesem Hintergrund forderte die CIA die FDN auf, größere und spektakulärere Sabotage- und Terrorakte in Nicaragua vorzubereiten.

Ein neues Organisationsschema sah hierfür drei Einsatzstäbe vor, die sich Logistik und Taktik aufteilten. Einbezogen in die Leitung der Stäbe waren das honduranische Heer, die US-Streitkräfte, vertreten durch das Kommando-Süd, Standort Panama-Kanalzone, und die CIA. Gleichzeitig übernahm die amerikanische Luftwaffe zur besseren Kontrolle der sandinistischen Armee Aufklärungs- und Spionageflüge mit AWACS-Radarflugzeugen, die von der Oklahoma Air Base in den USA starteten. Schwer erreichbare SR 71 Spionageflugzeuge flogen direkt über Nicaragua und verdichteten das Material, kleine C-12 Flugzeuge inspizierten die Grenzregionen und aktualisierten die

Erkenntnisse. Durch ein neu in Honduras installiertes Radarkontrollsystem für fünf Mio. Dollar konnten Teilgebiete von Honduras und El Salvador, aber insbesondere die Nordregion von Nicaragua erfaßt werden. Zwei Schiffe der US-Navy bezogen Position in Pazifik und Atlantik, um die gesamte Kommunikation im Inneren Nicaraguas abzuhören. Auf die Spitze trieb die CIA ihre Spionagetätigkeit für die Contra durch den Abwurf von Tausenden kleiner elektronischer Sensoren über Nordnicaragua, um damit die Truppenbewegungen zu registrieren und sie an Flugzeuge weiterzugeben. Ähnliche Sensoren waren bereits am Ho Chi Minh-Pfad in Vietnam eingesetzt worden. Die Aufbereitung dieser Fülle von Daten im Hinblick auf Infiltrationswege, Versorgungsflüge und Angriffsziele war eine Spezialistentätigkeit, die Contra mischte sich hier nicht ein. Sie war, wie sich zeigen sollte, noch nicht einmal in der Lage, diesen Grad an Unterstützung umzusetzen. Die CIA reduzierte daraufhin die Auswertungen.

In den USA regten sich die ersten Stimmen gegen das Contra-Engagement, als belegt war, daß die FDN sich nicht allein auf militärische Ziele beschränkte, sondern gezielt Zivilpersonen ermordete, Gesundheitsposten, Schulen und Kooperativen zerstörte, alles, was mühsam in den drei Jahren der Revolution aufgebaut worden war. Die Contra hatte ihre Aktivitäten auf das Ziel eingeschränkt, allgemein Terror zu verbreiten. Einen Vorwand für ihre Entscheidung, die Zivilbevölkerung zu attackieren, bot ihr der geheime Protokollzusatz der Tagung des CIA-Kontrollausschusses vom 5. März 1982, der festhielt, daß die CIA-Gelder in Zukunft nicht mehr dazu verwandt werden dürften, die „nicaraguanische Regierung zu stürzen oder eine militärische Auseinandersetzung zwischen Honduras und Nicaragua zu provozieren". Das Vorhaben, einen Teil der Gelder in eine verbesserte Ausbildung der Contra durch die Argentinier zu investieren, konnte wegen eines anderen Ereignisses nicht verwirklicht werden. Die argentinische Militärdiktatur zog ihre Mitarbeiter in Honduras ab, nachdem sie herausgefunden hatte, daß die USA England im Malvinenkrieg logistische Unterstützung gewährten. Es blieben nur einige wenige Ausbilder, denen die Zukunft in Argentinien zu ungewiß war. Völlig unerwartet hatten nun die CIA und die honduranische Armee die ganze Drecksarbeit selbst zu leisten. Die fortwährenden Massaker an der Zivilbevölkerung und die Vernichtung „sozialer Ziele" durch die FDN rührte das Gewissen einiger demokratischer Kongreßabgeordneter in Washington. Der demokratische Senator Tom Harkin brachte deshalb 1982 eine Gesetzesvorlage ein, die jegliche Unterstützung der Contra unterbinden sollte. Senator Boland ergänzte diese Vorlage mit einem Nachtragsgesetzentwurf, der der geheimen Anlage des CIA-Kontrollausschusses entsprach. Doch auf den Krieg hatten diese Parlamentsaktivitäten keine Auswirkungen. In den ersten vier Monaten des Jahres 1983 fanden in Nicaragua über 300 Menschen den Tod. Die Auseinandersetzungen und Grausamkeiten verschärften sich ständig weiter. Die Erfüllung der Minimaloption des „Finding" war in der Zwischenzeit kein Gegenstand der Diskussion mehr. Der FMLN in El Salvador verfügte trotz Contra und alles erfassender Luftaufklärung über mehr Waffen und Munition als je zuvor. Daß die Waffenlieferungen aus Nicaragua stammten, konnten die USA nicht belegen. Den politisch bereits schwankenden Kontrollausschuß bearbeiteten CIA-Chef Casey und Außenminister Shultz weiter. Auf keinen Fall durfte die US-Unterstützung für die Contra unterbrochen werden. Casey behauptete sogar, daß die Unterstützung der FDN die einzige Garantie für die USA sei, den kommunistischen Einfluß in Zentralamerika zurückzudrängen. Trotzdem entschloß sich der Kontrollausschuß, das Hilfsprogramm für die Contra einzufrieren. Der Ausschußvorsitzende, der Republikaner Barry Goldwater, schwächte diese Entscheidung allerdings durch den Zusatz ab, daß die CIA ab Oktober 1983 bei begründeter Notwendigkeit erneut mit finanzieller Unterstützung rechnen könne. In der Zwischenzeit konzentrierte sich die Arbeit der CIA auf die Herausstellung politischer Beweggründe für die militärischen Aktionen der Contra. Die Pressewirksamkeit der Aktionen und deren Vermittlung nicht nur in die USA, sondern auch ins Innere Nicaraguas stand von nun an im Vordergrund. Mehr als bisher mußte damit die nicaraguanische Opposition unterstützt werden. Eine kurzfristige Wiederaufnahme der US-Hilfe an die Contra schien den CIA-Strategen nur erreichbar durch die Eroberung eines „befreiten Gebietes" auf nicaraguanischem Territorium. Einer dort ausgerufenen provisorischen Regierung könnten sich die USA politisch und ökonomisch nicht entziehen. Andere mittelamerikanische Staaten würden sich auf Anraten der USA anschließen. Dann wäre es ein Leichtes, die mittelamerikanische Militärallianz CONDEGA zu aktivieren, um sie für die Verteidigung dieses befreiten Gebietes gegen die Sandinisten einzusetzen.

Als geographisch günstigstes Gebiet zur Umsetzung dieser Idee bot sich die Landzunge des nicaraguanischen Tales von Jalapa an. Sie ragt nach Honduras hinein und konnte durch eine Zangenbewegung einfach abgetrennt werden. Der „Plan C" war geboren. Tief infiltrierende Einheiten der FDN, die bis in die Region von Chinandega, Estelí und Matagalpa vordrangen, mußten die nachrückende sandinistische Armee binden. Gleichzeitig drängten über 1500 FDN-Soldaten von der Basis Pino I und Ariel in das Tal von Jalapa vor und schnitten den Nachschub ab. Nach erfolgter Einkesselung rückten weitere Einheiten direkt aus Honduras in das Tal vor. Der Plan schien perfekt, nur in einem Punkt hatte sich die CIA gewaltig verrechnet. Die Bevölkerung lief nicht, wie fest einkalkuliert, zu den FDN-Einheiten über. Die Contra hatte völlig falsch eingeschätzt, wie stark gerade in diesem Tal die Bevölkerung mit den Zielen der Revolution verbunden war.

Außer durch Zwangsrekrutierungen und Verschleppungen von Bauern in den Regionen Nueva Segovia und Madriz konnte die FDN sich auch durch Tausende von Jugendlichen verstärken, die sich ihr mangels Perspektiven in den Kriegsgebieten freiwillig anschlossen. Gerade in diesen Regionen, in denen traditionell Kleinbauern leben, hatte sich seit 1979 kaum etwas verändert. „Revolution spielte sich in Managua ab", die angekündigten Reformen wurden nicht umgesetzt, die politische Mobilisierung beschränkte sich auf die größeren Dörfer und hatte auch hier selten einen wirklich bewußtseinsbildenden Ansatz. Zu hören waren dagegen in den Transistorradios der Bauern die Sender aus Honduras und die der Contra. "Agrarreform", tönte es täglich aus

den Radios, hieße praktisch „Vertreibung von Grund und Boden" und „Zwangsarbeit unter dem kommunistischen Terror der Sandinisten".
Die Zusammenfassung der Bevölkerung in „Reasentamientos" sahen viele Bauern als Bestätigung. Viele liefen nach Honduras über und kehrten als Contras zurück. Im Tal von Jalapa hingegen, einem der fruchtbarsten Produktionsgebiete Nicaraguas, war die Situation vollkommen anders. Hier konzentrierte sich die Reform- und Agrarhilfe des FSLN. Die Bevölkerung hatte neue Perspektiven, stand unter Waffen und kämpfte gegen die Contra. Ein weiterer Fehler des „Plan C" bestand darin, daß er auf ein kurzfristiges Gelingen ausgelegt war und nicht auf langandauernde Kämpfe. Nach einer Woche brach die Logistik der Contra zusammen. Hinzu kam ein weiteres Phänomen: Die FDN-Kommandanten, die den Angriff leiteten, orientierten sich, sobald sie die Grenze nach Nicaragua überschritten hatten, nicht mehr an den Befehlen aus Tegucigalpa. Der leitende Kommandant des „Plan C", Pedro Pablo Ortiz alias „der Selbstmörder", ein Ex-Sergeant aus Somozas „Klapperschlangenregiment", machte seinem Decknamen Ehre. Weil er die Befehle aus dem Kommandostab in Tegucigalpa nicht befolgte, verlor er über die Hälfte seiner Einheit. Wegen Befehlsverweigerung und Eigenmächtigkeit ließ ihn die Contraführung danach exekutieren. Um in Zukunft die Einsätze besser bewachen zu können, verlegte die FDN auf Anraten der CIA sein Oberkommando nun direkt in die Nähe von Danli, einer Stadt in der südöstlichen Grenzregion von Honduras. Die Kommunikation zwischen dem Oberkommando und den einzelnen Einheiten verbesserte sich zusehends. Über stärkere Radios konnten auch die tiefinfiltrierenden Einheiten begleitet werden. Gleichzeitig erhielt die Koordinierung der einzelnen Befehlsebenen neue Strukturen. Die Festlegung der Operationsgebiete lag nun im Verantwortungsbereich des jeweiligen Kommandanten. Operationsziele und Logistik verblieben weiter in der Zuständigkeit des FDN-Oberkommandos.
Nachdem der „Plan C" gescheitert war, sah die neue Taktik vor, mit größeren Einheiten über die gesamte Grenzbreite tief nach Nicaragua einzudringen. Kampfziel sollte nunmehr die Zerstörung ökonomischer Objekte, aber auch weiterhin die Zermürbung der Zivilbevölkerung durch allgemeine Terrormaßnahmen sein. Mit dieser Taktik sollten die Sandinisten gezwungen werden, die Bevölkerung verstärkt gegen ihren Willen in Wehrdörfern zusammenzufassen. Viele würden deshalb — wie sich zeigte — die Flucht ergreifen und damit helfen, sowohl die Rekrutierungsprobleme der FDN zu lösen als auch die politische Basis der Revolution weiter zu schwächen.
Die Reagan-Administration begleitete diese neue militärische Destabilisierungstaktik mit verstärktem wirtschaftlichen und politischen Druck. Diese sich zuspitzende Situation konnte Nicaragua militärisch nicht mehr allein durch sein Berufsheer und die Miliz auffangen und führte deshalb die gesetzliche Wehrpflicht ein. Die innenpolitischen Kosten dieser Maßnahme übertrafen alle Erwartungen. Um der Wehrerfassung zu entgehen, zogen es viele Jugendliche vor unterzutauchen. Finanziell besser gestellte Familien schafften ihre Söhne ins Ausland. Schulklassen des wehrpflichtigen Alters reduzierten sich schlagartig, oft um die Hälfte. Die Opposition nutzte den Anlaß zu

politischer Gegenpropaganda: „Die Sandinisten verheizen für ihre Ziele die Jugend Nicaraguas". Erst nach den allgemeinen Wahlen ließ dieser politische Druck nach, und der Wehrdienst wurde von allen Parteien unter dem Aspekt der notwendigen Verteidigung der nationalen Souveränität gesehen. Die damit einhergehenden verstärkten Waffeneinkäufe in der UdSSR nutzte die US-Regierung dazu, auf den „Ausverkauf Nicaraguas an das kommunistische Lager" mit entsprechendem Öffentlichkeitsrummel hinzuweisen. Hier sei angemerkt, daß Somozas Guardia ihren gesamten Waffenbedarf in den USA decken konnte. Den Sandinisten dagegen wurden jegliche Waffenlieferungen trotz dringender Anfragen Nicaraguas rigoros verweigert. Von den europäischen Ländern leistete nur Frankreich in bescheidenem Maße Waffenhilfe. Ohne Ausnahme wiesen sie jedoch auf die ständig wachsende Abhängigkeit Nicaraguas von Osteuropa hin. Mit der Aufstockung der Armee auf über 80 000 aktive Soldaten mobilisierte der Staat fast ein Drittel seiner wirtschaftlich aktiven Bevölkerung, was entsprechende Folgen für die Produktion hatte.

Der Aufbau der Südfront – ARDE

Da die Kontrolle des Senatsausschusses durch das Aussetzen der finanziellen Unterstützung reduziert war, konzentrierte sich die CIA darauf, die militärische Herausforderung Nicaraguas auch im Süden zu verschärfen. Der Aufbau einer über die gesamte Grenzregion mit Costa Rica operierenden Südfront stand als nächstes Ziel an. Zwar hatte „Maroni" bereits 1982 Kontakt mit Edén Pastora aufgenommen, der „Comandante Cero" bemühte sich jedoch, als „einziger Verfechter der wahren Ideen Sandinos" nicht im imageschädigenden Stallgeruch der CIA zu stehen. Zu diesem Zeitpunkt hatte es bei der „Company" keine Einwände gegen dieses Verhalten gegeben, weil die direkte Unterstützung einer Contra-Organisation in Costa Rica in keiner Weise mehr mit der Minimaloption des „Finding" in Einklang zu bringen war. Jetzt aber, ohne den lästigen Kontrollausschuß, störte der Aufbau einer Südfront keinen mehr. Die Sandinisten aber wurden dadurch hart getroffen. Der verstärkten Beteiligung der CIA mit Waffenzuwendungen und Fluggerät sah die „Revolutionäre Demokratische Allianz" ARDE mit großen Erwartungen entgegen. Das Stammkapital dieser Organisation hatte Francisco „Paco" Fiallos besorgt, als er noch als Nicaraguas Botschafter in Washington amtierte. Bevor er 1982 über Nacht sein Amt aufgab, räumte er die Konten der Botschaft leer und nahm 660 000 Dollar mit. ARDE setzt sich zusammen aus:
– der „Revolutionären Sandinistischen Front" (FRS) unter Edén Pastora,
– der „Demokratisch-Nicaraguanischen Bewegung" (MDN) des Alfonso Robelo,
– der „Sandinistischen Einheit der Miskito, Sumu und Rama" MISURASATA, Brooklyn Riveras Gruppe, und
– der „Demokratisch-Nicaraguanischen Union/Bewaffnete Revolutionäre Kräfte Nicaraguas" UDN/FARN unter den bereits erwähnten Chamorro-Brüdern.

Als Pastora Anfang 1983 plötzlich zum Kampf gegen die Sandisten aufrief, behauptete er, daß er nur wenige Leute brauche, da die sandinistischen Bataillone zu ihm überlaufen würden und er mit seinen Truppen in wenigen Wochen in Managua stehen werde. „Managuas Frauen, kocht etwas Gutes zum Empfang der Befreiungstruppen", forderte er über seinen Sender „Radio Impacto" von Costa Rica aus. Doch Managuas Frauen kannten die Töne des „alten Macho" gut und ließen die Öfen kalt.
MISURASATA erfaßte bis zu 1 000 Indigena, die insbesondere in den Miskitogebieten der Atlantikküste operieren sollten. (Vgl. den Artikel von Michael Rediske und Robin Schneider, „Vom Krieg zur Autonomie?".)
Die Vorläufer der UDN/FARN lagen in der Gruppe „11. September", die von 1977 bis 1979 in der Region von Carazo gegen die Guardia Somozas gekämpft hatte. Die Großgrundbesitzer und Unternehmer Chamorro, sie gehörten der konsvervativen Partei an, waren schon in diesen Tagen von „einem Hauch von Abenteuer" umgeben. Zusammen mit Pastora verließen sie Nicaragua. Mit der „Politik des Frente" konnten sie sich als „freie Unternehmer" nicht mehr identifizieren. Sie schlossen sich ARDE an, verließen die Allianz aber bereits nach wenigen Monaten. „Auf keinen Fall konnten sie sich einem militärischen Befehl Edén Pastoras unterstellen." Ein weiterer Grund, der Allianz den Rükken zu kehren, lag in der prekären Finanzsituation von ARDE. Sie wollten deshalb lieber im Norden kämpfen. In Zelaya Norte führten sie zwischen den FDN- und MISURA-Einheiten einen aussichtslosen Kleinkrieg. Nach wenigen Monaten stellte die FDN die UDN/FARN vor die Wahl: entweder direkter Anschluß und Anerkennung der Befehlsgewalt der FDN oder Entwaffnung und Einweisung in ein Flüchtlingslager nach Honduras. Die Chamorro-Brüder entschieden sich für die erste Alternative.
Zur ARDE stieß auch noch die FSDC, eine kleine Gruppe um den einstigen Vizepräsidenten der Sozialchristlichen Partei Nicaraguas, Jose Dávila, ehemals Stipendiat der CDU-nahen Konrad-Adenauer-Stiftung. In San José gegründet, unterstützt die Organisation den bewaffneten Kampf gegen die Sandinisten und nimmt zwischen Robelo und Pastora eine Vermittlerposition ein.
Die Einheiten von ARDE griffen 1983 verstärkt in kleinen, aber effizienten Gruppen in den Krieg ein. Sie entwickelten ihre Aktivitäten vor allem in Zelaya Sur und im Departement Río San Juan. Die Sandinisten konnten mangels Kampfschwäche keine zweite Front im Süden aufbauen und konzentrierten sich darauf, nur die Dörfer und strategischen Objekte zu schützen. Die Lage spitzte sich zu, und die sandinistische Armee entvölkerte große Gebiete der Kampfzone, die ARDE dann ungestört zu ihrem Operationsgebiet machte. Der Grenzfluß Río San Juan war ab El Castillo bis Mitte 1985 vollständig unter Kontrolle der ARDE-Einheiten.
Im Juli 1983 kam es zu ersten gemeinsamen Aktionen von ARDE und FDN in Zelaya. Kurz zuvor hatte die CIA die erste größere Waffensendung, Flugzeuge, Hubschrauber und Spezialsprengstoffe, an ARDE übergeben. Die „taktische Operationsgemeinschaft" mit FDN-Einheiten verstärkte die Kampfaktivitäten der Contra in Zelaya wesentlich und dehnte sie auf das Departement Chontales aus.

Aus einem lokal begrenzten entwickelte sich ein „umfassender irregulärer Krieg". Hinter dieser trockenen militärischen Formel steckt der Aufbau von Spezialeinheiten und Zellen für Sabotageakte, Attentate und, was neu war, die ständige Verankerung großer Kampfeinheiten in bestimmten Regionen des Landes. So hoffte das FDN-Oberkommando auch, die wachsenden logistischen Probleme besser zu kontrollieren. Das ständige Bewegen von über 5 000 Soldaten im Inneren Nicaraguas, die bis dahin durchschnittlich alle drei Monate das ganze Land wieder durchqueren mußten, um sich in Honduras zu erholen und erneut zu bewaffnen, war zu ineffizient und risikoreich.

Die neugebildeten „Comandos Regionales" faßten drei bis vier „Task forces", also zwischen 1 000 und 1 500 Mann zusammen, die ständig in Nicaragua bleiben. Die FDN baute im Laufe des Jahres 1983 insgesamt neun „Comandos Regionales" auf. Durch diese neue Taktik verbesserten sich die Ortskenntnisse der nach Guerilla-Taktik operierenden Einheiten wesentlich, Zuläufer ergänzten sie weiter. Die Bauernbevölkerung der Kriegszonen ist besonders hart von dieser Entwicklung betroffen. Sie stand plötzlich zwischen ständig in ihrer Zone operierenden Einheiten der sandinistischen Armee und der FDN. Ein Bauer äußerte dazu: „Kaum denkst du, der Zauber ist vorbei, kommt der „ejército verde" (die „Grüne Armee", gemeint ist damit die sandinistische Armee, d. Verf.) und befragt dich, ob die Contra hier vorbeigekommen ist. Sind die wieder weg, steht plötzlich eine Einheit des „ejército azul" (die „Blaue Armee" der FDN) vor deinem Haus und fragt dich, was die Kommunisten hier wollten. Beide nehmen sich immer was zu Essen mit. Nimmst du Bezahlung an und die anderen erfahren es, bist du ein Verräter und kriegst eine verpaßt. Es ist nicht mehr zum Aushalten hier, die meisten Bauern gehen weg."
Der allgemeine Terror gegen die Zivilbevölkerung in der Zone verschärfte sich erschreckend weiter. Zum erstenmal griffen FDN und ARDE auch private Betriebe an, die bis dahin vor den Contras sicher gewesen waren. Aber auch die Privaten sollen nach der neuen Taktik aufgeben und wegziehen. Durch die ständige Präsenz größerer Einheiten in bestimmten Zonen wachsen die Versorgungsprobleme, die über die ansässigen Bauern ausgeglichen werden. Viehdiebstähle größeren Ausmaßes sind an der Tagesordnung. Eine 20-köpfige Einheit drei Tage zu ernähren ruiniert jeden kleinen Bauern oder aber gibt ihm Auskommen für eine halbe Jahr, was sofort Verdacht erregt. Die Taktik hatte Erfolg. „Viele Bauern zogen mit den Einheiten mit, weil sie sich ein besseres Leben erwarten, ohne jeden Tag hart arbeiten zu müssen, mit dem Resultat, daß danach die Ernte enteignet wird", erzählt Narciso Castillo, ein Bauer aus Chontales, dem die FDN die Hütte ansteckte, weil er mit einer Kooperative zusammenarbeitet.
Die Contra brauchte Erfolge, um die Öffentlichkeit erneut auf sich aufmerksam zu machen und sich die Wiederaufnahme der US-Finanzierung zu sichern. Um aber Pannen auszuschließen, übernahm diesmal die CIA direkt die militärische Planung und Durchführung eines spektakulären Einsatzes. Mit Hochgeschwindigkeitsbooten, von den Nicaraguanern „Pirañas" genannt, griffen Spezialkommandos die Hafenanlagen von Corinto, Puerto Sandino, Puerto Potosí im Golf von Fonseca und an der Atlantikküste die Häfen Puerto

Cabezas und El Bluff an. Die Spezialboote, deren Herkunft man vergeblich in den Waffenkatalogen sucht, stammen aus den Beständen der US-Drogen-Kommission und wurden von aufgebrachten Drogenschmugglern konfisziert. Vorteil: Eigentümer, Typ und Herkunftsland sind nicht nachprüfbar! Trotzdem läßt sich an einer exemplarischen Rekonstruktion die Bereitstellung von Material durch die CIA rekonstruieren: am Beispiel der Bombardierung des Flughafens von Managua im September 1983. Die zweimotorige Cessna 404, die mit zwei 150 Pfund schweren Bomben den Flughafen bombardieren sollte, zerschellte am Tower. Das Flugzeug, Registernummer N 6764 gehörte vor seinem Export aus den USA, am 27. Juni 1983, der Investair Leasing Inc. Diese Firma, deren Sitz nur vier Meilen vom CIA-Hauptquartier entfernt liegt, soll „enge Beziehungen zum US-Geheimdienst unterhalten". Dieses Flugzeug benutzte ARDE, um Waffen aus El Salvador in die eigenen Militärbasen nach Costa Rica zu fliegen. Wenige Tage vor dem besagten Einsatz rüstete die salvadorianische Luftwaffe die Maschine auf dem Flughafen von Ilopango mit dem Bombenabwurfgestell aus und stellte die beiden Bomben zur Verfügung. Von dort flog die Maschine dann nach Costa Rica und startete am nächsten Tag zu ihrem verhängnisvollen Einsatz.

In welchem Maße die USA Contraaktivitäten sogar selbst durchführten, wird durch die Verminung der nicaraguanischen Häfen deutlich. Sechshundert Spezialminen verlegten Sonderkommandos in den Küstengewässern Nicaraguas, logistisch unterstützt durch Schiffe der US-Marine. Die Öltanks des Hafens von Corinto gingen in Flammen auf. Die ganze Stadt mußte evakuiert werden. Neben dem großen materiellen Schaden, der dadurch entstand, verzögerte sich die Ausfuhr von Baumwolle und Kaffee. Mehrere Handelsschiffe liefen auf Minen auf, die Exxon stellte die Öllieferungen ein. Der Gesamtschaden betrug neun Millionen Dollar. Barry Goldwater zeigte sich entrüstet. Als Vorsitzender des Kontrollausschusses erfuhr er von dieser Aktion aus der Presse. Der US-Präsident hatte diese Aktion persönlich angeordnet. Der Internationale Gerichtshof in Den Haag wies die Verstrickungen der CIA in dieser Aggression nach und verurteilte die USA. Nach vierjährigem Versteckspiel mußte spätestens zu diesem Zeitpunkt jedem klar sein, wer eigentlich die kriegführende Partei ist.

Zur gleichen Zeit aktivierte die FDN ihre „Comandos Regionales". Die sandinistische Armee paßte sich dieser Kampfform durch „Bataillone für den irregulären Kampf" (BLI) an, Einheiten, die nach Guerillataktik operieren und die Contra ständig verfolgen. Stoßen sie dabei auf größere Verbände, wird Hubschrauberunterstützung angefordert, oder je nach Terrain kommen auch Raketenwerfer zum Einsatz. Im März 1984 verfügte die Contra über 8 000 infiltrierte Soldaten in Nicaragua. Aber die fehlende finanzielle Beteiligung der USA machte es unmöglich, die aufwendige Logistik aufrechtzuerhalten. Die privaten Spender, die in den USA und Lateinamerika verstärkt mobilisiert wurden, schafften den Ausgleich nicht. Diese Entwicklung bereitete insbesondere der honduranischen Armee große Sorgen, zumal nun in großem Umfang Contraverbände über die Grenze zurückkamen. Ein honduranischer Offizier: „Das Schlimmste, was uns passieren kann, wäre, daß die USA ihre Contra nicht entsprechend unterstützen. Sie werden in den Grenzgebieten zu einer ernsten Gefahr, obwohl wir unser Bestes tun".

Die USA rüsteten Honduras mit entsprechenden Waffenarsenalen und Stützpunkten zum „unsinkbaren Flugzeugträger" auf und schickten bis 1984 über 70 000 Soldaten zu ständigen Manövern in das Land. Es ist nicht auszuschließen, daß gerade über diese Manöver große Waffenmengen unkontrolliert an die Contra weitergehen. So kam auch Israel zu Hilfe und stellte der Contra von der PLO im Libanon zurückgelassene Waffen über Mittelsmänner zur Verfügung. Nur „die Bezahlung der Schiffsfracht" wurde verlangt, auch Südkorea stellte Material zur Verfügung. Durch die US-Manöver konnten 14 neue Landepisten in Honduras angelegt werden, und die Militärhilfe, 1980 noch 10 Millionen Dollar, erreichte 1984 bereits 254 Millionen. Auch in das armeelose Costa Rica trieben die USA einen ersten Keil. Mitte 1985 unterrichteten 22 US-Ranger 420 Guardisten in Costa Rica auf einer Hacienda, die vorher Somoza gehört hatte, in irregulärer Kriegsführung. Die gleiche Einheit hatte bereits zuvor in Honduras an einem Spezialkurs teilgenommen, der nun auf eigenem Territorium vertieft wurde. Costa Ricas Verfassung verbietet den Aufbau militärischer Streitkräfte.

Die Kriegsführung mit geringer Intensität

Geostrategisch sind diese militärischen Aktivitäten in Zentralamerika Bausteine zur Durchführung einer neuen Militärstrategie, der Kriegsführung „mit geringer Intensität". Mit dieser Strategie wird der Feind in einen langandauernden Verschleißkrieg verwickelt, der von einem „ideologischen Kampf" begleitet ist. In bestimmten Zeitabständen werden der Öffentlichkeit „notwendige Aktionen" vor Augen geführt, wenn diese bei Manövern mit den Verbündeten durchgespielt werden. Gerade die Manöver geben im Rahmen der geostrategischen Absicherung der Region die Möglichkeit, neben bisher zur Verfügung stehenden Militärbasen nun quasi als Unterstützung des Bündnispartners Stützpunkte aufzubauen, die sonst langwierige Verhandlungen mit unsicherem Ausgang vorausgesetzt hätten. Daß der Feind bei der Langfristigkeit des Konzeptes notgedrungen Fehler macht, kann ständig politisch zur Verstärkung des Feindbildes genutzt werden. So bietet die dadurch provozierte Verhärtung der innenpolitischen Landschaft beim Gegner pressewirksame Möglichkeiten, ihn mit gezielten Menschenrechtskampagnen und Forderungen nach bürgerlichen Freiheiten zu diskreditieren.

Weil die Debatte zur Wiederaufnahme der US-Finanzierung im Senat anstand, drängte die CIA darauf, das politische Image der Contra aufzubessern. Die CIA-Analytiker entwarfen deshalb einen Plan, nach dem die militärischen Aktivitäten klar als notwendige Umsetzung des politischen Auftrags der Contra zu sehen sind. Immer stärker stand deshalb die Gründung eines politischen Bündnisses aller Contraverbände im Vordergrund. Die USA erklärten dies zu einer Grundbedingung für die Fortsetzung der Unterstützung.

Der FDN-Chef Adolfo Calero, einst unter Somoza Coca-Cola-Abfüller in Managua, konnte zwar nicht mit der Guardia in Verbindung gebracht werden, ihm fehlte jedoch das politische Profil, eine vereinte Contra zu leiten. Im November 1983 hatte es zwischen FDN und ARDE in Panama schon erste Gespräche mit dem Ziel gegeben, beide Organisationen unter einheitlichem Kommando zusammenzufassen. Die politische Führung der vereinten Contra sollte, so war es geplant, Robelo übernehmen, um den Zusammenschluß zu beschleunigen. Die militärische Guardia-Kerntruppe der FDN stellte jedoch die Bedingung, daß bei einer Zusammenlegung Edén Pastora keinesfalls militärisch aufgewertet werden dürfe. Pastora erhielt dadurch gute Argumente, den Zusammenschluß zwischen seiner FRS und der FDN abzulehnen und fraktionierte die ARDE. Robelo stand nun als Contrachef ohne Militär da. „Von anderer Stelle" erhielt Pastora einen Denkzettel für die Spaltung verpaßt. Mit schweren Verletzungen überlebte er nur knapp ein Attentat. Die ökonomische Situation der FRS verschlechterte sich nun zusehends. Die Reduktion ihres Waffenpotentials durch Robelo wurde zu einem öffentlichen Spektakel. „Er hat mir meine Flugzeuge gestohlen", wandte sich Pastora gegen Robelo, „erst wenn ich dieses Material zurückerhalte, bin ich zu Verhandlungen bereit". Pastora wartet noch heute.

Auch die MISURASATA-Gruppe wollte keinesfalls mit der FDN zusammen kämpfen und entschied sich für Verhandlungen mit den Sandinisten. Ihr Ziel: Waffenstillstand und Förderung der Autonomiebewegung an der Atlantikküste.

In der Zwischenzeit wählte Nicaragua seinen neuen Präsidenten und die Zusammensetzung der verfassunggebenden Versammlung. Für die rechte Opposition trat Arturo Cruz als Kandidat der „Coordinadora Democrática" an und nahm dann doch nicht an der Wahl teil. Durch die Kandidatur erreichte Cruz aber sowohl in Nicaragua als auch im Ausland einen hohen Bekanntheitsgrad, den er dazu nutzte, kurz darauf die Führung der politisch vereinigten Contra zu übernehmen. Cruz, der als „Pazifist sterben wollte", gründete im Juli 1985, zusammen mit Adolfo Calero und Robelo, die „Oppositionelle Nicaraguanische Einheit" (UNO). Die unterschiedlichen politischen und militärischen Ambitionen der einzelnen Fraktionen der Contra verhinderten jedoch weiterhin die von der Reagan-Administration geforderte „Totale Einheit" aller Contragruppen. Neben der UNO, als zweifellos stärkstem Block der Contra, die, wie sich aus ihren Dokumenten ersehen läßt, die Vorstellungen der USA über die Möglichkeiten eines Friedens in Nicaragua und Zentralamerika fast wortgleich übernimmt, besteht der „Oppositionsblock des Südens", BOS. In ihm sind Gruppen zusammengeschlossen, die Pastora nahestehen. Zum BOS gehört auch die Gruppe „RESCATE" des Alfredo César, Expräsident der nicaraguanischen Zentralbank in den ersten Jahren nach der Revolution und „Garant des dritten Weges". Alfredo César distanzierte sich bis zu seiner Beteiligung am BOS von jeglicher Identifizierung mit einer bewaffneten Contra-Gruppe. Durch MISURASATAs Sprung nach vorn spaltete sich eine andere Gruppierung ab, MISURASATA-SICC, die sich gegen Verhandlungen mit den Sandinisten ausspricht. Aber auch MISURA spaltete sich Mitte 1985, nachdem der Ältestenrat der Miskitos Steadman Fagoth aus seiner Führungsposition entfernt hatte. In der Region des Río Coco konnte dadurch ein

Waffenstillstandsabkommen zwischen Sandinisten und Miskitos erreicht werden, um den Rückzug der Indigena aus den „Reasentimientos" in ihre Stammregionen nicht zu gefährden. „Du glaubst, du bist verrückt", berichtet ein Sandinist, der bei der Rückführung beteiligt war. „Gestern bekämpften wir uns noch auf Leben und Tod, heute übergeben wir die Miskitos der MISURA und reichen uns die Hände". MISURA selbst gehört auch nur indirekt zur UNO. Mit ARDE (Robelo) und FDN bilden die drei Organisationen die „Nicaraguanische Einheit zur Wiedervereinigung" UNIR. Politisch untersteht diese Einheit jedoch direkt der UNO. Langfristig soll sich die UNO zu einer politischen Partei weiterentwickeln, die dann über bewaffnete Einheiten verfügt. Auf Drängen der CIA leistete sich die UNO noch ein Glanzstück und baute eine Menschenrechtsabteilung auf, die von den Aktivitäten der FDN gegen die Zivilbevölkerung als „Randerscheinung" hörte. Wie sehr die Gründung der UNO drängte, wird daran deutlich, daß sie zeitlich mit der Zustimmung des US-Kongresses zur erneuten Unterstützung der Contra zusammenfiel. Dieser Zustimmung ging eine für die USA einmalige politische Hilfskampagne voraus, die der Präsident selbst startete. „Unsere Brüder" nannte er die Contra, und in peinlichen historischen Eskapaden verglich er sie mit Freiheitshelden wie Lafayette und Simón Bolívar. Venezuela, das Geburtsland Bolívars, legte offiziellen Protest ein. Die private Hilfe floß wie nie zuvor. Die Moon-Sekte leitete die Kampagne mit ihrem Zugpferd, der ehemaligen UN-Botschafterin der USA Jeane Kirkpatrick ein. Der Senat lehnte dem Präsidenten jedoch ein 14 Mio. Hilfsprogramm für die Contra zunächst ab; das Repräsentantenhaus stockte auf 38 Mio. auf und stimmte zu. Die „rein humanitäre Hilfe" an die Contra, so wie sie das Parlament vorsieht, wird von Senator Kennedy auf den Punkt gebracht: „Logistische Hilfe zum Krieg, ja Geld für noch mehr Krieg". Die Washington Post glaubt, daß es nun darum geht, die Sandinisten auszuradieren. John Blader vom State Department: „Die USA haben eben eine moralische Verpflichtung, diese mutigen Männer (gemeint ist die Contra, d. Verf.), die für die nicaraguanische Demokratie kämpfen, zu unterstützen". Hervorstechend in dieser verstärkten Kampagne ist das offene Engagement der neuen amerikanischen Rechten, über deren Sammlungen die „kleine Kasse" flüssig gehalten wird.

Die kräftige Finanzspritze der US-Regierung ermöglicht es der FDN jetzt auch, ihre Waffen um modernste Technologien zu erweitern. Über Brasilien rüstet sich die Contra mit Red Eye (Sam 7) Bodenluftraketen aus, zu einem Stückpreis von 40 000 Dollar. Diese Waffe setzt die Contra gegen den Kampfhubschrauber MI 24 ein, über den die Sandinisten verfügen und der ihr bisher hohe Verluste eingebracht hat. Am 2.12.85 hatte sie Erfolg. Ein Hubschrauber mit 14 Personen an Bord wurde, nach Angaben der Sandinistischen Luftwaffe, mit einer Bodenluftrakete abgeschossen. Durch die Verwendung modernster Waffentechnologie, die von US-Außenminister Shultz ausdrücklich befürwortet wird, werden die Auseinandersetzungen auf eine neue Eskalationsebene gehoben. Zur gleichen Zeit treffen in Honduras' Häfen neue Waffenlieferungen für die Contra ein, die dann mit Unterstützung der honduranischen Armee auf die Lager der FDN verteilt werden. „So effizient war unsere Versorgung noch nie", gibt FDN-Pressesprecher Arana zu. Eine US-Charterfluggesellschaft fliegt wöchentlich 40 Tonnen „Hilfsgüter" direkt nach Honduras ein, wo sie dann von FDN-Flugzeugen übernommen werden. „Wir waren noch nie so gut dran", erklärt auch Calero der Presse und gibt die aktive Kampfstärke seiner Truppe mit 10 500 Soldaten an. „15 Millionen Schuß Gewehrmunition sind bereits eingetroffen und 50 Millionen befinden sich in der Pipeline". Darüberhinaus verstärkte die FDN ihr Waffenarsenal mit 5 000 in der Bundesrepublik Deutschland entwickelten G3-Gewehren und „tausenden sowjetischer AK 47", besser unter dem Namen Kalaschnikow bekannt, die von den Israelis stammen.

Was CIA und FDN überhaupt nicht paßt, ist die differenzierte Haltung von MISURA. Die Fraktionen, die bereit sind, weiter gegen die Sandinisten zu kämpfen, erhalten monatlich 30 000 Dollar. Zum Vergleich: Im Januar 1985 waren es nur 7 500 für doppelt soviel Soldaten. Ferner erhielt diese Organisation im Juli 1985 „6 Tonnen neues Waffenmaterial".

Fernando Chamorros FARN, die wieder verstärkt von Costa Rica aus operieren, und „250 Soldaten stark sind", erhalten 50 000 Dollar im Monat und bekam auch im Juli 500 neue G3-Gewehre. Nur Pastora ist finanziell am Ende und hat seine FRS praktisch auf reine Lageraktivitäten reduziert. Für FDN-Pressesprecher Arana ist diese neue, großzügige finanzielle Entwicklung damit verbunden, daß Arturo Cruz und Alfonso Robelo international der FDN zu „mehr politischem Respekt" verholfen haben.

Mit diesem logistischen Rückhalt erwarten die Sandinisten Anfang 1986 die bisher größte Offensive der FDN. Obwohl der FSLN vor der Verhängung des Ausnahmezustandes in Nicaragua davon ausging, daß die militärische Lage seit 1982 nicht mehr so gut unter Kontrolle war wie im Dezember 1985, muß angemerkt werden, daß die Contra jetzt in Gebieten operiert, die bisher als nicht gefährdet galten. Hart betroffen ist erneut die Region von Chontales und die Verbindung zur Atlantikküste. Aber auch das Konfliktpotential verstärkte sich. Nicaragua machte sich zu eigen, daß für Honduras die Contra offiziell gar nicht existiert. Die sandinistische Artillerie schoß deshalb sechs Kilometer in honduranisches Gelände hinein, um die Contralager von „Las Vegas" und „La Lodosa" zu attackieren. Honduranischer Protest blieb aus, nur die Luftraumverletzungen nahmen schlagartig zu.

Nicaragua ist militärisch gut ausgerüstet und kann die neue Contraoffensive stoppen. Die Kräfteverhältnisse haben sich jedoch so entwickelt, daß die Auseinandersetzung militärisch nicht mehr zu lösen ist. Es hängt vom Verhandlungswillen der USA und Nicaraguas ab, ob sich neue Perspektiven einer friedlichen Lösung ergeben. Mittelfristig ist ohne weitere Zuspitzung der Lage nicht damit zu rechnen, daß die Sandinisten auf die Forderung der USA eingehen werden, sich direkt mit der FDN an einen Tisch zu setzen, obwohl sie bei MISURA bereits klare Zugeständnisse gemacht haben.

Für Nicaragua, mit dem Rücken an der Wand, ist es schwierig, in dieser Situation die internationale Unterstützung wieder zu seinen Gunsten zu verstärken. Die außerordentlich angespannte Lage und die Zuspitzung der militärischen Situation durch die Verwendung von Bodenluftraketen kann nur dazu führen, daß auch Nicaragua die Rüstungsschraube weiter anzieht. Die USA warten bereits darauf. In welch makabrem Maße die Diskussion in den USA fortgeschritten ist, nachdem es bereits verschiedene Hochrechnungen darüber gibt, wieviele Amerikaner bei einer direkten Intervention fallen würden, zeigt sich an einer „Glosse" des Kolumnisten der International Herald Tribune, Art Buchwald. Unter dem Titel „Remember Nicaragua" läßt er am 15. Juni 1999 den „Nicaragua Remembrance Day" feiern, „zu Ehren der über 200 000 Amerikaner, die in Nicaragua im zehnjährigen Krieg gefallen sind." Präsident Reagan hatte vor der Operation angekündigt, daß die Jungs „Weihnachten wieder zu Hause sind." Da es den USA gelungen ist, Contadora durch den Interessenkonflikt der Anrainerstaaten und deren ökonomische Verpflichtungen quasi zum Scheitern zu bringen, ist insbesondere europäische Politik mehr denn je gefordert, dezidiert Position zu beziehen und den amerikanischen Hinterhof zu ihrem Vorgarten zu machen.

Literaturverzeichnis

Amendment to the Intelligence Autorization Act for Fiscal Year 1983, House of Representatives Rept. 98–122, Washington 1984
SERAFINO, Nina M.: US Assistance to Nicaraguan Guerillas; Issues for the Congress 11/84, Foreign Affairs and National Defense Division, Congressional Research Service, Washington, D.C.
BUCHANAN, John H.: Subcommittee on Inter-American Affairs, Committee on Foreign Affairs, US House of Representatives, Statement 9/82, Washington, D.C.
The Mining of Nicaraguan Ports and Harbours, Hearing and Markup Before the Committee on Foreign Affairs, House of Representatives, 98, Congress, 4/84, Washington, D.C.
Committee on Foreign Affairs, Congress and Foreign Policy 1982, House of Representatives, Washington 1983
– ebenso, 1983, Washington 1984
– ebenso, 1984, Washington 1985
Concerning US Military and Paramilitary Operations in Nicaragua, Markup Before the Committee on Foreign Affairs, House of Representatives, 98, Congress, May/June 1983
Changing Course, Blueprint for Peace in Central America and the Caribbean, Policy Alternatives for the Caribbean and Central America, Institute for Policy Studies, Washington, D.C., 1984

Zeitschriften:

La Nación, San José, Costa Rica
Barricada, Managua
El País, Madrid
The Miami Herald, Miami
Diario de las Américas, Miami
The Washington Post
The International Herald Tribune

Karl–Ludolf Hübener

Das Dilemma der Sozialistischen Internationalen mit Mittelamerika

Mit allen Sektoren der Opposition sollte die Regierung in Managua einen Dialog aufnehmen. So wollten es die Parteiführer der Sozialistischen Internationalen (SI) in ihrer Brüsseler Lateinamerika-Resolution im April 1985. Das konnte nur heißen: Gespräche auch mit der bewaffneten Opposition, der Contra in Honduras und Costa Rica. Später korrigierte die SI diese Annäherung an Washingtoner Positionen noch einmal auf der Bürotagung im Juni 1985 im schwedischen Bommersvik. Einschränkend hieß es: mit allen Sektoren der internen Opposition.
Aber trotz dieser Klarstellung ist offensichtlich, daß die SI ihre liebe Mühe und Not hat, eine gemeinsame Nicaragua-Politik zu formulieren. In beiden Resolutionen taucht das Wort „Solidarität" nicht mehr auf. Das 1980 gegründete „Komitee zur Verteidigung der Revolution Nicaraguas" scheint vergessen. Die Zeiten sind vorüber, als Felipe González öffentlich die Wahl Reagans als eine „Bedrohung für die demokratischen Bewegungen in Zentralamerika" bezeichnete und Nicaraguas Revolution für den Madrider SI-Kongreß 1980 die „Hoffnungen für einen sozialen Wandel in der ganzen Region" verkörperte. Den Stimmungswandel verdeutlichte Bettino Craxi, SI-Vizepräsident aus Italien, ausgerechnet in Washington: Es sei nicht möglich „zwei Kubas in der westlichen Hemisphäre" zu dulden: „Eins ist da und das ist genug".
Die inneren Widersprüche einer SI, in der auf europäischer Seite so unterschiedliche Köpfe wie der Reagan-nahe Mario Soares und der in der Dritten Welt weithin geschätzte Olof Palme als Vizepräsidenten amtieren, werden wieder deutlicher. Von vielen waren sie lange Zeit nicht mehr wahrgenommen oder einfach verdrängt worden. In Bommersvik wurde außerdem – als ob man das eine mit dem anderen problemlos verbinden könnte – die Unterstützung für die „demokratische Regierung Luis Alberto Monges" (seine Partei, die PLN, ist Mitglied der SI) unterstrichen und der Mythos vom neutralen Costa Rica aufrechterhalten, obwohl jeder weiß, daß Contras wie Edén Pastora ungeniert vom Boden Costa Ricas aus operieren, die „armeelose mittelamerikanische Schweiz" von den USA aufgerüstet wird und der Radiosender „Stimme Amerikas" von Costa Rica aus nach Nicaragua schallt. Während es die in Brüssel versammelten Parteiführer natürlich finden, daß Daniel Ortega den erpresserisch-aggressiven „Friedensplan" Reagans vom April ablehnt, versichert Monge „dem großen und guten Freund" Reagan seine „begeisterte Unterstützung". Während fast ausnahmslos alle SI-Parteien der Contadora-Initiative ihre volle Rückendeckung geben, geht Monge die Vierer-Gruppe an, die „sehr bemüht" sei, „Nicaragua zu schützen, nicht aber Costa Rica". Contadora und die neue Unterstützungsgruppe aus Südamerika für eine Friedenslösung in Zentralamerika hätten „großen Eifer an den Tag gelegt, Nicara-

gua vor der angeblich drohenden Invasion durch die Vereinigten Staaten zu schützen." Einige bringen immer wieder die katastrophale Verschuldung des Landes und den erpresserischen Kredithebel Washingtons als Entschuldigung für die wenig US-freundliche Politik San Josés vor, aber wie lange kann man in diesem Fall so eindeutig vom aufrechten Gang absehen, ohne irgendwann als Gesamtorganisation SI der Doppelzüngigkeit geziehen zu werden?! Sicherlich, die große Mehrzahl der SI-Parteien verhält sich nicht wie ein Agent des US-Imperialismus. Einige ließen an ihrer harten Opposition zur Reagan-Politik in Zentralamerika keinen Zweifel aufkommen, und viele haben praktische, wenn auch oft bescheidene Solidarität mit Nicaragua geübt — allerdings immer weniger aus voller Überzeugung. Tatsache ist jedenfalls, daß die revolutionären Flitterwochen vor und nach dem Sieg der Sandinisten 1979 längst vorüber sind. Alltag und Ernüchterung sind in die Beziehungen zwischen einer revolutionären Bewegung — dem FSLN — und einer internationalen reformistischen Organisation — der SI — eingekehrt. Der Testfall Nicaragua zeigt nun deutlich die Grenzen des Engagements der SI in Ländern der Dritten Welt. Offensichtlich sind zu hochgesteckte, von der SI durchaus auch genährte Erwartungen enttäuscht worden — ohne daß es immer offen ausgesprochen wird: Die Möglichkeiten der SI sind überschätzt worden.

1985 ist nicht mehr 1976, als die SI nach Lateinamerika aufbrach und Willy Brandt auf dem Genfer Kongreß die Präsidentschaft übernahm. Als neue Aufgabe der SI dekretierte er neben anderen, „aus der europäischen Isolation auszubrechen und zu einer wahrhaft weltumspannenden Organisation zu werden." Lateinamerika wurde zum Hauptaktionsfeld: Heute sind 18 Parteien aus der Region bei der SI eingeschrieben; allerdings fehlen Mitglieder aus den größeren Staaten Lateinamerikas wie Brasilien, Argentinien, Kolumbien und Mexiko, es überwiegen kleinere Parteien oder regierende Parteien aus kleineren Nationen.

Schon einmal hatte eine Revolution einen Wendepunkt für viele als sozialdemokratisch eingestufte und sozialistisch orientierte Parteien bedeutet. Die kubanische Revolution polarisierte die Parteienlandschaft. Gruppierungen wie „Acción Democrática" in Venezuela und die APRA in Perú — beide sind heute Mitglieder der SI — setzten sich als sogenannte „Demokratische Linke" vom Havanna-Modell ab, gaben ihre frühere Distanz zur US-Politik endgültig auf und wurden Washingtons Bündnispartner in der antikubanischen „Allianz für den Fortschritt". Weitreichende Reformversprechen gingen bald unter in blindem Antikommunismus, der übrigens auch die aus der Zeit des Kalten Krieges stammende, immer noch gültige Frankfurter Prinzipienerklärung der SI (1951) durchzieht. Allerdings hat Fidel Castro die hysterische, heute noch nachwirkende Angst vor „marxistischer Subversion" durch die Unterstützung zahlreicher Guerilla-Bewegungen in Südamerika — so auch in Venezuela — mitverursacht.

Als die Sozialistische Internationale mit der Konferenz politischer Führer aus Europa und Amerika für die „internationale demokratische Solidarität" 1976 in Caracas einen ersten, noch informellen Anlauf auf dem Subkontinent machte, waren auch die ehemaligen „Allianz"-Parteien mit von der Partie. Die

USA hatten inzwischen auch ihre besten Freunde in den demokratischen Parteien irritiert, als Präsident Richard Nixon immer unverhohlener brutale Militärdiktatoren – besonders am Cono Sur – unterstützte und beim Putsch gegen die demokratisch gewählte Allende-Regierung in Chile mithalf. Die bedingungslose Gefolgschaft wurde der Führungsmacht der freien Welt aufgekündigt.

Gleichzeitig hatte sich bei linken Parteien und Bewegungen in den 70er Jahren Resignation breitgemacht: Die Guerilla der 60er Jahre war gescheitert und der Widerstand in den Militärdiktaturen größtenteils zerschlagen. Mit Allendes Tod schien auch die Hoffnung auf einen eigenständigen friedlichen Weg in eine gerechtere Gesellschaft endgültig versperrt. In dieser Situation stieß die Sozialdemokratie aus Europa erstmals auf ein größeres Echo. Nicht selten wurde sie auch von Kräften, die – wie die revolutionäre Linke – in der Sozialdemokratie den reformistischen Anpasser an Kapitalismus und imperialistischen Interessen sahen und ihr abgrundtiefes Mißtrauen entgegenbrachten, allmählich als möglicher Ausweg aus einer immer hoffnungsloser scheinenden Lage wahrgenommen.

Der Generalsekretär des PRD aus der Dominikanischen Republik, José Peña Gómez, der später Präsident des Lateinamerika-Komitees werden sollte, verstieg sich auf dem SI-Kongreß in Vancouver 1978 gar zu der Ansicht, daß der Demokratische Sozialismus eine „Doktrin zur Rettung Lateinamerikas" sei: Er sei als einziger in der Lage, den von Militärregimen beherrschten Ländern eine baldige Rückkehr zur Demokratie zu ermöglichen. Die SI stieß deutlich auch in ein Vakuum, da Präsident Jimmy Carter die Kontrolle des „lateinamerikanischen Hinterhofs" etwas nachlässiger handhabte. Der gemeinsame Nenner für die unter dem SI-Dach organisierten oder als Gast eingeladenen Parteien war: Kampf gegen Diktaturen und für Demokratisierung.

Trotz der heterogenen Zusammensetzung der in der SI organisierten Parteien aus Lateinamerika und der Karibik werden diese allgemein als „sozialdemokratisch" eingestuft, aber diese aus Europa entlehnte Definition verdeckt ein breites ideologisches Spektrum und spiegelt kaum die ideologische Realität wieder. Darunter sind nationalrevolutionäre, populistische Mehrklassenparteien, aber auch Bewegungen mit sozialistischen Programminhalten oder -ansätzen. Allenfalls sind Tendenzen zu einer „Sozialdemokratisierung" festzustellen.

Es ist den regionalen SI-Mitgliedsparteien bis heute nicht gelungen, sich auf eine eigene kontinentspezifische Programmatik zu einigen. Der Versuch auf der zweiten Sitzung des SI-Lateinamerika-Komitees in Caracas im Herbst 1980, den Demokratischen Sozialismus ansatzweise als eine politisch-ökonomische Theorie zu definieren, nach der die Produktionsmittel, die Verteilung und der Handel im Besitz des Volkes sind und/oder von ihm kontrolliert werden, blieb gleich im ersten Anlauf auf der Strecke. Verabschiedet wurden dagegen als Kompromißformeln: Freiheit, soziale Gerechtigkeit und Solidarität, Begriffe, die nicht nur in Lateinamerika auch Konservativen leicht über die Zunge gehen. Am konkreten Beispiel Nicaragua zeigte sich jedoch bald, daß diese Leerformeln die Widersprüche in der SI nicht mehr zudecken können.

Im Frühjahr 1980 waren die SI-Parteien in Santo Domingo zur ersten Sitzung des SI-Lateinamerika-Komitees zusammengekommen. Dort wiederholten die Delegierten „unser Vertrauen, unseren Respekt und unsere Unterstützung" für den FSLN und schossen in einer später nie wieder gehörten Schärfe Breitseiten gegen den „US-Imperialismus" ab. In der „Deklaration von Santo Domingo" heißt es: „Wir klagen die negative und rückständige nordamerikanische Politik an, die gestern durch nichts gerechtfertigte wirtschaftliche Hilfe an einen blutigen Tyrannen vergab und heute versucht, Nicaraguas Wirtschaft durch Kreditblockaden und internationalen Wirtschaftsboykott zu ersticken." Die Delegierten sangen die Internationale und der „radikale" Schwung pflanzte sich bis in die Resolutionen fort: „Die Regionalkonferenz markiert den Beginn einer Zeit der Einheit zwischen antiimperialistischen und sozialistischen Kräften in Lateinamerika, Europa, Afrika und Asien... Auf dieser Konferenz haben sich die Lateinamerikaner verpflichtet, die Befreiungskämpfe der unterdrückten Völker in Asien und Afrika zu unterstützen." Das klang revolutionär, doch der verbalradikale Überschwang hielt nicht lange an. Schon bald bereitete die Solidarität mit den Befreiungsbewegungen auf dem eigenen Kontinent Schwierigkeiten — ob nun in Nicaragua oder El Salvador. Der Beifall wie auch das bald aufkommende Unbehagen hatten ihre Ursachen in Fehleinschätzungen, wie das Beispiel des FSLN zeigt. Der Einzug der Sandinisten in Managua wurde noch vom vereinten Jubel der SI begleitet, war doch, ganz im Sinne des antidiktatorialen Geistes von Caracas, mit Anastasio Somoza einer der schlimmsten Diktatoren verjagt worden. Bei vielen SI-Parteien, insbesondere in Lateinamerika, überwog der Eindruck, daß in der „Tercerista"-Fraktion des FSLN Pragmatiker und Sozialdemokraten das Heft in der Hand hätten und die gefürchteten Marxisten und Marxisten-Leninisten eine Minderheit seien. Die taktische Zurückhaltung der „Terceristas", die kaum betonte antikapitalistische und antiimperialistische Zielsetzung, die auf die bürgerliche Opposition weniger radikal wirkende Sprache wurden als offizielle Politik der „Terceristas" aufgenommen. Edén Pastora, mit führenden PLN-Leuten und dem Venezolaner Carlos Andrés Pérez befreundet, machte zudem den Eindruck, als höre die Südfront Nicaraguas im Krieg gegen Somoza allein auf sein Kommando und nicht auf die politische Leitung des FSLN. Sichtbares Zeichen dieser Einschätzung war, daß „Comandante Cero" anfangs auf zahlreichen SI-Treffen Stargast war, bevor er ins Contra-Lager abwanderte. Kein Wunder, daß der damalige Präsident Venezuelas, Carlos Andrés Pérez, nicht mit materieller Unterstützung geizte und mit Waffen kräftig an der Südfront nachhalf. Damit sollten über die Südfront auch vermeintlich sozialdemokratisch-gemäßigte Positionen gestärkt werden.
Auf dem Kongreß der SI Ende November 1980 in Madrid hatte der FSLN noch kaum etwas von seinem Ansehen eingebüßt. Mit Begeisterung wurde die Gründung eines „Komitees zur Verteidigung der Revolution in Nicaragua" aufgenommen. Felipe González wurde auf Vorschlag Willy Brandts Präsident des Komitees, weitere illustre Namen schmückten die Komitee-Liste: Olof Palme, François Mitterrand, Bruno Kreisky und Michael Manley aus Jamaica. Als Arbeitsbasis wurde festgelegt:

— Respekt vor dem Selbstbestimmungsrecht des nicaraguanischen Volkes.
— Strikteste Respektierung des Prinzips der Nichteinmischung in die internen Angelegenheiten.
— Informationen über die Entwicklung der Lage in Nicaragua und den Prozeß des Wandels zu Freiheit, Gerechtigkeit und nationaler Unabhängigkeit.
— Dauerhafte internationale Solidarität, die es dem Volk von Nicaragua erlaubt, sein Programm des nationalen Wiederaufbaus zu vollenden.

Der engagierte Aufgabenkatalog läßt die späteren Bedenken und Bedingungen kaum ahnen.
Schon vor Madrid hatten sich allerdings die ersten, nach außen hin noch unsichtbaren Risse in der Einheitsfront gezeigt, als sich auf der Bürositzung 1980 in Oslo eine verschwindende Minderheit für die SI-Aufnahme der kaum sozialdemokratisch orientierten Partei (MDN) des Ex-Junta-Mitglieds Alfonso Robelo einsetzte. Neben Mario Soares deutete auch Daniel Oduber als Vertreter des PLN von Costa Rica aufkommende Anti-FSLN-Stimmung an. Aus dem PLN kam auch das nächste Alarmsignal, als er im Februar 1981 eine Erklärung des SI-Präsidenten zu El Salvador als ausschließliche Unterstützung des bewaffneten Kampfes interpretierte. In einer kontinentweiten aufwendigen und in allen wichtigen Presseorganen veröffentlichten Anzeigenkampagne distanzierte sich der PLN von der SI: „Wir unterstützen die Befreiungsbewegungen. Aber auf keinen Fall akzeptieren wir, daß unter dem Vorwand, ein Volk zu befreien, dieses Ideologien unterworfen wird, aus denen schließlich despotisch-kommunistische Regime erwachsen. Wir lehnen Gewalt in all ihren Formen ab — ob es sich nun um repressive Methoden der Militärs handelt oder um Terrorismus, der materielle Schäden hervorruft und — was noch schwerwiegender ist — menschliches Leben zerstört."
Da klingt schon an, was Ronald Reagan später in seiner Anti-Terrorismus-Kampagne der Weltöffentlichkeit einzuhämmern versucht: Befreiungsbewegungen, die nicht den Segen Washingtons haben, sind terroristische Banden. Fast parallel zu Nicaragua distanzierten sich einige lateinamerikanische und später auch europäische Mitglieder — oft nur hinter vorgehaltener Hand — von der FDR/FMLN, die durch die mexikanisch-französische Anerkennungsinitiative erst 1981 ihren internationalen Durchbruch erzielt hatte. Die ersten „demokratischen" Wahlen in El Salvador werden noch mit Anführungsstrichen behandelt. Heute versucht auch die SPD nicht einmal mehr mit öffentlichen Solidaritätsveranstaltungen für Guillermo Ungo, den Vorsitzenden der FDR, SI-Vizepräsidenten und Chef der SI—Mitgliedspartei MNR zu werben; Bonn besucht er fast nur inkognito. Und nicht nur Daniel Oduber (SI-Vizepräsident aus Costa Rica) ist der Meinung, daß das, was für El Salvador gelte, auch für Nicaragua gelten müsse: jeweils Verhandlungen mit der bewaffneten Opposition. Aber noch sind zahlreiche Mitglieder der Meinung, daß man unmöglich im Reaganschen Sinne den Terror der mörderischen Contras mit dem Kampf Ungos und der FDR/FMLN gleichsetzen könne.
Zwar schloß die Komiteesitzung im Juni 1981 in Managua noch einmal mit einem eindeutigen Bekenntnis: „Indem wir Nicaragua unterstützen, geben wir allen Völkern Lateinamerikas und der Welt, die für ihre Freiheit kämpfen,

Hoffnung." Aber es klangen in einigen Redebeiträgen auch schon andere, distanzierende Töne an. Sowohl der damalige SI-Generalsekretär Bernt Carlsson als auch Komitee-Präsident Felipe González drangen auf die Einhaltung der drei erklärten Ziele der Sandinisten – Pluralismus, Blockfreiheit und gemischte Wirtschaft – und machten erstmals auf den Unterschied zwischen „Respekt" für einen anderen Weg und „Solidarität" mit einer Politik, mit der man sich identifizieren kann, aufmerksam.

Zum offenen Eklat kam es, als Caracas im Februar 1982 Schauplatz einer Bürositzung der SI werden sollte. Die einladende Acción Democrática (AD) legte sich auf Druck des mächtigen Gewerkschaftsflügels quer, als die Sandinisten als Beobachter eingeladen werden sollten. SI-Präsident Willy Brandt blieb nichts anderes übrig, als das Treffen abzublasen, wollte er die bisherige Nicaragua-Politik und das Verteidigungskomitee nicht ad absurdum führen.

Wochen vor dem Treffen hatte AD-Generalsekretär Manuel Peñalver bereits einen klaren Trennungsstrich gezogen, als er den Sandinisten diktatoriale Tendenzen vorwarf. Peñalver: „Die sandinistische Regierung ändert ihre Orientierung. Wir haben gesagt, daß wir mit ihnen zusammenarbeiten würden, solange eine Möglichkeit für Pluralismus existiert. Aber jetzt ist der Moment gekommen, uns von den Sandinisten abzugrenzen. Die Sandinisten sind keine Sozialisten, da ihre herausragenden Köpfe bereits erklärt haben, sie seien Marxisten-Leninisten. Sie sollten sich eine andere Internationale suchen, wir sind keine nützlichen Idioten." Peñalver, der den traditionell antikommunistischen Gewerkschaftsflügel repräsentiert, stand mit dieser Ansicht in seiner Partei keineswegs allein, sondern drückte damit eine Mehrheitsmeinung aus, die allerdings nicht von Carlos Andrés Pérez (CAP) getragen wurde. Mag AD in ihren Anfängen auch antikapitalistische und antiimperialistische Ansätze verfochten haben, so lebt sie heute auch von Parteispenden großer Unternehmen, und insbesondere ihre Spitzengewerkschafter sind grundsätzlich proamerikanisch, was allerdings nicht unbedingt mit pro-Reagan gleichgesetzt werden darf. Sie fühlen sich in der Miami-Exilwelt eher zu Hause als in Nicaragua oder gar auf Kuba. Mit einer atemberaubenden Gedankenpirouette hatte Carlos Andrés Pérez bereits AD-Realitäten, Sozialdemokratie und Demokratischen Sozialismus versöhnt und gleichzeitig alle anderen Sozialismus-Anwärter ausgeschaltet: „Der einzige Sozialismus ist die Sozialdemokratie!" Und in welche Richtung dieser Sozialismus im Zweifelsfall tendiert, machte CAP mit einer Werbekampagne für eine SI-Mitgliedschaft der Liberalen Partei Kolumbiens deutlich. Er stufte sie ungeniert als sozialdemokratisch ein.

AD ist nicht irgendeine Partei in der SI. Ohne AD läuft auf regionaler SI-Ebene nur wenig. Die Partei des Erdölstaates Venezuelas ist die mitgliederstärkste in der Regionalorganisation und – was manchmal ausschlaggebend ist – auch die finanzstärkste, wovon kleinere Parteien aus anderen Ländern schon mal profitieren. Diese wagen deshalb auch nicht, so ohne weiteres öffentlich gegen Meinungen von CAP oder AD anzugehen. Peñalvers antisandinistischer Vorstoß zeigte, daß der Vorwurf „kommunistischer Subversion" aus Nicaragua, der seit der Amtsübernahme Reagans immer lauter und aggres-

siver über Washingtoner Propagandakanäle nach Lateinamerika dröhnte, nicht ohne Wirkung bei den ehemaligen „Allianz"-Freunden in Venezuela und Costa Rica geblieben war. Washington hatte außerdem längst begonnen, mit Druck und Überredungskünsten einen Keil in die SI zu treiben – nach der Devise des Generalsekretärs der christdemokratischen Regionalorganisation OPCA, Aristides Calvani: „In der SI muß man zwischen Sozialdemokraten und Marxisten unterscheiden". Marxismus ist dabei Synonym für Kommunismus oder zumindest Kommunistennähe. Die bitteren Worte des Vorsitzenden der jamaikanischen Bruderpartei, Michael Manley, über „serviles" Verhalten der AD gegenüber Washington treffen deshalb nur einen Teil der Wahrheit.
Nach dem Caracas-Eklat war immer weniger vom „Komitee zur Verteidigung der Revolution" die Rede, die Konditionierung der Solidarität schob sich in den Vordergrund: „Im Falle Nicaraguas hat die SI vor und nach der Revolution von 1979 ihren politischen Willen deutlich gemacht, die ursprünglichen politischen Ziele der Revolution unterstützen zu helfen." Ursprünglich, das hieß: Pluralismus, gemischte Wirtschaft und Blockfreiheit. So deutlich, wie es ein Brandt-Berater in einer mexikanischen Zeitung beschrieb, klang das „ursprüngliche Ziele" anfangs nicht an. Jedenfalls war die Trennmauer zwischen SI-Vorstellungen und sandinistischer Politik vorgezeichnet: „Das Nicaragua-Komitee der SI hat deutlich gemacht, daß dieser politische Wille auch seine Grenzen finden kann, wenn der weitere Verlauf des revolutionären Prozesses wesentlich andere Formen annehmen sollte."
Andererseits hatte der damalige SI-Generalsekretär Carlsson zur selben Zeit eingesehen: „50 Jahre hat man im Westen über die Diktatur der Somozas hinweggesehen. Jetzt haben wir nicht das Recht zu bestimmen, wie die Zukunft Nicaraguas aussehen soll." Und Willy Brandt hatte noch „im Jahre 1 nach Nicaragua" geschrieben: „Die westlichen Industrienationen haben sich in der Vergangenheit leider zu oft davon leiten lassen, ihre kurzfristigen ökonomischen Interessen durch die Zusammenarbeit mit einer dünnen Oberschicht zu wahren. Dies hat großen Schaden angerichtet. Wer jahrzehntelang feudalistische Systeme und korrupte Familienclans stützt und damit ein Stück Verantwortung für Not und Elend immer breiterer Schichten übernimmt, braucht sich nicht zu wundern, wenn sich die aufbegehrenden Kräfte in der Dritten Welt andere Vorbilder suchen... Nicaragua hat auf dramatische Weise deutlich gemacht, wo die zentralen politischen und wirtschaftlichen Probleme der meisten lateinamerikanischen Länder liegen. Zwar haben sie beinahe alle ihre Selbständigkeit als Nationen erreicht, aber bis zum heutigen Tag haben sie sich kaum aus einem starken Netz von Abhängigkeiten und Ausbeutung befreien können. Immer wieder wurden in diesen Ländern Ansätze zu einer sozialen, ökonomischen und kulturellen Emanzipation verhindert."
Damit eigenständige Anläufe zur Emanzipation nicht leichtfertig als „kommunistisch inspiriert" vom Diskussionstisch der SI gefegt würden, hatte Willy Brandt schon 1975 bei seinen Gesprächen mit Olof Palme und Bruno Kreisky zu bedenken gegeben: „Die Doktrin der Internationale erschwert zum Beispiel den Kontakt mit den Parteien vieler Länder – wie etwa Schwarzafrika –, weil ihre insoweit richtigen Grundsätze nicht mit dem Phänomen der Mono-

polparteien zu vereinbaren sind... Und nun existieren dort oft Gliederungen innerhalb ein und derselben Partei, von denen man sagen kann, sie könnten woanders auch in unterschiedlichen Parteien organisiert sein. Warum also nicht befreundete Kräfte, sozialistisch sich empfindende und tatsächlich so eingestellte Parteien oder Parteigruppierungen in Afrika dazu bringen, daß sie allein oder in einer Gruppierung mit den sozialdemokratischen und sozialistischen Parteien in Europa nicht nur ad hoc, sondern auch mit einer gewissen Regelmäßigkeit zusammenarbeiten?"
Und in Santo Domingo deutete sich noch 1980 zumindest ein (selbst-)kritisches Überdenken an: „Was bislang formell als Demokratie bezeichnet wurde, hat sich als unfähig erwiesen, Freiheit und die volle Partizipation zu sichern. Wir fordern eine Demokratie, die tatsächlich die Partizipation aller Sektoren beinhaltet, die der Arbeiterklasse die Früchte des Fortschritts gibt – in einem pluralistischen System, das Vollbeschäftigung und eine gerechte Einkommensverteilung sichert."
Michael Manley gestand den Europäern aufgrund historischer Entwicklungen zu, daß sich dort Pluralismus in verschiedenen Parteien und in parlamentarischen Formen ausdrückt. Unter Hinweis auf Tansania machte er jedoch geltend, daß sich Pluralismus in anderen Weltgegenden auch in einer einzigen Bewegung angemessen verwirklichen könne. Ländern wie Nicaragua möchte er deshalb erst einmal eine Chance geben, bevor – wie so häufig – ein vorschnelles Urteil gefällt werde. Manley bezog das auch auf Grenada, als dort Maurice Bishop noch Ministerpräsident war. Bishop hatte sich beharrlich geweigert, nach dem Motto „Alle fünf Jahre fünf Minuten" sofort Wahlen abzuhalten. Er hatte beabsichtigt, nach ausreichenden Erfahrungen und Experimenten eine Demokratie von der Basis her aufzubauen, in einem Land, das – wie Nicaragua – nie mit demokratischen Verhältnissen praktisch vertraut gemacht worden war. Grenada wurde die Chance durch die Ermordung Bishops und die US-Intervention verwehrt. Aber schon vorher hatten die meisten SI-Parteien der Karibikinsel und der SI-Mitgliedspartei „New Jewel Movement" die kalte Schulter gezeigt. Die Aufnahme in die SI 1980 kreidete man sich als Fehler an. Bishop galt als kubalastig, das Ost-West-Schubladendenken funktionierte mal wieder.
Es wurden nicht nur die kritischen Anstöße aus der Aufbruchzeit bald vergessen, auch die Bedingungen für weitere Solidarität wurden zunehmend im klassisch-bürgerlichen Sinne – repräsentative Demokratie, Wahlen etc. – interpretiert. Die Sandinisten mußten in vielen Punkten nachgeben, wollten sie die europäische Unterstützung nicht verlieren. Dennoch wollen die kritischen Anmerkungen und Belehrungen nicht enden, als ob es nicht Krieg, Notstand und Tausende von Terroristen gäbe. Vergessen scheint, daß für den Ernstfall in der Bundesrepublik die einst so heftig umstrittenen, Grundrechte einschränkenden Notstandsgesetze bereitliegen und gegen die zahlenmäßig kleine „Rote-Armee-Fraktion" gleich ein ganzes Bündel heute noch gültiger Sicherheitsmaßnahmen ergriffen wurde.
Manchem SPD-Streiter geht es offensichtlich nicht so sehr um Nicaragua, als vielmehr um innenpolitischen Legitimationszwang. Sie glauben sich vor der

CDU als Verfassungsfreunde rechtfertigen zu müssen. Nicaragua wird so zum innenpolitischen Zankapfel und muß sich ständig vor bundesdeutschen Demokratie-Anwälten rechtfertigen.

Daß eine Organisation, die sich „sozialistisch" nennt, auf einer gemischten Wirtschaftsordnung für Nicaragua beharrt, ist zumindest seltsam, wenn nicht gar Einmischung in die inneren Angelegenheiten. Die Frankfurter Prinzipienerklärung legt kein Mitglied auf diese Ordnung fest. Die dort beschriebene „wirtschaftliche Demokratie" geht weit über das hinaus, was offensichtlich eine ganze Reihe von SI-Parteien unter „gemischter Wirtschaftsordnung" versteht: „Der Sozialismus will das kapitalistische System überwinden, durch eine Wirtschaftsordnung, in der das Interesse der Gemeinschaft über dem Profitinteresse steht." Von sozialistischer Planung ist die Rede. Bei einigen, insbesondere lateinamerikanischen Mitgliedern der SI besteht dagegen der wohl nicht ganz unbegründete Verdacht, daß der wirtschaftliche „Status Quo" festgeschrieben werden soll — abgesehen von einigen kleineren sozialen Korrekturen. In ihrer Regierungspraxis haben sie am System des abhängigen Kapitalismus kaum gerüttelt, die Ausbeutung durch „korrupte Familienclans" wenig eingeschränkt und sich häufig mit den wirtschaftlichen Machteliten arrangiert. Und die europäischen SI-Parteien haben sich unter dem unverfänglichen Titel „soziale Marktwirtschaft" längst mit dem Kapitalismus abgefunden.

Der Ruf nach Blockfreiheit ertönt häufig am lautesten aus der Ecke von Parteien und Regierungen, die blockgebunden sind, sich zum westlichen Militärbündnis bekennen oder nichts dabei finden, gemeinsam mit den USA in der lateinamerikanischen Region Manöver abzuhalten. Blockfreiheit wird aus der eigenen Interessenlage heraus definiert. Keiner macht sich die Mühe, als Meßlatte einmal die von der Blockfreien-Bewegung selbst gesetzten nicht unbedingt „prowestlichen" Kriterien zu nehmen. Dort gelten jedenfalls enge Freundschaft mit Kuba oder gelegentliches Abstimmen mit der Sowjetunion noch nicht gleich als Verstoß, so wie ja auch häufigeres Abstimmen mit den Westmächten in der UNO nicht mit Ausschluß geahndet wird.

In manchen Reden europäischer SI-Politiker wird versteckt oder ganz offen mit einem Dritten Weg geliebäugelt — zwischen Kommunismus und Kapitalismus, zwischen USA und Sowjetunion, als Alternative für die Dritte Welt, und speziell auf Nicaragua lastet die Erwartung, diesen blockfreien, wenig definierten Weg à la SI zu gehen. Aber dahinter steckt eine ganze Menge Wunsch- und Ost-West-Denken. Die USA — und nicht die Sowjetunion oder Kuba — drohen Abtrünnigen in Lateinamerika, die ihre Abhängigkeit tatsächlich abschütteln und die angemaßten Rechte der USA nicht mehr respektieren wollen, mit Sanktionen. Die endlose Kette direkter und indirekter Interventionen spricht eine deutliche Sprache. Als Nicaragua souverän und erstmals ohne Rücksprache in Washington seine Entscheidungen traf, bekam es sofort die Feindschaft der Supermacht zu spüren. Denn freundschaftliche Beziehungen mit Washington sind in Lateinamerika bislang nur um den Preis beschränkter Souveränität und nicht durch blockfreie Selbständigkeit zu haben.

Wer einen Dritten Weg in Lateinamerika nicht nur verbal unterstützen wollte, müßte allerdings riskieren, sich mit dem NATO-Bündnispartner USA anzulegen. Und wer den blockfreien Weg einfordert, muß erheblich mehr als nur papierene Solidarität leisten, auch mit den Entwicklungsmillionen allein — so wichtig sie für Nicaragua sind — ist es nicht getan. So wie die USA ihre Klientelstaaten mit Milliardensummen überhäufen, die Sowjetunion ihren Verbündeten kräftig unter die Arme greift, müßten regierende finanzstarke SI-Mitglieder aus Europa einer demokratisch-sozialistischen oder ähnlichen Alternative mit Milliardensummen beistehen. Daß dies bislang nicht geschah, hatte schon vor Jahren SI-Vizepräsident Michael Manley aus Jamaica kritisiert. Als die damalige Regierung Manleys 1980 mit dem Internationalen Währungsfonds brach und dringend Kredite benötigte, wurde sie allein gelassen. Hilfe hieße dann auch wohl Waffenlieferungen, damit sich dieser unabhängige Weg gegen die USA verteidigen und behaupten kann.

Vielleicht können sich manche europäische SI—Parteien mit einer sozialistischen blockfreien Entwicklung abfinden oder diese gar unterstützen, das gilt aber nicht für die traditionell einflußreichsten Mitglieder in Lateinamerika. Sie müßten sich selber in Frage stellen, wollten sie eine revolutionäre oder auch friedliche tiefgreifende Umgestaltung vor der eigenen Haustür akzeptieren oder gar fördern. Sie müßten das eigene Scheitern eingestehen. Beispielsweise ist die von „Acción Democrática" groß angekündigte Agrarreform in Venezuela auch während ihrer Regierungsjahre toter Buchstabe geblieben, auf dem Land haben Latifundisten und Agrarindustrien weiterhin das Sagen, und die Elendsviertel in der Hauptstadt Caracas sind auch unter AD-Regierungen gewachsen.

Die SI drückt bei schwerwiegenden Fehlern der eigenen Mitglieder gelegentlich beide Augen zu, während die unzähligen Missionen und Delegationen, die durch Nicaragua ziehen, dort auch noch die kleinste diplomatische Verfehlung der relativ unerfahrenen Sandinisten oberlehrerhaft kritisieren. Die SI würde den offenen Bruch mit ihren wichtigsten Mitgliedern riskieren, wenn sie bei ihnen nur entfernt so harte Maßstäbe anlegte wie im Falle Nicaraguas. Auf keiner SI-Veranstaltung wurde beispielsweise die PRD-Regierung Salvador Blancos aus der Dominikanischen Rebpublik zur Rechenschaft gezogen: Als im April 1984 Tausende gegen die vom Internationalen Währungsfonds diktierten Hungerkuren protestierten, erschossen Armee und Polizei über hundert Menschen. Die Internationale Arbeitsorganisation in Genf kritisierte außerdem die sklavenähnliche Behandlung haitianischer Zuckerrohrschneider, die sich zu Hungerlöhnen in der Dominikanischen Republik verdingen. Und die zaghafte Diskussion über die Rolle einer von der Barbados Labour Party (SI-Mitglied) gestellten Regierung, deren Soldaten 1985 freiwillig an der Seite der US-Invasoren die Nachbarinsel Grenada stürmten, verlief sehr schnell im Sande.

Realistischer als konsequente SI-Rückendeckung für tatsächlich blockfreie und revolutionäre Wege ist wohl Hilfe bei einer „Diversifizierung der Abhängigkeit" — ausgehend von einer Wirtschaftskonkurrenz zwischen den USA und Europa. Die Anziehungskraft der SI basiert zum Teil auf der Hoffnung, in der SI eine gemäßigt-fortschrittliche Strömung entdeckt zu haben, die in wichtigen Ländern Europas regiert und die schier unüberwindlich erscheinende Abhängigkeit von den USA ein wenig lockern könnte. Die Diversifizierung der Abhängigkeit, insbesondere über wirtschaftliche Kanäle, könnte eine Etappe auf dem Weg zur völligen Unabhängigkeit sein. Dahinter steckt wohl auch die Annahme, daß die Europäer nicht so schnell ihre Marines schikken, was sich im Falle des Malvinas-Falkland-Krieges allerdings als Trugschluß erwies.

Den Blick für Realitäten und Möglichkeiten der SI in der Dritten Welt haben auch einige revolutionär klingende Resolutionen vernebelt. Der Testfall Nicaragua hat gezeigt, daß der Konsens in dieser Organisation brüchig ist, daß der allgemein akzeptierte Nenner sich letztlich auf die Caracas-Formel von 1976 reduziert: Gegen Diktaturen und für Demokratisierung. Hier hat sie im Falle der Dominikanischen Republik auch ihre Stärke unter Beweis gestellt. Der massive Druck der SI verhinderte, daß Diktator Balaguer 1978 durch Wahlbetrug die SI-Mitgliederpartei PRD um den Sieg brachte.

Ob sie neue und alte Demokratien auch am Leben halten kann, muß sie noch unter Beweis stellen. Glückwünsche zur erfolgreichen Demokratisierung an die Adresse Argentiniens, Uruguays und Brasiliens sind nicht ausreichend. Wenn die regierenden Sozialdemokraten in Europa nicht den unsozialen Würgegriff des Internationalen Währungsfonds beseitigen helfen, in der EG nicht gegen Protektionismus und Preisdumping vehement Sturm laufen, sieht die Zukunft mancher ums Überleben kämpfender Demokratie düster aus. Der nächste Testfall für die SI ist Peru, wo mit Alan García und der APRA SI-Genossen regieren, die sich gegen die Wirtschafts- und Schuldenkrise stemmen.

Vereinzelt macht sich internationalistische Empörung über einen „verräterischen Kurswechsel" der SI Luft. Aber die ist wohl nicht immer echt, denn es wird in vorwurfsvollem Ton etwas gefordert, was die insgesamt reformistische SI aufgrund der eigenen Analyse gar nicht leisten konnte. Enttäuschung und Ernüchterung hat sich bei anderen breitgemacht. Aber diese konnte sich eigentlich nur einstellen, wenn man sich vom verbalradikalen Aufbruch hatte mitreißen lassen und nun glaubte, die Sozialistische Internationale könne über ihren eigenen Schatten springen und nach der Unterstützung des bewaffneten Kampfes in Nicaragua auch noch die Solidarpatenschaft für einen revolutionären Prozeß übernehmen. Eine genauere Untersuchung der ideologischen Zusammensetzung und Interessen der in der SI organisierten Parteien hätte zeigen können, daß ein Schritt über Demokratisierung und einige soziale Reformen hinaus und hin zur Bejahung tiefgreifender Umwälzungen das labile Gleichgewicht der Gesamt-SI sprengen würde. — Und: anderslautende solidarische Erklärungen in Oppositionszeiten sind, ist man einmal in Amt und Würden, nicht mehr unbedingt bindend.

Ein weitergehendes Engagement verbietet sich, weil sozialdemokratische EG-Regierungen nicht bereit sind, in der Gemeinschaft für einen grundsätzlich anderen Weg zu kämpfen, die Wirtschaftsinteressen der EG und der eigenen nationalen Kapitalinteressen — und sei es zur Sicherung der

Arbeitsplätze — hintanzustellen und ihre NATO-Mitgliedschaft zugunsten eines eigenen unabhängigen Weges zu überdenken. Felipe González hat gerade dies vorgeführt.

Dennoch: Revolutionäre Parteien und Bewegungen können durchaus, solange sie nicht mit wichtigen übergeordneten Interessen der SI-Parteien kollidieren, eine begrenzte Etappe gemeinsam mit der SI marschieren, im Falle einiger Parteien wahrscheinlich ein ziemlich langes Stück, in anderen Fällen werden sich die Wege wohl sehr schnell trennen. Jedenfalls gibt es keinen Grund, beispielsweise schwedische und holländische Sozialdemokraten mit Soares, Craxi oder Monge über einen Kamm zu scheren.

Wer ohne zu differenzieren die SI pauschal als verlängerten (Contra-)Arm des US-Imperialismus verdammt, muß sich — und da genügt als Beweis für die Gesamt-SI nun einmal nicht der Hinweis Portugal — fragen, weshalb wohl die Sandinisten weiterhin emsig bemüht sind, die Rückendeckung der SI — und sei sie noch so gering — zu erhalten. Oder sollten sie so dumm sein, sich noch eine weitere Contra-Truppe, diesmal freiwillig, aufzuhalsen?

Die meisten SI-Parteien kritisieren auch weiterhin heftig die aggressive Politik des Weißen Hauses. Sicherlich, auch eingefleischten rechten Sozialdemokraten fällt es schwer, weiterhin offen mit Washington auf der gemeinsamen Wertewelle zu schwimmen. Reagan macht „kritische Solidarität" oder verhaltenen „Respekt" zumindest leichter und fordert dieses manchmal geradezu heraus. Solange Reagan die Contra als Freiheitskämpfer preist, wird auch die SI wohl nicht gänzlich von der Revolution in Nicaragua abrücken können.

Wolfgang Meyer

Der nackte Fuß Nicaraguas

Die sandinistische Entwicklungspolitik in der Provinz Río San Juan

„Der nackte Fuß Nicaraguas", so heißt das Departamento Río San Juan nicht nur wegen seiner Form und seiner Lage am „unteren Ende" des Landes, sondern auch wegen seiner Armut. Es ist eines der am wenigsten entwickelten und erschlossenen Gebiete des ohnehin schon armen Nicaraguas: Bis 1980 lag die Analphabeten-Quote bei 96%; es gab fast kein organisiertes Gesundheitswesen, nur eine Oberschule, kaum Grundschulen, aber viele arme Bauern, die zumeist zerstreut im Urwald von der Selbstversorgungslandwirtschaft lebten. Dem früheren Diktator Somoza oder seinen Anhängern gehörten die wenigen Großbetriebe für Rinderzucht und Reisanbau. In einer waldreichen Region wie dem Río San Juan gab es kein einziges Sägewerk. Das Holz wurde zur Verarbeitung über den Nicaragua-See geflößt. Es gab keine Landverbindung, und die Schiffahrt über den See ist bis heute beschwerlich.

Dabei wurde das spätere Departamento Río San Juan als eines der ersten Gebiete von den spanischen Eroberern besetzt. Noch heute zeugen die Forts von San Carlos und El Castillo von den Kämpfen gegen holländische und englische Piraten. Die unwirtliche Urwaldregion, in der weder Gold noch Silber zu holen waren, diente nur als beschwerliche Durchgangsstation. Bald nach der Kolonialisierung geriet der Río San Juan, der heutige Grenzfluß zum Nachbarland Costa Rica, wieder in Vergessenheit — bis in Kalifornien der Goldrausch begann.

Die meisten der vielen Goldsucher zogen nicht, wie es die zahlreichen Wildwest-Filme glauben machen, im Planwagen über die Prärie, sondern nahmen den schnelleren, sichereren und billigeren Umweg über Nicaragua; von der Ostküste der USA ging es nach San Juan del Norte an der Mündung des Río San Juan, dann mit „Mississippi-Dampfern" den Fluß hoch und über den Nicaragua-See. Nach einer kurzen Kutschfahrt an die Pazifikküste fuhr man mit einem Schiff ins begehrte Kalifornien weiter. Diese Route sorgte für eine kurze Scheinblüte am Río San Juan, von der heute nur noch ein paar Schienenstränge im Urwald und ein paar Schlote von untergegangenen Dampfern übriggeblieben sind. Außerdem weckte die Reisewelle auch die Begehrlichkeit der US-Regierung: Man sah die Möglichkeit eines Kanalbaues in dieser Region, entschied sich dann aber doch für einen Kanal in Panama. Das Gebiet am Río San Juan versank wieder für fast ein Jahrhundert in der Vergessenheit. Kurz vor und nach dem 2. Weltkrieg gab es einen neuen Boom: Kautschuk, Nambar (bernsteinfarbiges Edelholz) und schließlich Anfang der 60er Jahre noch durch andere Edelhölzer wie Mahagoni und durch den Anbau einer Arzneimittelwurzel, Ipecacuana. Jedesmal wurde das Gebiet am Río San Juan ausgenutzt, die Reichtümer wurden weggeschleppt, es gab aber nie eine eigenständige, kontinuierliche und auf Eigendynamik bauende Entwicklung. Nur die Rinderzucht hat diesen Kreislauf in den letzten 20 Jahren etwas durchbrochen, jedoch auf Kosten eines der wichtigsten Reichtümer des Gebietes, des Urwalds.

Dieser Stillstand wurde am 13. Oktober 1977 kurz, aber schrill unterbrochen, als eine Gruppe von 25 Jugendlichen die Kaserne der Nationalgarde in San Carlos angriff. Sie stammten hauptsächlich von der Inselgruppe Solentiname und waren über die religiöse und politische Arbeit des dort seit 1967 lebenden Paters Ernesto Cardenal zum bewaffneten Kampf und zu den Sandinisten gekommen. Die übrige Bevölkerung aber ließ sich nicht mitreißen.

Apathisch blieb die Bevölkerung auch nach dem Sieg der Sandinisten im Jahr 1979. Das Leben ging seinen gewohnten Gang ohne nennenswerte Veränderungen weiter. Es entstand sogar ein ausgesprochenes Machtvakuum, denn die alte Autorität war beseitigt und die neue war entweder noch nicht vorhanden oder bestand aus völlig unerfahrenen ortsfremden jungen Leuten. Die wenigen aus dem Gebiet kommenden Sandinisten waren anderswo im Land beim Aufbau und der Konsolidierung der neuen revolutionären Macht eingesetzt oder durchliefen eine Ausbildung. Drei Jahre lang war die neue sandinistische Regierung am Río San Juan nur durch ein paar Soldaten und durch Funktionäre des Landwirtschaftsministeriums vertreten, die die verstaatlichten Güter mehr schlecht als recht verwalteten. Alles schien zu verlaufen wie schon in der Vergangenheit. Das Departamento drohte wieder in tiefen Schlummer zu versinken, wenn es auch einige Bemühungen gab. Während der nationalen Alphabetisierungskampagne sank die Analphabetenrate von 96% auf 36%. Es wurden zahlreiche neue Zwergschulen errichtet, in denen hauptsächlich kubanische Lehrer unterrichteten, da nicaraguanische fehlten. Sporadisch wurden erste Studien für eine Entwicklung der Region in Angriff genommen. Aber die Experten von der Pazifikseite des Landes und aus dem Ausland blieben nur kurz, ihre Arbeit war völlig unkoordiniert.

Erst Mitte 1982 beschloß die Zentralregierung in Managua im Rahmen einer allgemeinen Regionalisierung des Landes, die am meisten zurückgebliebenen Gebiete als sogenannte „Sonderzonen" besonders zu fördern. Zum erstenmal gab es damit in der Geschichte des Río San Juan eine eigene, relativ eigenständige Regionalregierung, die noch dazu von einem einheimischen Sandinisten geleitet wurde. Er stammt, wie auch der militärische Chef der Region und einige wenige andere führende Funktionäre, aus Solentiname. Sie gehörten zu der Gruppe, die 1977 die Kaserne in San Carlos angegriffen hatten. Alle „Fachleute" in der neuen Verwaltung jedoch, vom Buchhalter bis zur Sekretärin, mußten im Pazifikbereich angeheuert werden. Es gab keine entsprechend ausgebildeten Leute am Río San Juan.

Mit dem Dornröschenschlaf am Río San Juan war es erst im Mai 1983 endgültig vorbei: Die Gegend wurde freilich nicht sanft wachgeküßt, sondern durch einen Angriff der „Contra" auf das Dorf La Azucena wachgerüttelt. Es liegt nur 20 km von San Carlos, der größten Stadt, entfernt. Der Angriff wurde von dem Ex-Sandinisten Edén Pastora geführt. Dieser Knall legte alle Mängel scho-

nungslos offen: die fehlende militärische Absicherung, die ineffiziente Verwaltung, die fehlende ideologische Arbeit der Sandinisten und die sehr wirkungsvolle Arbeit der „Contra". Einer der wichtigsten Köpfe: der spanische Pfarrer Timoteo Merino, der die ganze Zeit über ungestraft und unbehindert am Río San Juan, aber vor allem in den ländlichen Gebieten, eine antisandinistische Wühlarbeit unter den Campesinos geleistet hatte.
Wie immer, wenn es brennt, reagierten die Nicaraguaner mit einer unübertrefflichen Improvisationsgabe. Jetzt wurde nicht mehr gekleckert, sondern geklotzt; mit Geld, Material, Plänen und Leuten, natürlich vor allem aus der Gegend jenseits des großen Sees von Nicaragua.
Zuerst wurden Truppenverstärkungen geschickt. Außerdem versuchten die Sandinisten, lokale Milizen aufzubauen, anfangs freilich nur mit geringem Erfolg. Vor allem aber ging man daran, aus den Contragebieten die verstreut lebende Landbevölkerung in Neuansiedlungen, den sogenannten „Asentamientos", zu konzentrieren. Damit wollte man natürlich zuerst einmal die Kontrolle über die Landbevölkerung gewinnen, dem Fisch (der „Contra") das Wasser entziehen, aber auch die Campesinos vor den Übergriffen und der Zwangsrekrutierung sowie Requirierung durch die Konterrevolutionäre schützen. Dabei war die Umsiedlung hier unproblematischer als bei den im Norden Nicaraguas lebenden Miskito-Indianern, weil die Bauern nicht schon seit Jahrhunderten dort lebten, sondern erst 25 Jahre früher aus León und Chinandega im Rahmen der Einführung von Baumwoll-, Sesam-, Zucker- und Bananenanbau vertrieben worden waren. Trotzdem war die Politik der Neuansiedlung auch in Regierungs- und FSLN-Kreisen umstritten, vor allem im Landwirtschaftsministerium.
Auf der anderen Seite sah man in der Umsiedlung auch die Chance, die ohnehin entwickelten Pläne für eine Konzentrierung der Landbevölkerung im Jahre 1985 um 1 1/2 Jahre vorzuverlegen. Die Umsiedlung ging dann allerdings überstürzt und ohne jede Vorbereitung vor sich, die Leidtragenden waren natürlich die Campesinos, die meist ihr ganzes Hab und Gut verloren und monatelang in Notunterkünften hausen mußten. Für die Regierung und den FSLN stellte sich damit nicht nur ein politisches Problem, sondern auch ein materielles, denn die Umsiedler (insgesamt etwa 7 000, also die Hälfte der dort lebenden Landbevölkerung) mußten über lange Zeit mit allem Lebensnotwendigen versorgt werden. Dazu kamen Kosten für die Häuser, die übrige Infrastruktur und für den Aufbau einer neuen Lebensgrundlage: Rodung, Pflanzungen, Tiere. Mittelfristig aber wird die Rechnung der Regierung, durch die Konzentrierung der Landbevölkerung einen Entwicklungssprung zu schaffen, wohl aufgehen.
Man kann so auch dem letzten Bauern Leistungen wie Schule, Gesundheitsversorgung, Trinkwasser im Haus und Elektrizität sowie guten Anschluß an den Rest des Landes gewährleisten; vor allem aber ist auch nur dadurch eine qualitative Änderung in der Produktion zu erreichen, weg von der reinen Selbstversorgungswirtschaft mit dauernd wechselnden Anbaufeldern und hin zu permanenteren Kulturen, ohne den Boden auszulaugen, und mit Überschußproduktion für den Markt. Eines der wichtigsten Ziele ist dabei, die

Bauern in Genossenschaften zusammenzufassen, was mit Überzeugungsarbeit und sanftem, finanziellem Druck auch weitgehend erreicht wurde. Die verhältnismäßig intensive Bewußtseinsbildungsarbeit und die Isolation von der „Contra" hatten auch zur Folge, daß die Campesinos sich größtenteils auf die Seite der Sandinisten stellten, was sich nicht nur im Wahlergebnis im November 1984, sondern vor allem auch in der Tatsache ausdrückte, daß die meisten männlichen Bewohner sich mittlerweile in den Milizen auf Dorfebene engagierten.
Man mag die Umsiedlung selber oder ihre Umstände kritisieren, Tatsache ist jedoch, daß die „Contra" in den Neuansiedlungen auf verlorenem Posten steht. Sie ist nur dort noch aktiv, wo die Bauern bisher nicht umgesiedelt worden sind. Allerdings gab man durch diese Politik auch große Teile des Río San Juan freiwillig der „Contra" preis. Sie bewegt sich dort, abgesehen von sporadischen Operationen der sandinistischen Armee, ziemlich ungehindert, wenn sie auch keinen Rückhalt mehr bei der Bevölkerung haben kann.
Es wurden zahlreiche große Pläne geschmiedet und große Projekte in Angriff genommen, vor allem im Bereich des MIDINRA, des Landwirtschafts- und Agrarreformministeriums. Das Zauberwort lautete „Technifizierung", was heißen soll: Maschinen, Chemie und Experten. Wegen des künstlichen Wechselkurses und der billigen Lieferungen aus den sozialistischen Staaten waren Traktoren, Landmaschinen, Dünger und Pflanzenschutzmittel reichlich vorhanden. Nicht dagegen die Experten, die entweder schon wieder außer Landes waren oder zu unerfahren. Der schnelle Erfolg blieb aus, und so schnell und leicht die Maschinen erworben worden waren, so schnell und leicht wurden sie auch wegen der Unerfahrenheit und Fahrlässigkeit des Personals zu Schrott. Der große Aufschwung in den bestehenden Produktionsbereichen läßt immer noch auf sich warten. Durch die Umsiedlung und die teilweise schlechte Verwaltung der bestehenden Betriebe im staatlichen Bereich produziert der Río San Juan nicht einmal mehr genug für die Eigenversorgung, obwohl dies ohne weiteres möglich wäre (vor 1979 wurden sehr viele Nahrungsmittel über die Grenze nach Costa Rica exportiert).
Ähnlich ging es anderen neuen Projekten, die oft sogar eine nationale Bedeutung haben, wie etwa eine riesige Ölpalmenplantage bei El Castillo und eine Kautschuk-Plantage bei San Miguelito. Daneben wurde versucht, den Anbau der Arzneimittelwurzel Ipecacuana wieder zu beleben und den Anbau von Gemüse im größeren Stil einzuführen. Die Grundidee ist, vom niedrigen Produktionsniveau der kleinbäuerlichen Subsistenzwirtschaft wegzukommen, die außerdem durch die saisonale Bepflanzung den empfindlichen Urwaldboden zerstört. Angestrebt werden permanente oder halbpermanente Kulturen wie eben Plantagen (Ölpalme, Kautschuk, Zitrusfrüchte, Kakao, Ipecacuana, Weiden), die dem feuchtheißen Klima und dem bestehenden Ökosystem angepaßt sind und für die entweder auf dem Binnenmarkt (Speiseöl, Gummi, Kakao) oder auf dem Weltmarkt (Ipecacuana, Fleisch, Säfte) eine große und vielversprechende Nachfrage besteht. Langfristig ist sogar geplant, bei einigen Produkten die Weiterverarbeitung am Río San Juan selber vorzunehmen, wie etwa bei der Ölpalme, den Zitrusfrüchten und der Ipecacuanawurzel. Für diese ehrgeizigen Projekte wurde auch jeweils ein hoher Haushalt bereitgestellt, meist sogar aus nationalen Mitteln.

Bei der Umsetzung dieser Vorhaben zeigte sich jedoch bald, daß außer Geld und gutem Willen so ziemlich alles fehlte, um die Projekte wie geplant verwirklichen zu können. Die Leiter der Projekte waren alle in jeder Hinsicht unerfahren. Sie wurden zwar vor Arbeitsantritt mit viel Aufwand in der ganzen Welt herumkutschiert, aber dort sahen sie nur fertige Projekte. Mit dem Anspruch, innerhalb kürzester Frist riesige Pflanzungen aus dem Boden zu stampfen, statt die Fläche und die Produktion allmählich zu steigern, wurden sie völlig überfordert.

Das gleiche trifft für das mittlere Management zu, das weder der Aufgabe noch der ungewohnten Umgebung gewachsen war. Am eklatantesten war die Fehlplanung bei den einfachen Arbeitskräften. In einem Umkreis von 20 km um die Ölpalmenplantage wohnen höchstens 3 000 Menschen, wovon etwa 700 als Arbeitskräfte in Frage kommen. Fast alle sind aber schon die meiste Zeit des Jahres beschäftigt. Ergebnis: Trotz sehr hoher Löhne fanden sich kaum 150 Arbeiter für die Plantage, was nur ein kleiner Teil der benötigten war. Auch die Hoffnung auf die umgesiedelten Bauern trog, denn gleichzeitig wurde in der Region noch die andere Kultur gefördert, die den Bauern mittelfristig viel höhere Gewinne versprach: die Wurzelpflanze Ipecacuana. Letzter Ausweg waren Arbeiter aus dem relativ dicht besiedelten Pazifikraum. Die wenigen, die kamen, blieben trotz hoher Löhne nicht lange in diesem trostlosen Urwaldmorast, in dem es nicht einmal die versprochenen schönen Häuschen gab.

In der ursprünglichen Planung war ein Sägewerk vorgesehen, das die gerodeten Bäume zu Nutzholz für die mannigfaltigen Bauten des Projekts verarbeiten sollte. Die Säge kam freilich viel zu spät, lag ewig im Schlamm herum und konnte schließlich von den unerfahrenen „Mechanikern" nicht zusammengebaut werden. Statt gute Leute zu suchen und ein paar Ersatzteile zu besorgen, verfiel der Leiter des Projekts angesichts des Zeitdrucks auf eine Wahnsinnsidee: Aus Managua ließ er das nötige Schnittholz auf dem Land- und Wasserweg liefern. Allein die Transportkosten machten ein Vermögen aus. Gleichzeitig mußte natürlich das gerodete Holz von der Plantage verschwinden. Um den Zeitplan des Projekts einzuhalten, wurde es einfach verbrannt, darunter große Mengen Edelholz. Der verantwortliche Projektleiter wurde inzwischen „gefeuert", aber die wesentlichsten Mängel des Projekts blieben bestehen. Es wurde von Anfang an zu groß geplant.

Die höchste Priorität hat am Río San Juan die Landwirtschaft. Das zuständige Ministerium verfügt über den größten Haushalt, die meisten Leute und die größte Dynamik. Eine Konsequenz: Das Ministerium verhält sich oft nicht wie eine untergeordnete Regierungsinstanz, sondern wie eine Nebenregierung. So kommt es vor, daß die Koordinationsfunktion der Regierung und des regionalen Büros des Planungsministeriums nicht mehr greift und Doppelaktivitäten entstehen, vor allem, wenn andere Regierungsinstitutionen, etwa im Gesundheits- oder Wohnungsbaubereich, nicht richtig funktionieren und das dynamische Landwirtschaftsministerium meint, dies alles nun selber machen zu müssen. So hat am Río San Juan das Landwirtschaftsministerium nicht nur Traktoren, sondern auch Krankenwagen.

Auf der anderen Seite sollte das Landwirtschaftsministerium lieber vor der eigenen Tür kehren, nicht nur was die schon oben beschriebenen Großprojekte anbetrifft. Auch eigentlich völlig gängige und bekannte Projekte, wie die Schaffung von Weideland, Milchproduktion im kleinen Rahmen und das Ausleihen von Landmaschinen funktionieren wegen Fehlplanung, Schlamperei und Unfähigkeit oft allenfalls mangelhaft. Die Kritik trifft nicht nur den Agrarsektor. Wo die staatliche Bürokratie die Entwicklung vorantreiben muß, weil die bisherige nationale und regionale Herrschafts–„Elite" versagt hat, wird natürlich auch in den Kategorien der Bürokratie gedacht. Am Anfang eines neuen, auch produktiven Projekts steht deshalb immer erst ein Büro mit einem Chef, einer Sekretärin, einem Buchhalter, einer Schreibmaschine und ähnlichen Utensilien — ein Problem, das nicht nur für Nicaragua typisch ist. Im Rahmen eines Projekts werden dann oft formale Dinge wie korrekte Abrechnungen und Berichte wichtiger als der reale Erfolg vor Ort.

Aber nicht nur schlichte Unerfahrenheit und Unkenntnis über entwicklungspolitische Zusammenhänge sind oft Grund von Problemen, auch politische Überlegungen und die Auswahl und Verwirklichung der Projekte spielen eine Rolle. Selbst Vorhaben mit ausländischer Finanzierung sind nicht vor Problemen gefeit. Zur Illustrierung hier die Entwicklung beim Bau der Metallwerkstatt „Julius Leber":

Die Idee und die Grundfinanzierung entstanden bei einer Reise von mehreren deutschen Prominenten nach Nicaragua. Die Regionalregierung nahm das Projekt auf und finanzierte auch den Restbetrag, den keine ausländische Organisation übernehmen wollte. Der deutsche Werkstattleiter war schon lange da, seine Maschinen auch, also mußte nun schnell die Werkstatt gebaut werden. Eine Firma in Managua erhielt den Auftrag. Sie versprach, innerhalb von 3 Monaten die Werkstatt fertigzustellen. Bis dahin waren schon 6 Monate ins Land gegangen, ohne daß etwas geschehen war. Der Projektleiter hatte es abgelehnt, mit lokalen Mitteln und lokalen Kräften eine „angepaßte" Werkstatt zu bauen, die trotz allem den Anforderungen in Größe und Ausstattung entsprochen hätte. Aber es mußte ja möglichst schnell gehen, schön werden und professionell gemacht sein, nach dem Motto: Auch am Río San Juan nur das Beste vom Besten, wir wollen nicht schlechter dastehen als Managua. Der Bau dauerte dann weitere 6 Monate. Die Werkstatt wurde auch sehr schön, sieht man von einigen Schönheitsfehlern ab: Wegen der hohen Kosten der Konstruktion „Made in Managua" und des Transports konnte die Werkstatt nicht in der ursprünglich geplanten Größe gebaut werden. Jetzt ist sie zu klein, es muß bald ausgebaut werden.

Die angeführten Fehler sind das Ergebnis einer falschen Politik, die ein aufgesetztes Wachstum vorantreibt und kein organisches, langsames zuläßt. Außerdem fehlen einfach die entsprechenden Leute, um eine „richtige" Entwicklungspolitik durchzusetzen. Das Gebiet am Río San Juan leidet an einem totalen Mangel an einfachen und mittleren technischen und administrativen Kräften (1983 schaffte die erste Klasse den Mittelschulabschluß), Akademiker gibt es so gut wie gar keine. So muß auf auswärtige Kräfte zurückgegriffen werden. Sie kommen vor allem aus den zentralen Gebieten Nicaraguas, viele stammen auch aus dem Ausland. Trotz des großen Enthusiasmus, der vor allem unter der Jugend Nicaraguas herrscht, finden sich nur wenige bereit, in ein so entlegenes, mindestens eine Tagesreise von der eigenen Heimat entferntes Gebiet zu gehen und dort unter äußerst schwierigen Bedingungen zu arbeiten und zu leben. Ihnen fehlt einfach alles: von den einfachsten Arbeitsmitteln über Kommunikation und Transport bis hin zu menschenwürdigen Wohnungen und anderen sozialen Einrichtungen. So gerät die Regionalregierung in einen Zwiespalt, um nicht zu sagen Teufelskreis: Um die Region entwickeln zu können, braucht sie „Técnicos" (Ingenieure, Architekten, Agronomen, Techniker, Handwerker, Facharbeiter, Verwaltungsfachleute). Die aber können nicht nur – wie die Erfahrung zeigt – mit hohen Löhnen gelockt werden, sondern wollen auch andere Bedingungen erfüllt sehen. Dazu zählen regelmäßige Heimfahrt, schneller Transport, angenehme Wohnungen, Schulen, Gesundheitsversorgung, Freizeiteinrichtungen bis hin zum Kino. Die Regierung müßte erst einmal innerhalb eines riesigen Bauprogramms diese Bedingungen für die „Técnicos" schaffen. Abgesehen von den politischen Auswirkungen ist ein solches Projekt schon deshalb nicht realisierbar, weil die nötigen Fachkräfte für den Bau fehlen. Immerhin wurden viele Holzhäuser für diese „Técnicos" gebaut. Aber nachdem am 25. Oktober 1984 ein Brand das Zentrum der Stadt San Carlos zerstört hatte, wurden 50 obdachlose Familien dort untergebracht. Außerdem stellte die Zentralregierung etwa 100 Mio. Córdobas (etwa 10 Mio. DM) für den Wiederaufbau zur Verfügung. Damit soll San Carlos saniert werden. Es wird auf lange Zeit das letzte größere Projekt am Río San Juan sein. Die Auswirkungen des Krieges und der Wirtschaftskrise greifen auch auf die Sonderzonen über, die Zeit des Geldausgebens ist vorbei. Nach Einsparungen in den Zentren des Landes und bei den Überbauprojekten muß auch in den Entwicklungszonen der Gürtel enger geschnallt werden. In den Bereichen Erziehung, Gesundheit, Soziales werden keine neuen Projekte mehr begonnen, es sei denn, sie werden vom Ausland finanziert. Produktion und Verteidigung haben Vorrang.

Das heißt nicht, daß der Río San Juan nun erneut in einen Dornröschenschlaf versinkt, denn die ersten Grundsteine für eine eigene Entwicklungsdynamik sind trotz allem gelegt. Außerdem wird gerade in den wichtigsten entwicklungsrelevanten Bereichen wie der Produktion, dem Transport und der wirtschaftlichen Infrastruktur (Straßen, Häfen, Telefon) weiterhin investiert, wenn auch weniger als ursprünglich vorgesehen. Einige begonnene Projekte werden mit gedrosseltem Tempo fortgesetzt.

Zu erwähnen ist hier auch die Bauwirtschaft. Eine kleine Betonfabrik in dem Dorf San Miguelito produziert einen der begehrtesten Baustoffe, Hohlblöcke, die trotz der auftretenden Qualitäts- und Versorgungsprobleme reißenden Absatz finden. Hier gibt es eine Chance, sowohl mengen- und qualitätsmäßig als auch von der Produktpalette her das Angebot zu verbessern. Anfang 1984 wurde das erste Sägewerk in der Region in Betrieb genommen, Ende 1985 waren es schon drei. Dazu kommen zwei Schreinereien. So kann endlich Schnittholz für Dachstühle, Holzhäuser, Möbel, Türen und Fenster produziert werden. Damit werden schon die zwei wichtigsten Baumaterialien in der

Region selbst produziert, beim dritten wichtigen, dem Material zur Dachdeckung, gibt es erste Anfänge.
Zumindest für kleine Projekte werden inzwischen auch keine Firmen mehr aus Managua angeheuert. Es gibt sogar schon so etwas wie eine Baufirma der Regionalregierung. Durch den Bauboom wurden auch örtliche Handwerker leistungsfähiger, nicht nur Maurer, sondern auch andere, wie etwa ein „Dorfschmied", der mit einem Gehilfen eine angefangene Stahlkonstruktion fertig schweißte – unter entsprechender Anleitung natürlich – und so zum Stahlbauer wurde. Das hätte er sich vorher selber nicht zugetraut. Auf der anderen Seite gilt es, früher vorhandene Fertigkeiten, die in der Vergangenheit verschüttet wurden, wieder auszugraben und neu zu beleben. Dies trifft vor allem auf die Bereiche Holzverarbeitung und Ziegelei zu. Dort trifft man immer noch auf sehr gute handwerkliche Leistungen bei der Herstellung von Möbeln, Holzhäusern, Schiffen und Dachziegeln.
Im Rahmen der oben beschriebenen Entwicklung wird vor allem die Kooperation aus dem Ausland wichtig, die es bisher auch schon in nicht unbedeutendem Maße gab, etwa im Gesundheitsbereich (Medico International, Frankfurt), im Erziehungsbereich (viele Initiativen, vor allem das ökumenische Büro, München) und im Jugendbereich (Service Civil International, Bonn). Durch reine Finanzierungen oder in Verbindung mit dem Einsatz von freiwilligen Arbeitsbrigaden wurde der Bau von Gesundheitszentren, Schulen, Kindergärten, Jugendzentren, sozialen Einrichtungen und Produktionsstätten unterstützt. Der eigentliche Wert der Hilfe wird jedoch oft verkannt: Gerade die Ausländer, die ins Land kommen, überbrücken eine schwere Übergangszeit, denn es ist nicht nur schwierig, erfahrene „Técnicos" an den Río San Juan zu holen. Viele junge Leute müssen ihre Wehrpflicht erfüllen, und das trifft auch die gut Ausgebildeten, die überall fehlen.
Auch bei der finanziellen Kooperation wird das Ausland am Río San Juan eine größere Rolle spielen und mehr Anerkennung finden. Das betrifft vor allem die Bereiche, in denen keine Projekte mehr von nationaler Seite finanziert werden (Erziehung, Gesundheit, Soziales). In diesem Zusammenhang werden Städtepartnerschaften sicherlich eine wichtige Rolle spielen. Ein Beispiel ist das Abkommen zwischen der Stadt San Carlos und Nürnberg.
Eine Sonderstellung nimmt das in diesem Artikel nur am Rande erwähnte, weltweit aber sehr bekannte Solentiname ein. Die Berülimtheit und die rege Reisetätigkeit von Ernesto Cardenal haben bewirkt, daß sehr viele, teilweise sehr große Projekte von allen möglichen Organisationen unterstützt werden. Geld ist also da. Aber in Solentiname sind die Bedingungen für Transport, Energie, Fachkräfte und Baustoffe noch schwieriger als anderswo in der Region. Die Inselregion braucht also für ihre Projekte nicht mehr Geld, sondern Unterstützung auf den anderen angesprochenen Bereichen. Hervorzuheben ist in diesem Zusammenhang eine Initiative „Werkzeug für Nicaragua" der DGB–Jugend, die diesen Schwierigkeiten Rechnung trägt, indem sie nicht nur ein adäquates Ausbildungszentrum für Landarbeiter finanziert, sondern auch für die nötige Transportmöglichkeit in Form eines renovierten Frachtschiffes sorgt. Dieses Schiff, mit 30 Tonnen Tragfähigkeit, arbeitet in der

gesamten Region des Río San Juan. Überhaupt ist das Transportproblem zu Wasser und zu Lande das größte Hemmnis für die weitere Entwicklung der Region. Dies betrifft nicht nur die Materialien, Geräte und Maschinen, die dorthin gebracht werden müssen: Der Río San Juan wird in naher Zukunft auch „exportieren". Die Regierung gibt deshalb dem Ausbau von Transportkapazität Vorrang. Gerade in dieser technisierten Sparte ist Hilfe aus dem Ausland sehr willkommen und nötig.

Frauen der sandinistischen Armee in Nueva Segovia. © Olivia Heussler

Verwundetentransport der sandinistischen Luftwaffe in Apanas. © Olivia Heussler

Gabriela Battaglia

Mit denselben Männern in die „neue" Gesellschaft
Zur Frauensituation in Nicaragua

Familienstruktur und Alltag

„Die starke Beteiligung der nicaraguanischen Frau am revolutionären Prozeß ist zu einem großen Teil auf ihre weitgehende Einbindung in den wirtschaftlichen Prozeß zurückzuführen. Ihre Beteiligung am Wirtschaftsleben des Landes – von der präkolumbinischen Zeit bis zur Gegenwart – entzieht sich dem engen häuslichen Rahmen. Auch wenn die Tradition – spanisch, katholisch – ihr im Haus einen Platz in Passivität, Abhängigkeit und als Schmuckstück zuweist, die Realität, die sie umgibt, hat eine andere Antwort von ihr gefordert. Die Geschichte hat eine andere Antwort von ihr gefordert. Die Geschichte hat ihr Stellungnahmen und Entscheidungen abverlangt, durch die sie ihre Beteiligung, ausgehend vom Wirtschaftlichen, auch auf die soziale und politische Ebene ausdehnte."
(Aus Margaret Randall: Todas estamos despiertas" – „Wir sind alle wach")
Zur quantitativen Präsenz der nicaraguanischen Frau im sozialen und ökonomischen Alltag einige Zahlen:
Die Hälfte der nicaraguanischen Bevölkerung besteht aus Frauen. Auf 40 Prozent beläuft sich ihr Anteil an der berufstätigen Bevölkerung. In der Hauptstadt Managua sind 70 Prozent der Hausangestellten Frauen, 55 Prozent sind es im Handels– und 14 Prozent im Industriesektor. Doch wie sieht die qualitative Beteiligung der nicaraguanischen Frau heute aus, was hat sich durch die Revolution geändert? Die bestehenden Familienstrukturen tragen den Stempel der Vergangenheit. Notwendig sind gesamtgesellschaftliche Veränderungen. Auf dem Weg zu einer „neuen" Gesellschaft kommt den nicaraguanischen Frauen entscheidende Bedeutung zu in der Mitarbeit bei Landverteilungen, Kredit– und Arbeitsgesetzen, Anstrengungen im Bildungs– und Gesundheitssektor, der Ausarbeitung einer neuen Landesverfassung usw. Zusätzlich steht der verschärfte Kampf gegen den „machismo" der Männer an.
Die Familienstruktur in Nicaragua unterscheidet sich von der in Europa vertrauten Kleinfamilie. Obwohl bis in die untersten sozialen Schichten die bürgerliche Familienideologie, die dem guten Vater als Familienoberhaupt und Ernährer Respekt zollt, als Idealbild oder als Wunschtraum „geordneter" Familienverhältnisse wirksam ist, hat sich die Kleinfamilie nur teilweise in der Mittel– und Oberschicht durchgesetzt. 60 Prozent aller Familien haben eine Frau als Hausvorstand. Der in Lateinamerika tief verwurzelte Machismus – u.a. der Stolz des Mannes, mehrere Frauen zu befriedigen und mit verschiedenen Frauen Kinder zu haben – hat dazu geführt, daß die Frauen meist die Ver-

antwortung für die ganze Familie haben. Auf den Mann ist kein Verlaß, Hauptstütze der Familie kann nur die Frau sein. Daß die Hälfte aller nicaraguanischen Paare in „wilder Ehe" leben, ist nicht auf die herrschende Moral oder die freie Wahl zurückzuführen; die ökonomische und historische Realität bietet wenig Aussicht auf eine Verbindung von Dauer.

Der Alltag und die Erfahrungen nicaraguanischer Frauen unterscheiden sich in vielem von denjenigen europäischer Frauen. Es gibt aber auch viele Parallelen zwischen ihren Problemen. So weist die geschlechtsspezifische Arbeitsteilung auch in Nicaragua den Frauen die Verantwortung für den Reproduktionsbereich zu: Hausarbeit und Kindererziehung. Wird die Hausarbeit von Angestellten verrichtet — in lateinamerikanischen Ländern ein weitverbreitetes Phänomen — wird sie zwar schlecht entlohnt, aber gesellschaftlich als Arbeit anerkannt. Daß dieselbe Arbeit von Ehefrauen und Müttern täglich kostenlos und ohne gesellschaftliches Prestige geleistet wird, ist auch hier eine Selbstverständlichkeit.

Starke Unterschiede im Alltag der nicaraguanischen Frau gibt es zwischen Stadt und Land. Ein Großteil der berufstätigen Frauen kommt aus der städtischen Unterschicht. Sie verkaufen Essen, Gemüse — in ihrem Haus, auf der Straße oder auf dem Markt —, sie waschen und bügeln, nähen Unterwäsche für eine Nachbarin, die diese wiederum weiterverkauft. Häufig arbeiten auch mehrere Familienmitglieder, Kinderarbeit bildet eine wichtige zusätzliche finanzielle Einnahmequelle. Typisch ist die Lebenssituation von Albertina: Als Mutter von elf Kindern wohnt sie mit ihnen in einem Holzhäuschen am Rande des Provinzstädtchens Estelí. Frauen aus dem gleichen Viertel, die sich nicht wohl fühlen, oder Kinder, die schlecht aussehen, kommen zu ihr, um sich Vitamine spritzen zu lassen. Zusätzlich verkauft sie eine gefrorene Mixtur aus Eis und Früchten. Ein Sohn trägt durch Schuhputzen zum Familienunterhalt bei. Mit ihm zusammen besucht Albertina allabendlich die Erwachsenenbildung. Die älteste Tochter Rosa verdient dem Losverkauf etwas Geld.

Gerade in den städtischen Gebieten arbeitet die Frau meistens nicht, um ihren Beitrag zum Familieneinkommen zu leisten, sondern trägt die ganze Verantwortung für den Haushalt. Eine verschwindende Minderheit sind die Frauen der städtischen Mittel- und Oberschicht. Für sie arbeiten die Frauen aus unteren Schichten als Hausangestellte — oft mehr als die gewerkschaftlich vorgeschriebenen zehn Stunden am Tag. Meistens wohnen die Frauen bei ihren Arbeitgeberinnen, so daß praktisch 24 Stunden über sie verfügt werden kann.

Fast die Hälfte der nicaraguanischen Bevölkerung lebt auf dem Land. Die Isolation und die Armut reichen hier weit über die der ärmsten Stadtgebiete hinaus. Im Alltag des Landlebens sind die Aufgaben der Frau und des Mannes normalerweise genau festgelegt: Die Frau ist verantwortlich für Haus und Kinder, der Mann für das Feld und, soweit vorhanden, für das Vieh. Der Machismus wirkt sich hier weniger durch das Verlassen der Familie aus, weil die Mobilität des Mannes durch die Feldarbeit stark eingeschränkt ist. Bei den Landarbeiterfamilien, deren Väter festangestellte Arbeiter oder Tagelöhner sind und die 37 Prozent der Bevölkerung ausmachen, ist die Situation wieder anders: Die wenig beständige Arbeitssituation ist mit der der städtischen

Unterschicht vergleichbar. Die kargen Möglichkeiten auf dem Land gestatten es der Frau kaum, sich alleine durchzubringen. Darum ist die Landfrau auch abhängiger von ihrem Mann als die Stadtfrau. Noch vor der Revolution wurden etwa die Ernteerträge der arbeitenden Frauen und Kinder auf den Plantagen unter dem Namen des „Familienoberhauptes" eingetragen. Erst das von den Sandinisten geschaffene Arbeitsgesetz erkennt die Frauen und die Kinder über 14 Jahren als eigenständige Lohnarbeiter/innen an.

Ohne „feministische" Ambitionen: die Frauenorganisation AMNLAE

Eine wesentliche Rolle im Kampf um die Rechte der Frau in der Revolution spielt die nicaraguanische Frauenorganisation AMNLAE. 1977 unter dem Namen APRONAC (Asociación de Mujeres ante la Problemática Nacional) gegründet, wurde sie nach dem Sieg der Sandinisten 1979 nach Luisa Amanda Espinoza benannt, der ersten Frau, die als FSLN–Mitglied 1964 im bewaffneten Kampf gegen die Somoza–Diktatur fiel. AMNLAE ist in ihrem Selbstverständnis keine „autonome" oder „feministische" Organisation. Im Gegensatz zu feministischen Positionen in Europa setzt sich die offizielle nicaraguanische Frauenbewegung weitgehend mit der gesamtgesellschaftlichen Emanzipation gleich. So begründet sie auch die enge Bindung an den FSLN – die Richtlinien der AMNLAE werden in enger Zusammenarbeit erlassen. Zentraler Punkt im politischen Programm von AMNLAE ist die „Partizipation" der Frau am revolutionären Prozeß. „Das einzige Vehikel unserer Emanzipation ist die Revolution", wird auch im Gesetzesvorschlag der AMNLAE für eine neue Landesverfassung hervorgehoben. Die Frau soll sich in allen gesellschaftlichen Bereichen beteiligen. Getreu ihrem Bewußtsein soll die „neue" Frau revolutionär, politisch bewußt, engagiert, patriotisch und emanzipiert handeln. In ihrem Programm betont AMNLAE jedoch, daß auch innerhalb des revolutionären Prozesses frauenspezifische Interessen durchgesetzt werden sollten.

Aus dem Programm der AMNLAE, Art. 6, Ziele der Organisation:
1. Die politische Garantie für das Erreichen der Emanzipation der Frau gibt nur die Verteidigung der sandinistischen Volksrevolution.
2. Der politische und ideologische Fortschritt der nicaraguanischen Frau muß vorangetrieben werden, damit sich ihr Bewußtsein und die Qualität ihrer Beteiligung ständig verbessern.
3. Die Manifestierung institutioneller Ungleichheit und Diskriminierung gegen Frauen muß durch Organisationen bekämpft werden, in denen sich Frauen bereits organisiert haben, um dadurch zur revolutionären Umgestaltung des sandinistischen Staates und zur revolutionären Erziehung des Volkes einen Beitrag zu leisten.
4. Der kulturelle und technische Fortschritt der Frauen soll mit dem Ziel angeregt werden, deren Beteiligung an den sozialen und ökonomischen Aktivitäten zu verbessern und auszudehnen. Dadurch wird die Möglichkeit eingeräumt, aus Unterbeschäftigung und traditionellen Berufen in die

Tätigkeiten zu drängen, die bisher traditionell den Männern vorbehalten waren.
5. Die Hausarbeit muß aufgewertet und zur gesellschaftlich anerkannten Hausarbeit werden. Dabei muß ein Schwergewicht auf die Schaffung von Kinderbetreuungseinrichtungen für die Arbeiterinnen gelegt werden.

Im Programm der AMNLAE wird mit der Aufhebung der geschlechtlichen Arbeitsteilung an einem zentralen Problem angesetzt. Dieser theoretischen Einsicht folgen jedoch wenig Vorschläge für die praktische Um- und Durchsetzung. Ein Beispiel ist die oben genannte Hausarbeitsproblematik. Nachdem der FSLN die Macht übernahm, gründete er eine „Gewerkschaft der Hausangestellten". Gesetzlich verankert wurden bisher folgende Forderungen: Einführung des Zehn-Stunden-Arbeitstages (angestrebt wurden 8 Stunden, die für öffentliche Institutionen oder in der Industrie gelten). Zusätzlich steht den Hausangestellten ein freier Sonntag, Mindestlohn, das Recht auf Organisierung und sofortige Lohnauszahlung bei Entlassung zu. Außerdem haben sie ein Anrecht auf Sozialversicherung. Um ihnen längerfristig eine qualifizierte Ausbildung zu gewährleisten, sollen sie in der Erwachsenenbildung die Möglichkeit bekommen, einen (Haupt-) Schulabschluß zu erwerben. Die reale Umsetzung der von der Gewerkschaft initiierten Gesetze zeigt sich in der Realität als harter Kampf zwischen Arbeitgeber/in und Arbeitnehmerin. Fordern die Angestellten die Einhaltung der gesetzlich vorgeschriebenen Arbeitsbedingungen, drohen die Arbeitgeber/innen mit Entlassung — angesichts der hohen Arbeitslosigkeit und eines noch wenig entwickelten Bewußtseins für ihre Rechte eine wirkungsvolle Waffe.

Durch die neuen Gesetze wurden aber auch andere Arbeitsmöglichkeiten geschaffen. Zahlreiche Produktionskollektive — meist Schneiderwerkstätten oder kunsthandwerkliche Betriebe — sind gegründet worden. Material kommt meistens durch ausländische Spenden zusammen. Die Produktionskollektive werden von AMNLAE organisiert und vom Sozialamt unterstützt. Die Frauen verwalten die Kollektive selbst. In anderen Projekten haben sich Marktfrauen zu Einkaufs- und Kreditkooperativen zusammengeschlossen. Um den berufstätigen Frauen die Kinderbetreuung zu erleichtern, wurden Kindertagesstätten und Kinderspeisestätten geschaffen. In den Städten entstanden 22 CDI (Centros de Desarrollo Infantil/Kindertagesstätten), auf dem Land 29 CIR (Comedores Infantiles Rurales/Kinderspeisestätten). Allein 1984 wurden davon 17 CIRs bei Überfällen der „Contra" zerstört.

Unbeachtet blieb bisher eine Änderung der geschlechtsspezifischen Erziehung der Kinder: Mädchen werden bereits im Kindesalter von der Mutter zur Entlastung in die Hausarbeit einbezogen, während Jungen außer Haus ihr „Tätigkeitsfeld" haben. Die traditionellen „bürgerlichen" Rollen werden so weiter eingeübt.

Krieg, Wirtschaftsprobleme und „ideologische Rückständigkeit" bei Männern und Frauen werden oft als Grund oder Rechtfertigung für die staatlichen Defizite im Bereich der Frauenpolitik und -förderung angeführt. Für europäische Maßstäbe schwer verständlich ist auch die in Nicaragua heftig propagierte Mütterlichkeitsideologie. Insbesondere bei der Rekrutierung junger Männer für den zweijährigen obligatorischen Militärdienst (die Tatsache, daß das Gesetz nur für Männer gilt, hatte bei vielen Frauen großen Protest ausgelöst) wurde die Gebärfähigkeit der Frauen für „neue Kämpfer" in staatlichen Reklameplakaten indirekt vermittelt. Noch immer wird ein Bild der Frau gezeichnet, wie es der heutige Verteidigungsminister Humberto Ortega anläßlich des III. Kongresses der kubanischen Frauenvereinigung im März 1980 in Havanna/Kuba unverblümt zum Besten gab: „... daß in dem Moment, in dem der Sieg sich näherte (gemeint ist der Sieg der Sandinisten über die Diktatur, A. d. V.) die Frauen mehr Kinder gebären wollten, um mehr Kämpfer zu gebären". Obwohl die „neue" Mutter in der Revolution bewußter ist, soll ihre höchste Tugend in der bedingungslosen Unterwürfigkeit gegenüber ihren Kindern — insbesondere ihren Söhnen, die mit dem Gewehr in der Hand ihr Vaterland verteidigen — bestehen. Auch die tief verwurzelte Ideologie der katholischen Kirche trägt das ihrige zu diesem Mutterbild bei. Dies geht so weit, daß am frauenfeindlichen Gehalt der katholischen Lehre keine Kritik geübt wird, vielmehr bezieht man sich auf die „revolutionäre Rolle" Marias.

Lösungsansätze durch gesetzliche Veränderungen

Dynamik erfuhr die gesetzliche Entwicklung zu frauenfreundlichen Änderungen in den ersten drei Revolutionsjahren. Zu den wichtigsten zählt zweifellos die Beseitigung des diskriminierenden Familien- und Eherechts. Schon einen Tag nach dem Sieg der Revolution verboten die Sandinisten die Prostitution und den Mißbrauch des weiblichen Körpers für Werbezwecke. Am 21. August 1979 wurde das Statut der „Rechte und Garantien" der Nicaraguaner veröffentlicht. Darin wird die bedingungslose Gleichstellung aller Bürger erklärt und dementsprechend gleicher Lohn für gleiche Arbeit garantiert. Die Realität verändert sich jedoch noch nicht wegen neuer Gesetze. Die sozialen und ökonomischen Verhältnisse, in denen sich Prostitution entwickelt und reproduziert, müssen verändert werden. Sucht eine Landfrau, die von ihrem Mann verlassen worden ist, in der Stadt Arbeit, ist für sie die Prostitution oft eine naheliegende, wenn nicht die einzige Verdienstmöglichkeit. In der verarbeitenden Industrie sowie bei Fachkräften erreichte die Gewerkschaft im allgemeinen gleichen Lohn für gleiche Arbeit. Auf dem Land gibt es weiter staatliche und private Gutsbetriebe, die den Frauen für genau die gleiche Arbeit weniger bezahlen als den Männern. Grund dafür ist oft die Unkenntnis der gesetzlichen Möglichkeiten bei den Frauen.
AMNLAE setzt sich heute zum Ziel, die im Zivil- und Strafgesetzbuch verstreuten Gesetze über die Familie und deren Beziehungsformen zu revidieren und in einem eigentlichen Familiengesetzbuch, dem „código de familia", zusammenzufassen. 1981 wurde zum Schutz elternloser und verlassener Kinder das *Adoptionsgesetz* (Ley de adopción) verabschiedet. Grundsätzlich kann jedes Paar ein Kind adoptieren — sogar ledige Mütter über 20 Jahren haben dieses Recht. Gute Versorgung und Erziehung des adoptierten Kindes müssen allerdings gewährleistet sein. Dem Kinderhandel ins Ausland, der unter Somoza floriert hatte, wurde ein Riegel vorgeschoben: Nach wie vor können

Ausländer Kinder adoptieren, jedoch nur, wenn sie in Nicaragua leben und eine Aufenthaltsgenehmigung haben.
Als Eckstein im Projekt für ein neues Familiengesetzbuch gilt das 1982 vom Staatsrat verabschiedete Gesetz über die Beziehungen zwischen Mutter, Vater und Kindern (Ley reguladora de las relaciones entre madre, padre e hijos). Es ersetzt das alte Gesetz über die elterliche Gewalt (Patria Potestad), das dem Mann die alleinige Gewalt über die Familie zugeschrieben hatte. Dieses neue Gesetz soll die effektiven Familienverhältnisse in Nicaragua berücksichtigen. Da viele Frauen alleiniger Haushaltsvorstand sind und die gesetzlich geschlossene Ehe in Nicaragua eine Ausnahme darstellt, kommt ein Großteil der Kinder unehelich zur Welt. Dieses Gesetz betrifft nicht nur Scheidungskinder, sondern alle benachteiligten Familienmitglieder, wie Alte und Behinderte. Neu ist auch, daß die Sorge für Ernährung, Kleidung und Wohnen nicht mehr einseitig den Eltern zufällt, sondern auch die Kinder sind verpflichtet, ihren alternden und arbeitsunfähigen Eltern beizustehen. Alle Mitglieder eines Hausstandes müssen heute theoretisch ihren Beitrag zum Unterhalt leisten. Je nach Möglichkeiten kann dies durch Materialien, Geld oder Hausarbeit geschehen. Dem jedoch widersetzen sich die Männer mit Nachdruck. Zwar werden die Frauen dadurch gesetzlich von der Alleinverantwortung für die Hausarbeit entbunden, die zusätzlich gesellschaftlich aufgewertet wird, aber der Alltag der meisten Frauen hat sich dadurch nicht verändert.
Im November 1982 wurde das Gesetz über Alimente (Ley de alimentos) nach mehreren Sitzungen im Staatsrat und monatelangen öffentlichen Debatten in den Medien, den Gewerkschaften und anderen „Massenorganisationen" verabschiedet – jedoch nachher von der damaligen Regierungsjunta nicht ratifiziert. Bei der Auszahlung von Alimenten werden in erster Linie die Kinder berücksichtigt. Ihre Höhe richtet sich nach den Bedürfnissen der Kinder und den finanziellen Möglichkeiten der Väter. Für den Ehepartner müssen keine Alimente bezahlt werden, außer er ist Invalide oder arbeitsunfähig. Damit eine alleinstehende Mutter von ihrem Mann die Unterstützung für die Kinder wirklich erhält, gibt es beim INNSBI (Sozialamt) ein Frauenschutzbüro, das ihr bei Schwierigkeiten hilft. Die Frauen sind dem Mann gleichgestellt und unabhängig; aus welcher Beziehung ein Kind geboren wird, spielt keine Rolle, es hat seine Rechte als Kind. Das noch aus der napoleonischen Gesetzgebung stammende Zivilgesetzbuch unterscheidet hingegen noch immer fünf Arten von Kindern: vom ehelichen Kind bis zum sogenannten „Bastard", der keinerlei rechtliche Ansprüche an seinen Vater hat. Die Alimentenregelung macht keinen Unterschied zwischen ehelichen und unehelichen Kindern. Sofern Mutter und Vater zusammenleben, sind beide für Versorgung und Erziehung der Kinder und die Güterverwaltung zuständig. Wenn sich die Eltern bei einer Trennung oder Scheidung wegen der Kinder nicht einig werden, entscheidet das Gericht darüber – dies gilt auch für das Konkubinat. Falls beide Eltern für fähig erklärt werden, für die Kinder zu sorgen, wird die Frau bevorzugt, und die Kinder werden ihr für die ersten sieben Lebensjahre zugesprochen. Danach kann der Vater das Verfahren wieder eröffnen, um seinen Anspruch auf die Kinder geltend zu machen. Dann wird auch die Meinung der Kinder

vom Gericht gehört. Eventuelle Güter des Kindes sind geschützt, und die Eltern können darüber nur im Notfall und im Interesse des Kindes verfügen.

Derzeit arbeitet AMNLAE an einem Gesetzentwurf für ein neues Scheidungsrecht. Bis heute gilt das alte, aus der Zeit Somozas stammende Scheidungsrecht, das zweierlei Fälle vorsieht: Erstens die Scheidung in „gegenseitigem Einverständnis", die normalerweise zum Tragen kommt, wenn beide Partner seit langem getrennt leben. Zweitens gibt es die „verschuldete" Scheidung, die ihre Ursprünge ebenfalls im napoleonischen Familienrecht hat. Hier wird im Fall eines Ehebruchs zwischen Mann und Frau ein krasser Unterschied gemacht. Eine Frau begeht Ehebruch, wenn sie zweimal mit dem gleichen Mann in ein Restaurant essen geht, weil man dann vermutet, daß sie auch mit ihm schläft. Für den Mann hingegen gibt es praktisch keinen Ehebruch. Die Frau kann erst dann die Scheidung beantragen, wenn er seiner Freundin ein Haus baut, mit ihr zusammenlebt oder wenn für alle offenbar ist, daß er bei ihr lebt.

Rechtsberatungsstelle für Frauen

Trotz der neuen Gesetze ist das gerichtliche Verfahren gleich geblieben. So brauchen Fälle, die vor das ordentliche Gericht müssen, einen Anwalt, den sich viele Frauen angesichts der hohen Honorare privater Juristen nicht leisten können. Durch die Initiative von AMNLAE und Spendenbeträge europäischer Frauengruppen wurde im März 1983 die „Oficina legal para la mujer" — Rechtsberatungsstelle für Frauen — in Managua gegründet. Sie dient der Beratung und Unterstützung bei Rechtsproblemen, Scheidungen, notariellen Dienstleistungen, Fragen des Sorgerechts für Minderjährige und Mißhandlungen. Im bisher einzigen Büro in der Hauptstadt arbeiten neben Sozialarbeiterinnen und Psychologinnen auch sechs Rechtsanwältinnen. Eine von ihnen ist María Lourdes Bolaños, die Leiterin der Rechtshilfestelle. María Lourdes Bolaños, die bereits unter Somoza ihren Beruf als Anwältin zwölf Jahre ausgeübt hatte, nennt als einen der häufigsten Gründe, warum Frauen in ihrem Büro Rat suchen, körperliche und auch seelische Mißhandlung durch den Ehemann oder Freund. „Leider gibt es kein Gesetz, das so etwas bestraft — als einzige Alternative können wir die sandinistische Polizei einschalten", bedauert sie. Nachdem sich die Polizisten anfänglich auf den Standpunkt gestellt hatten, dies sei Privatangelegenheit des Paares und man solle sich nicht einmischen, hat sich heute für Frau Bolaños die Situation etwas verbessert. „Viel dazu beigetragen hat die Ernennung der Comandante Doris Tijerino zur Polizeichefin des Landes", versichert sie. Da jedoch bei vielen Frauen der Gedanke, daß der Mann ein Recht hat, sie zu schlagen, tief verwurzelt ist, kann man solche Vorstellungen nicht von einem Tag auf den anderen auslöschen. 1985 wurden ca. 1 300 Fälle betreut, 15 000 Beratungen durchgeführt. Rund 300 Fälle des Rechtshilfebüros sind vor Gericht anhängig.

Das Selbstbestimmungsrecht der Frauen über ihren Körper

Tief verankert als Tabuthemen sind in Nicaragua weiter die Abtreibung und die Verhütung. Wenigstens vorübergehend brach die sandinistische Tageszeitung „Barricada" im Herbst 1985 das Schweigen um die Abtreibungsrealität im Land. Eine empirische Studie im größten Frauenspital „Berta Calderón" in Managua brachte erschreckende Daten zum Vorschein: im „Berta Calderón" werden täglich im Durchschnitt zehn Frauen mit schweren Komplikationen nach „illegalen" Abtreibungen notfallbetreut. Zwischen März 1983 und Juni 1985 wurden insgesamt 109 solcher Fälle näher untersucht. Resultat: 10 Prozent der betroffenen Frauen starben und weitere 26,6 Prozent blieben nach ihrer Genesung steril. Abtreibung ist in Nicaragua nach einem Gesetz aus der Somozazeit verboten. Gestattet wird lediglich die sogenannte „therapeutische" Abtreibung, für die drei unabhängige Ärzte die Lebensgefahr für die Frau bestätigen müssen. Obwohl laut Gesetz den Frauen, die eine illegale Abtreibung vornehmen lassen, eine Gefängnisstrafe zwischen einem und vier Jahren droht, werden heute nur diejenigen bestraft, die die Abtreibung durchführen. Angesichts der sehr hohen Arztkosten können allein Frauen der Mittel- und Oberschicht zu professionellen Abtreibungen bei Fachkräften Zuflucht nehmen. Der Großteil der Frauen ist auf Engelmacher/innen angewiesen, deren Methoden vielfach zu Tod oder Sterilität führen. Im Gesetzesvorschlag der AMNLAE für eine neue Landesverfassung, den die Organisation im Oktober 1985 der Nationalversammlung zur Diskussion unterbreitete, wird die Abtreibung zwar nicht legalisiert, doch der Gesetzestext spricht deutliche Worte: „...die Frauen sollen verantwortungsvoll und frei über die Anzahl ihrer gewünschten Kinder und den Zeitpunkt ihrer Geburt entscheiden können". (Recht auf Mutterschaft).
Neben den moralischen Vorurteilen macht sich die angespannte Wirtschaftslage des Landes beim Thema der Verhütung bemerkbar: Was nützt es den Frauen auf dem Land, in tagelangen Aufklärungs- und Familienplanungskursen des Gesundheitsministeriums über sämtliche Arten der Verhütung informiert zu werden, wenn sie nach Abschluß des Kurses feststellen müssen, daß im Lande kaum Verhütungsmittel zu erhalten sind? So gibt es z.B. kaum Anti-Baby-Pillen wie in Europa. In Nicaragua können sich die Frauen dieses Verhütungsmittel nicht ihrem Zyklus gemäß verschreiben lassen, die Pille ist Mangelware.

Ist revolutionärer Feminismus reaktionär?

Wenn man die jetzige Situation der Frau in Nicaragua mit ihrer Beteiligung am Widerstand vergleicht, stellt sie sich für viele als Rückschritt dar. Das gilt zumindest im Alltag. Frauen, die in der Guerilla die Erfahrung gemacht haben (und immerhin nahmen 25 Prozent der nicaraguanischen Frauen am Aufstand gegen Somoza teil), daß die traditionelle Arbeitsteilung zwischen Mann und Frau tendenziell in Auflösung begriffen war, daß Frauen und Männer mit der

Waffe kämpften, daß Männer kochten und ihre Wäsche selber wuschen, sehen sich heute in ihren Erwartungen enttäuscht. Die Bereitschaft, bei den alltäglichen Hausarbeiten mitzuhelfen, fordert von der Mehrheit der Männer in Nicaragua einen langwierigen und selten freiwilligen Lernprozeß.

Heftige Selbstkritik übte die Frauenorganisation AMNLAE erstmals öffentlich anläßlich ihrer Zweiten Nationalen Versammlung im September 1985. Zentraler Punkt: Wegen der landesweiten Verteidigungs- und Produktionskampagnen angesichts des anhaltenden Krieges in Nicaragua waren bei AMNLAE frauenspezifische Anliegen und Forderungen mehr als einmal beiseite geschoben worden. Auf der Versammlung im September 1985 wurde auch an die nationalen Medien appelliert, doch vermehrt im erzieherischen Sinn auf das Bild der „neuen" Frau aufmerksam zu machen. Nach wie vor bestehen Ungleichheiten zwischen Mann und Frau: die Hausarbeit und Betreuung der Kinder obliegt noch immer der Frau. Trotz der Gesetze fehlt der Hausarbeit die gesellschaftliche Anerkennung, werden Frauen nach wie vor von ihren Männern körperlich und seelisch mißhandelt, viele Väter übernehmen die ihnen zugeschriebene Verantwortung für ihre Kinder nicht. In der neuen Landesverfassung, die 1986 fertig sein soll, wollen Nicaraguas Frauen auch die bisherige Praxis der Agrarreform ändern: Die Bäuerin soll ein Anrecht auf einen eigenen Landtitel haben. Bisher wurden die Parzellen lediglich auf den Namen des Mannes oder beider Partner vergeben. Es steht auch eine spezielle Berücksichtigung der Frauen an der Atlantikküste aus, die als Angehörige verschiedener Indigenaethnien eigenen kulturellen Schemata in ihrer Gesellschaft unterworfen sind.

Die Entwicklung frauenspezifischer Emanzipationspfade ist heute in Nicaragua in vieler Hinsicht noch offen. Widersprüche sind nicht auszuschließen. So konnte denn auch unlängst Rosario Murillo, die „first lady" Nicaraguas und Chefin der sandinistischen Künstlervereinigung „ASTC" in einer Wochenendbeilage der Tageszeitung „Barricada" zum Thema Frauen, den Feminismus als „reaktionär" verdammen. Sinn mache er nur in Gesellschaften, die ihre fundamentalen Widersprüche noch nicht gelöst hätten.

Die 30jährige Ana Rosa Vargas, Mutter von vier Söhnen, Mitglied des Zonalkomitees von AMNLAE in León und zeitweise Kompanieleiterin des Frauenbataillons „Verónica Lacayo" hatte nach einer halbjährigen Mobilisierung in ihrem Bataillon im Juni 1985 keine Mühe mit ihrer Selbstbestimmung: „Die Frau kann keinen Kampf gegen den Mann führen. Beide müssen miteinander kämpfen, der Mann muß die Frau unterstützen, um ihr aus ihrer Benachteiligung herauszuhelfen. Dies kann weder die alleinige Aufgabe der Frauen noch einer Organisation sein — innerhalb einer Gesellschaft tragen alle diese Verantwortung."

Literaturhinweise

- Nicaragua: Zur Situation der Frauen, Blätter des iz3w, März 1982
- Informationsbroschüre zur Rechtsberatungsstelle für Frauen, Herausgeberin: Frauengruppe des Nicaragua/El Salvador-Komitees Zürich, Mai 1984
- Barricada-Wochenendbeilage „Ventana" zum Thema Frauen, 28.9.85
- Barricada-International, 11.10.85, „Sieben Jahre Frauenbewegung"
- Ausgaben der AMNLAE-Zeitschrift „Somos", Nr. 26/27, 1985
- Gesetzesvorschlag AMNLAE zur neuen Landesverfassung, Oktober 1985
- Interview mit María Lourdes Bolaños, Leiterin der Rechtsberatungsstelle für Frauen, Managua, Dezember 1985

Helmut Scheben

Mais-Kultur und Weizenblockade

Auf der Suche, wie die eigene Kultur zu retten ist

„Eine alte Legende besagt, daß der Mais, Grundnahrung der Menschen in dieser Gegend, die sich vom Tal von Mexico bis Nicaragua erstreckt, von Quetzalcòatl entdeckt wurde. Das nicaraguanische Kulturministerium erfüllt derzeit eine ähnliche Funktion wie Quetzalcòatl, der für unsere eingeborenen Vorfahren der Förderer der Kultur und Kunst war. Es hat sich zur Aufgabe gemacht, das gesamte kulturelle Produkt, das unser Volk im Zusammenhang mit dem Mais hervorbringt, sei es kulinarischer, handwerklicher oder künstlerischer Art, zurückzuerlangen und zu verbreiten. Dies ist die von unseren Ursprüngen ausgehende und kämpferische Antwort auf die Weizenblockade der USA".
In diesem Umschlagtext einer Schallplatte zum Maisfest von 1981 sind alle Elemente enthalten, die die kulturelle Problematik des revolutionären Nicaragua ausmachen. Das Schlüsselwort des spanischen Textes heißt „rescatar", was soviel wie „wiedererlangen", „befreien", aber auch „retten" und „bergen" bedeutet. Es kann sich sowohl auf Schiffbrüchige oder Gefangene als auch auf verlorene oder geraubte Güter beziehen.
Auch in der Kulturdiskussion in Nicaragua ist „rescatar" der zentrale Begriff: Es geht um die Rettung einer authentisch nicaraguanischen Kultur, einer nationalen Kultur, die ihren Ursprung in den ältesten vorkolonialen Quellen hat. Die Frage: Wer sind wir? Woher kommen wir? soll helfen, die Entfremdung der kolonialen und neokolonialen Epoche zu überwinden. Die Suche nach dem Eigenständigen, nach der eigenen Identität soll dazu dienen, den eigenen Standort in der Geschichte zu erkennen, und ist Voraussetzung für jede aktive Veränderung. Der Rückgriff auf das autochthone Produkt einer vieltausendjährigen Kultur, den Mais, ist ein Beispiel von vielen. Der Mais soll Waffe und Schild gegen die strategische Weizenblockade sein, die die Imperialmacht als einen Schachzug im Rahmen des Krieges gegen Nicaragua verhängte.
Was nützt jedoch ein Maisfest in Masaya, was nützen Schallplatten und Bücher, wenn die traditionelle Maistortilla gleichzeitig verschwindet? In den Restaurants von Managua wird ein süßes Weichbrot serviert. Die Mittelklasse ißt Toastbrot nach nordamerikanischem Vorbild. Selbst in den ärmeren Vierteln der Städte reißt mehr und mehr der Brauch ein, die vitamin- und geschmacksfreie Masse des Toastbrotes ungetoastet einzunehmen. Was für den Mais gilt, gilt für den gesamten Lebensstil der Nicaraguaner. Die Schwierigkeit der kulturellen Selbstfindung offenbart sich im täglichen Leben in jeder Coca-Cola-Flasche, in jeder Musikbox, in jeder der DDT-Sprühdosen (mit denen sie nicht selten das Essen absprühen, um die Fliegen fernzuhalten).

Was ist von der autochthonen, der *eigentlichen* Kultur der Nicaraguaner übriggeblieben? Gibt es so etwas wie eine nicaraguanische Nationalkultur überhaupt? Warum ist für die gebildeten Nicaraguaner Shakespeare ein „Klassiker", das aus dem Nicaragua des 17. Jahrhundert überlieferte getanzte Volkstheater – der „Güegüense" – jedoch keineswegs? Vierzig Jahre Kulturimport aus den USA haben ihren Stempel hinterlassen, und 450 Jahre koloniale und neokoloniale Herrschaft sind nicht spurlos vorbeigegangen. Was gilt es zu bewahren, was zu verwerfen?

Diese Fragen sind nicht unproblematisch, denn die Fragesteller selbst, die jungen sandinistischen Intellektuellen, leben mit Blue Jeans, John Wayne und Marlboro. Sie können nicht ohne Pepsi Cola leben in ihrem Land, in dem jede Marktfrau die köstlichsten Erfrischungsgetränke aus der Vielzahl von tropischen Früchten bereitet.

Im Zeitalter des Radios und des Fernsehens, made in USA, konnte niemand mehr der Ideologie-Maschine entgehen, die einige mit dem leisen und „objektiven" Etikett „penetración cultural" versehen, während eine kritischere Analyse in vielen Fällen die Bezeichnung „kultureller Totschlag" nahelegt. Gerade die Intellektuellen der Befreiungsbewegungen in Lateinamerika und Afrika sind es, die oft am radikalsten auf die nationale Kultur pochen und sich auf die Suche nach den vorkolonialen Quellen ihrer Identität machen, weil sie von der „westlichen Kultur, in der sie zu versinken drohen", Abstand gewinnen wollen.[1]

„Wir haben die Flüsse Europas auswendig gelernt, die Formeln des Archimedes, die Präsidenten und die Bundesstaaten der USA, die Verbkonjugationen und Redewendungen der lateinischen Sprache und die Gebete zur Rettung der Seele... aber nichts, was uns nützte, das Leben zu verstehen und zu ändern. Wenn diese Revolution gemacht wurde, dann war es nicht mit Hilfe dieser schlechten Erziehung, sondern *gegen sie*, und mit dem Willen, mit Phantasie und Mut zu erkennen und zu verändern".

Diese Sätze des Leiters der „Nationalen Theaterwerkstatt", Alan Bolt, die Avantgarde der Sandinisten würde sie ohne Zögern unterschreiben. Die abgrundtiefe Skepsis, mit der sie den ideologischen Rückzugsgefechten der einstigen „Mutterländer" gegenüberstehen – ihrem Diskurs über „demokratische Grundordnungen", „bleibende Werte", „Menschenrechte", „Pressefreiheit" – ergibt sich daraus, daß sie ihren Platz in der Geschichte gewählt haben. Sie stehen in der Dialektik von Gewalt und Gegengewalt: die Gewalt der imperialen Herrschaft, die ideologisch verkleidet Jahrhunderte hindurch letztlich auf dem Prinzip der Waffenüberlegenheit ausgeübt wurde; und die niedergehaltene, diffuse Gegengewalt, die in dem Moment, in dem sie sich Luft macht und ihre Stoßrichtung gefunden hat, nur noch die totale Verweigerung, die totale Negation der kulturellen Vorbilder sein kann, die mit den herrschenden Klassen verknüpft waren. Es ist diese Negation, die für den, der unvorbereitet nach Nicaragua kommt, einen Kulturschock auslöst.

„Ich gehe in Chinandega auf die Straße.
Ich sehe Fremde mit langen Haaren,
sie kommen daher in kurzen Hosen ...

> und mit zerfledertem Hemd,
> tragen dunkle Sonnenbrillen
> und einen großen Rucksack ...
> Und wir sind in der Revolution,
> Arbeiter und Bauern vereint,
> um diese Dinge zu ändern,
> diese Dinge der Vergangenheit ..."[2]

schreibt ein junger Sandinist in einer der zahlreichen „Poesiewerkstätten" der Polizei. Wenn es schon 1679 schwer genug für die Nicaraguaner gewesen sein dürfte zu erkennen, wer von den fremden Herren, Soldaten und Priestern womöglich auf ihrer Seite stand, so sind die verschlungenen Strukturen von Herrschaft und Unterdrückung dreihundert Jahre später bestimmt nicht leichter zu durchschauen. In meinem Viertel in Managua sagten mir einmal Arbeiter, daß ausländische Kaffee-Brigadistinnen, die in kurzen Hosen über die Straße gingen, eigentlich hinter Schloß und Riegel gehörten.

„Das größte Hindernis im Kampf um ein neues Nicaragua... ist die bürgerliche Ideologie, die unser Volk durchdrungen hat",[3] sagt der Sandinistenkommandant Bayardo Arce. Was ist das, die bürgerliche Ideologie in Nicaragua? Gerade die Führer der revolutionären Avantgarde des „historischen Blocks gegen Somoza" stammen in der Mehrheit aus Familien der Mittelklasse. Sie führen daher ihren Kampf um den kulturellen „rescate" an zwei Fronten: zum einen gegen die äußere Aggression, die den ideologischen Kampf miteinschließt, und zum anderen gegen die eigene Entfremdung.

> „Wir müssen versuchen, uns unseren Weg zu öffnen, wie wir uns im Busch den Weg mit der Machete freimachten, um die Kameras, die Radiosendungen, das Kino, die Druckerzeugnisse und den Luxus wegzuräumen, der uns verbirgt, was wir entdecken wollen: den neuen Nicaraguaner nach dem Bild Sandinos, den Mensch, der erst an die andern denkt und dann an sich selbst".[4]

Hinter einem solch markknochigen Satz stehen eine Menge von Widersprüchen, an denen sich die Pole der kulturpolitischen Diskussion in Nicaragua festmachen lassen. Ein durch und durch nachaufklärerisch-westliches „Unbehagen in der Kultur" wird offenbar in dem Mißtrauen gegen „Radio, Kino, Druckerzeugnisse, Luxus..." (Fernsehen, elektronische Massenmedien, könnte man fortfahren). Gerechtfertigt ist dieses Mißtrauen ohne Zweifel, wenn es sich gegen eine von außen auferlegte (und mit teuren Devisen bezahlte) Kulturindustrie richtet, deren Uniform-Charakter Horkheimer und Adorno für die Industrieländer schon vor dem Ende des zweiten Weltkrieges konstatierten, und die in den abhängigen Ländern in ihrer entfremdenden Wirkung bis ins Makabre potenziert erscheint. Problematisch wird dieses Mißtrauen gegenüber den „Errungenschaften der westlichen Zivilisation", wenn es auf die Suche nach einem gesellschaftlichen Arkadia geht, das in einer Epoche, in der die Börsenberichte in Sekunden über Satellit weitergegeben werden, mehr denn je zur Illusion geworden ist. Die Indigenismo-Bewegung der dreißiger Jahre wollte über die Pfade des Inka-Reiches fortwandern von westlicher Kultur und geriet in die gefährliche Nähe derer, die von „Blut und Boden" das Heil erwarteten.

Kultur im Befreiungskampf: Eine „Guerilla-Kultur"

„Die nationale Kultur ist die Gesamtheit der Anstrengungen, die ein Volk im geistigen Bereich macht, um die Aktionen zu beschreiben, zu rechtfertigen und zu besingen, in denen es sich begründet und behauptet hat. In den unterentwickelten Ländern muß sich die nationale Kultur also bis ins Zentrum des Befreiungskampfes stellen".

Frantz Fanon

Zum 50. Jahrestag der Ermordung des Rebellengenerals César Augusto Sandino hatte die sandinistische Gewerkschaft der Kulturarbeiter (ASTC) eine Art Sandino-Musical inszeniert: „Sandino, Santo y Seña".[5]
Die farbenprächtigen Maskentänze der Indianergemeinden von León, Diriamba und Masaya, Ballett zu afro-karibischen Rhythmen der Atlantikküste, Carlos Mejía mit Akkordeon und „die von Palacagüina", ein Orchester, Feuerwerk und Knallkörper: was von Solisten, Musik- und Tanzgruppen Rang und Namen hat, nahm teil an diesem farbensatten Reigen um die legendäre Gestalt des Vaters der Sandinistenbewegung.
Etwa in der Mitte des ständig bewegten Spektakels sah ich einen merkwürdigen Auftritt: Das Orchester verstummte schlagartig, die Lampen gingen aus, und es wurde ein alter Mann auf die Bühne geführt. Im Licht eines einzigen Scheinwerfers erschien der über achtzigjährige „Tata Beto", zupfte seine Gitarre und sang im näselnden Tonfall der Campesinos des Nordens die Strophen eines Liedes, das der Soldat „Cabrerita" schon 1930 im Hauptquartier Sandinos gesungen haben soll:

Dijo Sandino una vez apretándose las manos: „A diez Centavos les vendo cabezas de americanos".	Sandino sagte einmal und rieb sich dabei die Hände: „Für 10 Centavos verkaufe ich euch Köpfe von Amerikanern."

Als er von der Bühne ging, tobten die Zuschauer vor Begeisterung. Am lautesten applaudierten die zahlreichen Nordamerikaner unter ihnen.
Fünfzig Jahre ist es her, daß Sandino durch einen Somoza ermordet wurde. Wenige Jahre sind vergangen, seit die sandinistische Befreiungsfront den letzten Somoza militärisch besiegte. Man darf nicht glauben, daß die nicaraguanische Kultur — die alte und die neue — nichts mit diesem und anderen Morden zu tun hat. Die gegenwärtige Kultur des revolutionären Nicaragua, daß heißt, die Kultur, die die revolutionäre Avantgarde heute vertritt, ist aus der Gewalt geboren, aus einer Situation des bewaffneten Kampfes. Es ist eine Kultur des Widerstandes. Sie ist nicht nur Ergebnis des bewaffneten Kampfes, sondern sie formt sich fortwährend neu im Kampf, denn der Krieg in Nicaragua geht weiter. Für die Sandinisten ist die Kultur nichts anderes als dieser Kampf. Das ist das erste und wichtigste Faktum zum Verständnis des kulturellen Prozesses im neuen Nicaragua.
Wenn man wie der FSLN davon ausgeht, daß die Geschichte Nicaraguas nichts anderes war als der „grausame, jahrhundertelange Kampf" um die „Befreiung von der Herrschaft und Ausbeutung durch fremde Imperien und ihre einheimischen Komplizen",[6] dann kommt man zu der zwingenden Schlußfolgerung,

die die Sandinistenführung in ihren Reden oft genug wiederholt hat: „Die Revolution ist das wichtigste kulturelle Ereignis unserer Geschichte gewesen".[7]
„Die Revolution ist nach wie vor, Tag für Tag, ein Akt kultureller Kreation ... so wie es der Kampf im Busch war und wie es später die kreativen Formen des Volkswiderstandes waren", sagte der Schriftsteller Sergio Ramírez, Mitglied der regierenden Junta, im Januar 1982 in Kuba.[8]
Die Wandsprüche, die Flugzettel und die Karikaturen, die Untergrundlieder, das subversive Theater in den Straßen, sie waren seit den sechziger Jahren Teil dieses kreativen Volkswiderstandes. Es war kein Zufall, sondern eher der „Normalfall" im lateinamerikanischen Kontext, daß herausragende Mitglieder der Guerilla wie Ricardo Morales und Leonel Rugama Politiker *und Lyriker* waren.

„Julián aus Monimbó
hat Hände die Wunder wirken
die schönsten Hängematten
entstehen aus seinen Fingern
doch in den unheilvollen Tagen
im Kampfgetöse
machte er Bomben
für die Revolution."[9]

heißt ein Lied aus den Tagen des Kampfes gegen die Nationalgarde und ihre Helfer. Kunst und Handwerk wurden in den Dienst der militärischen Aufgabe gestellt. Die Aufständischen im Stadtteil Monimbó in Masaya trugen ihre Masken nicht mehr zu den religiösen Festen, sondern im Straßenkampf, um nicht von den Soldaten erkannt zu werden. Ihre Marimbas und Trommeln schlugen den Rhythmus des Krieges. Lieder wurden gedichtet zur Handhabung eines Karabiners oder zur Errichtung einer Barrikade. Es entstand eine „Guerilla-Kultur".

Das Trauma der Gewalt

Anastasio Somoza schrieb 1935 unter Verwendung von Dokumenten des US-Marineministeriums sein Schwarzbuch „Der wahre Sandino oder der Kreuzweg der Segovias".[10] Der kindische Versuch, den Rebellenführer als „Kommunisten" und „unehelichen Sohn", der „die Sprache der Tavernen und Bösewichte" im Munde führte (einschließlich einer Liste der „unmoralischen Wörter", die er bevorzugt habe), zu diffamieren, ist aufschlußreich für die Psyche des Diktators. Danach wurde Sandino totgeschwiegen. Sein Name sollte aus den Schulen, aus der Geschichte, aus dem Gedächtnis der Bevölkerung gelöscht werden.
„Der Kolonialismus vernachlässigt das menschliche Gedächtnis, die unauslöschlichen Erinnerungen", sagte Sartre im Vorwort zu Frantz Fanons klassischem Buch über die afrikanischen Befreiungsbewegungen. Und weiter: „Und dann ist vor allem das, was sie (die koloniale Herrenpersönlichkeit) vielleicht niemals gewußt hat: wir werden zu dem, was wir sind, nur durch die radikale innere Negation dessen, was man aus uns gemacht hat".[11]

Aber die Statthalter Washingtons in der Wirtschaftskolonie Nicaragua lasen nicht Sartre. Die Somozas ließen „subversive" Literatur gleich bei der Ankunft am Flughafen beschlagnahmen und jeden Donnerstag mit notarieller Beglaubigung verbrennen.

Einer der frühesten Kindheitseindrücke Sandinos war die Ermordung des liberalen Generals Benjamín Zeledón, der sich 1912 der Besetzung Nicaraguas durch die US—Marineinfanterie widersetzt hatte. Seine Leiche wurde zur öffentlichen Abschreckung von Pferden durch die Straßen geschleift. „Jetzt bringen sie ihn um ... Wer sich zum Erlöser macht, stirbt am Kreuz", sagte Augenzeugenberichten zufolge der Vater Sandinos, als man kurz nach Sandinos Verhaftung im Ostteil der Stadt Maschinengewehrfeuer hörte.

Wie tief war seit jener Februarnacht des Jahres 1934 das Trauma der Ermordung des aufständischen Sandino im kollektiven Gedächtnis der Bauern der Nordprovinzen verhaftet? Welches Trauma hinterließen im Volk die aufeinanderfolgenden US—Okkupationen seit der Jahrhundertwende? Glaubt man im Ernst, daß die 30 000 Landarbeiter, die im Nachbarland El Salvador 1932 als „kommunistische Verschwörer" im Maschinengewehrfeuer fielen, nach zwei Generationen aus dem Gedächtnis der Bevölkerung gelöscht seien? 40 Jahre lang wurde geschwiegen.

Heute kann man in Nicaragua nicht von „Kultur" reden, ohne an jene Wunden zu rühren. Von Sandino sprechen heißt nach wie vor, so etwas wie einen öffentlichen Prozeß machen. Und die Sandinisten reden Tag und Nacht von Sandino. Sandino klebt auf allen Wänden, spricht aus allen Radiosendern und Spruchtafeln an den Straßen. Sandino wurde zum Leitbild eines „neuen Menschen" erklärt.

Die hartnäckigen Versuche, die die konservative Kirche und der Privatunternehmerverband unternehmen, um durch ihr Sprachrohr „La Prensa" zu dokumentieren, daß Sandino ein „Liberaler" gewesen sei, der bereit war, mit der Besatzungsmacht zu paktieren, bringt in der Tat nur eines zum Vorschein: wie tief das Trauma einer kollektiven Schuld auf der anderen Seite sitzt, das heißt, im Unterbewußtsein derer, die 40 Jahre lang mit den Mördern Sandinos an einem Tisch speisten.

Werden nur noch Soldaten mit Gewehren gemalt?

Der Friede ist nach wie vor eine Utopie. Die friedliche Landschaft, blauer Tropenhimmel über den grünen Vulkanen und den Seen Nicaraguas, das gibt es nur in der naiven Malerei der Inselgruppe Solentiname. Solentiname wurde 1978 von der Nationalgarde zerstört und ist heute ständig in Gefahr, einem konterrevolutionären Angriff von Costa Rica aus zum Opfer zu fallen.

„Wir sind alle sehr beschäftigt" ... so beginnt ein Gedicht des Kulturministers Ernesto Cardenal aus den ersten Tagen nach dem Sieg.

„Land konfiszieren, Land verteilen
Barrikaden von den Straßen räumen
die Namen der Straßen und Viertel ändern ...
die Ermordeten wieder ausgraben

>   die bombardierten Krankenhäuser reparieren
>   Wasserleitungen legen
>   und andere verlangen elektrisches Licht ...".[12]

Erst gegen Ende des Gedichts, nach Aufzählen der vielen Prioritäten, kommt er auf die „Kultur" zu sprechen:
>   „und soviel Kulturfestivals in den Vierteln
>   politisch-kulturelle Akte, wie sie jetzt genannt werden ..."

Von was sollen die, die diese Revolution mittragen und so beschäftigt sind, singen, wenn nicht von dem, was ihr Leben ausfüllt? Worüber sollen sie schreiben? Ihre Gedichte sind Zeugnisse, Dokumentarmaterial. Ihre „kulturelle Leistung" ist der tägliche Kampf um das wirtschaftliche Überleben, der tägliche Kampf gegen das von der Imperialmacht finanzierte Söldnerheer.

Die Gefahren der Situation liegen auf der Hand: der fortdauernde Krieg birgt das Risiko, daß das kulturelle Schaffen immer mehr von den Prioritäten der militärischen Organisierung aufgesogen wird. Die Erfahrung des Krieges, aus dem die einstigen „Muchachos" und heutigen politischen Verantwortlichen des FSLN hervorgegangen sind, erzeugt die Tendenz, die militärischen Strukturen auf das politische Projekt zu übertragen. Daß das für die Effizienz einer Armee unvermeidbare Prinzip von Befehl und Gehorsam nicht eben Modell für das Funktionieren von Basisdemokratie ist, versteht sich von selbst. Es kann der Moment kommen, in dem es gilt, den kulturellen Prozeß gegen die zu verteidigen, die jeden „Gesang" auf den „Kampfgesang" festschreiben wollen. Die FSLN-Direktion ist nicht unsensibel für dieses Problem.

„Evitemos que el fuego haga cenizas nuestro futuro" – „Laßt uns vermeiden, daß das Feuer unsere Zukunft in Asche legt", steht auf großen Schildern, die die dem Innenministerium unterstellte Feuerwehr in Managua aufstellen ließ. Man muß nicht erst wissen, daß in Nicaragua im Innenministerium wie auch in der Armee und in den Fabriken und Schulen zahlreiche „Poesie-Werkstätten" geschaffen wurden, um zu erkennen, daß diese Lösung sich nicht nur auf den leichtfertigen Umgang mit Gasherden bezieht. Je nach Interpretation kann sie ein Gedicht, ein Gebet, ein Orakel sein.

„Wir laufen Gefahr, olivgrüne Soldaten mit Gewehren oder barfüßige Kinder ... zu malen, und halten das dann für revolutionäre Malerei, weil wir glauben nur dies spiegele die Revolution wieder. Oder wir fangen an Gedichte zu machen, die nur vom Kampf und von Gefechten handeln", sagte der Kommandant Bayardo Arce Anfang 1980 in einer programmatischen Rede vor den Kulturarbeitern.[13]

Der Vergleich mit der Kulturdiskussion im Rußland der Oktoberrevolution ist naheliegend. Die Auseinandersetzung zwischen Lenin und Bogdanow um die „Proletkult"-Bewegung und die spätere autoritäre Vereinnahmung und thematisch-formale Festlegung dieser Bewegung unter Stalin wird von vielen als Beispiel für die unmögliche Verlobung von Staatsraison und Kunst angeführt. Nach der Oktoberrevolution waren in Fabriken und Verwaltungen, auf dem Land und in den kleinen Städten überall Theaterclubs entstanden. Es ging um die staatliche Kontrolle über eine Massenorganisation der Kultur, die sich unter der Initiative Bogdanows in kleinen Zellen zu entwickeln begann. Dem

Staat drohte die Übersicht über diese Bewegung verloren zu gehen. In Nicaragua ist eine ähnliche Problematik spätestens seit 1984 in der Auseinandersetzung zwischen dem Kulturministerium (mit seinen dezentralen „Volkskulturzentren" [CPC]) und der staatlichen Künstlervereinigung (ASTC) sichtbar geworden. Grundsätzlich geht es um die Frage, ob ein armes Land wie Nicaragua seine beschränkten Haushaltsmittel vordringlich in Kulturprogramme für die Massenbasis einbringt (die natürlich eher Quantität als Qualität produziert, wie es bei den zahlreichen Poesiewerkstätten des Kulturministeriums der Fall ist) oder eher darauf achten soll, den Anschluß an „internationales Niveau" der künstlerischen Arbeit zu erreichen, und somit für die Ausbildung und Förderung einer professionellen Künstler-Elite aufkommen müßte. Schwarzbrot für viele oder Pasteten für wenige, wie Lenin einmal zu Klara Zetkin gesagt haben soll. Die Lösung des Problems ist selbstverständlich ein Kompromiß zwischen beiden Orientierungen. In Nicaragua kann man konstatieren, daß der Kulturminister bei diesem Kompromiß erheblich zurückgesteckt hat.[14]

Man muß vermeiden, „die Kunst einer exzessiven Politisierung zu opfern", sagt Bayardo Arce, fügt aber schließlich und endlich hinzu: „Aber man soll auch daran denken, daß die Kunst nicht nützt, wenn sie die Arbeiter und Campesinos nicht verstehen".[15] Jede abstrakte Diskussion dieses Problems ist unfruchtbar. Zu prüfen wäre, wie der FSLN in den nunmehr fünf Jahren gesellschaftlicher Umwälzung die programmatisch verkündete „Demokratisierung der Kultur"[16] in der Praxis in Angriff genommen hat.

Ein kollektives Heldenlied?

Die zahlreichen kulturellen Institutionen, die das Kulturministerium seit 1979 ins Leben gerufen hat (unter Somoza gab es kein Kulturministerium), werden häufig aufgezählt. Die Organisation der „Volkskulturzentren" (CPC) im ganzen Land, die Theater- und Volkstanzbewegungen, die Einrichtung von Museen, die Förderung der regionalen Handwerkskunst: die Keramiker in San Juan de Oriente, die auf präkolumbinische Motive zurückgreifen, die schwarze Keramik aus Matagalpa und Jinotega, die farbigen Mattengeflechte aus Kakteenfiber von Masaya und Camoapa, die Körbe aus Palmgeflecht, die baumwollgewebten bestickten „huipiles" (Tunikas) aus León, die Masken aus Kürbisschalen, die Filigranarbeiten auf den Schalen der Jícaro-Frucht, die berühmten nicaraguanischen Schaukelstühle, der Bernsteinschmuck, die Verarbeitung von Haiknochen, schwarzer Koralle und Perlen an der Atlantikküste ... es würde lange dauern, alles aufzuzählen. Gleichwohl kommt das meiste aus der Gegend von Masaya.

Eine Wirtschaft, die darauf ausgerichtet war, Baumwolle für die Uniformen nordamerikanischer Soldaten in Korea, Zucker als Ersatz für die Quote, die Kuba gestrichen wurde, Fisch für nordamerikanische Restaurant-Ketten, Holz für Häuser in Louisana zu liefern, und Industrieprodukte von der Zahnpasta bis zum Plastiklöffel zu importieren, hatte das handwerkliche Wissen und Können der Kolonialepoche verkommen lassen. Die Sandinisten bemühen sich, zu retten, was zu retten ist.

Was die eigentlich künstlerische Produktion angeht, so war die Somoza-Ära ein ebenso beeindruckendes Ödland.
„Die Kirche war die einzige Institution, die so etwas wie Kunst konsumierte ... Musiker, die in der Messe spielten und Kirchenmaler, die Bilder malten oder die Statuen ausbesserten", erinnert sich der neunzigjährige Dichter José Coronel Urtecho an die kulturelle Atmosphäre seiner Heimatstadt Granada. „Diese Konservativen, es waren Krämer, Geschäftsleute und Grundbesitzer, es herrschte ein intellektuell und kulturell erbärmlich niedriges Niveau."[17]
Die Erfahrungen des jahrelangen Untergrund- und Buschkrieges, der Gefangenschaft und Folter, schließlich der Rausch des unerwartet schnellen Sieges über die Nationalgarde haben eine künstlerische Produktion ins Leben gerufen, die in der Geschichte der Befreiungsbewegungen beispiellos ist. Keine Revolution ist mit einem so ausgeprägten Bewußtsein ihrer kulturellen Aufgabe angetreten wie die sandinistische. Die Tatsache, daß nicht wenige politisch-militärische Führer und Theoretiker der Avantgarde Intellektuelle und Geistliche waren und Universitätsbildung hatten, mag zu dieser Tatsache beigetragen haben.
In der begeisterten Solidarität aus dem Ausland sahen sich die Sandinisten in ihrer Überzeugung bestärkt, daß es zu den vorrangigen Aufgaben der Revolution gehöre, ihre eigene Geschichte zu schreiben und weiterzugeben. So haben sie seit dem 19. Juli 1979 – und teilweise schon vorher – eine gewaltige Anstrengung unternommen, um die Vielfalt der Stimmen und Zeugnisse, die von den Jahren des Widerstandes und den ersten Monaten des Sieges berichten, zusammenzutragen. Eine umfangreiche verlegerische Produktion hält das Epos des Befreiungskrieges gedruckt, gemalt, auf Schallplatten graviert fest und reproduziert es in dem Maße, in dem die knappen Mittel es erlauben. Aus zahllosen Bruchstücken der verschiedensten künstlerischen Qualität ist eine neue „chanson de geste", ein kollektiv gedichtetes Heldenlied im Entstehen.
Der Krieg geht weiter: der militärische, der wirtschaftliche, der Informationskrieg. Daher ist es selbstverständlich, daß der FSLN seine „vierte Front", die ideologische Front, weiter befestigt. Das Heldengedicht wird weitergesungen, weitergedichtet, weitergetanzt, weitergemalt. Die Gefahr einer mechanischen Reproduktion ist dann gegeben, wenn in einer Art Selbstzensur Themen und Formen auf einen Lob-und-Preislied-Katalog festgeschrieben werden und die kritische Auseinandersetzung mit der Realität des revolutionären Alltags vermieden wird. Mit einer Realität, die oft genug frustrierend und voller Rückschläge ist.

> ...„con tu fusil y mochila como poster
> del comité de solidaridad"...[18]
> ...„mit deinem Gewehr und Rucksack wie ein Poster
> vom Solidaritätskomitee"...

schreibt ein Soldat in einem Erinnerungsgedicht an einen gefallenen Compañero. Woher kommen die „*Bilder*"des revolutionären Geschehens?, könnte man fragen. Werden Wunschbilder, Klishes von außerhalb aufgegriffen und reproduziert oder ist die keineswegs romantische Realität des Alltags der Bezug und Impuls für den Dichter? Besteht die Gefahr, daß das einmal Konfektionierte fortwährend erneuert und mit der Qualitätsbezeichnung „Poesie der Revolution" verbreitet wird?

Heute weiß jede sandinistische Gewerkschafterin, jeder Soldat und jeder Minister (und die Gegner der Revolution haben es „immer schon gewußt"), daß nicht jeder, der in einem Ministerium der Revolution arbeitet, ein Revolutionär ist, und daß nicht jeder Soldat der Revolutionsarmee moralisch ein Camilo Torres ist. Es gibt einige Fälle von hohen Funktionären, die sich mit der Kasse absetzten, und eine Reihe von Revolutionssoldaten sitzen wegen Raub, Vergewaltigung, Mord und Amtsmißbrauch mit hohen Freiheitsstrafen im Gefängnis. Es ist nicht mehr möglich, das Epos der ersten Stunde ohne einen kritischen Kontrapunkt weiterzudichten. Letzteres hieße, in die Falle einer „Poesie-Album-Lyrik" zu gehen und den Sinn zu verfehlen, den revolutionäre — und nicht nur revolutionäre — Dichtung letztlich hat: die Dialektik von Utopie-Imagination und verändernder Praxis zu vermitteln. Eine revolutionäre Literatur wird die ungelösten Probleme Nicaraguas, die heute im allgemeinen Bewußtsein sind, — die Problematik der Bevölkerung der Atlantikküste, die Probleme des Alkoholismus, des „machismo" u.a. — kritisch zum Ausdruck bringen, sonst belügt sie sich selbst und das Volk.

Die Auseinandersetzung mit dem Erbe

Ziehen sie aber auch gegen ein jahrtausend altes Patriarchat zu Felde? Können sie es?

Die Sandinisten werden gegen eine Mauer von entstellenden Ideen zu kämpfen haben: gegen Denkschemata, die die Conquistadoren und die Kolonialmacht auferlegten, und gegen die Ideen, Sitten, Wertvorstellungen von weiteren 150 Jahren ausländischer Domination. So sieht es der FSLN.[19]

Machismo-Kultur

Daß die 300 Jahre Kolonialherrschaft und die republikanische Periode der lateinamerikanischen Länder durch die gewaltsame Unterdrückung der großen Masse der Bevölkerung geprägt waren, ist fast ein Gemeinplatz. Die Brutalitäten der „Missionierungsgeschichte" des Río Coco im Norden Nicaraguas und der Moskitio (des heutigen Nordzelaya) ist ein beredtes Beispiel dafür, wie die koloniale Praxis und die Protektionsgesetze der spanischen Kolonie auseinanderklafften.[20]

Kennzeichen der kolonialen und neokolonialen Situation war, daß die Aggressionen der Unterdrückten sich nicht logisch und konsequent gegen die kolonialen Herren oder gegen die herrschende Klasse richteten. Unter dem starken Einfluß der ideologischen Domestizierung entlud sich die unterdrückte Gewalt in andere Kanäle: die überkommenen Feindseligkeiten zwischen einzelnen sozialen Gruppen lebten zeitweise heftig wieder auf. Die rituellen Mutproben, der Alkoholismus und Drogenmißbrauch, das Duell mit dem Messer, mit der Machete, der gewaltsame Sexualakt, dies alles sind verschiedene Erscheinungsformen jener diffusen Gewalt, die man „machismo" nennt und die Nicaragua nicht weniger als andere lateinamerikanische Länder bis heute kennzeichnet (was nicht heißen soll, daß es in den Industrieländern keinen „machismo" gibt. Er äußert sich nur in subtileren und deshalb nicht weniger gefährlichen Formen.).

In weiten Teilen Nicaraguas dürfte es schwer sein, in den Ortschaften Campesinofamilien zu treffen, die nicht einen Sohn, Bruder oder Vater durch einen Machetenhieb oder eine Flintenkugel verloren haben. Daß es in den Dörfern sonntags unter Alkoholmißbrauch zu Schlägereien und Machetenduellen mit einem oder mehreren Toten kam, war bis vor kurzem nichts Außergewöhnliches. Wer heute in den Viehzüchter-Regionen Boaco oder Chontales die Männer in den Kneipen befragt, wird feststellen, daß sie mit Stolz die Narben zeigen, die von Pistolenschüssen, Messerstichen oder dem Horn eines Stiers herrühren. Das sogenannte „Jungstierreiten", das nicht selten tödlich ausgeht, ist bis auf den Tag eine beliebte Form zu zeigen, daß man ein „macho" ist. Der Peruaner José Maria Arguedas interpretiert das selbstmörderische Ritual, in dem die Indianer des peruanischen Hochlandes mit dem Stier kämpfen, als letzte Möglichkeit der Selbstbejahung und Rettung ihrer Würde vor den Augen der kreolischen Großgrundbesitzer, die alljährlich diesem Schauspiel bis in die vierziger Jahre dieses Jahrhunderts beiwohnten.[21] Es sind kollektive Ersatzhandlungen, Todesreflexe gegenüber der Gefahr der Zerstörung durch die koloniale Repression.

Nicht alles, was die unterdrückten Massen an kulturellen Formen hervorbrachten, waren Formen des befreienden Widerstandes. Der Machismo, die scheinbar sinnlos in sich kreisende Gewalt und ihre Rituale wirkten als sicheres Mittel der Etablierung von Herrschaft. Es ist eine Gewalt, die scheinbar jeden gesunden Menschenverstand entbehrt und fatalerweise die rassistische und imperialistische Ideologie bestätigt, die besagt, daß „diese unterentwickelten Menschen nicht vernünftig sein können".

Der Machismo ist das deprimierende Erbe von kultureller Entfremdung und Sterilisierung. Die neue nicaraguanische Kultur wird sich mit Sicherheit nur in dem Maße realisieren, in dem die Avantgarde — voran die nicaraguanische Frauenorganisation AMNLAE — in der Lage sein wird, diese Form der Entfremdung abzuschütteln. Bilderstürmende Feministinnen aus Europa mögen von den moderaten Positionen der AMNLAE-Frauen bisweilen enttäuscht sein. Jedoch ist allein die Tatsache, daß im vergangenen Jahr in den nicaraguanischen Zeitungen eine heftige Debatte über die Abtreibung geführt werden konnte, und daß in der Zeitschrift der Sandinistischen Jugend („Somos") Verhütungsmethoden beschrieben werden können, eine Revolution der politischen Kultur in Nicaragua, und wäre es ebenso in den meisten lateinamerikanischen Ländern.

Coca-Cola-Kultur

Es geht an der Problematik vorbei und ist zumindest grob vereinfachend, von der These auszugehen, daß der revolutionäre Umbruch am 19. Juli 1979 ein

"Triumph der Kultur der Ausgebeuteten über die Kultur der Bourgeoisie und der 50 Jahre Somozaherrschaft" gewesen sei.[22] Selbst wenn man sich nicht der problematischen Diskussion des Bourgeoisie-Begriffs in Nicaragua zuwenden will: Wo ist sie denn, die „Kultur der Ausgebeuteten", die jetzt triumphiert hat? fragt man sich bei einem Gang durch die Straßen der nicaraguanischen Städte und Ortschaften.

In den Musikboxen der Kneipen, aus denen die ohrenbetäubende „Disco-Musik" schallt? In Colgate, Coca Cola und Ketchup, oder darin, daß die Bevölkerung von Managua kaum frischen Fisch ißt, dafür aber Ölsardinen und Thunfisch in Dosen allenthalben sozusagen als „Grundkonsummittel" angeboten werden? In den Turnschuhen der Jugendlichen, für die die Nicaraguaner (wie für tausende anderer der US-Zivilisation entlehnte Produkte) kein anderes Wort als das amerikanische „Tennis" kennen? In der selbstverständlichen Gewohnheit, sämtlichen Abfall auf die Straße zu werfen, in den Transistorradios, die den einheimischen Musikanten und Instrumentenbauern Arbeit und Geld wegnehmen und es in die Taschen japanischer oder nordamerikanischer Multis leiten? In den Baseball-Uniformen, in denen die Jugend selbst in den ärmsten und entlegensten Dörfern sonntagsnachmittags dick vermummt bei 30 Grad im Schatten zum „match" antritt?

Zwar mag für die herrschende Klasse der Somozaepoche (die fälschlich als ein geschlossener Block aufgefaßt wird) zutreffen, daß sie „keine eigenen Konzepte von Kultur hatte".[23] Das Hauptproblem besteht jedoch darin, daß die von den USA importierten Produkte, die die eigene Kulturlosigkeit ersetzten, sich der Köpfe und Verhaltensweisen der großen Masse der Bevölkerung auf geradezu totalitäre Weise bemächtigt haben. Und wie soll man heute den mit Abfallprodukten der US-Unterhaltungsindustrie gefütterten Köpfen etwas Alternatives anbieten, wenn man nicht die finanziellen und technischen Mittel hat, Eigenes zu produzieren?

Als sich Mittelamerika in den fünfziger Jahren der blendenden wirtschaftlichen und politischen Strategie der USA öffnete,[24] begannen die US-Zivilisation und ihre Ideologie mit besorgniserregender Schnelligkeit auf dem Isthmus vorzudringen. Der geradezu totalitäre Charakter dieser kulturellen Offensive wurde nicht zuletzt durch die Verbreitung der elektronischen Medien der Massenkommunikation ermöglicht. In der kolonialen und republikanischen Epoche bestand die kulturelle Problematik eher darin, daß eine verschwindend kleine Elite die aus Europa importierte Kultur im exklusiven Zirkel konsumierte und weder von den positiven noch negativen Elementen dieser Kultur viel auf die große Masse der ländlichen Bevölkerung ausstrahlte. Wohl tauchten dann hier und dort ein verirrtes Kultursymbol, ein Piano aus London, ein Louis-XV-Stuhl aus Paris, vor den staunenden Augen des Gesindes in irgendeiner entlegenen Hacienda auf, kennzeichnend für die Situation in Nicaragua war jedoch, daß keine Industrialisierung stattfand, und die schwache Handelsbourgeoisie Granadas sich nie gegen eine ultramontane Agraroligarchie durchsetzen konnte. Insofern trifft der Vorwurf, die nicaraguanische Bourgeoisie habe keine eigene Kultur geschaffen, sondern diese aus den europäischen Metropolen importiert,[25] daneben. Es gab quasi keine

liberale Bourgeoisie. Die Tatsache, daß sich in Nicaragua eben nicht jene modernisierende, von den Ideen des Handelsliberalismus geprägte und nach Europa orientierte bürgerliche Klasse durchsetzen konnte, war bestimmend für die kulturelle Rückständigkeit des Landes. Dies war es, was ein literarisches Talent wie Rubén Darío zur Flucht nach Santiago und Buenos Aires veranlaßte. Rubén Darío, die große intellektuelle Figur neben Sandino, suchte seine literarischen Vorbilder nicht nur im spanischen „Siglo de Oro", sondern war stark durch die französische Dichterschule des „parnasse" und des Symbolismus beeinflußt. Er steht ideologisch in einem komplizierten Spannungs- und Abhängigkeitsverhältnis zu jener liberalen Bourgeoisie, vor der er sich in den „Elfenbeinturm" flüchtete, die aber gleichzeitig für seine künstlerische Sensibilisierung überhaupt die materielle und ideologische Grundlage geschaffen hatte. Ihn, der nie Lateinamerikaner, geschweige denn Nicaraguaner sein wollte, heute als „politisch engagierten" Dichter und gar im Sinne eines sozialistischen Projekts zu vereinnahmen, ist ein Paradoxum.
Seit Beginn des Jahrhunderts besteht das Problem in der Unmöglichkeit, dem kulturellen Zugriff des gigantischen Nachbarn im Norden zu entrinnen: Zivilisierung ist Kolonisierung. „Kein einziger sozialer Sektor kann heute mehr der Mühle der Propagandamaschine entgehen, die aus den Transistorradios gleichermaßen die Vorzüge der freien Wahlen, die christliche Unterwerfung und die Zauberkraft der schmerzstillenden Medikamente predigt", sagt Sergio Ramírez in einem Essay, der 1973, also sechs Jahre vor dem Sturz Somozas, in Berlin geschrieben wurde.[26]
Mittlerweile kontrolliert der Staat die Radios und die beiden nicaraguanischen Fernsehkanäle, die vor 1979 existierten. Von dem Personal der beiden Programme waren 90 Leute bereit, mit der Revolution zu arbeiten. Man fing 1979 mit 15 Technikern an, heute sind es 40. Zum ersten Mal empfing die Atlantikküste das nationale Fernsehen. Man hörte dort costarikanische und hunduranische Programme. Zum ersten Mal stand Nicaragua vor der Aufgabe, eigene Fernsehprogramme zu produzieren. Aber außer den Nachrichten und einigen Bildungs- und Unterhaltungsprogrammen laufen wie in den besten Somozazeiten die plattesten und ideologisch zweifelhaftesten Hörspiel- und Fernsehschnulzen.
„Das Publikum war an 4 bis 5 Stunden Telenovela pro Tag gewöhnt", sagt der Direktor des „Sandinistischen Fernsehens" (SSTV), „Wir merkten, daß es ein Irrtum war, dies auf einen Schlag ändern zu wollen".[27] Man ist darüberhinaus weder technisch noch finanziell noch in Hinsicht auf die Fachkräfte in der Lage, dies in kurzer Zeit zu ändern.

Ein neues Theater für ein neues Publikum
Kollektives Theatermachen als Praxis der Befreiung

„Am Anfang war das Theater dityrambischer Gesang: das Volk sang im Freien. Karneval. Volksfest.
Dann bemächtigten sich die herrschenden Klassen des Theaters und bauten ihre Trennmauern. Zuerst teilten sie das Volk in Schauspieler und Zuschauer: Leute die handeln und Leute die zusehen. Das Ende vom Fest!"[28]

Für den Brasilianer Augusto Boal, einen der Väter des neuen lateinamerikanischen Theaters, handelt es sich folglich darum, die „Mauern niederzureißen" und den Zuschauer wieder zum Handelnden zu machen. Wenn irgendwo auf der Welt Theater imstande ist, dies zu erreichen, dann im heutigen Nicaragua. Dort ist mit der Revolution eine Massenbewegung von Theater- und Musikantengruppen entstanden, die von Europa aus kaum wahrgenommen wird. In der „Vierten nationalen Theaterschau", Ende 1983, zogen rund 200 Theater- und Musikgruppen auf Armeelastwagen durch die Kaffee-, Zuckerrohr- und Baumwollzonen: Kultur nicht mehr nur für die Hauptstadt und in der Hauptstadt, sondern dort, wo der einzige Reichtum Nicaraguas produziert wird, auf dem Land. So heißt die Devise. Wenn man die traditionelle Rolle der Hauptstädte in Lateinamerika in Betracht zieht, die Hauptstädte als Brückenköpfe der Kolonialmacht in feindlichem „Eingeborenen-Hinterland", dann erkennt man, daß diese Devise eine kulturelle Revolution beinhaltet.
Fahrendes Volk, aber nicht heimatlos: die meisten sind Landarbeiter oder stammen aus Arbeiterfamilien. Sie kommen aus Kooperativen, staatlichen Betrieben, kommunalen Kulturzentren, die wenigsten von Universitäten. Viele von ihnen waren schon in der Somozazeit kulturell aktiv. Mit ihrem Akkordeon, ihren Masken, ihrem Puppentheater betreiben sie an der Straße die ersten Versuchsproben eines „subversiven Theaters".
In den Jahren 1983/84 habe ich mehrere dieser Theatergruppen auf ihren langen Fahrten durch die Grenzgebiete im Norden Nicaraguas begleitet. Es waren Gruppen von hohem Niveau darunter, wie z.B. die Gruppe „Nixtayolero" (deutsch: Morgenstern), die in ihren Stücken komplexe Montagen der nicaraguanischen Geschichte und der Gegenwartsprobleme fertigbrachten. Andere Gruppen waren von sehr bescheidenen künstlerischen und technischen Fähigkeiten. Allen gemeinsam war die Tradition des politischen Theaters, eines Theaters des Widerstandes, des Untergrundes, der Agitation. Es war Straßentheater, Theater der Armen. Sie fertigten ihre Kostüme und Requisiten aus Bettlaken, Seilen, aus Abfallstücken.
Die Schauspieler kommen nicht von außerhalb wie fremde Anthropologen, sondern sie arbeiten und leben mit den Leuten der Gemeinde. Das heißt, wenn gesät wird, säen sie, wenn ein Haus gebaut wird, bauen sie, wenn geerntet wird, ernten sie. Erst später versuchen sie, aus ihrer Erfahrung ein Theaterstück zu machen. Sie erarbeiten ihre Stücke nicht *für* ein Publikum, sondern *mit* dem Publikum. Gleichzeitig ist ihre Arbeit die eines Ethnologen. Sie sammeln die Lieder, Mythen, Traditionen dieser großen Masse der nicaraguanischen Landbevölkerung, die den Namen Shakespeare oder Molière noch nie gehört hat. Die aber sehr wohl eine Theatertradition besitzt: Die religiösen Feste mit ihren Umzügen und Masken, der Karneval, die traditionellen Tänze der Kolonialzeit, dies alles bildet eine unerschöpfliche Quelle der Inspiration für das neue nicaraguanische Theater.
Der „Güegüense", ein getanztes Theaterstück aus dem Nicaragua der Kolonialzeit, das in den Straßen von Masaya alljährlich neu aufgeführt wird, ist einer dieser kulturellen Schätze. Im „Güegüense" treten die Indios als „machos" (Maultiere) verkleidet auf, die spanischen Autoritäten erscheinen

als Masken mit blonden Schnurrbärten und der Text, eine Mischung von Spanisch und Nahuatl, ist eine feine Satire auf die Obrigkeit und zeigt den Triumph des Mestizen über den weißen Kolonialherrn durch die List der vorgeblichen Sprachschwierigkeiten.

„Ich sah den *Güegüense*, und seine Masken beflügelten meine Phantasie, ließen meine Phantasie im Rhythmus des ‚Sones' (typische Musik mit Flöten und Trommeln und Schellenbegleitung) fliegen. Ich sah, wie die Gemeinde ihre Masken, ihre mit Münzen verzierten Kostüme herstellte, ihre Westen und Bänder, ihre Pfauenfederhüte, und wie sie dann auf die Straßen strömten, also einen Raum benutzten, den auch wir benutzt hatten, aber auf andere Art. Sie legten, umgeben von der Menge, einen Weg zurück, ihre unverwechselbaren Farben tragend und mit einem merkwürdigen und magischen Sinn für das Design. Ich verstand nicht alles, was ich sah ...".

So erzählte mir Alan Bolt, der Leiter der *Nationalen Theaterwerkstatt* in Matagalpa. Sein Bericht über die Erfahrungen im politischen Theater im Untergrund und die Suche nach einem neuen revolutionären Theater der Volksbeteiligung ist vielleicht das faszinierendste Zeugnis über Kulturarbeit im revolutionären Nicaragua.

Das Repertoire des neuen nicaraguanischen Theaters ist unbegrenzt, gerade weil es Tradition und soziale Gegenwartsprobleme gleichermaßen als Stoff heranzieht. Es ist Kunst und gleichzeitig Pädagogik, Spaß und gleichzeitig Agitation, es bleibt nicht bei der „Katharsis" stehen, sondern geht über zur Diskussion, zum Volksfest, zur Musik, zum gemeinsamen Tanzen und Biertrinken.

In Nicaragua ist das Theater vom Salon auf die Straße gegangen, in die Baumwollernte, in die Kaffeefincas. Seine Möglichkeiten zur politisch-kulturellen Mobilisierung sind vielversprechend. Die etablierte Theaterwelt mag die Nase rümpfen über dieses „Erste-Hilfe-Theater" oder wie immer die abschätzigen Etikette lauten mögen. Mein Eindruck ist, daß die „Universalität" der Kultur (so nennen es die Europäer und vor allem die Deutschen, wenn sie ihre eigene Kultur meinen) durch die politische Intention des nicaraguanischen Theaters durchaus nicht zu kurz kommt. Nichts hindert eine Campesino-Gruppe in Nicaragua daran, Molières Tartuffe zu spielen. Nur daß bei einer solchen Inszenierung weniger die bigotten Bourgeois des 17. Jahrhunderts gemeint wären als gewisse Herrschaften im heutigen Nicaragua, die gleichermaßen Gottvater zum Interessenverbündeten machen wollen und die heilige Jungfrau Maria um der Sünden der Sandinisten willen Blut und Wasser schwitzen lassen (indem sie sie nachts in eine Gefriertruhe legen, und morgens das Tropfenwunder der gläubigen Menge vorstellen, wie in Nicaragua geschehen).

„Wir wollen Möbel mit unserem Holz machen ..."

Fragt man die Taxifahrer in Managua, dann war „unter Somoza alles viel besser". Sie beurteilen die politische Entwicklung nach der Höhe der Benzinzuteilung. Nach einem halben Jahrzehnt Krieg und wirtschaftlicher Strangulierung durch die USA, bieten Nicaraguas Supermärkte ein trostloses Bild. Mit

Ausnahme des Bücherangebotes. Wo früher allenfalls Jerry Cotton und Readers Digest zu bekommen waren, werden heute die Klassiker der Weltliteratur und die zahlreichen Titel des Verlags „Neues Nicaragua" angeboten. Aber wer liest das schon? Zweifellos eine kleine Minderheit der sandinistischen Gefolgschaft. Aber selbst wenn man weniger die Distribution von Kulturgütern als die Teilnahme der Bevölkerung an ihrer Produktion zum Kriterium eines kulturellen Wandels machen will, kann man nicht umhin festzustellen, daß eine gewaltige Umwälzung im Gange ist. Es steht außer Frage, daß seit 1979 eine Massenmobilisierung für ein demokratisches Kulturprojekt in Gang gekommen ist, die in der Geschichte des Landes einmalig sein dürfte.

Die Alphabetisierungskampagne von 1980/81, in deren Verlauf 50 000 Menschen in ihrem eigenen Land auf Wanderschaft gingen, um die Kunst des Lesens und Schreibens zu verbreiten, war — mehr als eine kulturelle „Bewegung" — ein kulturelles Erdbeben, wobei die Konflikte, die entstehen, wenn städtische Kleinbürger die Campesinos ihres eigenen „Hinterlandes" mit einem Mal „entdecken", durchaus als positive Erfahrung zu diesem Erdbeben hinzugehören. Die „Lehrer" lernten in der Regel mehr von ihren „Schülern" als umgekehrt. Dies war gut so und entsprach den Prinzipien der „Pädagogik des Unterdrückten" eines Paulo Freire, die Leitgedanke und Richtlinie der Alphabetisierung sein sollten. Die Erfolgsstatistiken dieser Kampagne sind unsicher und schwer zu verifizieren. Der Krieg hat nicht unwesentlich dazu beigetragen, die Erfolge der ersten Stunde zu mindern oder ganz zunichte zu machen. Wo die Energien für die schwere Landwirtschaftsarbeit von Militärdienst, langen Nachtwachen, Sabotageanschlägen und Psychoterror unterhöhlt werden, bleibt wenig Lust und Kraft, um zu all dem auch noch täglich lesen und schreiben zu üben. Nicht wenige Lehrer wurden ermordet.

Die nach außen sichtbaren Sitten spiegeln nicht notwendigerweise die kulturellen Strömungen wider, die sich unter der Oberfläche vollziehen. Das neue Bewußtsein, das die revolutionäre Avantgarde und die Masse ihrer Anhänger charakterisiert, ist nicht leicht empirisch meßbar. Daß der Flughafen Nicaraguas jetzt nach Augusto César Sandino benannt ist und über ihm die schwarzrote Fahne weht, ändert noch nichts an der Lebensweise der Bauern. Wenn es aber in den ärmeren Vierteln kein Haus gibt, auf dem nicht der Schattenriß des aufständischen Proletariers Sandino aufgemalt ist, dann kann dies ein Indiz für ein neues Bewußtsein sein. Wenn auf den Mauern der Städte die Geschichte Nicaraguas gemalt erscheint, wo früher allenfalls „Shell" oder „Pepsi Cola" leuchteten, wenn in den Büroräumen nicaraguanischer Behörden mit viel Farbe, Phantasie und Kreativität auf Postern für das sandinistische Gesellschaftsprojekt geworben wird, dann beurteilen manche Leute dies als „totalitär". Es sind leider oft dieselben, die es normal fanden, daß es früher dort nur ein Bild gab: das Foto Anastasio Somozas.

So wären Hunderte von Beispielen aus dem täglichen Leben anzuführen, die Rückschlüsse auf einen qualitativen Sprung im kollektiven Bewußtsein zulassen und anzeigen, daß eine neue politische Kultur im Entstehen ist. Und ohne diese Bewußtseinsänderung wären Gesetze, Verfassungen, Agrarreformbestimmungen nicht mehr wert als das Papier, auf dem sie geschrieben stehen.

Wenn in jedem Jahr bei Beginn der Kaffee- und Baumwollernte Schulen, Universität und Ministerien teilweise schließen, damit Studenten und Beamte in der Ernte eingesetzt werden können, mag dies auf die Dauer als volkswirtschaftlich wenig effizient angesehen werden. Tatsache ist, daß diese jährliche Migration dazu beigetragen hat, ein versteinertes Kastensystem, die gesellschaftliche Desintegration und eine entfremdende Arbeitsteilung, wenn nicht aufzuheben, so doch zu mildern und Konflikte bewußt zu machen.
In einem so stark von internationaler Arbeitsteilung geknebelten Land, wie Nicaragua dies traditionell war, ist der Wunsch nach Diversifizierung der Arbeit, der Wunsch nach dem „Selbermachen", ein kulturpolitischer Faktor von großer Bedeutung.
„Wir wollen nicht mehr die Produzenten des überflüssigen Nachtischs der Industriewirtschaft sein: Kaffee, Kakao, Zucker Bananen ..." sagte Landwirtschaftsminister Jaime Wheelock in einem Interview mit Marta Harnecker. „Wir wollen ein industrialisiertes Land sein, das manufakturierte Waren verkauft, wir wollen unsere Lebensmittel eingemacht verkaufen, wir wollen Möbel mit unserem Holz machen."
In diesem Zusammenhang sind auch die „Innovadores" zu sehen. Jeder selbst reparierte Elektromotor, jeder selbst gebaute Kaffeetrockner ist eine kulturelle Errungenschaft, ganz gleich, ob man dies mit dem Entfremdungsbegriff Marxscher Prägung oder mit der Libidoökonomie Freuds begreifen will.
Reichtum und Wohlstand der Völker brachten hohe kulturelle Leistungen hervor, so lernten wir in der Schule. In Nicaragua scheint es umgekehrt. Armut und wirtschaftliche Knebelung von außen bringen eine eigene kulturelle Dynamik hervor.

Anmerkungen:

1) Vgl. Fanon, Frantz: „Die Verdammten dieser Erde", Hamburg 1969, S. 160
2) Ministerio de Cultura (Hrsg.): „Poesía de las Fuerzas Armadas", Managua 1981, S. 36
3) Ministerio de Cultura (Hrsg.): „Hacia una política cultural de la Revolución Popular Sandinista", Managua 1982, S. 19
4) Ibid., S. 20
5) Die freie Übersetzung: „Sandino heißt die Losung" bringt nicht das Wortspiel des spanischen Ausdrucks hervor, der bei wörtlicher Übertragung lautet: „Sandino, Heiliger und Zeichen".
6) „Hacia una política cultural", op. cit., Einleitung, S. 5
7) Vgl. z.B. die Rede gleichen Titels, die Sergio Ramírez vor der Jury der „Casa de las Américas" am 22. Januar 1982 in Kuba hielt. In: Ramírez, Sergio: „El alba de oro", Mexico 1983, S. 269
8) Ibid., S. 272
9) Vgl. Agudelo, William (Hrsg.): „Ich singe ein Land, das bald geboren wird", Wuppertal 1980, S. 90
10) Somoza, A: „El verdadero Sandino o el calvario de las Segovias", Managua 1936
11) Op. cit., Vorwort
12) Cardenal, Ernesto: „Antología", Managua 1983, S. 269, 270
13) Bayardo Arce: „El difícil terreno de la lucha: el ideológico". In: „Hacia una política cultural", op. cit., S. 22
14) Vgl. Melchinger, Siegfried: „Geschichte des politischen Theaters", Stuttgart 1974, S. 160 ff.
15) Bayardo Arce, op. cit.
16) „Una cultura revolucionaria, popular, nacional, antiimperialista" war die Formel, die E. Cardenal am 25.2.1980 vor der ASTC prägte.
17) Tirado, Manlio: „Conversando con José Coronel Urtecho", Managua 1983, S. 20, 21
18) „Poesía de la Fuerza Armada", op. cit., S. 29
19) Bayardo Arce, op. cit., S. 19
20) Eine gute Einführung mit Bibliographie zu diesem Thema bietet der Aufsatz von Antonio Esgueva: „La rebeldía indígena nicaragüense" (1523–1542) in: „Encuentro", Revista de la Universidad CA Nr. 20, Managua 1984, S. 40 ff.
21) Vgl. den Roman „Yawar Fiesta", Lima 1941
22) „Hacia una política cultural", Einleitung, S. 7
23) Ibid. Die mit Somoza spätestens seit 1982 rivalisierende Finanzgruppe um den „Banco de América" begann in den siebziger Jahren ein Kulturprojekt zu finanzieren, das im wesentlichen einen Fonds für koloniale Kunstgegenstände, einheimische Keramikprodukte und den Verlag einiger Forschungsliteratur (Buchserie „Colección cultural") beinhaltete. Es ist bezeichnend, daß nicht einmal an diesem bescheidenen Projekt die Somoza-Regierung beteiligt war.
24) „Technisierung der Produktion", „Strukturänderungen", „grüne Revolution", „industrieller Fortschritt" waren die hohlen Vokabeln. Die These von der „Importsubstitution" war eine Falle, hinter der sich die neue Arbeitsteilung in Form der ausgelagerten Industrie-Montage verbarg.
25) Vgl. „Hacia una política cultural", Einleitung
26) Ramírez, Sergio: „Balcones y Volcanes", Managua (2. Ed.) 1983, S. 97
27) Interview in: „Ventana", Managua, 30. Juli 1983
28) Augusto Boal: „Poética del oprimido", in: „Hacia un nuevo teatro latinoamericano, San Salvador 1977, S. 583

Thomas Nachtigall

Nach sechs Jahren noch kein klares Konzept für die Massenmedien

Wer in Managua die Redaktion einer Tageszeitung besucht, fühlt sich unwillkürlich an eine umkämpfte Festung erinnert. Schießscharten und Sandsäcke oder Betonmauern mit kleinen Wachttürmen sichern das Gebäude. Eingeigelt hat sich die rechte „Prensa" genauso wie das Sandinistenblatt „Barricada". Die Massenmedien sind nach dem Verständnis ihrer Eigentümer Schlüsselstellungen in einem ideologischen Krieg, der nicht nur mit Worten ausgetragen wird. Die Medienlandschaft als Terrain für diesen Kampf ist auf den ersten Blick klar in Gegner und Verteidiger der sandinistischen Revolution gegliedert. Und doch vermittelt sie bei genauem Hinsehen einen eher verwirrend widersprüchlichen Eindruck:

Da beherrscht plattester Agitationsjournalismus die Titelseiten aller Massenblätter, und doch findet ein Campesino in der nicaraguanischen Presse vergleichsweise mehr an sozialer Alltagsrealität wieder, als etwa ein Stahlarbeiter im Ruhrgebiet in seiner Morgenlektüre. Da existiert ein aufgeblähtes System staatlicher Medienlenkung, und trotzdem ist das Spektrum der veröffentlichten Meinung breiter, polarisierter und repräsentativer als in fast allen Ländern des Subkontinents. Da überträgt das sandinistische Fernsehen – die beiden Kanäle sind seit 1979 in der Hand des FSLN – eine kritische Diskussion zwischen dem Innenminister und Bewohnerns eines Slums, die lautstark eine längst versprochene Wasserleitung anmahnen. Doch direkt neben diesem Musterbeispiel für Publikumsnähe folgt Coca-Cola-Werbung und Hollywood-Kitsch vom Typ „Raumschiff Galactica". Nach sechs Jahren Revolution hat sich daran nur eins geändert: Die US-produzierten Serien werden immer älter, Folge des nicaraguanischen Devisenmangels. Neuer Stoff kommt vor allem aus den Ländern des real existierenden Sozialismus, zum Beispiel der UdSSR-Schinken „Großer Vaterländischer Krieg", der mit allen Folgen schon zwei Mal über die Bildschirme flimmerte.

Wahrscheinlich gibt es in der ganzen nicaraguanischen Revolution kaum einen Bereich, in dem so gegensätzliche und dazu oft nur verschwommen umrissene Konzepte aufeinanderprallen, wie im Mediensektor. Gegeneinander stehen die Forderung nach bürgerlicher Verlegerfreiheit, das leninistische Modell von den Medien als kollektivem Organisator und Erzieher sowie die basisdemokratische Vorstellung einer Vielzahl von autonomen Stimmen. Die Praxis ist jedoch weniger von einer konsequenten sandinistischen Medienpolitik als von den wechselnden Taktiken der gratwandernden Regierung, den kriegsbedingten Beschränkungen und Erstarrungen und nicht zuletzt der Unerfahrenheit der meisten „Medienmacher" bestimmt.

Das Versprechen, das die „Regierung des nationalen Wiederaufbaus" 1979 zum Thema Massenmedien gab, war kurz und mutet vor dem Hintergrund der Erfahrungen der letzten Jahre fast naiv an. „Pressefreiheit" sollte gewährlei-

stet werden, dann würde sich, so der Anspruch, nicht nur ein Pluralismus ergeben; die Medien würden sich auch quasi automatisch in den Dienst der nationalen Entwicklung und Emanzipation stellen.
Ähnlich wie in den meisten Nachbarländern waren auch unter Somoza fast alle Medien vom „amarillismo" geprägt. Diese klebrige Mischung aus Sensationsjournalismus, Hofberichterstattung über die Partys der Mächtigen und einer Weltsicht, die sich fast ausschließlich aus Meldungen der großen US-Agenturen speist, wirkt jeder geistigen Regung der Konsumenten entgegen. Nach der Befreiung mußte es darum gehen, neue Informationsquellen zu erschließen, die Medien zu Organen einer echten, das heißt wechselseitigen Kommunikation zu machen und sie gleichzeitig zur Mobilisierung und zur Machtkontrolle zu nutzen. Jenseits dieser hehren Ansprüche war allerdings bereits damals sowohl den bürgerlichen Kräften als auch den Sandinisten klar, daß die Meinungsführerschaft in der äußerst inhomogenen nicaraguanischen Gesellschaft der Schlüssel für die erstrebte Veränderung entweder hin zu einem liberalen Kapitalismus oder einem egalitären Sozialismus sein würde. Beide Seiten sahen in den Massenmedien bereits sehr früh Instrumente, die es für die kommende ideologische Auseinandersetzung zu nutzen galt. Daß der Kampf um die Herzen und Hirne der ca. 3 Millionen Nicaraguaner von vornherein stark über die Medien geführt wurde, mag angesichts der Tatsache verwundern, daß unter Somoza mehr als 70% der Bevölkerung keine Zeitungen lasen und auch nicht von einem nationalen Fernsehprogramm erreicht wurden. Einzig die privaten Radiostationen, mit ihrer Werbung für importierte „Plastik-Kultur" und den ewig gleichen Schnulzen aus den US-Charts der fünfziger Jahre, hatten eine gewisse Massenrelevanz. Selbst die aufrüttelnden Nachrichten der antisomozistischen Oppositionszeitung „La Prensa" und der geheimen Sender der Sandinisten fanden außerhalb der Städte Managua, León, Granada und Estelí ihre Verbreitung fast nur durch Flüsterpropaganda. Trotzdem begann mit dem 19. Juli 1979 ein zähes Ringen um den Einfluß auf die Medien. Der FSLN übernahm nicht nur die Radio- und Fernsehstation des geflüchteten Dikators, sondern beschlagnahmte auch seine Druckerei und brachte bereits einen Tag nach dem Sieg die erste Nummer der „Barricada" heraus.
Offensichtlich versprachen sich die Sandinisten eine schnell wachsende Bedeutung der medial vermittelten Wirklichkeit im Zuge der Alphabetisierungskampagne — eine Hoffnung, die sich nicht in vollem Maße erfüllte. Heute sind zwar für mehr als zwei Drittel der Bevölkerung Zeitungen erreichbar, doch die reale Verbreitung liegt mit sieben Exemplaren auf einhundert Einwohner noch weit unter den Mindestforderungen der UNO. Dies hat sicher nicht nur mit technischen Engpässen zu tun, sondern auch mit den Schwierigkeiten der Journalisten, einen Stil zu finden, der den frisch erworbenen Lesefähigkeiten der Bevölkerungsmehrheit angemessen ist.
Für das Bürgertum wiederum begründet sich das große Interesse an den Medien sowohl aus der Eigentümerschaft als auch dem Umstand, daß ihm mangels schlagkräftiger Parteiorganisation und einer gespaltenen katholischen Kirche wenig andere Kanäle zur Verbreitung seiner Weltsicht zur Verfügung standen und stehen.

Bevor auf die Entwicklung der Medien und ihrer Inhalte eingegangen wird, soll in einer Bestandsaufnahme deutlich gemacht werden, daß der Machtkampf in einer Art unfriedlichen Koexistenz zwischen zwei Blöcken gemündet hat, die wenig Spielraum für kritisch distanzierten Journalismus lassen. Mit sechzigtausend verkauften Exemplaren hat „La Prensa" immer noch die höchste verkaufte Auflage unter den Tageszeitungen. Als Organ der bürgerlichen Opposition ist ihre Haltung trotz schwankender Stärke der Zensur offen antisandinistisch. Ihr zur Seite steht ein beträchtlicher Teil der einunddreißig privaten und kirchlichen Radiostationen, die allerdings politische Positionen nur indirekt äußern können. Seit im März 1982 der Ausnahmezustand ausgerufen wurde, sind Nachrichtensendungen nur noch auf vier Stationen zugelassen. Dabei handelt es sich um den Regierungssender „La Voz de Nicaragua", die FSLN–Station „Radio Sandino", das gemäßigt konservative „Radio Mundial" sowie den liberalen Privatsender „Radio Noticias", der sich zwar mit der Revolution identifiziert, jedoch auch kritische Wahrheiten meldet und zu kontroversen Diskussionen über den richtigen Weg animiert. Zu den antisandinistischen Medien müssen noch die Sender der „Contra" in Honduras und Costa Rica gerechnet werden, die in den Grenzgebieten einige Verbreitung haben.

Als publizistische Gegenmacht verfügt der FSLN mit der „Barricada" über eine Parteizeitung, deren einhunderttausend Exemplare täglich zu einem Teil kostenlos in den staatlichen Behörden und im Heer vertrieben werden, die aber auch einen beträchtlichen Absatz im Straßenverkauf erzielt. Hinzu kommen diverse Publikationen der sandinistischen Massenorganisationen wie Gewerkschaft oder Jugendverband. Außer „Radio Sandino" kontrollieren die Sandinisten siebzehn lokale Radiostationen sowie die beiden Fernsehkanäle, die allerdings im Jahr 1985 aus den Händen der Partei in eine staatliche Organisationsform übergehen sollen.

Als unabhängig, wenn auch teilweise mit der Revolution solidarisch verbunden, bezeichnet sich neben dem erwähnten „Radio Noticias" auch „El Nuevo Diario", mit dreißigtausend Auflage die dritte Tageszeitung des Landes. Wie wenig ihr Anspruch auf kritisch–konstruktive Begleitung der politischen Entwicklung in der Praxis eingelöst wird, wird noch zu zeigen sein. Eher schon nimmt das der Basiskirche nahestehende Wochenblatt „Tayacán" diese Aufgabe wahr., obwohl es als pädagogisch strukturierte Comic–Zeitung konzipiert ist und nur eine Auflage von sechstausend Exemplaren hat. Unabhängig von der Regierung ist auch das erst zu den Wahlen gegründete Parteiorgan der Liberalen Partei, das ebenfalls wöchentlich erscheint. Ein weiteres Parteiblatt existierte nur bis zum Jahr 1980. Damals schloß der Staat zum ersten und bisher einzigen Mal eine Tageszeitung. Es handelte sich um den von der trotzkistisch orientierten Linksopposition herausgegebenen „El Pueblo". Sie hatte in der heiklen Phase, in der es um die Fortsetzung des breiten Regierungsbündnisses ging, zu Streiks und einem radikalen Bruch mit der Bourgeoisie aufgerufen. Als Verbotsgrund wurde insbesondere ein Aufruf zu „wilden" Landbesetzungen angeführt, der als Verstoß gegen das Strafgesetzbuch gewertet wurde.

Wenn im folgenden die Medienpolitik anhand der Entwicklung der Tagespresse erläutert wird, dann liegt das nicht nur daran, daß zu der wenig phantasievollen Nutzung der elektronischen Medien kaum Untersuchungen vorliegen. Der Streit um gegensätzliche Konzepte spielt sich in Nicaragua fast ausschließlich um die Print-Medien ab. Nirgendwo als bei der Betrachtung der drei Tageszeitungen wird auch deutlicher, wie schwer sich Nicaragua mit der Entwicklung einer demokratischen Massenkommunikation tut.
Beginnen wir mit „La Prensa". 1926 gegründet, war sie in den fünfundvierzig Jahren der Somoza-Diktatur das Sprachrohr der konservativen Partei Nicaraguas. Ihre Eigentümer, die Chamorro-Familie, gehörten mit vielfältigen Interessen im Baumwoll- und Bankgeschäft zu den Spitzen der Land- und Finanzoligarchie. Hierin, und nicht allein im journalistischen Ethos, ist ein wesentlicher Grund für den Konflikt zwischen der Zeitung und dem alles an sich reißenden Diktator zu suchen. Doch ohne Zweifel war der damalige „Prensa"-Herausgeber Pedro Joaquín Chamorro sen. nicht nur ein bürgerlicher Liberaler, sondern auch ein mutiger Journalist. Seine Zeitung kritisierte in den letzten Jahren vor dem Volksaufstand zwar weder die Ausplünderung Nicaraguas durch die Vereinigten Staaten noch nahm sie Partei für die Befreiungsbewegung, doch immerhin berichtete sie regelmäßig über die Unterdrückung durch die Guardia des Diktators und den wachsenden Widerstand in der Bevölkerung.
Als ein von Somoza gedungener Killer am 22.1.1978 den „Prensa"-Chef erschoß, löste das einen Generalstreik aus. Chamorro sen. wurde zu einem Märtyrer der Befreiung. Kurz vor dem Einzug des FSLN in Managua legte ein Bombenangriff der Nationalgarde die Druckerei der „Prensa" in Schutt und Asche. So wurde sie — ein Kredit der Friedrich-Naumann-Stiftung half beim Wiederaufbau — nach der „Barricada" zum zweiten Blatt in Nicaragua. Die neue Herausgeberin, Witwe des ermordeten Altverlegers, saß als bürgerliche Vertreterin in der ersten Regierungsjunta. Im Zeitungsdirektorium war Xavier Chamorro vertreten, ein Bruder des Ermordeten und ein kritischer Sympathisant der Sandinisten.
Schon bald kam es zu Konflikten zwischen der Mehrheit der „Prensa"-Redakteure und den Eigentümern um Frau Chamorro. Letztere wollten ihre Zeitung auch weiterhin als Organ einer Kapitalfraktion benutzen. Als sich um die Jahreswende 79/80 abzeichnete, daß die sandinistische Mehrheit in der Regierungsjunta mehr als einen liberalisierten Kapitalismus wollte, und das große Bündnis zu bröckeln begann, wurde die „Prensa" von ihren Herausgebern immer stärker auf Konfrontationskurs gezwungen. Sie übernahm Kommentare aus der US-Botschaft, bezichtigte die Sandinisten der Willkürherrschaft und begann eine Kampagne gegen den angeblich drohenden Kommunismus. Eine Mehrheit der Redakteure um den Direktor Xavier Chamorro wollte diese Konfrontationslinie nicht mittragen. Sie plante die Besetzung und Übernahme der „Prensa", wurde aber vom FSLN zurückgepfiffen. Zu sehr hätte seine solche Maßnahme der Glaubwürdigkeit des nicaraguanischen Pluralismusversprechens geschadet. So gründeten am 19. Mai 1980 163 „Prensa"-Leute das neue Blatt „El Nuevo Diario". Die „Prensa" verlor auf einen Schlag

80% ihrer Mitarbeiter und wurde in eine Aktiengesellschaft umgewandelt. Mit der alten Zeitung hat sie heute kaum noch mehr gemein als die Aufmachung und den Namen.

Neuer „Prensa"-Chef wurde der ehemalige Anzeigenleiter Pedro Joaquín Chamorro jun., ein Sohn des Altverlegers, der die „Prensa" mit einer neuen Mannschaft vollends zum antisandinistischen Kampfblatt und sich selbst in der ausländischen Öffentlichkeit zum „Held der Meinungsfreiheit" machte. Inzwischen ging er nach Costa Rica und schloß sich offen den antisandinistischen „Contras" an.

Im Laufe des Jahres 1981 verstieß die Prensa mehrfach gegen neue Bestimmungen des Mediengesetzes, die angesichts von Spekulation und Kapitalflucht sowie ersten Sabotageakten der „Contra" die Verbreitung von falschen oder unbewiesenen Behauptungen unter Strafe stellten, die „die Verteidigungskraft oder die ökonomische Stabilität des Landes bedrohten". Parallel zum Erlaß dieser Bestimmungen war die Zuständigkeit für Presseangelegenheiten vom eher liberalen Kulturministerium auf das Innenministerium übergegangen. Zwei Beispiele für die Verstöße der „Prensa" aus dem Spätherbst 1981: In einem „Gespräch mit einem erfolgreichen Geschäftsmann, der die Koffer packt" behauptete das Blatt, bei den Sandinisten herrsche Konfiszierungsfieber; Privateigentum sei in Zukunft eine Illusion. Zwar stellte sich heraus, daß der „erfolgreiche Geschäftsmann" in Wirklichkeit ein krimineller Steuerflüchtling war, doch das Konfiszierungsgerücht war erstmal in Umlauf gesetzt.

Wenig später meldete die „Prensa", Zucker werde bald knapp werden. Zu diesem Zeitpunkt plante die Regierung die Rationierung des Süßstoffes auf ein Pfund pro Woche und Person, um der Spekulation zu begegnen und eine gerechte Verteilung sicherzustellen. Erst durch die „Prensa"-Meldung setzten dann Hamsterkäufe ein, die den Zucker tatsächlich knapp werden ließen; besonders nachdem das Blatt einen Mediziner warnen ließ, der Mensch könne mit „nur" einem Pfund Zucker die Woche nicht leben.

In beiden genannten Fällen war die „Prensa" jeweils für zwei Tage geschlossen – was zwar nicht der Verbreitung der Wahrheit diente, aber den Ruf der „Prensa" als Opfer sandinistischer Unterdrückung festigte. Als sich Anfang 1982 die Polarisierung im Lande zuspitzte und die „Contra" mit massiven Angriffswellen begann, bekam auch die „Prensa" als Sprachrohr des nicht mehr kooperationsbereiten Bürgertums eine neue Qualität. Das Blatt organisierte einen „Marsch der Demokraten", in dessen Folge es zu Schlägereien kam, die am 13.1.1982 zu einer Beschießung von Gegendemonstranten aus dem „Prensa"-Gebäude heraus eskalierten. Zwei Monate später hatte sich die militärische und wirtschaftliche Lage soweit verschärft, daß die Regierung am 15.3.1982 den Ausnahmezustand ausrief. Die Zensur, die mit leichter Lockerung seit dem Wahlkampf nun schon drei Jahre existiert, ist eine der Notstandsmaßnahmen. Obwohl sie formal für alle Presseerzeugnisse gilt, ist sie de facto eine „lex Prensa", was unter anderem damit zusammenhängt, daß Staat und FSLN bei den anderen Medien direktere Einflußmöglichkeiten haben.

Ein Stab unter der Leitung der 28jährigen Innenministeriums-Mitarbeiterin Nelba Blandón versieht täglich sämtliche „Prensa"-Druckfahnen mit Freigabe -bzw. Sperrvermerken. Dabei werden keinesfalls nur Artikel zensiert, die bei „Contra"-Angriffen von „Erfolgen der Demokratischen Kräfte Nicaraguas" berichten (Ostern 1983) oder behaupten, die kubanischen Berater hätten die Krankheit AIDS eingeschleppt (21.3.1983).

Zumindest zeitweise war die Zensur ein Repressionsmittel, das nicht nur die gesamte antikommunistische Grundrichtung der Presse zu neutralisieren trachtete, sondern auch politische Diskussionen und unliebsame Fakten unterdrückte. Beispiele finden sich in den zensierten „Prensa"-Artikeln, die diese in westlichen Botschaften zirkulieren läßt. So wurden etwa im Frühjahr 1983 systematisch die Meldungen über Arbeitskonflikte sowie über die Situation der Miskito-Indianer gekippt. Auch gab es Fälle, in denen der „Prensa" verboten wurde, was tags darauf der „Barricada" erlaubt war. Mehrfach ließ die Direktion die „Prensa" wegen zu vieler Streichungen demonstrativ nicht erscheinen.

Gegen diesen Mißbrauch der Zensur gab es auch von Seiten der sandinistischen Journalistengewerkschaft Proteste. Grundsätzliche Bedenken gegen die Zensur machen allerdings außerhalb der „Prensa" nur wenige, wie zum Beispiel Ignacio Briones, Redakteur beim „El Nuevo Diario", deutlich. Er hält die Zensur nicht nur für wirkungslos, sondern für gefährlich, weil sie zur Anpassung und zur geistigen Erstarrung führe.

Mit Beginn des Wahlkampfes wurde die Zensur gelockert. Sie beschränkt sich nun im wesentlichen auf militärische und ökonomische Bereiche. Doch ihre gänzliche Aufhebung machen die Sandinisten weiterhin von der Beendigung der äußeren Aggression gegen Nicaragua abhängig.

Natürlich hat die „Prensa" wegen der Zensur nicht aufgehört, die revolutionäre Umgestaltung zu bekämpfen. Allerdings sind die Methoden weitaus subtiler geworden. Eine Inhaltsanalyse vom Frühjar 1983 zeigt, daß nur noch verhältnismäßig selten offen kontroverse politische Positionen eingenommen werden. Meist läuft die Auseinandersetzung eher auf der psychologischen Ebene, wie etwa Ostern 1983. Während damals alle anderen Medien vor der angekündigten „Contra"-Offensive warnten, titelte die „Prensa" in Balkenüberschrift: „Es ist heiß – die Strände warten!"

Die „Prensa"-Leser müssen meinen, in einem anderen Land zu leben als die übrigen Nicaraguaner. Neben religiösen Themen füllten im Untersuchungszeitraum fast ausschließlich bunte Sensationsgeschichten das Blatt. Zwei Wochen lang bezogen sich nicht mehr als zehn Prozent aller „Prensa"-Artikel auf politische, soziale oder wirtschaftliche Vorgänge im Inland. Mehr als die Hälfte aller Storys kam aus dem Ausland, wobei neben die USA als traditioneller Hauptlieferant Westeuropa, vor allem die BRD, getreten war. Ganz bewußt proklamierte die „Prensa" „ihr" Gesellschaftsmodell, indem sie über die Bonner Bundestagswahlen 1983 nicht nur wohlwollender, sondern auch engagierter und umfangreicher berichtete als über die ersten freien Wahlen im eigenen Land anderthalb Jahre später.

Mehrfach haben sandinistische Organe den Vorwurf geäußert, die „Prensa" sei in Wirklichkeit vom CIA gesteuert. In der Tat gibt es Indizien, die einen solchen Schluß zulassen. So hat der US-Psychologe Landis Parallelen zwischen der religiösen Panikmache der „Prensa" – 1982 erfand sie zum Beispiel eine Marienstatue, die angesichts der totalitären Sandinisten zu weinen begann – und den Methoden des nachweislich vom US-Geheimdienst finanzierten „Mercurio" in Chile nachgewiesen. Dieses Blatt hat mit seiner religiös verbrämten psychologischen Kriegsführung entscheidend zur Vorbereitung des Staatsstreichs gegen Allende beigetragen. Andere Auffälligkeiten ergeben sich aus einer Analyse der Fotos in der „Prensa". Dabei fällt eine geradezu verblüffende Häufung von Abbildungen modernster US-amerikanischer Waffentechnologie auf. Atombomben, Flugzeugträger und Überschalljäger werden unter ausgesucht ästhetischen Blickwinkeln fotografiert und als Insignien der Großmacht fast täglich präsentiert. Über einen Zeitraum von zwei Monaten stand dem nur eine einzige Abbildung gegenüber, die Waffen in der Hand der Bevölkerung beziehungsweise der Sandinisten zeigte: Es war das Wrack eines abgestürzten Hubschraubers der Streitkräfte.

Doch letztlich bleibt die CIA-Verbindung eine kaum beweisbare Spekulation. Die Debatte um eine „Fernsteuerung" der „Prensa" lenkt in Nicaragua oft von der wesentlich wichtigeren Frage ab, warum das Blatt immer noch die höchste verkaufte Auflage hat. Ganz offensichtlich ist das nicht nur auf das große Anzeigenvolumen zurückzuführen. Die „Prensa" spiegelt – seit der Lockerung der Zensur auch wieder zunehmend offener – die Frustration der Oligarchie, aber auch die der notstandsgeschädigten Händler, Taxifahrer, Handwerker oder Barbesitzer wider. Darüber hinaus ist sie für alle diejenigen als Zweitzeitung interessant, die ein sandinistisches Informationsmonopol für gefährlich halten.

„Der revolutionäre Journalismus muß Machete, Gewehr, Granate und Kanone in den festen Händen unserer Arbeiter und Bauern sein". So pathetisch wie der FSLN-Kommunikationspolitiker Luis Carrión die Aufgaben der Medien im neuen Nicaragua beschreibt, so pathetisch sehen auch viele Schlagzeilen des Parteiblattes „Barricada" aus. Trotzdem haben die Sandinisten mit ihm ein informatives Organ, das wenigstens in Ansätzen auf die besonderen Bedürfnisse der Leser in einem agrarischen, gerade erst alphabetisierten Land eingeht.

Die „Barricada" wird von einer sehr jungen Redaktion weitgehend nach den Maßstäben eines leninistischen Presseverständnisses gemacht. Zwar steht auch hier im Impressum ein Mitglied der Verlegerfamilie Chamorro an der Spitze, doch das hat mehr optische Funktion. Die Linie wird vom DEPEP (heute DAP: Departamento de agitación y propaganda), der Abteilung für Propaganda und Erziehung des Frente festgelegt. „Wir verstehen uns als Erzieher des Volkes", definiert „Barricada"-Redakteurin Sofía Montenegro ihr Selbstverständnis. Eine der Stärken der „Barricada" war und ist denn auch ihre organisierende und mobilisierende Rolle bei den Alphabetisierungs-, Gesundheits- oder Verteidigungskampagnen, die sie mit Comics, Reportagen, Zwischenbilanzen und Kommentaren ausführlich begleitet.

Von allen Medien beschäftigt sie sich mit Abstand am stärksten mit den sozialen und wirtschaftlichen Alltagssorgen der Nicaraguaner. Die „Barricada" gibt

Hinweise und Erklärungen für die Aussaat von Mais, die Anlage von Latrinen oder die Bedienung von Granatwerfern. Sie hat damit für viele Menschen gerade außerhalb der Städte auch ganz unabhängig von der ideologischen Schulung einen hohen Gebrauchswert. Die „Barricada" versuchte als einzige Tageszeitung, eine Ausgabe in Miskito herauszubringen. Das Projekt scheiterte jedoch nach einem halben Jahr unter anderem an den zunehmenden Konflikten zwischen Zentralregierung und Indianern, so daß heute die Atlantikküste nur mit einer englischen Ausgabe erreicht wird.

Im Gegensatz zur Titelseite, die von einer stark formalisierten Parolensprache geprägt ist („Die Völkermörder können niemals siegen") und die eine auch innerhalb des FSLN umstrittene Verschlagwortung der Realität betreibt, finden sich auf den übrigen sieben bis elf Seiten durchaus abwägende und argumentierende Artikel. Auch hier hat sich aber ein einfacher Sprachstil mit knappen Sätzen durchgesetzt, der die „Barricada" für viele Menschen erst lesbar macht.

Selbst bei Auslandsberichten gibt sich die „Barricada" große Mühe, Agenturmeldungen zu redigieren und zu vereinfachen. Natürlich soll dieses Redigieren auch die politische Wertung durch den Leser erleichtern, wenn zum Beispiel aus einem Agenturtext über das „bulgarische Volk" eine „Barricada"-Meldung über das „bulgarische Bruder-Volk" wird.

Die großen US-Agenturen spielen für die Informationsbeschaffung keine wesentliche Rolle mehr. Tass genießt zwar nach Aussagen der Auslandsredakteurin Montenegro „eine hohe Glaubwürdigkeit", wird aber nicht sehr häufig zitiert. Die „Barricada" stützt sich vornehmlich auf die eigene nicaraguanische Nachrichtenagentur ANN, die kubanische „Prensa Latina" und die spanische „Efe". Unerwartet selten taucht die Dritte-Welt-Agentur IPS auf, obwohl ein Schwerpunkt der Auslandsberichterstattung der „Barricada" auf Befreiungsbewegungen liegt. Ähnlich wie das dritte Blatt „El Nuevo Diario" bemüht sie sich, das Selbstbewußtsein der Nicaraguaner als Teil der Dritten Welt zu stärken.

Nach ihrem eigenen Verständnis will die „Barricada" auch ein „Organ revolutionärer Kritik" sein. Dieser Anspruch wird zumindest teilweise eingelöst. Immerhin beschäftigen sich rund ein Sechstel aller Inlandsmeldungen mit Kritik an Behörden und anderen staatlichen wie privaten Einrichtungen. Ein Großteil dieser Kritik ist nicht das Ergebnis journalistischer Recherchen, sondern kommt von der Basis – genauer gesagt, meist von der organisierten Basis. Dazu hat die „Barricada" nach kubanischem Vorbild einen „Volksbriefkasten" eingerichtet. Zwischen einhundert und zweihundert Einzelpersonen, Nachbarschaftskomitees oder Gewerkschaftsgruppen richten monatlich Beschwerden jeglicher Art an diesen Briefkasten. Ein zuständiger Redakteur geht den Fällen nach und bittet die Verantwortlichen um Stellungnahme. Wenn diese das Problem nicht zur Zufriedenheit des „Klägers" erklären oder lösen können, wird der Fall veröffentlicht. Behandelt werden in der Regel Alltagskonflikte wie Mißstände im Krankenhaus, Klagen über fehlende Buslinien, aber auch überhöhte Preise, Korruption oder Behördenschlamperei. Meistens gehen die veröffentlichten Kritiken jedoch nicht an die ideologische Substanz.

Eine Kontroverse im Vorfeld der Entscheidung politischer Grundsatzfragen sucht man auch in der „Barricada" vergebens. Noch eine weitere Einschränkung ist zu machen: Obwohl die Zeiten vorbei sind, da auch im Sportteil der „Barricada" der gequälte Versuch unternommen wurde, den Berichten über die US-Baseball-Liga noch ein Quentchen ideologischer Agitation abzupressen, verzerrt die Vision von einer „sandinistischen Wirklichkeit" mitunter die Berichterstattung. Als nachvollziehbares Beispiel kann die Darstellung der Zentralamerika-Debatte im Deutschen Bundestag vom 25.1.1984 in der „Barricada" gelten. Der Artikel umfaßte eine Viertelseite und berichtete ausführlichst über die Positionen von SPD und Grünen. Die ablehnende Haltung der Bundesregierung und der sie tragenden Parteien zu einer Unterstützung Nicaraguas faßte die „Barricada" verharmlosend in fünf Zeilen zusammen. Das Bild von der breiten Unterstützung der sandinistischen Revolution auch in Deutschland durfte nicht gestört werden, selbst wenn es so nicht der Wahrheit entspricht.

Beim „El Nuevo Diario" sollte dies eigentlich anders sein. Mit seiner Gründung 1980 verbanden sich große Hoffnungen: „Wir wollen eine unabhängige Zeitung machen. Revolutionär — aber kritisch und konstruktiv", so formulierten damals die Mitarbeiter, die der „Prensa" den Rücken gekehrt hatten. Von seiner Organisation her bietet der „El Nuevo Diario" gute Voraussetzungen, diesen Anspruch einzulösen. Er gehört als Arbeiterkooperative den Mitarbeitern selbst und finanziert sich neben dem Verkaufserlös aus staatlichen, vor allem aber aus privaten Anzeigen. Trotzdem sind viele nicaraguanische Intellektuelle von der Entwicklung des „El Nuevo Diario" enttäuscht. Obwohl ideologisch der „Prensa" diametral entgegengesetzt, erinnert seine Machart doch stark daran, daß seine Redakteure aus der bürgerlichen „Prensa"-Redaktion stammen. Die Aufmachung ist sensationalistisch, die Nachrichtenauswahl wirkt eher zufällig und erinnert in der Vielzahl der unzusammenhängenden Einzelmeldungen ebenfalls an die „Prensa". Vom Sprachstil und den inhaltlichen Schwerpunkten her soll ganz klar deren mittelständische Klientel angesprochen werden. In der Tat finden zum Beispiel Probleme der Händler und Kleinbauern hier etwas stärkere Resonanz als in der „Barricada", das gleiche gilt für die Basiskirchenbewegung, doch von einer unabhängigen Darstellung kann keineswegs gesprochen werden.

Der „Nuevo Diario" gibt sich in der Regel sandinistischer als die Sandinisten und vermischt den Boulevardstil der „Prensa" mit der Parolensprache der „Barricada". So klingen viele Schlagzeilen merkwürdig überdreht, etwa, wenn Reagan als Faschist bezeichnet wird oder eine Titelseite sechzehn (!) Ausrufezeichen verzieren. Mehr noch als in der „Barricada" dominiert im „Nuevo Diario" das Thema Aggression und Verteidigung die Berichterstattung. Ein weiterer Schwerpunkt sind Kommuniqués und Auszüge aus Politikerreden. Dieser Verlautbarungsjournalismus ist mit durchschnittlich fünfzehn Prozent der gesamten redaktionellen Fläche stärker ausgeprägt als bei den anderen Blättern. Offensichtlich sind solche Informationen für etliche Leser in dem mit Unfall- und Kriminalstorys angereicherten Umfeld leichter zu konsumieren als in der „amtlichen" „Barricada", denn der „Nuevo Diario" findet täglich mehr als 30 000 Leser.

Die Gründe dafür, daß statt einem kritischen Kontrollorgan eher ein marktschreierischer Apologet der jeweils aktuellen Regierungslinie entstanden ist, mögen zum einen in der Unentschiedenheit der Redaktion selbst liegen: Dort vergleicht ein Teil der Redakteure die Leser mit Kindern, die es behutsam zu unterrichten gilt, während andere ihre Aufgabe eher als „Kommunikationshelfer" definieren und möglichst viele unterschiedliche Meinungen darstellen wollen; dieser Streit um den Ansatz wird jedoch nicht offen ausgetragen. Zum anderen gibt es aber auch Hinweise dafür, daß der FSLN massiven Einfluß auf die Entwicklung des „Nuevo Diario" genommen hat und ihm seine jetzige Rolle wenn nicht zugewiesen, so doch zumindest nahegelegt hat. Der Redakteur Ignacio Briones berichtet davon, daß in den ersten Monaten des Bestehens die Abteilung für Propaganda und Erziehung des FSLN nicht nur Themen, sondern sogar Aufmachung und Kommentierung von Ereignissen „vorgeschlagen" habe.

Es scheint sogar Fälle gegeben zu haben, in denen es eine klare Rollenteilung zwischen der „seriösen" „Barricada" und dem „Nuevo Diario" gegeben hat, wobei letzterer „Schmutzarbeit" zu übernehmen hatte. Einen solchen Fall gab es im Rahmen der Auseinandersetzungen mit der katholischen Amtskirche. Als beispielsweise der reaktionäre Pressesprecher des Erzbischofs von Managua nackt mit einer verheirateten Frau erwischt und fotografiert wurde, übte sich das Sandinistenblatt in vornehmer Zurückhaltung und sprach nur von „einem peinlichen Vorfall", während der „Nuevo Diario" nach effektvollem Zögern — angeblich auf Weisung der Propagandaabteilung des FSLN — die desavouierenden Bilder druckte.

Was bisher anhand der Entwicklung der Tagespresse dargestellt wurde, kann wie folgt zusammengefaßt und mit Abstrichen auch auf die elektronischen Medien übertragen werden:

In Nicaragua ist es gelungen, zumindest einen Teil der Massenmedien als aktive Elemente in den nationalen Entwicklungsprozeß miteinzubeziehen. Statt Kosmetiktips für eine möglichst weiße Haut geben sie heute Hinweise zur Bekämpfung der Malariamücke. Statt einem US-zentrierten Weltbild stärken sie eine neue nationale und kulturelle Identität als Teil der Dritten Welt. Werte und Leitbilder wie „Konsum", „Luxus" oder „Machismo" sind teilweise von „Solidarität", „Auf-die-eigene-Kraft-vertrauen", aber auch „Heldentum" und „Opferbereitschaft" abgelöst worden.

Es herrscht ein Pluralismus in dem Sinne, daß auch politische Oppositionsgruppen Zugang zu Massenmedien haben beziehungsweise über eigene Sprachrohre verfügen. Stärker als in anderen lateinamerikanischen Ländern haben aber auch nicht-privilegierte Gruppen einen Zugang erhalten. Landarbeiter und Bewohner von Armenvierteln sind nicht mehr nur Empfänger, sondern sind in stärkerem Maße auch Sender von Informationen geworden. Die Medien leisten überwiegend einen Beitrag zur sozialen und regionalen Integration, von der freilich die Atlantikküste sowie die indianischen Minderheiten weitgehend ausgeschlossen bleiben.

Die gesellschaftliche Polarisierung, verstärkt durch die äußere Aggression, hat zu einer inneren Verkrampfung geführt, die eine Weiterentwicklung der

Medien stark behindert und die Schematisierung der Berichterstattung fördert. Wo Zeitungen und Radiostationen fast ausschließlich unter dem Aspekt der kurzfristig wirksamen Propaganda betrieben werden, haben es inhaltliche und fomale Experimente schwer. So beschränken sich Versuche mit Arbeiterkorrespondenten, selbständigen Regionalblättern oder der stärkeren Nutzung ungewohnter journalistischer Formen wie zum Beispiel Bildgeschichten, die statt einer platten Botschaft verschiedene Verhaltensmuster zur Diskussion in der Basisgemeinde oder dem Nachbarschaftskomitee anbieten, auf wenige kleine Wochenzeitungen. Ein durchgängiges Merkmal aller Medien ist der katastrophale Mangel an eigener Recherche. Dies kann nicht nur mit fehlenden Telefonen, personeller Überlastung oder mangelnder Ausbildung der Journalisten erklärt werden. Ein investigativer Jornalismus hat bislang einfach keine Tradition in einem Land, in dem Konflikte seit Jahrhunderten nicht durch Aufklärung und Diskussion sondern durch die Waffen des jeweils Mächtigsten gelöst werden.

Eine Entscheidung über ein einheitliches Medienkonzept für die Zukunft ist nicht gefallen. Dem FSLN ist klar, daß ein beträchtlicher Teil der Bevölkerung ein sandinistisches Informationsmonopol nicht akzeptieren würde. Für die sandinistischen Zeitungen und Rundfunkstationen selbst hat sich eine Steuerung nach leninistischen Prinzipien durchgesetzt.

Offensichtlich will die inzwischen gewählte Regierung jedoch nicht alle Medien auf eine solche Erziehungsfunktion festlegen, was sich unter anderem darin ausdrückt, daß ein entsprechender Entwurf eines Mediengesetzes von 1982 nicht wieder vorgelegt wurde. Nachdem die Zensur gelockert wurde, scheint nun auch das Konzept einer bürgerlichen Verlegerfreiheit weiterexistieren zu können, obwohl sich am Beispiel der „Prensa" gezeigt hat, daß die bloße Garantie von Pressefreiheit keineswegs eine sozial–verantwortliche Nutzung der Medienmacht sicherstellt. Auf der Strecke geblieben ist bisher weitgehend die Idee, mit einer Mehrzahl autonomer Basismedien die Ausdrucksfreiheit aller Bevölkerungsteile sicherzustellen und gleichzeitig eine Art öffentliche Kontrollinstanz zu etablieren. Obwohl Teile der Sandinisten eine solche Entwicklung befürworten, hat sie allenfalls dann eine gewisse Chance, wenn der militärische und wirtschaftliche Krieg gegen Nicaragua aufhört.

Miskito–Familie wartet in Sumubila auf den Rücktransport in ihr Heimatdorf am Río Coco. © Gabriela Battaglia

Heimkehr von der Feldarbeit im Reasentamiento La Victoria. © Haraldo Horta

Franca Piccinini

Psychiatrie aus eigener Kraft

In allen Breitengraden, auch dort, wo sich die soziale Ordnung eher demokratisch repräsentiert, stellt die Verrücktheit, die geistige Abweichung, immer ein Problem dar. Wo sie auftritt, werden die Widersprüche des sozialen Lebens mit oft geradezu grausamer Deutlichkeit offensichtlich. Man zieht es daher vor, Verrücktheit beiseite zu schieben. Sie gilt als individuelles Unvermögen, sich einer funktionierenden Gesellschaft anzupassen, wird aber nicht als Produkt sozialer Kluften angesehen. Entsprechend sieht das Schicksal des psychisch Kranken aus: Er wird eingeschlossen, verwahrt, oft entmündigt und entwürdigt, jede Möglichkeit der eigenen Entscheidung wird ihm genommen, selbst der Entschluß zur Einweisung hängt meist von Dritten ab (Familie, Nachbarn etc.) Auch in Ländern wie Italien, wo ein Gesetz, das Gesetz Nr. 180 von 1978, sich in entschiedener Art und Weise die Reform dieser Praktiken vornimmt, setzt eine reaktionäre Gruppe alles daran, es abzuschaffen oder zumindest seine Inhalte abzuschwächen.

Diese generelle Beschreibung trifft auf fast alle Länder zu, ob sie ökonomisch hoch entwickelt sind oder nicht. Die wenigen primitiven Gesellschaften, die bis heute ihren Verrückten eine gewisse Toleranz entgegenbringen, sind im Aussterben begriffen und haben mehr oder weniger nur noch anthropologische Bedeutung. Tatsächlich wird heute auch in armen Ländern, die über Jahre hinweg durch die Kolonisierung und Ausbeutung von der kapitalistischen Gesellschaft beeinflußt wurden, der Geisteskranke als fremd und andersartig, als gefährlich angesehen.

Ich erwähne diese Umstände, um dem Erschrecken und dem Erstaunen des Lesers vorzubeugen, wenn es jetzt um die Probleme der nicaraguanischen Psychiatrie geht. Alle, die sich bereits die Lippen lecken, um Vergleiche mit den vieldiskutierten sowjetischen psychiatrischen Anstalten anzustellen, wollen wir noch an einige Dinge erinnern: Es liegen erst sechs Jahre zwischen dem Sturz der Diktatur und heute. Die Erbschaft Nicaraguas aus jener Zeit ist eine Situation absoluter ökonomischer Verelendung, die bis heute sämtliche typischen strukturellen Widersprüche eines vom Imperialismus ausgerauten lateinamerikanischen Landes aufweist. (Elend, industrielle Unterentwicklung, „Machismus" etc.) Dazu kamen 1972 das Erdbeben, von dem sich Managua noch immer nicht erholt hat, die Jahre des Befreiungskrieges gegen die Tyrannei und der Kraftaufwand für den Wiederaufbau, der nach wie vor durch die imperialistische Aggression der USA erschwert wird.

Es gibt also mehr als genug Gründe für die Erhaltung und das Entstehen von Pathologien. Neben den vielen Schwierigkeiten und Grenzen sind aber auch konstante Bemühungen um Veränderungen, ein respektvolles Umgehen mit dem Individuum und seiner physisch-psychischen Integrität festzustellen. Einige der hier wiedergegebenen Daten über die Geschichte und die Situation der nicaraguanischen Psychiatrie haben wir einem Referat von Doktor Mario

Flores Ortiz entnommen, das er als Koordinator der nicaraguanischen Psychiatrie im November 1979 auf dem zweiten Kongress der APAL (Asociación psiquiátrica de América Latina) in Caracas gehalten hat.
Nicaragua hat als eines der letzten Länder Lateinamerikas eine psychiatrische Versorgung geschaffen. Die letzte Zivilregierung vor dem Beginn der Somoza-Dynastie beschloß unter dem Vorsitz eines Mediziners ein Projekt, das bereits jahrelang von einer Gruppe von Bürgern Managuas gefordert worden war. Noch von dieser Regierung erbaut, wurde die „Anstalt für Geisteskranke" offiziell 1935 eingeweiht, nachdem Somoza die Macht bereits übernommen hatte. Das Projekt, ursprünglich mit acht Häusern zu je dreißig Betten geplant, war auf nur zwei Häuser reduziert worden. Wenige Wochen nach der Einweihung wurde der Direktor, der einzige nicaraguanische Mediziner, der sich auf Psychiatrie spezialisiert hatte, entlassen. Seinen Platz nahm nun ein älterer Verwalter ein, der aus dem Ruhestand geholt worden war und dessen einzige Qualifikation darin bestand, dem Diktator bedingungslos ergeben zu sein. So gelangte die Verwaltung des Zentrums nicht in die Hände der Gruppe, die es angeregt hatte, sondern in die einiger Politiker unter Somoza, die es schnell in Großgrundbesitz umwandelten. Lebensmittel, Medikamente und Brennstoffe wurden zur eigenen Bereicherung verwendet. Während das Budget Ausgaben vorwies, die den Eindruck gewissenhafter und vollständiger Versorgung vermittelten, entwickelte sich das Krankenhaus zu einem Ort der Verwahrlosung. Die zwei Stationen (je eine für Frauen und Männer) waren unbeschreiblich überfüllt, es gab kaum Personal, und so vegetierten die Patienten halbnackt und halbverhungert vor sich hin. Einmal wöchentlich wurde ein Bad aus dem Gummischlauch verabreicht, der Elektroschock war sowohl Therapie als auch Bestrafungsmittel; als Strafe konnte er von jedem in der Anstalt Beschäftigten angeordnet werden. So wurden Ordnung und Disziplin in der Anstalt aufrechterhalten.
Die Bevölkerung betrachtete das Krankenhaus als Terroranstalt. Wer es sich finanziell leisten konnte, schickte Familienangehörige zur Behandlung nach Costa Rica, wo sich eine verhältnismäßig gute psychiatrische Versorgung entwickelt hatte. Die ärmere Bevölkerung mußte sich mit der doppelten Tragödie abfinden: der Krankheit und der Nichtversorgung. Erst nach 1956 (dem Jahr der Ermordung Somozas) erlaubte die Regierung einigen wenigen Psychiatern, nach der Fachausbildung im Ausland zurückzukommen. Sie protestierten sofort gegen die unmenschlichen Umgangsformen mit den Patienten. Letztlich war es jedoch der Protest der Bevölkerung, der das Regime dazu veranlaßte, die Bedingungen im Krankenhaus etwas zu verbessern. Die Verwaltung wurde ausgetauscht, neue Abteilungen gebaut, Psychopharmaka eingeführt und an der Universität ein Lehrstuhl eingerichtet.
Das Erdbeben von Managua am 23. Dezember 1972 war ein besonders tragischer Moment, denn die Anstalt war direkt am Ufer einer Lagune gebaut, in besonders erdbebengefährdeter Lage. Aufgrund einer Initiative der Psychiater wurden die Kranken in sicherere Gebiete gebracht. Während der Tage nach der Katastrophe wurde von der Regierung die Lebensmittelausgabe unterbrochen und die Patienten überlebten nur mit Hilfe der Bevölkerung.

Später fungierte die Ehefrau Anastasio Somozas als Präsidentin der Anstalt. Auch die Gattin des Staatschefs fand heraus, daß die Anstalt zur persönlichen Bereicherung benutzt werden konnte. Ein eindrucksvolles Programm zum Kampf gegen Drogen und Alkohol wurde erstellt, die Bevölkerung um Spenden zur Verwirklichung gebeten. Für die Ausweitung der Drogenprobleme war Somoza selbst verantwortlich, da sie einen enormen Gewinn brachten. Als Spende wurde nur Geld angenommen, technische Hilfe dagegen ganz diplomatisch abgelehnt.

Der sich ausweitende politische Kampf in Nicaragua ging an der psychiatrischen Anstalt nicht vorbei. Viele Psychiater mußten das Land verlassen, einer wurde eingesperrt und gefoltert. Der verbliebene Teil des Personals organisierte einen Streik, um die Arbeitsbedingungen zu verbessern. Sie wurden alle entlassen, und viele von ihnen schlossen sich den bewaffneten Kampfgruppen an.

So kam es, daß nach dem 19. Juli 1979 die psychiatrische Versorgung in den ausgedehnten Prozeß der Erneuerung auf dem gesamten Gebiet des Gesundheitswesens miteinbezogen wurde. Die neue Regierung löste als erstes die bürokratischen Organisationen auf, die sich bis dahin um das Gesundheitswesen gekümmert hatten. Als einziges Ergebnis hatten sie enorme Kosten produziert, ohne daß die Massen jemals von dem Gesundheitssystem profitieren konnten. Es wird das Einheitliche Gesundheitssystem gegründet, abhängig von MINSA (nicaraguanisches Gesundheitsministerium), dem auch die Abteilung „Psychische Gesundheit" eingegliedert ist. Das ist eine multidisziplinäre Abteilung, der Psychiater, Psychologen, Sozialarbeiter, Therapeuten und Pflegepersonal angehören. Die Abteilung wird von einem nationalen Koordinationsteam unter einem verantwortlichen Präsidenten geleitet. Sie unterteilt sich in verschiedene multidisziplinäre Gruppen, die sowohl im Psychiatrischen Krankenhaus arbeiten als auch, soweit möglich, in diversen Ambulanzen der Polikliniken Managuas, sowie in allen anderen Städten des Landes. Dadurch soll eine weitgehende Abdeckung des Territoriums mit dem vordringlichen Ziel der Versorgung und Rehabilitation erreicht werden. Dies erklärt auch das Bestreben, zu einer bestmöglichen Zusammenarbeit mit den Massenorganisationen zu kommen. Die gesamte Gesellschaft soll in die Arbeit mit psychisch Kranken einbezogen werden. Man hat beschlossen, die akuten Fälle in den allgemeinen Krankenhäusern zu behandeln, um so die Zahl der in der Psychiatrie stationär lebenden Patienten so niedrig wie möglich zu halten. Auf diese Weise ist die Anzahl der Patienten von 450 zu Beginn der Revolution auf jetzt etwa 220 gesunken, von denen mehr als die Hälfte bereits seit über fünf Jahren in Anstalten untergebracht waren. Aus denselben Gründen wurden in der Region Managua (Region III) fünf Tageskliniken (Hospital de Día) eröffnet, und für das laufende Jahr sind in anderen Regionen weitere Projekte geplant. Wegen der finanziellen Begrenzung werden die Tageskliniken quasi vollständig von den jeweiligen Gemeinwesen getragen. Hier sind wir an einem wichtigen Punkt angelangt: bei den finanziellen Schwierigkeiten. Die Psychiatrie wird selbst von internationalen Hilfsorganisationen nur mit Vorsicht und Zurückhaltung unterstützt. Ist man der Meinung, daß dieses Gebiet keinen Vorrang hat? Dies scheint recht merkwürdig, wenn man bedenkt, welch große Aufmerksamkeit in unseren Ländern dem psychosomatischen Aspekt der Krankheit gezollt wird, und daß bei uns selbst der Durchschnittsmediziner im Zuge der Mode bestrebt ist, sich wenigstens eine oberflächliche Kenntnis psychoanalytischer Termini anzueignen. Oder ist man der Meinung, daß die Auseinandersetzung mit der Psyche ein Privileg der hochentwickelten Länder ist? Oder hat man Angst, in ein so heikles Gebiet einzugreifen, weil in einer andersartigen Kultur als der unseren Signale und Symbole auch anders zu entkodifizieren wären? Oder finden sich einfach nur keine Psychiater, die willens sind, eine begonnene lukrative Karriere im eigenen Land zu unterbrechen? Jedenfalls ist die Psychiatrie ein vernachlässigter Sektor.

In Nicaragua haben wir ein italienisches Team, einige Psychiater aus Frankreich, der Schweiz, Santo Domingo, Costa Rica, Schweden und (bis vor kurzem) Kuba. Viele davon sind aus eigener Initiative gekommen (was sie natürlich nicht weniger wertvoll macht), und viele stehen bereits am Ende ihres vorgesehenen Aufenthalts in Nicaragua. In jedem Falle sind es zu wenige im Verhältnis zu den Notwendigkeiten des Landes, sowohl qualitativ als auch quantitativ, und — warum nicht auch diesen Aspekt erwähnen — gemessen an den bedeutenden Erfahrungen, die ein in der Psychiatrie Tätiger hier sammeln kann.

Als ich im März 1982 in Nicaragua ankam, mit der Aufgabe, als Therapeutin im italienischen Team zu arbeiten, hatten die nicaraguanischen Mitarbeiter des Krankenhauses bereits angefangen, aus eigener Kraft die Arbeit neu zu organisieren und zu reformieren. Wir konnten unser Programm, das vor allem die Rehabilitation und Wiedereingliederung von Langzeitpatienten in die sozioökonomische Umwelt zum Ziel hatte, ohne Schwierigkeiten mit einfügen. Wir begannen unsere Arbeit in der Abteilung für männliche Langzeitpatienten des psychiatrischen Nationalkrankenhauses in Managua. Wir stellten ein Programm auf, das sowohl interne als auch externe Aktivitäten vorsah, und das akzeptiert wurde. Zusammen mit dem im selben Haus arbeitenden nicaraguanischen Team organisierten wir Beschäftigungstherapie (hieran beteiligten sich auch die der Psychiatrie angehörenden Beschäftigungstherapeuten) und Körperausdrucksgruppen. In Zusammenarbeit mit INCINE (Instituto Nicaragüense de CINE) wurde im Krankenhaus einmal wöchentlich ein Film gezeigt. Vor allem aber interessierte uns die soziale Herkunft der Patienten, ihre Familienverhältnisse, ihre Heimatorte. Oft waren wir uns nicht einmal ihrer Namen sicher, da viele von ihnen schon mehr als fünf Jahre im Krankenhaus lebten und die Unterlagen teils während des Erdbebens, teils in den Kriegsjahren verschwunden waren. Bei der externen Arbeit waren also zwei miteinander verknüpfte Ziele zu verfolgen. Erstens sollte der Patient dazu befähigt werden, wieder draußen leben zu können; zweitens mußten alle möglichen Familiendaten ermittel werden, um den Patienten wieder an seinen Heimatort bringen zu können. Wir begannen, mit den Patienten die Anstalt zu verlassen: öffentliche Parks, Sportstätten, Museen und andere kulturelle Veranstaltungen wurden besucht. Hier hatten wir die Unterstützung verschiedener kultureller Institutionen und des Kultusministeriums. Mit dieser Arbeitsweise erreichten wir zweierlei: Es öffneten sich die Tore der Anstalt, das Konzept des Einschließens des Patienten, die Angst vor ihm als öffentliche Gefahr, wurde abgebaut, und die Patienten gewöhnten sich an die Außenwelt, sie konnten Vertrauen fassen zu ihrer Umwelt, öffentliche Einrichtungen kennenlernen, Autobus fahren usw. (Vergessen wir nicht, daß viele von ihnen die Stadt nach dem Erdbeben noch nicht gesehen hatten.) Wenn uns der Zeitpunkt als angemessen erschien, fingen wir an, die Patienten in ihre Heimatorte zu begleiten. Dies war auch für uns ein wichtiger Moment bei unserer Arbeit, denn jetzt sahen wir Nicaragua von „innen", lernten das fast ausschließlich „bäuerliche" Herkunftsmilieu der Leute kennen und konnten so in Zukunft ihr Verhalten und ihre Problematik besser verstehen.

Im Januar 1982 wurden alle Nicaraguaner ohne Rücksicht auf Status und Lebensbedingungen zur Mithilfe bei der Kaffeernte aufgerufen. Auch wir organisierten mit Hilfe des Personals des Krankenhauses und der ATC (Gewerkschaft der Landarbeiter) eine Gruppe. Die politische und therapeutische Bedeutung dieser Erfahrung wurde von allen Beteiligten verstanden. Die Gruppe bestand aus 3 Italienern (dem Psychiater, der Psychologin und einem Pfleger), 14 Nicaraguanern (fast alle Schwestern/Pfleger und Auszubildende dieses Berufes) und 37 männlichen und 11 weiblichen Patienten. Die Gruppe wurde in drei Schichten unterteilt in der UPE (= Unidad de Producción Estatal) „El Callao" in El Crucero, etwa 25 km von Managua entfernt, eingesetzt. Die ersten beiden Schichten halfen direkt bei der Kaffeernte, die dritte bei den Nacharbeiten und Vorbereitungen für die Ernte des nächsten Jahres. Im Folgenden gebe ich die Zusammenfassung einer Auswertung wieder, die von den Beteiligten anschließend vorgenommen wurde. Ihrer Meinung nach waren die wichtigsten Punkte dieser Arbeitserfahrung:

1. Die Veränderung der herkömmlichen Sichtweise, der psychiatrische Patient sei unnütz, gefährlich und beängstigend.
2. Der Abbau des traditionellen Rollen- und Hierarchieverhaltens in der Institution.
3. Die veränderten Beziehungen zwischen den Patienten, den in der Psychiatrie Arbeitenden und dem sozialen Umfeld, durch die sich tieferes Verständnis füreinander und eine reale Gruppensituation bildeten.
4. Das Potential jedes Patienten hinsichtlich Produktivität, Beziehungsfähigkeit und Kreativität konnte sich entfalten.
5. Die Befriedigung aller, das Experiment bis zum Ende durchgezogen zu haben.
6. Die Integration des psychiatrischen Patienten in die produktive Arbeitswelt.
7. Die Tätigkeit in einer Situation größtmöglicher Freiheit und geringstnötiger Kontrolle erlaubten es, die Psychopharmakadosen um die Hälfte zu reduzieren. Das bedeutet, daß die Quantität der verabreichten Psychopharmaka nicht in direkter Relation zur Pathologie steht, sondern von der Umwelt beeinflußt wird, das heißt, je mehr die persönliche Freiheit eingeschränkt wird, desto höher werden die Dosen angesetzt oder, desto öfter werden andere repressive „Therapien" angewandt.

8. Die Annäherung von Massenorganisationen an die Psychiatrie über die Gewerkschaft ATC. Die Haltung der Bevölkerung während dieser ersten Erfahrung war von außerordentlicher Bedeutung, da sie von einem tiefen Verständnis für die Probleme des Patienten sowohl in kultureller wie in politischer Hinsicht zeugte. Die Teilnehmer selbst boten sich an, diese Art von Zusammenarbeit fortzusetzen und zu erweitern.
9. Die Entwicklung neuer Methoden zur Beobachtung des Patienten aus einer Perspektive, die in ihrem sozialen Bezug dicht an der Realität steht und daher vom psychiatrisch Tätigen eine weitaus größere Elastizität verlangt, was die Weiterentwicklung und Veränderung seiner eigenen Beziehung zum Patienten betrifft.
10. Die Motivation, diesen Weg weiter zu verfolgen, und der Wunsch, die bestehenden Strukturen unter Mithilfe aller zu modifizieren.

Im Programm zur strukturellen Verbesserung unseres Sektors hat eine vom Gesundheitsministerium getroffene Entscheidung besondere Bedeutung: der Entschluß, die für das Krankenhaus bestimmten Maßnahmen durch die Eröffnung von Tageskliniken in einigen Polikliniken Managuas und verschiedenen „Gesundheitsposten" zu flankieren.

Es handelt sich hierbei um territoriale Einheiten, die tagsüber denjenigen Patienten, die außerhalb des Krankenhauses leben können, eine konstante therapeutische Unterstützung garantieren. Diese Entscheidung eröffnet meiner Meinung nach den Weg zu einer gemeindenahen Psychiatrie, die die Versorgung des Patienten erlaubt, ohne ihn aus seiner sozialen Realität herauszureißen. Jeden Abend kehrt er in seine Familie zurück und jeden Morgen bringt er in die Gruppendynamik des Zentrums seine tägliche Problematik ein, die sich aus der familiären Situation, der Arbeit und den zwischenmenschlichen Beziehungen ergibt.

Während des zweiten Jahres meines Aufenthaltes habe ich mit der Sozialarbeiterin des italienischen Teams in der Tagesklinik der Poliklinik gearbeitet. Das von uns zusammengestellte Programm sah folgendermaßen aus:
1. Die Aktivitäten innerhalb des Zentrums beinhalteten Gruppendynamik, Körperausdruck, Rollenspiele, Entspannungsübungen, Physiotherapie und verschiedene Arten von Beschäftigungstherapie.
2. Außerhalb des Zentrums Ausflüge mit sportlichen Aktivitäten, kulturellen und rekreativen Unternehmungen.
3. Nachforschungen über die Herkunft der Patienten in Form von individuellen Befragungen, wie auch direkt vor Ort.

Auch hier fand eine Zusammenarbeit mit dem jeweiligen sandinistischen Ortskomitee statt, in manchen Fällen auch ganz direkt mit den Familienangehörigen und den Nachbarn. Die Unterstützung der Ortskomitees, der Gewerkschaften und anderer Organisationen ist eine fundamentale Notwendigkeit in der nicaraguanischen Realität, wo die Beschaffung von wie auch immer geartetem Material mit allergrößten Schwierigkeiten verbunden ist.

Die Gemeinschaft hat der Tagesklinik nie Hilfe verweigert. Zum Bau des Gebäudes — mit Baumaterial, das uns zum Sonderpreis verkauft wurde — haben unter anderem die Gewerkschaften der Textilarbeiter und die der Far-

benfabriken ihren Anteil beigetragen. Die jeweils zuständigen Stellen ermöglichten uns den Besuch verschiedener Veranstaltungen und des Kinos. Man kann wirklich sagen, daß das Umfeld der Tagesklinik sich ihrer Probleme angenommen hat.
Doch konnten nicht alle Widersprüche gelöst werden. Das Fehlen ökonomischer Ressourcen, die Notwendigkeit, Personen für die Verteidigung des Landes bereitzustellen, der Mangel an Personal, der außenpolitische Druck gegen Nicaragua, all das wirkt sich auch auf diesem Sektor aus. Es fehlt noch eine Ausbildungsmöglichkeit für Psychiater, wobei momentan versucht wird, sie zu entwickeln (man ist dabei, unter großen Schwierigkeiten eine Fachbibliothek einzurichten). Die verfügbaren Psychiater sind schon vor langer Zeit und nach völlig verschiedenen Kriterien ausgebildet worden, außerdem werden wohl nicht alle im Lande bleiben. Ungeachtet der Anstrengungen, die psychiatrische Versorgung soweit wie möglich zu dezentralisieren, finden sich kaum Psychiater, die willens sind, in die unwirtlichsten Gegenden zu gehen. Und in allen großen Städten gibt es noch Privatkliniken. Ein kubanischer Spezialist hat bereits vor Jahren den Bau zusätzlicher Krankenhäuser zu dem bereits existierenden vorgeschlagen. In der jetzigen Auseinandersetzung um die Zukunft des Sektors Psychiatrie scheint dieses Angebot zwar noch zur Diskussion zu stehen, da es die Probleme der organisatorischen Mängel und der Quantität der Nachfrage effizient zu lösen verspricht, andererseits erkennt man neben den Problemen der Dezentralisation sehr wohl ihre Vorteile gegenüber dem althergebrachten System der Verwahrung.
Sicherlich zeigen sich gerade in diesem unterentwickelten Land die Widersprüche besonders deutlich: das Risiko der Zersplitterung der Unterstützung, die Tatsache, daß die Einbeziehung der sozialen Umwelt in die Arbeit allein ebensowenig ausreicht, um die psychische Problematik zu beheben, wie das ausschließliche Aussondern der Patienten, die Suche nach organischen Gründen für die Krankheit und die Anwendung der berühmten Psychopharmaka. Vor allem bedarf es eines Personals, das auch im entferntesten Gesundheitszentrum des Landes die entsprechende Ausbildung hat, um dem Patienten sowohl mit Hausbesuchen als auch mit den geeigneten Psychopharmaka und mit einfachen therapeutischen Interventionen helfen zu können.
Die bestehenden Schwierigkeiten wie mangelhafte Hygiene, fehlende Strukturen, teilweise exzessiver Verbrauch an Medikamenten und ungenügend ausgebildetes Personal sollten Anlaß zu konkreter Hilfe sein, insbesondere auf dem Sektor Ausbildung (z.B. durch Studienangebote oder durch allgemeine finanzielle Unterstützung). In Nicaragua ist man der Meinung, daß die psychiatrische Versorgung nicht aus einer allgemeinen, ausgeglichenen Entwicklung des Gesundheitswesens ausgeschlossen werden darf. So zielt unter den letzten geplanten Projekten eines darauf ab, die Anwendung des Elektroschocks als Krisenintervention zu eliminieren. Dieses Projekt wird von einem Schweizer Arzt geleitet. Man versucht, das Krankenhaus in ein gut funktionierendes Zentrum zu verwandeln, das zum Beispiel auch auf dem Gebiet der Vorsorge arbeiten soll. Das Ende dieser Entwicklung hängt mit von der politischen Zukunft Nicaraguas ab. Das Land und die sandinistische Regierung ver-

suchen, gegen alle Schwierigkeiten auf diesem Weg weiterzugehen. Auch hier gilt, wie auf vielen anderen Gebieten:
Wer Nicaragua bei diesen Anstrengungen nicht unterstützt, hat nicht verstanden, welche Bedeutung diese Revolution dem Menschen in seiner physisch-psychischen Integrität beimißt, auch dann, wenn an erster Stelle nicht seine Produktivität, sondern sein Dasein als Mensch steht.

Abkürzungsverzeichnis

AMLAE	Asociación de Mujeres Nicaragüenses „Luisa Amanda Espinoza"
APP	Area Propiedad del Pueblo
APAL	Asociación psiquiátrica de América Latina
ARDE	Alianza Revolucionaria Democrática
BLI	Batallón de Lucha Irregular
BOS	Bloque Opositor del Sur
CDS	Comité de Defensa Sandinista
CEPAD	Comité Evangélico pro Ayuda y Desarrollo
CIERA	Centro de Investigaciones y Estudios de la Reforma Agraria
CITA	Centro de Investigaciones para Tecnología Apropiada
COIP	Cooperación Industrial del Pueblo
CONDEGA	Consejo de Defensa Centroamericano
COSEP	Consejo Superior de la Empresa Privada
CST	Central Sandinista de Trabajadores
EPS	Ejército Popular Sandinista
FDR	Frente Democrático Revolucionario (El Salvador)
FDN	Fuerza Democrática Nicaragüense
FETSALUD	Federación de Trabajadores de la Salud
FMLN	Frente Farabundo Martí de Liberación Nacional (El Salvador)
FSLN	Frente Sandinista de Liberación Nacional
INCINE	Instituto Nicaragüense del Cine
IRENA	Instituto de Recursos Naturales y del Ambiente
INSSBI	Instituto Nacional de Seguridad Social y Bienestar
MED	Ministerio de Educación
MIDINRA	Ministerio de Desarollo Agropecuario y de Reforma Agraria
MISURA	Miskito Sumo Rama
MISURASATA	Miskito Sumo Rama Sandinista Asla Takanka
SI	Sozialistische Internationale
UNAG	Unión Nacional de Agricultores y Ganaderos
UPE	Unidad de Producción Estatal
UNO	Unión Nicaragüense Opositora

Faszination des Alltags © Margret Randall

Sandinistische Armee © Olivia Heussler

Autorenverzeichnis

BATTAGLIA, Gabriela, Schweizerin, Studium der Ethnologie, seit 1983 Redakteurin der Presseagentur APIA, Managua und Honduras.

EICH, Dieter, BRD, Soziologe und Maschinenbau–Ingenieur, Entwicklungshelfer in Ekuador und Peru, Referatsleiter beim DGB Bundesvorstand, bis März 1986 Beauftragter des Deutschen Entwicklungsdienstes in Nicaragua. Veröffentlichungen: *Ayllu und Staat der Inka*, Frankfurt 1983; Co–Autor mit Carlos Rincón: *La Contra*, Hamburg 1984.

GERMUND, Willi, BRD, Journalist, Korrespondent verschiedener deutschsprachiger Tageszeitungen für Mittelamerika und die Karibik, freier Mitarbeiter von Rundfunkanstalten der BRD und der Schweiz.

HÜBENER, Karl–Ludolf, BRD, Politologe, bis 1982 Herausgeber der Zeitschrift *Nueva Sociedad*, Caracas, freier Journalist, freier Mitarbeiter von Rundfunkanstalten und Fachpresse. Veröffentlichungen: Mitherausgeber, *Unterwanderung*, Wuppertal 1983.

JEREZ, César, Guatemalteke, Theologe, Jesuit, Rektor der Universidad Centroamericana, Managua; bis 1982 Provincial der mittelamerikanischen Provinz des Jesuitenordens, Herausgeber der Zeitschrift *Encuentro*, Managua.

KLARE, Miachael T., USA, Mitarbeiter des Institute for Policy Studies, Washington D.C.; Spezialist für Militär– und Rüstungsfragen. Veröffentlichungen: *Beyond the Vietnam Syndrome. US Interventionism in the 1980s*

KRÖLL, Hans Martin, BRD, Agraringenieur und Landmaschinenmechaniker, Entwicklungshelfer in Peru, Genossenschaftsberatung, bis 1985 Fachkoordinator für Landwirtschaft und Forsten des Deutschen Entwicklungsdienstes in Nicaragua.

LEONHARD, Ralf, Österreicher, Journalist, seit 1982 Redakteur der Presseagentur APIA, Managua, Zentralamerikakorrespondent deutschsprachiger Medien und der *Latinamerican Newsletters*, London.

MEIER, Wolfgang, BRD, Volkswirt, kämpfte in der Südfront der sandinistischen Guerilla, seit 1984 Projektkoordinator der Regionalregierung des Departements Río San Juan, Nicaragua.

NACHTIGALL, Thomas, BRD, Journalist, Forschungsaufenthalte in Mittelamerika und Nicaragua, Mitarbeiter des WDR.

PICCININI, Franca, Italienerin, Sozialpsychologin, Beraterin der psychiatrischen Anstalten von Managua, Mitarbeiterin der sozialpsychologischen Beratungszentren der Stadt Mailand.

REDISKE, Miachael, BRD, Sozialwissenschaftler, Planungsberater des nicaraguanischen Sozialministeriums, freier Journalist, freier Mitarbeiter deutschsprachiger Rundfunkanstalten. Veröffentlichungen: *Umbruch in Nicaragua*, Berlin 1984.

SCHEBEN, Helmut, BRD, Lateinamerikanist, Mitarbeit an der Universität San Marcos in Lima, Peru, freier Journalist, Mitarbeiter der Presseagentur IPS, bis 1984 Mittelamerikakorrespondent und Nachrichtenredakteur von *El Día*, Mexiko, und deutschsprachiger Medien.

SCHNEIDER, Robin, BRD, Ethnologe, Forschungsaufenthalte in Nicaragua, Mitarbeiter der Gesellschaft für bedrohte Völker.

SCHWIEBERT, Peter, BRD, Ökologe, Wissenschaftlicher Assistent der TU Berlin, seit 1982 Berater des nicaraguanischen Umweltschutzinstitutes IRENA, Managua.

SYRING, Ralf, BRD, Arzt, Arbeit als Berufsschullehrer, medizinische Tätigkeiten in Ländern Afrikas und Zentralamerikas.